地球の歩き方W01　改訂版

世界244の国と地域

197ヵ国と47地域を旅の雑学とともに解説

Globe

地球の歩き方編集室

目次 CONTENTS

ヨーロッパ 084

アメリカ ｜154｜

北アメリカ

中央アメリカ

カリブと大西洋の島々

南アメリカ

アフリカ ｜202｜

北アフリカ

西アフリカ

本書の使い方

キャッチコピー

どのような国・地域なのか、わかりやすくひと言で表現。

国・地域名

正式名称を掲載。欧文は統一して英語で表記。

国旗・地域旗など

公式に定められた旗の、由来や意味するもの(諸説ある場合もあり)を解説。本来独自の縦横比が決まっているが、本書では基本的に同じ縦横比で掲載している(ネパールやスイスなど特殊な旗を除く)。

国および地域名コード

国や地域に個別に付けられている符号(アルファベットによる略号)。国際規格としていくつかの種類があり、上部にはISO(国際標準化機構)が発行するISO 3166-1という最も世界的に汎用されている2文字コードと3文字コード、下部には国際オリンピック委員会による3文字のIOCコードと国際サッカー連盟による3文字のFIFAコードを並べている。国際イベントやスポーツ観戦の際に知っておくと便利。ただし、国や地域によってはいずれか、あるいはすべてのコードが決まっていないこともある。

本文

どういう国・地域なのかをわかりやすく、興味深い事実を盛り込みながら解説。

世界の言葉でこんにちは

世界の言語で「こんにちは」にあたる言葉を紹介。旧植民地では旧宗主国の言語(英語やフランス語など)が公用語として使われている場合も多いが、できるだけ土着の言語を取り上げている。

アパルトヘイト後も格差に悩むアフリカ屈指の経済大国

南アフリカ共和国

Republic of South Africa

国旗の意味

歴史的に使用されてきた旗のデザインやカラーを取り入れており、6色の意味は各民族によって異なる。

ZA/ZAF

IOC RSA

FIFA RSA

アフリカーンス語でこんにちは

Goeie middag !

(フーイエ ミダッハ)

アフリカ大陸最南端にある。四季のある温暖な地域がほとんどで、年間を通じて晴天が多く“太陽の国”と呼ばれる。その気候を生かしたワイン造りは有名。国土は山岳地から高原や平野、砂漠まで多様で、自然豊かな野生動植物の宝庫。17世紀半ばにオランダ、19世紀前半からイギリスの植民地となり、1910年に独立。白人の国として黒人のあらゆる権利を剥奪するアパルトヘイト(人種隔離政策)を推し進めた。1991年に撤廃、1994年に黒人初の大統領マンデラ率いる民主政権が発足し、アフリカの平和の象徴的国家となった。金、クロム、プラチナ、バナジウムなどの豊富な天然資源を有するアフリカの経済大国。

国名の由来

アフリカ大陸の南端に位置することに由来。11の公用語ごとに国名表記が異なる。例えば白人系の人々が話すことが多いアフリカーンス語では「スイド・アフリカ」、話者が最も多いズールー語では「ニンギジム・アフリカ」、2番目に多いコーサ語で「ウンムザンシ・アフリカ」などとなる。いずれもアフリカ以外の部分が「南」を意味する。コーサ語のウンムザンシのカジュアルな省略形「ムザンシ」は一般的な会話で国の呼称としてよく使われる。

DATA

人口:約6004万人
面積:約122万㎢
首都:プレトリア(行政府)、ケープタウン(立法府)、ブルームフォンテン(司法府)
言語:英語、アフリカーンス語など11の公用語があるが、英語が最も通じる
民族:アフリカ先住民80.9%、ヨーロッパ系7.8%、カラード(混血)8.8%、アジア系2.5%
宗教:キリスト教が80%。ほかイスラム教、ヒンドゥー教、ユダヤ教など
通貨:ランド
時差:日本より7時間遅れている
GNI:US$6780/人

左) ケープタウンのウオーターフロントとテーブル・マウンテン
右) プレトリアのジャカランダ並木

PHRASE ▶ ありがとう/ダンキー　がんばれ!/ハウ ムード　さようなら/トツィーンス　こんばんは/フエナァン

250

フレーズ

あいさつや応援に使う簡単な言い回しを、なるべく各言語の発音に近いカタカナ表記で紹介。アクセント等には対応しないため、あくまで参考に。とくに断りがない場合は「世界の言葉でこんにちは」と同じ言語からのもの。

エリアマップと所在地

属するエリアの広域図。該当する国・地域に色をつけてその国・地域がどこにあるのかを示している。

国名・地域名の由来

その国や地域の名前の由来や語源などを紹介。学術的には明確になっていない国も多く、諸説あるなかから代表的なものを編集部で選んで取り上げている。

コラム

その国・地域に関わる知っておきたいテーマを掘り下げて紹介。

●国の掲載順は、基本的に掲載スペースが大きい国や地域を先に並べ、同じスペースの場合はアルファベット順に並べてあります。

●国名、基本情報についてはおもに外務省のウェブサイトやCIAのThe World Factbook、世界銀行のデータなどを参考にしています。

●本書の情報は2024年5月現在のものです。

アフリカ

COLUMN
アパルトヘイトと戦った英雄 ネルソン・マンデラ

ノーベル平和賞を受賞したネルソン・マンデラ。コーサ族の首長の子供として生まれたマンデラは、学生時代から反アパルトヘイト運動に関わり、1944年にはアフリカ民族会議（ANC）に入党。武力闘争に踏み切ったことで1962年に逮捕される。以後27年間、ロベン島などの監獄に収監。2007年の映画『マンデラの名もなき看守』では、投獄されてからのマンデラと、彼の担当となった白人看守の交流が描かれている。1990年、ついに釈放され、1994年には黒人初の大統領に就任。アパルトヘイトも完全に撤廃された。

紙幣に描かれたマンデラ

COLUMN
ゴージャスなロッジでサファリ体験

アフリカといえば、動物を求めてサバンナをドライブするサファリが有名。アフリカ随一の豊かさをもつ南アフリカでは、自然に溶け込むゴージャスなロッジに泊まり、サファリを楽しめる。また、国立公園のキャンプも公営とは思えないほど設備が充実している。快適にサファリがしたい人には南アフリカがおすすめ。

大自然を優雅に楽しむ

上）クルーガー国立公園で出合ったライオン
下）アフリカ大陸南端近くの喜望峰

グルメ
ブラーイ
国民食ともいわれる南アフリカ式のバーベキューのこと。食材は肉が中心。魚の場合はスヌックと呼ばれるブラーイ専用の白身魚を焼く。町なかには店の外で焼いてテイクアウトで売る肉屋も多い。

お酒
南アフリカワイン
17世紀にオランダがワイン造りを始め、その後フランスの技術がもたらされた。今では世界トップ10に入る生産量を誇る。リーズナブルで高品質なため日本でも人気が高い。西ケープ州の産地はワインランドと呼ばれる。

明日誰かに教えたくなる 南アフリカの雑学

裏返しのピースサインはNG
裏返しのピースサインは侮辱と受け取られるので注意。

家畜の数は財産に等しい
家畜の数を聞くことは預金額を聞くことと同じなので、特に地方では気をつけたい。

都市の中心部ほど危険!?
ヨハネスブルクなどの大都市は、日本とは逆で、中央駅のある中心部ほど治安が悪い（昼間でも犯罪に遭う確率が高い）。観光客が歩けるのは郊外にある富裕層向けの商業エリアという場合が多い。

ヨハネスブルクの中心部

ワールドランキング TOPIC
都会のど真ん中に開いた大穴
北ケープ州の州都キンバリーには「世界最大の人力で掘った穴」とされる「ビッグ・ホール」がある。1周約1.6km、直径465m、深さ1097mのダイヤモンド採掘場跡。南アフリカは地下資源が豊富で、ダイヤモンドをはじめプラチナなどの産出が世界有数。

現在は水がたまっている

南部アフリカ

251

お国自慢あれこれ

グルメ、お菓子、お酒、おみやげから、各国・地域の名物の品をピックアップ。

ワールドランキングTOPIC

基本的に世界でもランキング上位に位置するデータから、その国や地域の一面がわかるエピソードを紹介。詳細なデータをそのまま取り上げた場合は「出典」、データをもとに内容を加えた場合は「参考」としてソース元を記載。編集部調べによる記事には特に注記は入れていない。

基本情報

人口や民族構成などの基本的な情報。民族、宗教などは、実情がわかるように、それぞれの割合を示すなどできるだけ細かく掲載。

明日誰かに教えたくなる○○の雑学

明日誰かに教えたくなるようなその国・地域の雑学を紹介。「現地でやってはいけないNG行動」や「知って驚く豆知識」など、現地に足を運んできた地球の歩き方だからこそ書ける生きた情報を収集。

本書のエリア分け

本書では、世界を5つのエリア(アジア、ヨーロッパ、アメリカ、アフリカ、大洋州)に分け、そこからさらに細かく分類している。

ヨーロッパ P.84

- 西ヨーロッパ P.86
- 北ヨーロッパ P.100
- 南ヨーロッパ P.117
- 東ヨーロッパ P.135

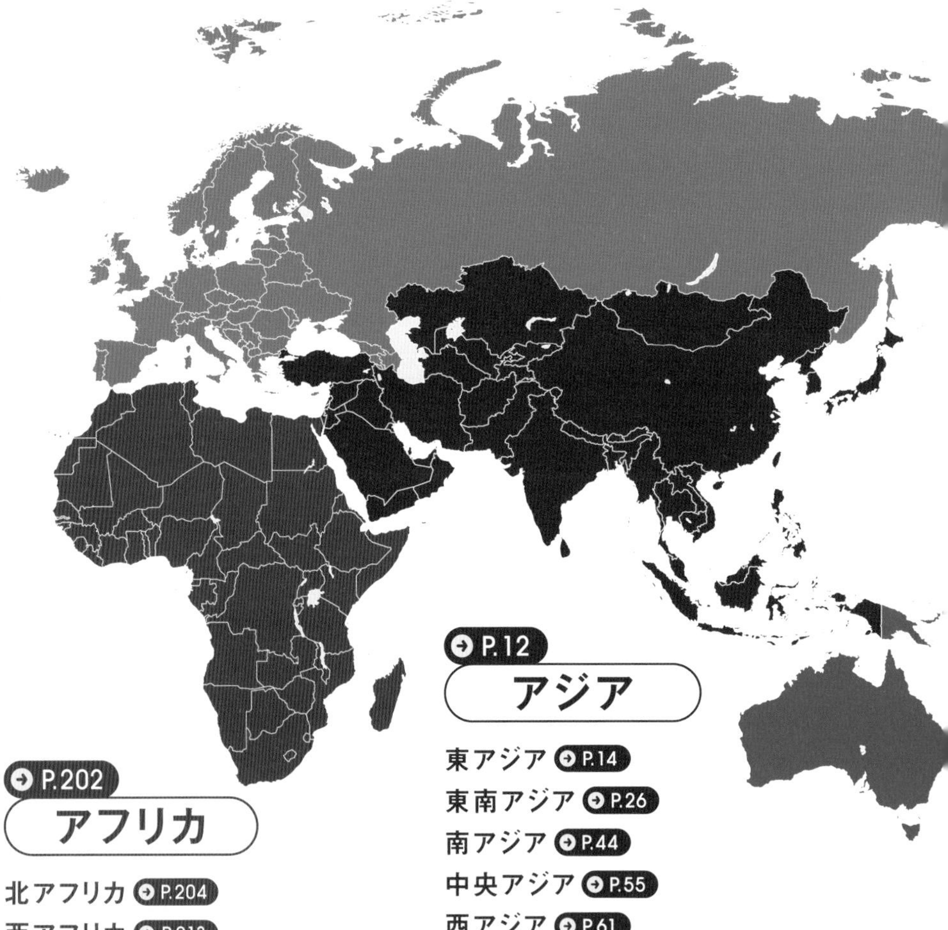

アジア P.12

- 東アジア P.14
- 東南アジア P.26
- 南アジア P.44
- 中央アジア P.55
- 西アジア P.61

アフリカ P.202

- 北アフリカ P.204
- 西アフリカ P.213
- 中部アフリカ P.229
- 東アフリカ P.233
- 南部アフリカ P.250

アメリカ

P.258

大洋州

知っておきたい基礎知識

そもそも国って何?

「国」とは、住民・領土・主権(政府)、および外交能力(他国からの承認)をもった地球上の地域のこと。つまり、ある土地に住民がいて、その代表が独自にほかの国と外交を行い、ほかの国から認められると「国」といえる。重要なのは最後の「他国からの承認」。たとえ自ら「国」であると宣言しても、他国や国際機関からの承認がなければ、「国」として認められることはない。

ただし、この承認というのは曖昧なもので、その基準は国によって異なり、「○○という国ができた」という客観的な承認をする場合もある。さらにそれぞれの立場で「国」の定義も異なる。「国」とはどの立場からどのように呼ぶかによって異なる曖昧なものだ。

例 ※承認国数は2024年5月現在

北朝鮮

国連加盟国のほとんどが承認し、日本、フランス、韓国などは承認していない。つまり日本にとっては「国」ではないが、国連加盟国の立場としては同等。国連には1991年に韓国とともに加盟している。

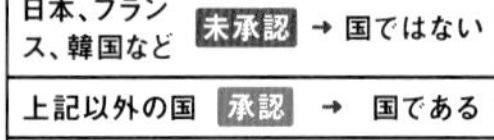

日本、フランス、韓国など	未承認	→ 国ではない
上記以外の国	承認	→ 国である
国連	承認	→ 国である

台湾

独立国家として住民、領土、主権をもち、高度な国際関係をもつ国がほとんどだが、中国との関係を理由に「国」として認めていない国もほとんど。日本も台湾と友好関係にあるが「国」とは認めていない。

日本を含む多くの国	未承認	→ 中華人民共和国の一部と認識
世界数ヵ国	承認	→ 中華民国(現台湾政府)として承認
国連	未承認	→ 国ではない

コソヴォ

ユーゴスラヴィアの自治州だったが、2008年にセルビアから独立。国連未加盟国だが、日本は「国」として承認をしている。セルビアは承認国の数が減少するよう、各国に承認の無効化を求めて活動している。

日本を含む約半数の国	承認	→ 国である
上記以外の国	未承認	→ 国ではない
国連	未承認	→ 国ではない

サハラ・アラブ民主共和国

ほとんどのエリアをモロッコが実効支配しており、アルジェリアのティンドゥフで亡命政府を立て独立を宣言。承認している国は半数にも満たず、日本もその政府を承認していない。

日本を含む多くの国	未承認	→ 国ではない
上記以外の国	承認	→ 国である
国連	未承認	→ 国ではない

北キプロス・トルコ共和国

1974年にトルコがキプロス島北部に侵略し、国連の非難にもかかわらず一方的に独立を宣言。トルコ以外の国は南部キプロスを含めてキプロス共和国として承認。国際的に孤立している。

トルコ	承認	→ 国である
トルコ以外の国	未承認	→ 国ではない
国連	未承認	→ 国ではない

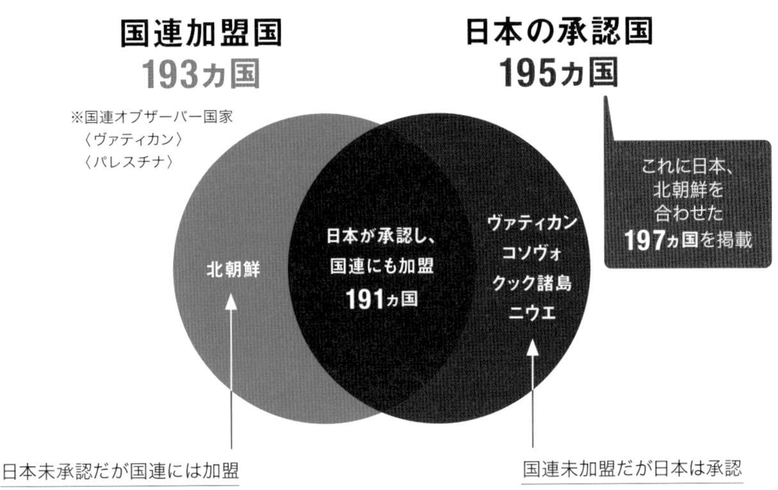

国と地域の違いは?

オリンピックなどで「世界〇〇の国と地域が参加」などと聞いたことがあるかもしれない。この「地域」とは何だろう。「地域」とは、「国」ではないエリアのこと。ただし「国」の定義が明確ではないため、「地域」の定義もまた明確ではない。「国」として独立してはいないが、高い自治権をもつ立場のものが一般的に「地域」と呼ばれる。

欧米諸国の海外領土

本書で紹介している「地域」のほとんどは、欧米諸国の海外領土。帝国主義時代の植民地の多くは独立していったが、自立する経済力をもたないか、軍事的に重要な位置にあるなどの理由で残っている。**ニューカレドニア**などのように、経済を支えられる資源はもつが住民投票によりあえて宗主国(フランス)の海外領土に留まっているケースもある。海外県、自治区、準州など、本国との関係も地域によってさまざまだ。

日本と外交関係を有するが未承認

台湾は独立国家として住民、領土、主権をもち、日本と強いつながりをもつが、日本は台湾を「国」としては認めていない。**パレスチナ**は1988年に独立宣言をしており、国連では投票権をもたないもののオブザーバー国家の指定を受け、国連加盟の146ヵ国が承認(2024年5月現在)、加盟を支持する国も多い。住民、領土、政府も揃っており、日本も外交関係をもつが、「国」としては認めていない。**北朝鮮**も同様だ。

Asia

アジア

一般的にはユーラシア大陸のヨーロッパ以外の地をアジアと呼ぶが、厳密な定義はなく、境界付近に位置する国はどちらに属するか議論が分かれる。人口は6大陸最多で世界の約60%。語源はアッカド語で東を意味する「アス」だといわれ、ギリシアやローマ時代には東を意味する言葉として使用された。

地域共同体

APEC（エイペック） ■ Asia Pacific Economic Cooperation

（アジア太平洋経済協力）

21の国と地域が参加する経済協力の枠組み。より開放的な自由貿易圏を作ることを目指す。日本の呼びかけ、オーストラリアの提唱で発足した。

〈参加国〉オーストラリア、日本、フィリピン、ブルネイ、アメリカ、シンガポール、カナダ、マレーシア、タイ、インドネシア、ニュージーランド、韓国、台湾、中国、香港、メキシコ、パプアニューギニア、チリ、ペルー、ロシア、ベトナム

ASEAN（アセアン） ■ Association of South-East Asian Nations

（東南アジア諸国連合）

1967年に設立した、10ヵ国が参加する東南アジア共同体。もとは地域の共産化を防ぐためアメリカ主導で結成された。高い経済成長が期待されている。本部はインドネシアのジャカルタ。

〈参加国〉インドネシア、カンボジア、シンガポール、タイ、フィリピン、ブルネイ、ベトナム、マレーシア、ミャンマー、ラオス

Area map

地域共同体

SAARC（サーク）▪ South Asian Association for Regional Cooperation

（南アジア地域協力連合）

1985年に設立した、南西アジア8ヵ国が協力・協調する、比較的緩やかな地域協力の枠組み。南アジア諸国民の福祉の増進、経済社会開発および文化面での協力、協調などの促進等を目的としてバングラデシュ大統領の提唱で誕生した。本部はネパールのカトマンズにある。

〈参加国〉インド、パキスタン、バングラデシュ、スリランカ、ネパール、ブータン、モルディブ、アフガニスタン

OAPEC（オアペック）▪ Organization of Arab Petroleum Exporting Countries

（アラブ石油輸出国機構）

国際石油資本などから石油産出国の利益を守ることを目的として、1960年に設立された石油輸出国機構（OPEC）とは別組織として、アラブの産油国が石油事業促進を目的として結成。本部はクウェート。70年代の原油生産の段階的削減はオイルショックのきっかけとなった。

〈参加国〉サウジアラビア、アルジェリア、バーレーン、エジプト、アラブ首長国連邦、イラク、クウェート、リビア、カタール、シリア

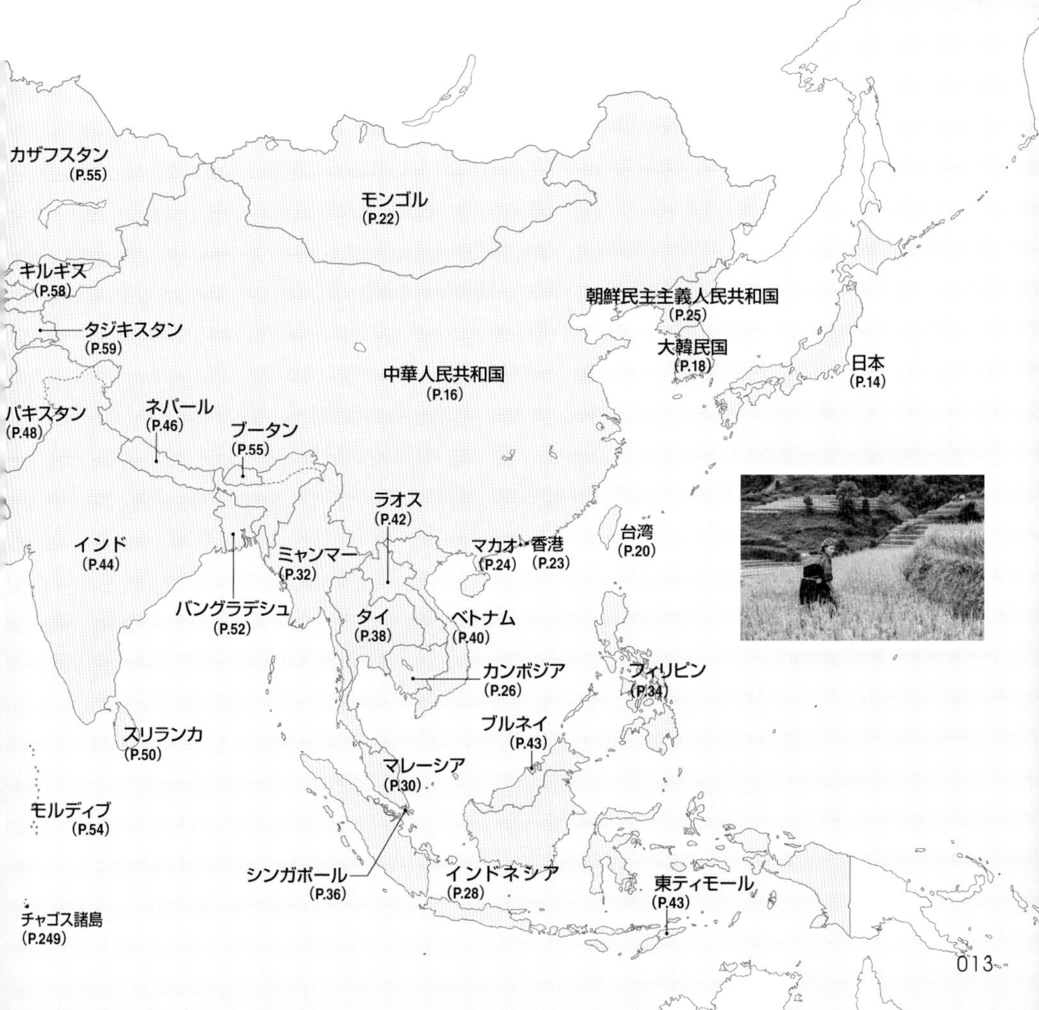

1500年以上続く世界最古の皇室がある

日本国

Japan

国旗の意味

赤い丸は「日出る国」である日の出の太陽を象徴し、紅白は日本の伝統色。

JP/JPN

IOC JPN

FIFA JPN

日本語でこんにちは

こんにちは！

日本列島と周辺の小島、南西諸島、太平洋の島々などからなり、陸地での国境をもたない海洋国で民主主義国家。ほとんどが温帯に含まれる恵まれた気候で変化に富んだ四季がある。山岳地が多く、平野や盆地といった平らな居住可能地は約30％。国民の大半が日本人とされるが、これはおもに国籍によるもので、歴史的経緯や生活習慣では分類されることもある琉球民族も含まれ、日本政府が国連の報告書に記載する少数民族はアイヌ民族だけとなっている。使用言語はほぼ日本語のみ。明治維新後に立憲国家となり、第2次世界大戦後の1947年に現行の日本国憲法を施行。世界に影響力をもつ先進国のひとつ。

国名の由来

古代中国では「倭」と呼ばれていた。有名な邪馬台国の女王、卑弥呼は中国から「親魏倭王」として金印を授けられ、自らも名乗っていたと考えられている。

日本という名は701年に編纂された最初の律法典『大宝公式令』で「ひのもと（日本）」と称したのが初出で、対外的にはその翌年に唐へ国号の変更を願い出て認められたのが始まりとされている。意味は諸説あるものの、中国の東、太陽が昇る方向にあるからという説が有力。

DATA

人口：約1億2393万人
面積：約37万8000㎢
首都：東京
言語：日本語
民族：おもに日本人。ほか日系ブラジル人、中国系、朝鮮系、アイヌなど
宗教：神道70.4％、仏教69.8％、キリスト教1.5％ほか
通貨：円
GNI：US$4万2550／人

日本のシンボル、桜と富士山

COLUMN
世界に誇るジャパニメーション

日本が世界に誇るポップカルチャーであるアニメ。ジャパニメーションとも呼ばれ、世界中のテレビで放映、あるいはインターネットで配信されている。付随する映画や漫画も含め、その市場規模は毎年拡大。2023年には2兆9277億円にものぼり、世界のアニメ市場の6割は日本アニメが占めるともいわれている。2019年の京都アニメーション放火事件の際には、アメリカの企業がクラウドファンディングで2億5000万円以上を集めて寄付したほか、各国からも多くの寄付金が集まった。

アニメのキャラになりきるコスプレも人気

COLUMN
古代の巨大な墳墓

2019年、大阪府の百舌鳥・古市古墳群がユネスコの世界遺産に登録された。4世紀後半から5世紀後半にかけて造られた全49基の古墳で構成されている。最も有名なのが日本最大の仁徳天皇陵古墳。クフ王のピラミッド、秦の始皇帝陵と並ぶ世界3大墳墓ともいわれている。内部は非公開のものがほとんどで、外からのみ見学することができる。

仁徳天皇陵古墳

京都の町を歩く舞妓

グルメ
寿司

江戸時代中期に生まれた、飯を酢と塩で味付けした「早ずし」が始まり。その後「箱ずし」「巻きずし」「棒ずし」などが生まれ、酢飯にネタをのせて握る「握りずし」は江戸時代後期に江戸で生まれた。

お酒
日本酒

米、米麹、水を主原料とし、日本特有の製法で造られた酒。起源は縄文時代ともいわれ歴史が古い。国税庁の調査で稼働している蔵元の数は1200軒弱、銘柄は1万以上とされるが、年々その数は減っている。

明日誰かに教えたくなる **日本の雑学**

ニホンとニッポン どっちが正解？

実は日本の読み方について、憲法や法律で明確に定められているわけではない。つまりどちらも正しい。

世界最古の宿は日本にある

山梨県にある西山温泉「慶雲館」の創業は飛鳥時代の705（慶雲2）年。藤原鎌足の長男、真人が開湯したと伝えられ、1300余年、枯れることなく温泉が湧き続けている。世界で最も古い宿としてギネスブックに認定されている。

高齢者の割合が世界一

よく日本は高齢社会といわれるが、実際に高齢者人口の割合は28％で世界一。次いでイタリア23％、ポルトガル21％と先進国が並ぶ。

4人に1人は高齢者

ワールドランキング TOPIC
世界最強のパスポート

イギリスのコンサルティング会社が、199の国と地域のパスポートで事前のビザ申請なしでも渡航できる国・地域の数を国際航空運送協会のデータを基にランキング。日本は193で2018年から6年連続で1位を獲得している。　出典：Henley & Partners Holdings Ltd（UK）2023

日本人のパスポート保有率は17％ほどと少ない

世界屈指の経済大国となった社会主義国家

中華人民共和国

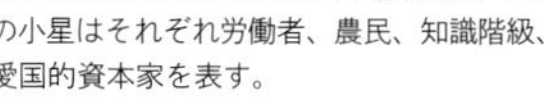

People's Republic of China

国旗の意味

赤い地色は革命、大星は中国共産党、4つの小星はそれぞれ労働者、農民、知識階級、愛国的資本家を表す。

CN/CHN

IOC CHN

FIFA CHN

中国語でこんにちは

你好！

（ニーハオ）

世界に大きな影響力をもつ大国。古代から日本を含む周辺諸国へ強大な権勢を振るい続け、悠久とも呼ばれる歴史の遺産は数多い。1921年に結党した中国共産党が、旧ソ連支援の下、内戦を経て当時の中華民国政府を台湾島へ追い建国。その後は近代化に出遅れ経済が低迷していたが、1978年に市場経済を導入して改革開放し、世界で最も成長率が高い経済大国となった。冷戦下では西側と東側両方との舵取りのバランスに成功し、ほとんどの国に中華民国（台湾）ではなく自らを中国の正統な政府として認めさせた。一党独裁下での人権問題や経済力を使った国際関係が問題になるが、いまや世界での発言力は絶大。

国名の由来

「中国」の名は、紀元前6世紀には書経や詩経に登場するが、その範囲や概念は時代とともに変化し続け、近代的な主権国家の名としては1842年に阿片戦争に敗北した清がイギリスと結んだ南京条約で使ったのが最初。

戦国時代から漢へと国家が統一されていくにつれ、中国が世界の中心で、そこに暮らす漢民族の文化・思想こそが最も価値があると自負する考え方、「中華思想」が生まれた。「中」が中心、「華」が文明を意味する。清が滅んだ辛亥革命により生まれた「中華民国」で初めて国名に使われた。

DATA

人口：約14億人
面積：約960万㎢
首都：北京
言語：中国語
民族：漢民族92％、ほかウイグル族、チベット族、モンゴル族、回族、満族、タタール族など55の少数民族
宗教：仏教18.2％、キリスト教5.1％、イスラム教1.8％、民族宗教21.9％ほか
通貨：人民元
時差：日本より1時間遅れている
GNI：US$1万2850／人

毛沢東の写真が掲げられた天安門広場

PHRASE ▶ ありがとう／シエシエ　がんばれ！／ジャヨウ　さようなら／ツァイツェン

COLUMN
世界最長の建造物

中国で有名な建造物といえば万里の長城。代々の王朝が築いてきた、全長2万kmにも及ぶ世界最長の建造物だ。これは北部の騎馬民族の襲撃に備えて建てられた防御壁で、シルクロードの交易を保護するためというのも大きな建設理由だった。秦の始皇帝がそれまであったものをもとに再構築し、その後は増築と修復が繰り返されてきた。現在見られるものは、ほとんどが明代に造られたもの。観光地として訪れることができる箇所はいくつかあり、特に八達嶺にあるものは北京から1時間程度とアクセスもよく、多くの旅行者が訪れる。

北京郊外にある慕田峪長城

COLUMN
初めて中国を統一した秦の始皇帝

秦の始皇帝は万里の長城、巨大な始皇帝陵の建設などを行った、中国最初の皇帝。中国史上初めての国家統一を果たし、王を超える称号「皇帝」を名乗った。その後さまざまな統一政策を断行していくが、巡遊中に急死。2代皇帝として息子の胡亥が即位するが、項羽と劉邦に敗れ、漢の時代が訪れる。皇帝としての統治期間はわずか11年だった。

始皇帝陵で見つかった兵馬俑

上海の中心街のきらびやかな夜景

グルメ
餃子

もともとは稲作に向かず小麦を主食とする中国北方の料理。紀元前5000年には地域で一般化し、唐代の古墳からは化石と思われるものが出土している。中国では焼くのではなくゆでる水餃子が主流。

お酒
紹興酒

穀物の醸造酒である黄酒を長期熟成する老酒のうち、もち米が原料の老酒の一種で、浙江省の紹興市で造られたもののみを呼ぶ。熟成の長さで味わいが変化し、3～15年、あるいはそれ以上のものまでさまざま。

明日誰かに教えたくなる **中華人民共和国の雑学**

東西に広いのにタイムゾーンはひとつ

オーストラリアやロシアなど、広大な国はいくつかのタイムゾーンに分かれていることが多いが、中国では共産党が1949年にひとつのタイムゾーンに統一している。

イタリアよりキリスト教徒が多い

意外にも中国にはキリスト教徒が多く、信者数はなんとイタリアより多い。

世界の豚の半分は中国にいる

中国は世界一の豚肉消費国であり、世界の豚肉の半分が消費されている。

中国料理では豚肉を多様

ワールドランキング TOPIC
世界オンライン市場の半分を占める

世界のオンラインショッピング利用のなんと50.4%が中国。中流階級～富裕層が増えたこと、キャッシュレス決済が浸透していることなどが理由と考えられている。巨大なオンライン卸売リサイト阿里巴巴（アリババ）は日本でも有名。
出典：経済産業省（令和4（2022）年）

阿里巴巴（アリババ）の流通総額は世界最大

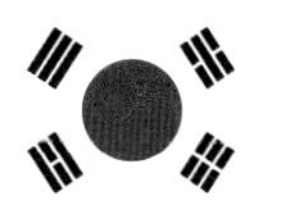

IT＆エンタメ大国として世界に進出

大韓民国

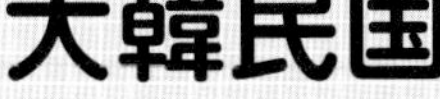

Republic of Korea

国旗の意味

陰陽五行説に基づき赤と青の丸が「太極（宇宙の根源）」を表現。周囲の線（卦）は天、地、火、水を表す。

KR/KOR

IOC	KOR
FIFA	KOR

韓国語でこんにちは

안녕하세요！
（アンニョンハセヨ）

1910年の日韓併合条約で日本が統治。1945年に敗戦した日本がポツダム宣言を受託し解放されるが、北緯38度以北はソ連軍、以南はアメリカ軍が占領した。1950年に朝鮮戦争が勃発し南北で同じ民族同士が争いあった。1953年の休戦協定締結で戦闘は停止したが、38度線での半島分断が確定的となる。ただ、韓国政府は休戦協定に署名しておらず、あくまで停戦状態とし、統一を最重要課題にしている。日本とは隣国として、政治・経済・文化などで比較的緊密な関係にあるが、歴史的経緯などからの反日感情がたびたび問題となる。近年はドラマやK-POPなどのカルチャーが世界的人気を呼んでいる。

国名の由来

韓は「偉大なる君主」という意味で、およそ紀元前2世紀末から4世紀頃にかけて朝鮮半島の南に存在した馬韓、辰韓、弁韓の３部族の連合「三韓」を指す。後に馬韓は百済、辰韓は新羅、弁韓は伽耶へ替わった。

1948年、朝鮮半島のほぼ北緯38度線以南を実質統治する国家として国号の採決が行われ「大韓民国」に決まった。

ソウルにある
朝鮮王朝の王宮「景福宮」

DATA

人口：約5156万人
面積：約10万㎢
首都：ソウル
言語：韓国語
民族：韓民族
宗教：プロテスタント18.7%、仏教14.7%、カトリック7.5%、儒教0.2%、無宗教58.9%
通貨：ウォン
時差：日本と同じ
GNI：US$3万6190／人

ソウル最大の繁華街の明洞

PHRASE ▶ ありがとう／カムサハムニダ　がんばれ！／ファイティン　さようなら／アンニョンヒカシプシオ

COLUMN
心躍らせる花の魅力

韓国でも桜は春の風物詩。ソウル市内にも名所は数知れず、季節には祭りが開かれ人々は花見に出かける。漢江沿い2kmにわたって1600本が咲く汝矣島やソウルタワーの下に咲き誇る南山散歩道などが有名。特に朝鮮時代の王宮である京福宮は、建築と花の競演が幻想的と人気が高い。韓国でも桜は日本のイメージが強い。日本の同胞から贈られたもの以外に、統治時代に日本人が植えたものもある。そのためいい感情をもたない人がいるのも事実。それでも花の力はすごく、花見の経済効果は非常に高いという。

ソウルタワーと桜

COLUMN
キムチは世界5大健康食品

2006年、アメリカの健康専門誌『ヘルス』は世界5大健康食品としてキムチを選出（ほかスペインのオリーブオイル、日本の大豆、ギリシアのヨーグルト、インドのレンズマメ）。植物性乳酸菌は腸の環境を整え、カプサイシンは代謝を上げて脂肪を分解する。そしてビタミンがアンチエイジングに効果があるなど、健康効果が報告されている。

秋の終わりに漬ける

伝統衣装チマチョゴリに身を包んだ女性

グルメ
ビビンパ(ビビンパッ)

丼のご飯の上に肉、ナムル、卵などの具をのせ、コチュジャンやごま油をかけて混ぜて食べる。ビビンは「混ぜる」、パッは「ご飯」の意味。起源には死者の命日の供物、宮廷料理など諸説あり。

お酒
マッコリ

朝鮮半島の伝統的な醸造酒。おもな原料は米で、イモ類やトウモロコシなどでも造られる。近年はフルーツや高麗人参を入れるなど種類が豊富になっている。

明日誰かに教えたくなる 韓国の雑学

お酒の継ぎ足しはNG

空いていないグラスにドリンクを継ぎ足す行為は、亡くなった人に行う儀式。韓国ではタブーとされている。

食器を持ってはいけない

たとえ取り皿であっても、食器を持ち上げることはマナー違反とされる。

誕生日にはわかめスープ

誕生日は、朝はわかめスープを飲み、夜にケーキでお祝いをするのが一般的。韓国ドラマでもおなじみだ。

カラス貝の入ったわかめスープ

ワールドランキング
TOPIC
パンの価格が世界一高い？

韓国は食料品が相対的に高い。とりわけパンは世界一高く、首都ソウルでの値段は物価が高いことで知られるシンガポールの約3倍ともいわれる。原材料が高騰していることに加え、物流費や人件費、賃貸料も高いためと考えられている。　出典：Economist Intelligence Unit（UK）2023

ソウルのおしゃれなブーランジェリー

困難にも負けず発展を遂げた麗しの島

台湾

Taiwan

旗の意味

孫文の三民主義で、赤は民族主義で自由、青は民権主義で正義、白は民主主義で友愛を表す。太陽の光線は十二刻を表している。

TW/TWN

IOC TPE

FIFA TPE

台湾語でこんにちは

你好！

（リーホー）

亜熱帯から熱帯に属する温暖な島にはもともと原住民が暮らしていた。1895年、日清戦争後の日本統治下で本省人と呼ばれる人々が中国大陸から移入。一方、1945年の日本統治終了後に来た人々を外省人と呼ぶ。中国で起こった国共内戦で押され、当時の中華民国が1949年に政府を台北へ移し、中国大陸の主権を放棄した。片や中華人民共和国は多くの国々と国交を結び、ひとつの中国の方針に基づき台湾の統治を望み続ける。これにより国連や多くの国際機関への参加が困難。それでも経済を発展させ、事実上の先進国となっている。とりわけ言論や報道の自由、医療、教育、ジェンダーフリーなど、人間開発では世界をリードする。

名の由来

台湾の由来には諸説あり、特に有力なものもない。ほぼ共通しているのは原住民の言葉が語源となったと考えられていること。来訪者を意味する「ターヤン」、海から近い土地「タイパオン」などが挙げられる。それがやがて現在の台南を示す「ダイワン」となり、ここからオランダ人の入植が始まったことから島全体を示す固有名詞になった。ちなみに漢民族はもともとダイワンに「大員」という漢字を当てていたが、清の時代になって発音をもとに「臺灣（台湾）」に変えたとされる。

DATA

人口：約2342万人
面積：約3万6000㎢
主都：台北
言語：中国語、台湾語、客家語ほか約16の先住民族の言語
民族：漢民族（閩南民系が7割、ほか客家系など）98％、先住民族（マレーポリネシア系）2％ほか
宗教：仏教35.3％、道教33.2％、キリスト教3.9％、儒教などの伝統宗教10％ほか
通貨：新台湾ドル
時差：日本より1時間遅れている

発展のシンボルである高層ビル台北101がそびえる台北市街地のパノラマ

PHRASE ▶ ありがとう／ドーシヤー　がんばれ！／ガァユウ　さようなら／バイバイ

COLUMN

日本と台湾の関わり

日清戦争後の下関条約により、清国が台湾を日本に割譲。1895年に日本は台湾総督府を設置し、近代化を推進していった。具体的にはコレラ、マラリアなどの病気の制圧、インフラの整備、アヘンの取り締まりなど。原住民による武力蜂起事件もあったものの、第2次世界大戦の敗戦で日本が引き上げるまで台湾は50年間日本の統治下にあった。植民地支配による経済的な搾取、急速に進んだインフラの整備、抗日運動を通しての台湾人としてのアイデンティティの確立などがその功罪として挙げられる。

かつて日本の総督府だった台湾総統府

COLUMN

名作映画の舞台 九份

1990年日本公開の台湾映画『悲情城市』のロケ地として知られる九份は、ノスタルジックな雰囲気が旅行者に大人気。山あいにあり景色もよく、入り組んだ細い路地に店がびっしりと並んでいる。食べ歩きをしたり、茶藝館で台湾茶を飲んだりと、どこか懐かしいひとときを味わえる。

ノスタルジックな雰囲気

屋台が並ぶ夜市は台北観光のハイライト

グルメ

臭豆腐

植物性の発酵液に漬けた豆腐。揚げたり蒸したりして食べる。もともと中国湖南省が発祥だが、台湾に夜市文化が根付くなかで、その強烈な発酵臭が夜市の名物的な臭いとして知られるように。

お菓子

鳳梨酥(パイナップルケーキ)

小麦粉や卵、バターを使った生地にパイナップルのあんを入れた台湾発祥の焼き菓子。第2次世界大戦後に誕生し、伝統的にはあんに冬瓜が含まれるが、近年はパイナップル100%が人気で「土鳳梨酥」と呼ばれる。

明日誰かに教えたくなる **台湾の雑学**

レシートが宝くじになる

コンビニやスーパーなどでもらえるレシートにはアルファベットと番号が書かれており、当たったら賞金がもらえる。

お金は白い封筒に入れてはいけない

台湾では白は「死」を意味するため、白い封筒にお金を入れて渡すのはNG。

コンビニの人口比の数 世界第1位

人口当たりのコンビニエンスストアの数は、なんと日本や韓国よりも多く、世界第1位。台湾オリジナルのコンビニでは「ハイライフ」と「OKマート」が有名。

日系のコンビニが多い

ワールドランキング TOPIC

熊本にもやってきた半導体メーカー

台湾で創業したTSMC社が世界の半導体受託生産の半分以上を占めていることは有名。2023年の売上高は2兆1617億台湾ドル(約10兆円)で、時価総額ではトヨタ自動車の約2倍でアジア最大の企業。日本にJASMという子会社を設立し、2024年には熊本県菊陽町に工場が開設された。

新竹市の新竹科学園区にあるTSMC本社

かつて大帝国を築いた遊牧民の国

モンゴル国

Mongolia

国旗の意味

赤は繁栄を表す火を、青は平和と永遠を表す青空を意味する。左側の黄色い模様はソヨンボと呼ばれ国家を象徴している。

MN/MNG

IOC MGL

FIFA MNG

モンゴル語でこんにちは

Сайн байна уу？

（サイン バイノー）

はるか紀元前1300年代後半からモンゴル民族の歴史は始まっており、当時のチンギスハーン率いるモンゴル帝国は、中国大陸をも支配した大国。日本にも鎌倉時代に元寇として2度襲来している。面積は日本の約4倍もあるが、国土のほとんどは広大な大草原やゴビ砂漠となっており、人口密度は世界一低い。しかも人口の約半数が首都のウランバートルに集中している。

DATA

人口：約345万人
面積：約156万4100㎢
首都：ウランバートル
言語：モンゴル語ほかカザフ語
民族：モンゴル人約95％ほかカザフ人
宗教：チベット仏教ほか
通貨：トゥグリク
時差：日本より1時間遅れている
GNI：US$4260／人

国名の由来

正式名称はモンゴル・オルス。オルスは「国」を示す。モンゴルとは12世紀に存在した民族の名で「勇猛な人」の意味。1206年にはチンギスハーンがモンゴル帝国を建国。1271年には当時の皇帝フビライハーンが「大元」と改めた。その後、清の支配下で国名はいったん消滅したが1921年の独立で復活した。

グルメ

ホーショール

小麦粉の皮で肉のミンチやたたき肉を包み揚げたもの。おもに羊肉が使われる。モンゴル版のピロシキや揚げ餃子にたとえられる伝統料理。

左）草原で羊の放牧をする少年
右）伝統的な遊牧民の住居ゲル（テント）の内部

明日誰かに教えたくなる モンゴルの雑学

チンギスハーンは本名ではない

チンギスハーンの本名はテムジン。チンギスハーンはモンゴル帝国の皇帝に即位した際につけられた称号で、「荒れ狂う海を支配するもの（諸説あり）」という意味。

首都にあるチンギスハーン像

ワールドランキング TOPIC

世界史上最大の国だった

モンゴル帝国は建国後、巨大勢力となり領土を拡大。13世紀後半には現在のウクライナまでも含むユーラシアの東西に及んだ。これをきっかけに東西交易が活発化し、文化の融合が進んだ。

こちらは草原の中に立つ巨大なチンギスハン像

PHRASE ▶ ありがとう／バイルラー　がんばれ！／ヒチェーゲーレー　さようなら／バイルタェ

民主化に揺れる国際都市

香港

〈中華人民共和国香港特別行政区〉

Hong Kong

行政区旗の意味

中央は香港を象徴する花バウヒニア。紅白の2色は一国二制度を表す。

HK/HKG

IOC **HKG**

FIFA **HKG**

広東語でこんにちは

你好！

（ネイホウ）

中国広東省と地続きの九龍半島先端部と、その沖に浮かぶ大小263の島々からなる。小さな漁村地帯だったが1842年の南京条約でイギリスが植民地化。資本主義経済下で金融都市として発展し、1997年の返還時には中国のGDPの約20％を占めていた。返還から50年後の2047年までは、一国二制度として自治権を認められ通貨も別。しかし、近年、中央政府の政治介入が進み、急激に中国化が進む。

DATA

人口：約740万人
面積：約1110㎢
言語：広東語、英語、北京語ほか
民族：中国系92％、フィリピン人2.5％ほか
宗教：仏教または道教27.9％、キリスト教12％、イスラム教4.2％ほか
通貨：香港ドル
時差：日本より1時間遅れている
GNI：US$5万4370／人

国名の由来

最も有力とされる説は、珠江デルタ一帯から集まる香木の集積地だった湾とその沿岸の村の名をルーツとする説。そこは九龍半島と香港島に挟まれた現在の中心部ビクトリア港ではなく、香港島の南部にあったとされる。

グルメ

飲茶（やむちゃ）

料理名ではなく、中国茶を飲みながら点心（中華料理の軽食の総称）を食べる習慣のこと。飯物から蒸し物、デザートまであり、時間をかけて楽しむ。

左）九龍側から見る香港島のすばらしい夜景
右）香港ならではの景色が広がる下町

明日誰かに教えたくなる **香港の雑学**

世界一安いミシュラン掲載レストラン

添好運（ティム・ホー・ワン）はミシュランで一つ星を獲得した点心レストランで、ミシュランが認める味を世界一安く食べられると評判。日本をはじめ世界各地に展開している。

名物の酥皮焗叉燒包（チャーシューメロンパン）

ワールドランキングTOPIC

超大金持ちが大勢住む

3000万米ドル以上を保有する超富裕層が1万人以上もいる。ただし資本市場の低迷などによって年々海外へ流出ししており減少の傾向にある。

出典：Altrata（UK）2023

富裕層のために造られた世界一長いエスカレーター

PHRASE ▶ **ありがとう**／ドーゼー　**がんばれ！**／ガーヨウ　**さようなら**／バイバイ、ヂョイギン

歴史遺産と世界有数のカジノの町

マカオ

〈中華人民共和国マカオ特別行政区〉

Macau

行政区旗の意味

マカオの象徴である蓮の花に中国を表す星と海、橋を配す。

MO/MAC

IOC **MAC**

FIFA **MAC**

広東語でこんにちは

你好！

（ネイホウ）

1557年にポルトガルが明から居留権を得て、1887年の中葡和好通商条約で正式割譲され、以来、東方貿易の港として発展。1999年に中国へ返還された。中国大陸の一部のマカオ半島と、埋め立てられて一体化したふたつの島からなる。19世紀の香港の台頭で衰退したため、17世紀からの古い建築と町並みがそのまま残り、規模の大きなカジノ施設群とともに世界中から観光客を集める。

DATA

人口：約68万3000人
面積：約32.9㎢
言語：広東語、ポルトガル語ほか
民族：中国人88.75％
宗教：民俗宗教58.9％、仏教17.3％、キリスト教7.2％ほか
通貨：マカオ・パタカ
時差：日本より1時間遅れている
GNI：US$4万3680／人

国名の由来

媽閣廟という中国寺院の近くに上陸したポルトガル人が、近くにいた地元民に「ここはどこか？」と尋ねたところ、勘違いして廟の略称「媽閣（広東語読みでマーガオ）」と教え、やがて「マカオ」と呼ばれるようになったといわれている。媽閣廟は現在も残り、世界遺産「マカオ歴史地区」の構成遺産のひとつとなっている。

グルメ

アフリカン・チキン

大航海時代のルート上にあったスパイス、ココナッツミルクなどを使い、伝統的な広東料理と融合した鶏料理。ジューシーで甘辛なカレー風味で食べやすい。

左）セントポール天主堂跡のファサード
右）ポルトガル風の建物が並ぶセナド広場

明日誰かに教えたくなる **マカオの雑学**

毎年自治体からボーナスがもらえる

カジノで潤うマカオでは、消費税が導入されていない。さらには毎年自治体からひとり12万円程度の給付金がもらえる。その恩恵に年齢制限はなく子供ももらえる。

きらびやかなカジノリゾート

ワールドランキング TOPIC

世界一から転落したカジノ収入

2006年度にカジノ収入がラスベガスを抜き世界一となったが、2022年に16年ぶりにラスベガスに奪還されてしまった。コロナ禍で利用者の多くを占める中国本土からの客が減ったため。

1970年代に建てられた老舗カジノのリスボア。左は新館

PHRASE ▸ **ありがとう／ドーゼー　がんばれ！／ガーヨウ　さようなら／バイバイ、ヂョイギン**

金一族が世襲で治める社会主義国家

朝鮮民主主義人民共和国

Democratic People's Republic of Korea

国旗の意味

赤は革命の伝統、白は純潔性と強さ、尊厳、青は主権と平和、友好、赤い星は社会主義を象徴。

KP/PRK

IOC PRK
FIFA PRK

朝鮮語でこんにちは

안녕하세요！
（アンニョンハセヨ）

1945年の日本敗戦で朝鮮半島は北がソ連、南がアメリカの支配下におかれ、1948年にソ連の支援で建国された社会主義国。韓国ともども半島全体の領有を主張するが、1950年に朝鮮戦争が起き、1953年の休戦協定締結で、38度線で実質的に分断されて現在にいたる。独裁国家で日本とは国交がないが、世界では160ヵ国近くと国交がある。核やミサイルの開発など東アジアの脅威としての話題が多い。

DATA

人口：約2578万人
面積：約12万538㎢
首都：平壌
言語：朝鮮語
民族：朝鮮民族
宗教：無宗教、儒教、天道教、キリスト教、仏教など
通貨：北朝鮮ウォン
時差：日本と同じ

国名の由来

朝鮮とは「朝が鮮やかで美しい」という意味。古代には使われていたものの一部の地名に過ぎず、1392年に成立した李氏朝鮮が国号に用いたのをきっかけに半島全体の名称、あるいは統治国家を示すようになった。

グルメ

平壌冷麺

冷麺は朝鮮半島に広く浸透するが、特に米作に適さない北部で古くから食べられた。平壌冷麺は、そば粉の黒みが残る麺に具材をのせ冷たいスープをかける。

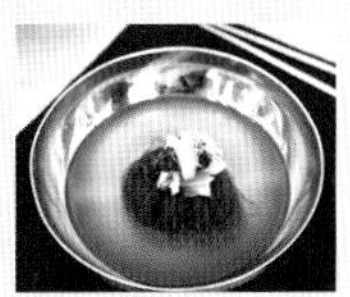

左）国境のある板門店の非武装地帯
右）祝い事やイベントではマスダンスがよく踊られる

明日誰かに教えたくなる **北朝鮮の雑学**

自由が制限されているのに大麻は合法

独裁国家でさまざまな自由が制限されている北朝鮮。しかし、違法の国がほとんどのアジアでは珍しく大麻が合法。実は単に大麻に関する法規定がないだけ。

平壌にある金日成と金正日の像

ワールドランキング TOPIC

世界有数の国事大国

情報統制が厳しく正確なデータはめったに出ないが、人口に対する軍隊の規模は世界有数と推察されている。約2700万人の人口に対し朝鮮人民軍の現役兵士は約119万人もいるとされている。

近年のミサイル技術の進歩は著しい

PHRASE ▶ **ありがとう**／コマワヨ　**がんばれ！**／ヒㇺネセヨ　**さようなら**／アンニョンヒケシプシオ

経済成長著しいクメールの国

カンボジア王国

Kingdom of Cambodia

国旗の意味

世界に誇るヒンドゥー教遺跡アンコール・ワットが描かれている。実際の建物が描かれた世界で唯一の国旗。

KH/KHM

IOC **CAM**

FIFA **CAM**

カンボジア語でこんにちは

សួស្តី!
(スオスダイ)

人口の約98%を占めるクメール人は、6世紀頃ここにあった真臘（チェンラ）王国の流れをもって建国されたクメール王朝の子孫。9世紀から15世紀まで独特で壮大なクメール文化を花開かせ、最盛期の人口は100万人を超えたという。アンコール・ワットはその遺産だ。1431年にタイのアユタヤ王朝に侵攻されて以来、転々と現在のプノンペンまで遷都を繰り返した。この間にクメール人は少数化し、19世紀のフランス植民地を経て1953年に独立するまでは確たる国をもたない民族だった。1970年代にはポル・ポト政権による大量殺戮で知られる内戦を経験したものの、現在は目覚ましい経済発展を遂げている。

国名の由来

カンボジア語での読み方は「カンプチャ」に近い。建国者として碑文にその名が残るインドからやってきたバラモン僧カンプー・メラーに由来。「チャ」は子孫を意味するため、「カンプーの子孫」という意味になる。

正式名称はカンボジア語読みでプレアリアチアナーチャッカンプチャ。前半のプレアリアチアナーチャッは王国を意味するので、つまりカンプチャ王国。

発展著しいプノンペン

DATA

人口：約1690万人
面積：約18万1035㎢
首都：プノンペン
言語：カンボジア語（クメール語）
民族：クメール人97.6％、チャンパ族1.2％、中国系0.1％、ベトナム系0.1％ほか
宗教：仏教（公式）97.9％、イスラム教1.1％、キリスト教0.5％ほか
通貨：リエル
時差：日本より2時間遅れている
GNI：US$1690／人

左）水面にシンメトリーに映る人気ビューポイントから見たアンコール・ワット
右）伝統的なクメール舞踊

PHRASE▶ ありがとう／オークン　がんばれ！／コンプラン　さようなら／チョモリアプリーア

COLUMN
カンボジア人の心の拠りどころ　アンコール遺跡群

北西部の町シェムリアップ周辺に点在するアンコール遺跡群は、現在のカンボジア王国のもととなったクメール王朝（9～15世紀）の首都跡を中心とする遺構。クメールの微笑みと称される観世音菩薩のレリーフで知られる「アンコール・トム」、ガジュマルの浸食で廃墟感が漂う「タ・プローム」などがあるが、最も有名なのは国旗にも描かれる「アンコール・ワット」。もともとはクメール王国が12世紀前半に建設したヒンドゥー教寺院。15世紀に放棄された後、16世紀後半に仏教寺院として改修された。

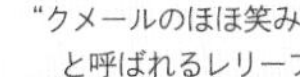
“クメールのほほ笑み”と呼ばれるレリーフ

COLUMN
中国化後、荒廃が進む美しいビーチリゾート

セイハヌ（シハヌーク）前国王の名を冠したカンボジア南部の港湾都市シアヌークビル。2016年頃から中国資本によるビーチリゾート開発が進んだ。町にはオンラインでも遊べるカジノ併設のホテルが次々と建てられバブル状態に。中国人であふれ、漢字の看板だらけの中国の一都市のような様相になった。しかし、2019年にオンラインカジノが違法化。バブルがはじけた。

町は漢字の看板でいっぱい

プノンペンのランドマーク、独立記念塔

グルメ
アモック

魚や鶏肉をスパイス、ココナッツミルクとともに蒸し、卵でとじたもの。カンボジアのカレーともいわれる。具材によく使われるのはメコン川の魚。

お菓子
ロッパウ・ソンクチャー

くり抜いたカボチャの中にアヒルの卵とココナッツミルクで作ったプリンが入っている蒸しデザート。日本ではカボチャプリンとも呼ばれているカンボジアの名物スイーツ。

明日誰かに教えたくなる **カンボジアの雑学**

たんぱく源として昆虫食が一般的

東南アジアでは各地で昆虫を食べるが、カンボジアでは特に盛ん。コオロギ、タランチュラ、ゲンゴロウなど、さまざまな昆虫を食する。虫を捕獲して食べる観光ツアーもある。

東南アジア最大の淡水湖

トンレサップ湖は東南アジア最大の淡水湖で、雨季にはメコン川が逆流して湖が巨大化することで知られる。アンコール・ワットにも近く、プノンペンから船でメコン川を遡上して拠点の町シェムリアップにアクセスすることもできる。

トンレサップ湖の水上集落

ワールドランキング TOPIC
世界一おいしいといわれるコショウ

生産量こそ世界10位以下だが、グルメ雑誌などでカンボジアのコショウは世界一おいしいと紹介されることが多々ある。最も有名なのが南部カンポット産。栽培に適した環境が整っているためで「カンポットペッパー」と呼ばれている。

内戦で衰退したが年々生産量を増やしている

世界で最も多くの島からなる多民族国家

インドネシア共和国

Republic of Indonesia

国旗の意味

比率は違うがモナコの国旗と同じデザイン。13世紀のマジャパイト王国で使われた2色を使用している。

ID/IDN

IOC INA
FIFA IDN

インドネシア語でこんにちは

Selamat siang !
(スラマッ シアン)

ユーラシアとオーストラリア両大陸との間に浮かぶ、ジャワ、スマトラ、ボルネオ、バリなど、世界最多の1万7000島余りを数える群島国家。有人島だけでも9000にも及ぶ。人口は世界第4位を誇り、およそ300もの民族が暮らしている。イスラム教徒がほとんどで人口全体の約87%を占めるが、キリスト教、ヒンドゥー教、仏教なども認められ、多様な民俗文化が混在する。多くは火山島で活発な活動による被害がたびたびニュースで伝えられるが、一方で自然の恵みは多く豊富な天然資源を有する。将来の担い手となる24歳以下の人口が約44%と若年層の多さが世界企業に注目され、近年の経済成長は著しい。

国名の由来

ギリシア語で東を意味する「インドス（indos）」と島々を意味する「ネソス（nesos）」が合わさってできた。もともと広大な海域に島々が散らばるこの地域は、古代から多くの王国が興っては滅んだが、全体を表す名はなく、1920年代のオランダ領東インド時代から使われるようになった。大陸のインドに文化的影響を受けてきたことから「島々のインド」として意識してつけられたともいわれる。

DATA

人口：約2億7577万人
面積：約192万4569㎢
首都：ジャカルタ
言語：インドネシア語、英語ほか
民族：マレー系（ジャワ、スンダ、バタック、マレー、マドゥラ、ベタウィなど約300民族）
宗教：イスラム教87.2％、キリスト教9.8％、ヒンドゥー教1.7％ほか
通貨：ルピア
時差：日本より2時間遅れている（ジャカルタ。ほかふたつのタイムゾーンがある）
GNI：US$4580／人

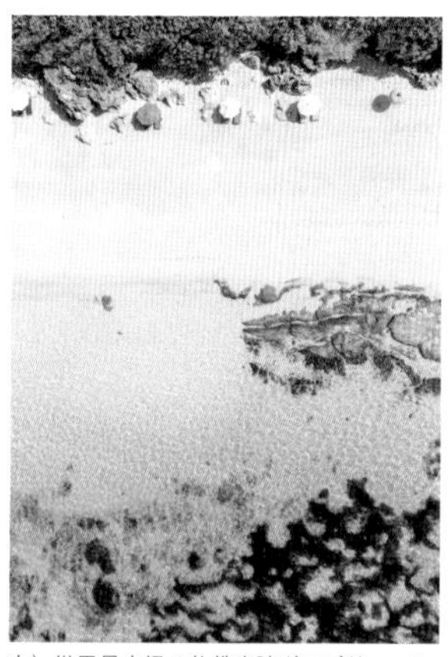

左）世界最大級の仏教寺院ボロブドゥール
右）目の覚めるような美しさのビーチ（バリ島）

PHRASE ▶ ありがとう／トゥリマカシ　がんばれ！／スマンガット　さようなら／スラマッジャラン

COLUMN 神々のすまう島 バリ

世界中から旅行者やサーファーが集まるバリ島。各地で出合う独特の文化や、鮮やかな緑色を帯びる世界遺産の棚田、ダイビングやサーフィンなどのアクティビティとその魅力はさまざまだ。1920年代には欧米でバリ島ブームが巻き起こった。インドネシアでは唯一ヒンドゥー教が信仰されている島で、その起源は11世紀頃にまで遡る。13世紀に興ったマジャパイト王国においてもヒンドゥー教は国教とされ、それ以後も周辺地域とは異なる独自のヒンドゥー文化を育んでいった。洗練された舞踊や絵画、バリ・ガムラン音楽など、ここでしか見られない魅力は数えきれない。

ウブドの棚田

COLUMN 今なお伝統を守るトラジャ族の里

舟形の伝統家屋で知られるトラジャ族は、伝統的な慣習を守って生活している。家屋は彼らが船を使ってスラウェシ島にやってきたことを表すものと考えられている。独自の死生観を表す岩窟墓も有名で、タウタウと呼ばれる人形が岩窟に並ぶ景色はまさに奇観。ここで生産されるコーヒーは高級品として知られる。

トラジャ族の伝統的な舟形家屋

バリ伝統の舞踊を神にささげる女性

グルメ

サテ

地域によって食文化が異なるインドネシアでも全土で親しまれる庶民的な串焼き料理。ジャワ島から広がった。甘めのピーナッツソースで食べることが多い。

おみやげ

コピ・ルアク

ジャコウネコがコーヒー豆を食べ、排泄した未消化豆を洗浄・乾燥させて作られるコーヒー。希少なものなので、やや値は張るがすばらしい香りをもち、おみやげとして人気が高い。

明日誰かに教えたくなる インドネシアの雑学

ケチャップはインドネシア語？

ケチャップの語源についてはこれまでさまざまな学者が議論をしてきたが、一説によると醤油風のソースを指すマレー語「ケチャップ」が語源では？　ともいわれている。

握手が大事なコミュニケーション

インドネシアではとにかく握手をする。初めて会ったときだけではなく、道端で知り合いと会ってもまず握手。必ず右手で、がっちり最低でも10秒以上が当たり前。その間は相手の目を見たままが基本。ただし男性のほうから女性に求めるのはNG。

握手には笑顔もマストとされる

ワールドランキング TOPIC

イスラム教徒の人口は中東各国より多い

イスラム教と聞くと中央アジアから中東、北アフリカあたりを思い浮かべるが、実はムスリム（イスラム教徒）が最も多い国はインドネシアで2億3106万人。ただし、総人口に対する割合は87.2％で、多くが90％を超える中東各国と比べると低い。

出典：The Royal Islamic Strategices Centre(Jordan)2022

バリ島のヒンドゥー寺院。憲法では信仰は自由とされる

急速に発展するイスラム教徒の多い国

マレーシア

Malaysia

国旗の意味

赤と白の横線は独立時の13の州と連邦直轄区（首都クアラルンプール、プトラジャヤ、ラブアン島）を、月と星はイスラム教を表している。

MY/MYS

IOC　MAS

FIFA　MAS

マレー語でこんにちは

Selamat tengahari !

（スラマッ トゥンガハリ）

マレー半島とボルネオ島の北側を領土とし、13の州と3つの連邦直轄区でなる。国土の60％が熱帯雨林。国民はマレー系、中国系、インド系、そして多数の先住民という多民族国家で、多様性を受け入れ共存する姿はモザイクにたとえられる。1400年頃にスマトラ島の王族が建国したマラッカ王国が始まりで、交易地として繁栄したが、16世紀に植民地化。ポルトガル、オランダ、イギリス支配を経て、1963年にマレーシア連邦として独立。1965年にシンガポールが分離独立し今にいたる。資源に恵まれ、1988年以降は高い経済成長が続く。治安や気候がよく物価も安いため、日本では住みたい国として人気が高い。

国名の由来

マレーは古代インドにおいてはマレーシアの位置する半島全体の呼び名で、サンスクリット語で山地を意味する「マラヤ」に由来しているとされる。

マレーシアはそれにラテン語の「国・地方」を意味する言葉からきた接尾辞「シア」が付いたもので、19世紀にフランス人探検家ジュール・デュモン・デュルヴィルが東インド諸島全体を示す地域名として生み出した。

ランカウイ島の美しいビーチ

DATA

人口：約3350万人
面積：約33万㎢
首都：クアラルンプール
言語：マレー語、中国語、タミル語、英語ほか
民族：マレー系70％、中国系23％、インド系7％、ほか先住民族
宗教：イスラム教64％、仏教19％、キリスト教9％、ヒンドゥー教6％、儒教・道教1％
通貨：リンギット
時差：日本より1時間遅れ
GNI：US$1万1830／人

左）マラッカの中心にあるオランダ広場
右）近代マレーシアを象徴するペトロナス・ツインタワー

PHRASE ▸ ありがとう／トゥリマカシ　がんばれ！／ボーレ　さようなら／スラマトティンガル

COLUMN

多民族国家とブミプトラ政策

さまざまな民族が仲よく共生しているマレーシア。しかし、1969年にはマレー人と中国系住民の間で衝突が起こっている。植民地時代に商工業で力をつけた中国系と、農業主体のマレー人との間に所得格差が生じたことへの不満が表面化したのだ。ここで打ち出されたのが「ブミプトラ政策」。ブミプトラとは「土地の子」という意味のマレー語で、要はマレー人のこと。彼らに特権を与えることで民族間の不均衡を解消しようというものだ。

しかし政策の実施にともない新たな問題も浮上している。優遇措置に甘んじるマレー人の怠慢が指摘されるようになり、批判が集まっているのだ。民族間のバランスと経済成長をいかに保つか、多民族国家マレーシアは常に難しい舵取りを求められている。

COLUMN

歴史的町並みの残るペナンとマラッカ

マレーシア北東部に浮かぶペナン島と南部のマラッカは、その歴史的町並みが世界遺産に登録されている。マラッカはマレー世界の原型を作ったとされる15～16世紀に栄えたマラッカ王国の首都。一方ペナン島は、18世紀末にイギリスがマレーシアで初めて入植した土地。貿易の中継地として発展した。

ペナンはウオールアートでも近年人気

上）クアラルンプールのアロー通りには屋台が集まる
下）ボルネオ島の固有種で世界最大の花ラフレシア

グルメ

ナシ・レマッ

ナシは米、レマッはココナッツミルクの意味。ココナッツミルクで炊いたご飯に、キュウリ、揚げ小魚、卵、ピーナッツをのせ、辛いソースで食べる。

お菓子

アイス・カチャン

マレーシア式かき氷。もともとは氷とゆで小豆だけのシンプルなものだったが、現在は練乳やココナッツミルクなどをかけ、カラフルなゼリーや寒天、フルーツなどをトッピングするのが一般的。

明日誰かに教えたくなる マレーシアの雑学

世界一高いツインタワー

1998年の完成時、世界で最も高いタワーだったペトロナス・ツインタワー。2004年にドバイのバージュ・ハリファにその座を譲ったが、ツインタワーとしては依然として世界一。

9つのイスラム王室がある

13州のうち9州は、現在でもイスラム君主であるスルタンが治め、その中から5年ごとに国王が選出される。役割は象徴的。

コーヒーは基本的に甘い

コーヒーは甘いのが当たり前で、コンデンスミルクと砂糖たっぷり。砂糖とミルクなしと言わないとブラックは出てこない。

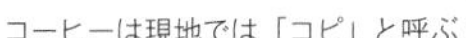

コーヒーは現地では「コピ」と呼ぶ

ワールドランキング TOPIC

日本人が一番住んでみたい海外の国

日本人が住みたい国として14年連続（2006～2019年）世界一。コロナ禍の影響で調査は中断されていたが、再開した2023年の調査でも1位を獲得した。気候も治安もよくて物価が安いのが人気の理由。
出典：財団法人ロングステイ財団2024

滞在先として人気のキャメロン・ハイランド

民政から軍政へ混乱が続く

ミャンマー連邦共和国

Republic of the Union of Myanmar

国旗の意味

星は永続する連邦、黄は団結、緑は平和と自然、赤は勇気と決意を表す。

MM/MMR

IOC **MYA**

FIFA **MYA**

ミャンマー語でこんにちは

မင်္ဂလာပါ။!

(ミンガラーバー)

1989年にビルマからミャンマーへ国名を変更。北部の山岳地帯から南部のマレー半島の付け根まで約2000kmに及ぶ広大な国。少数民族を数えると135の民族が暮らすといわれ、独自の言語や文字をもっている民族もいて多様かつ複雑。最多は人口の約7割を占めるビルマ族で、彼らの言語であるミャンマー語が公用語。全国民の約9割が仏教徒のため、生活習慣全般に仏教の影響が強い。1962年のクーデターから軍が一党支配体制を続けていたが、2008年に新憲法案が国民投票で可決。2015年の総選挙でアウン・サン・スーチー氏率いる政党が単独過半数を獲得し民主化されたものの、2021年に再びクーデターが起こり軍政に戻った。

国名の由来

古いビルマ語で多数民族のビルマ族を示すムランマまたはミランマが元で「強い人々」の意味。その語源は不明とされるが、サンスクリット語で世界の創造主である梵天のいる場所を意味する言葉という説が有力。ちなみにミャンマーはビルマ語での文語体で、口語体では「バマー」と使い分けられる。

前国名のビルマは英語読みで、1989年に軍事政権が原音に近いミャンマーに変更。しかし、軍事政権の正統性を認めぬためにビルマの呼称を用いる国も多い。

DATA

人口：約5114万人
面積：約68万㎢
首都：ネーピードー
言語：ミャンマー語、シャン語、カレン語ほか
民族：ビルマ族68％、シャン族9％、カレン族7％、ラカイン族4％、中国系3％、インド系2%、モン族2%ほか
宗教：仏教90％、キリスト教6.2％、イスラム教4.3％、アニミズム0.8％、ヒンドゥー教0.5%ほか
通貨：チャット
時差：日本より2時間30分遅れている
GNI：US$1270／人

平野に40kmにわたり広がるバガン遺跡群

PHRASE ▶ ありがとう／チェーズーティンバーデー　がんばれ！／チョーザーバー　さようなら／トァウダォーメ

COLUMN

最大の聖地シュエダゴン・パゴダ

旧首都ヤンゴンにあるシュエダゴン・パゴダはミャンマー最大の聖地。その由緒は驚くべきもので、紀元前585年、8本の髪を仏陀から直接もらい受けた商人兄弟が、その聖髪をこの地に奉納したのが起源とされている。実は似たような話が残っている寺院が、同じ仏教国のスリランカなどにも残っていて興味深い。寺院はその後拡張され、今では大小60以上の塔が立つ大規模な寺院となっている。願いがかなう仏像や子宝祈願の仏像、ふたりの兄弟が奉納前に聖髪を洗った井戸など、お祈りスポットが数多くある。ヤンゴンでも随一の観光スポットでもある。

ヤンゴン観光のハイライト

COLUMN

緑と仏塔の絶景 バガン

近年、ミャンマーの絶景として注目が集まっているのがバガン。見渡す限りの緑の平野に、ニョキニョキと数千もの仏塔が点在する景色はとても神秘的だ。ここはビルマ族最初の王朝バガンが興った場所。その規模から、カンボジアのアンコール・ワット、インドネシアのボロブドゥールとともに世界3大仏教遺跡に数えられている。

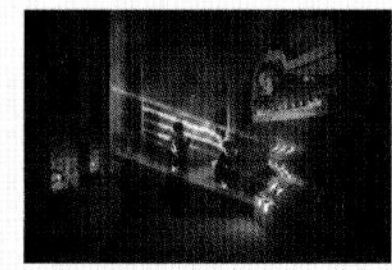
寺院で祈る僧侶

インレー湖で見られる伝統的な漁

グルメ

ヒン

タマネギをスパイスで炒めたものに具材を加え、たっぷりの油で煮込んだミャンマー風カレー。鶏、豚、羊、ヤギと具材の肉はさまざま。

おみやげ

宝石

宝石の産出国として知られ、サファイア、ヒスイ、ガーネットなどさまざま出るが、とりわけルビーの産出量が多い。高級品には手が届かなくとも、安価な石を使った壁飾りなども売られている。

明日誰かに教えたくなる ミャンマーの雑学

牛肉はあまり食べない

特に仏教の戒律が関わっているわけではないが、ミャンマーでは牛肉はあまり食べられない。農業で働いてくれている牛を食べるのは心情的に気が進まないというのがおもな理由のようだ。

顔にタナカを塗る

よく顔に白いものを塗っている人々を見かけるが、これは伝統的な化粧で、日焼け防止や美肌に効果があるといわれるタナカという名の木の粉末。アフリカなどでも同じような習慣が見られる。

タナカを塗った女性

ワールドランキング TOPIC

政情不安からアヘン大国へ

国連はミャンマーが2023年に世界一のアヘン生産国になったと発表した。山岳地の奥深くなどでケシが栽培されていたようだが、2021年の軍によるクーデターのあとに大幅に増えた。

出典：国連薬物犯罪事務所（UNODC）2023

紛争激化で山岳地の農村部ではケシ栽培に転向

7000以上の島からなる群島国家

フィリピン共和国

Republic of the Philippines

国旗の意味

青は平和、真実、正義、赤は愛国心と勇気、白は平等に対する希望、太陽は自由、太陽から出ている8つの光はスペインに対して最初に武器を取った8州を表す。

PH/PHL

IOC PHI

FIFA PHI

フィリピノ語でこんにちは

Magandang hapon !

(マガンダン ハーポン)

太平洋に浮かぶ7000以上の島で構成される。島数の多さと海域の広さから、現在の国土に相当する国家の原型は、1521年にマゼラン率いるスペイン船団が訪れ、植民地化されるまで存在しなかった。スペイン支配は19世紀末まで続き、ASEAN唯一のキリスト教国であるのはこの影響。カトリックとそのほかの教派を合わせるとキリスト教徒は90％を超える。1898年には独立を宣言するが、アメリカが認めず戦争によって領土化。イギリスを超える世界第3位の英語話者人口の多さはこれによる功罪。第2次世界大戦後の1946年に独立を回復、マルコス大統領の独裁時代を経て1986年の民主化以後、経済発展が著しい。

国名の由来

1529年にスペインが領有、1543年に当時のスペイン皇太子（後にフェリペ2世国王）の名にちなみフィリピナス諸島と命名されたのが始まり。

この経緯から現国名は植民地時代の負の遺産と考える層も少なくなく、国名変更論が常に出ている。

マニラには歴史ある教会が多い

DATA

人口：約1億903万人
面積：約29万8170㎢
首都：メトロ・マニラ
言語：フィリピノ語、英語ほかビサヤ語、ビコール語など約180の言語がある
民族：おもにマレー系。ほかに中国系、スペイン系、少数民族など
宗教：カトリック83%、プロテスタント8.2%、そのほかのキリスト教3.4%、イスラム教5%ほか
通貨：フィリピン・ペソ
時差：日本より1時間遅れている
GNI：US$3950／人

パラワン島にはフィリピンでも指折りの美しい海が広がる

PHRASE ▶ ありがとう／サラマッポ　がんばれ！／パグブティヒンモ　さようなら／パアラム

COLUMN
日本とフィリピンのつながり

古くから関係のある日本とフィリピンだが、最もゆかりのある土地がミンダナオ島のダバオ。ここにはかつて日本人街があり、最盛期には1万7888人もの日本人が暮らしていた。移民の記録は16世紀にまで遡るが、まとまった数の日本人が移住してきたのは1903年頃。150人ほどの日本人がアバカ（マニラ麻）農園で働くためにダバオを訪れている。日本人によるアバカ農園は拡大を続け、宗主国アメリカの農園の規模を上回るほどに成長。その後、第2次世界大戦の敗北により、農園は接収され、ほとんどの日本人は帰国。現在もわずかながらその子孫が暮らしている。

当時の日本人の集合写真

COLUMN
不思議な絶景 チョコレート・ヒルズ

セブ島からフェリーで約2時間のボホール島。自然豊かなこの島にはフィリピンが誇る絶景チョコレート・ヒルズがある。高さ30〜40mの円錐形の丘が約1200個、ポコポコと地の果てまで広がっていて、4〜6月の乾季には色が緑からチョコレート色に変化し、絵に描いたような幻想的な景観が広がる。セブ島からは1日ツアーで訪れることができる。

世界に誇る奇観

メトロ・マニラのビジネス街であるマカティの大通り

グルメ
レチョン

豚を1頭まるごと炭火焼きする料理。内臓を取り出して香草や野菜を詰めて焼く。祝い事などでの特別な料理だが、リゾートホテルなどでも出されている。

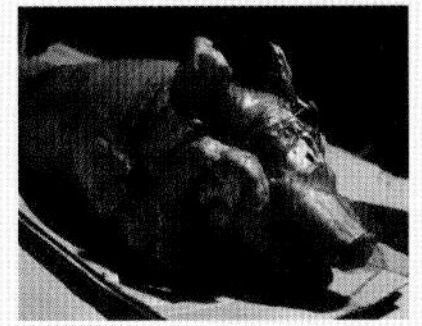

お菓子
ハロハロ

日本でも一時期、大ブームとなったフィリピン流かき氷。「ごちゃ混ぜ」を意味する名のとおり、小豆、ナタデココ、アイス、タピオカなどをたっぷりトッピングし、そのカラフルさが特徴。

明日誰かに教えたくなる **フィリピンの雑学**

クリスマスを5ヵ月も祝う

フィリピンでは9月から1月まで、なんと5ヵ月間もクリスマスを祝う。

離婚を違法とする唯一の国

信心深いキリスト教国のため、離婚は法律上禁止されている。

食事は1日5回？

旧宗主国スペイン由来のメリエンダという間食習慣がある。おやつ程度かと思いきや、ほとんど食事と変わらないような結構なボリュームなので、フィリピン人は1日5回食べるなどといわれている。

スナックを売る屋台

ワールドランキング TOPIC
携帯メールの発信が世界一

フィリピン人はとにかく携帯が大好き。1日中、手放すことはない。やりとりはFacebookが主流だが、携帯メールもよく使われ、世界で送信されている携帯メールの17%近くがフィリピンから送られるという。
出典：Asia-Pacific Telecommunity (Thailand)

島が多いことも携帯普及の一因

赤道直下の小さな富裕国

シンガポール共和国

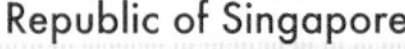

Republic of Singapore

国旗の意味

マレーシア連邦だった頃の州旗。赤は世界全民族の友愛と平等、白は潔白と徳を表す。

SG/SGP

IOC SGP

FIFA SGP

マレー語でこんにちは

Selamat tengahari !

（スラマット トゥンガハリ）

赤道のほぼ真下にある熱帯の国。島国であり、隣国マレーシアとは海峡を隔てて橋で結ばれている。淡路島の1.2倍ほどの面積しかなく国全体でひとつの行政区、事実上、国家＝首都となっている。緑豊かでガーデンシティとも呼ばれるが、領土は埋め立てにより拡大を続け、高度に都市化され、原生の自然はほとんどない。天然資源も皆無に等しく、観光、貿易金融、運輸中継の起点として発展してきた。中華系を筆頭に、マレー系、インド系など住民も多様で、人口の約3割は外国人。1人当たりGDPは世界第5位（2023年）と常に上位で、国民の90％が家を所有という恵まれた国だが、物価の高さと法律の厳しさもまた有名。

国名の由来

14世紀末にサンスクリット語で「ライオンの町」を意味する「シンガプーラ」という名称が定着し、現在の「シンガポール」へとつながった。それ以前は「海の町」を意味する「テマセック」と呼ばれていた。

なぜライオンの町かは歴史学的には明確にされていない。しかし、広く通説となっている伝説がある。13世紀にスマトラ島のパレンバンの王子スリ・トリ・ブアナ（サン・ニラ・ウタマとも呼ばれる）が狩りをするためテマセックに上陸、ライオンらしき獣を見た。王子はこれをよい兆候として町を築きライオンの町「シンガプーラ」と名づけたというもの。

DATA

人口：約564万人
面積：約720㎢
首都：シンガポール
言語：マレー語、英語、中国語、マレー語、タミル語
民族：中華系74％、マレー系14％、インド系9％
宗教：仏教33.2％、キリスト教18.8％、イスラム教14％、道教10％、ヒンドゥー教5％ほか
通貨：シンガポール・ドル
時差：日本より1時間遅れている
GNI：US$6万7200／人

天空プールとカジノのある高級ホテル、マリーナ・ベイ・サンズ

PHRASE ▶ **ありがとう**／トゥリマカシ　**がんばれ！**／ボーレ　**さようなら**／スラマトティンガル

COLUMN

日本支配と独立までの道

第2次世界大戦中の1942～45年の3年間、シンガポールは日本軍に占領された（当時は「昭南島」と呼ばれた）。このとき、華人に苛烈な政策を行ったため、今でも反日感情の強い人もいる。その後、1948年に現在のマレーシアがマラヤ連邦として独立し、シンガポールも1959年に完全自治を得た。初代首相は客家系華人のリー・クアン・ユー。1963年にマレーシア連邦の1州となるも、連邦政府としばしば対立し、追放される形で1965年にシンガポール共和国となった。

日本占領下での被害者のために建てられた記念碑

COLUMN

名門ホテルのラッフルズ

作家サマセット・モームや俳優チャーリー・チャップリンなどに愛された伝統のコロニアルホテル。モームが"東洋の真珠"と絶賛した美しいコロニアル建築や、シンガポール・スリングという名物カクテルが味わえるロングバーなど見どころも盛りだくさん。2年以上の改装を経て、2019年にリニューアルオープンした。

伝統と格式のコロニアルホテル

シンガポールのシンボル、マーライオン

グルメ

チリクラブ

新鮮なカニを、カニみそ、トマト、チリを合わせて作った辛いソースで炒めたもの。カニを食べながら揚げパンのようなマントウをソースにつけて食べる。

おみやげ

TWGの茶葉とマカロン

2008年にシンガポールで創業した高級茶ブランドで、現在は世界的に知名度が高い。近年は茶葉をフレーバーに配合したマカロンも人気がある。

明日誰かに教えたくなる **シンガポールの雑学**

独自の英語「シングリッシュ」

シンガポールで生まれた独特の英語「シングリッシュ」。語尾に「ラー」や「レー」を付ける、文法を簡略化するなどの特徴がある。教育ではなく、多民族間の生活共通言語として英語が使われるなかで、各言語のなまりが融合し確立した。

紙幣に国歌が書かれている

1000シンガポール・ドル紙幣の裏には国歌がかなり小さな文字で書かれている。

ごみのポイ捨ては罰金

さまざまな民族が集まるため規則や法律が厳しい。ポイ捨ては最高S$1000の罰金。

町を清掃する車

ワールドランキング TOPIC

生活費が高い特殊な事情

世界で最も生活費が高い都市の2023年ランキングで、シンガポールはチューリヒとともに1位となった。治安をよくするため酒税を高くしていたり、交通量を減らすための台数制限で自動車が高価だったりがおもな原因。

出典：Economist Intelligence Unit (UK) 2023

公共交通費や庶民的な店の食費はむしろ安い

仏教文化が根付くほほ笑みの国

タイ王国

Kingdom of Thailand

国旗の意味

紺は国王、白は宗教、赤は国民を表している。

TH/THA

IOC THA

FIFA THA

タイ語でこんにちは

สวัสดี ครับ/ค่ะ!

(サワディー クラッ(男性)/カー(女性))

東南アジアのほぼ中央に位置し、面積は日本の約1.3倍。南北で最も離れた部分で1860kmと細長い。熱帯に位置するため四季はなく、1年は乾季、雨季、暑季の3つに分かれる。主要民族であるタイ族の最初の国家成立は13世紀のスコータイ王朝。その後、アユタヤ、トンブリーと経て、現在のチャクリー王朝が1782年に首都をバンコクに遷都している。約95％が仏教徒のため仏教国と呼ばれ、男性は人生に一度は出家をするが、短くて1週間、長くて3ヵ月が一般的。兵役義務はくじ引きで決められ、一喜一憂する光景がテレビ番組でもおなじみだ。観光や農業のイメージが強いものの、実際には輸出産業が最も盛ん。

国名の由来

正式名称は「ラート・チャ・アーナーチャック・タイ」で和訳では「王の領土であるタイ」。タイとは自由の意味。かつてはサンスクリット語で色黒が由来とされる「サイアム」が国名だったが、これは外国からの外名であったことから、14世紀に成立したアユタヤ朝が「ムアン・タイ（自由な地域）」と自称していたのに基づき1938年に改称された。タイ人は自国への敬愛を込めていねいな意味合いの呼び名「プラテート・タイ」もよく使う。プラテートは国の意味。

DATA

人口：約6617万人
面積：約51万4000㎢
首都：バンコク
言語：タイ語、そのほかマレー語、ビルマ語など
民族：タイ人97％、ミャンマー人1.3％、ほか華人、マレー人など
宗教：仏教94.6％、イスラム教4.3％、キリスト教1％ほか
通貨：バーツ
時差：日本より2時間遅れている
GNI：US$7230／人

左）暁の寺とも呼ばれるワット・アルン（バンコク） 右）はっとするほど美しいピーピー島のマヤ湾に浮かぶ伝統的なボート

PHRASE ▶ **ありがとう／コープクンクラッ(男性)、コープクンカー(女性)　がんばれ！／スースー**

COLUMN

バックパッカーの聖地 カオサン・ロードは今

タイといえばバックパッカーに大人気の国。特にバンコクは安宿や屋台が充実していて、貧乏旅行や“沈没”できる場所としても旅人に愛されてきた。その中心となったのがカオサン・ロード。「とりあえずカオサン・ロード」を合言葉に、長期旅行の初めの一歩としてここに集う旅人は多かった。しかし、旅行スタイルの変化とともに、近年は事情が変わってきている。外国人がつくり上げた町ともいえるカオサンは、バンコクでも屈指のおしゃれスポットとして人気を集めつつあるのだ。かつて建ち並んでいた安宿も減り、ポップなカフェやバーが軒を連ねる。

夜もにぎわうカオサン・ロード

COLUMN

タイのシンボル トゥクトゥク

タイ庶民の乗り物として愛されているトゥクトゥク。国のシンボルとして、雑貨や服のデザインに取り入れられることも多い。タイを訪れたら一度は乗ってみたいが、料金はタクシーより高めでぼったくりなどトラブルも多いので注意。2025年までにはすべてが電気自動車化される予定。

バンコクのトゥクトゥク

古都アユタヤではエレファントライドが体験できる

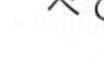

グルメ

マッサマン

アメリカの人気情報サイトで世界一おいしい料理にランキングされたこともあるタイのカレー。スパイスが効いたココナッツミルクの濃厚な甘味が特徴。

おみやげ

セラドン

13世紀にスコータイ王朝の王が中国から陶工を呼び寄せて生産が始まった伝統的な焼き物。草木から作る「うわぐすり」が生み出す淡いグリーンが特徴で、タイ料理によく合う食器として高級レストランなどで使われる。

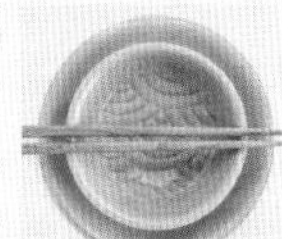

明日誰かに教えたくなる **タイの雑学**

バンコクという都市名は正式には存在しない

実はバンコクというのは通称で、正式名称は「クルンテープ・マハーナコーン・アモーンラッタナコーシン・マヒンタラーユッタヤー・マハーディロック・ポップ・ノッパラット・ラーチャタニーブリーロム・ウドムラーチャニウェートマハーサターン・アモーンピマーン・アワターンサティット・サッカタッティヤウィサヌカムプラシット」という。

一度も植民地化されていない

帝国主義時代、東南アジア諸国はほぼ西洋列強に植民地化されたが、タイだけは一度も植民地化されず独立を維持した。

バンコク郊外の水上マーケット

ワールドランキング TOPIC

やはりタイは観光大国

2023年に発表された「海外からの訪問者が多い都市」ランキングで、バンコクが年間約2200万人で世界一に。さらにプーケットが約989万人で14位、パタヤが約944万人で15位。旅先としての人気は非常に高いのがわかる。　出典：Travelness(USA)2023

コロナ禍で激減した旅行者も順調に回復

ドイモイ政策によって発展を続ける

ベトナム社会主義共和国

Socialist Republic of Viet Nam

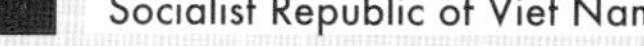

国旗の意味

金星紅旗(コー・ドー・サオ・ヴァン)と呼ばれ、旧ベトナム民主共和国(北ベトナム)の国旗として1945年に制定した旗を、南北統一(1976年)後も使用。

VN/VNM

IOC VIE

FIFA VIE

ベトナム語でこんにちは

Xin chào !

(シンチャオ)

南北に長く約1650km、東西は広くて約600kmで、中央部の最も狭い部分はわずか約50kmほど。そのため国の形はカゴを下げた天秤棒にたとえられる。平地が多い南北端に人口の7割が集中する。社会主義共和国だが、1986年から刷新を意味するドイモイと呼ばれる経済政策で、市場経済の導入、対外開放が進められ、経済発展が著しい。歴史は約1000年続いた中国支配から、フランス植民地支配、ベトナム戦争と、侵略と紛争が繰り返されてきた。かつては東南アジア唯一の漢字圏だったが、フランス植民地下の17世紀にローマ字表記にされている。歴史遺産、自然景観、ビーチ、活気ある大都市と観光資源が豊富。

国名の由来

中国語の「越南」が語源。ベトが「越」、ナムが「南」にあたる。1802年にグエン朝がベトナム全土を初めて統一。朝廷の始祖の嘉隆帝が中国の清朝に対して国号に「南越」を提案した。しかし、すでにほかの地域名に使われていたことから認められず、1804年に南と越を逆にして越南とすることで落ち着いた。越は中国華南に暮らしていた民族とその国のこと。

DATA

人口：約9946万人
面積：約32万9241㎢
首都：ハノイ
言語：ベトナム語
民族：キン(ベトナム)族85.7%、テイ族1.9%、タイ族1.8%、ムオン族1.5%、クメール族1.5%、モン族1.2%、ヌン族1.1%、ホア族1%など54部族
宗教：仏教7.9%、キリスト教7.5%、ホアハオ教1.7%、カオダイ教0.9%、イスラム教0.1%、無宗教81.8%
通貨：ドン
時差：日本より2時間遅れている
GNI：US$4010／人

左）歴史的建造物が残るホイアンの旧市街
右）伝統衣装アオザイを身に着けるベトナム人女性

PHRASE▶ ありがとう／カムオンアウム　がんばれ！／コーレン　さようなら／ヒンタムビェット

COLUMN
人気のビーチリゾート ダナン

近年ベトナムで人気上昇しているのが中部にあるベトナム第3の都市ダナン。大都市のすぐ近くにラグジュアリーからリーズナブルまで、幅広いビーチリゾートが揃うベトナムきっての人気都市だ。優雅なアジアンビーチを楽しみながら、周辺の世界遺産を巡るのがダナンの旅の定番。古都ホイアンは、かつて日本人街もあった川の流れるノスタルジックな町並みが美しい。フエはベトナム最後の王朝、グエン（阮）朝の都だった町で、料理や音楽などの宮廷文化が残されている。さらにミーソン聖域という遺跡もあり、世界遺産を3つも楽しめる。

ダナンのビーチ

COLUMN
ベトナム語は漢字由来

ベトナムは東南アジアでは唯一の漢字文化圏だった。1945年までは公式の表記文字として使われ、現在の言語のルーツでもある。10世紀以前は中国を宗主国としており、独自の王朝をもつようになってからも積極的に漢字文化を取り入れてきた。しかしフランスの植民地政策により漢字は廃止された。

ベトナム漢字のカリグラフィ

北部山岳地サパ近郊の棚田

グルメ
フォー

米で作った平たい麺を、ヌックマム（ベトナムの魚醤）などで味付けしたあっさりとした鶏だしのスープでいただく。たっぷりの香草と牛肉や鶏肉を具にする。

お菓子
チェー

甘く煮たイモや豆、寒天やタピオカ、フルーツなど、複数の具材を合わせて食べる「甘いスープ」という意味の伝統的なスイーツ。ぜんざいのような温かいものと、数種類の具材がカラフルなかき氷のような冷たいものがある。

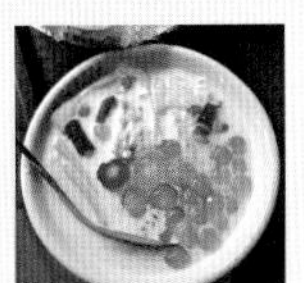

明日誰かに教えたくなる ベトナムの雑学

ラブマーケットという出会いイベントがある

別の部族に属する男女の許されざる恋の伝説がもとになって始まったラブマーケット（恋愛市場）。かつて恋人だったカップルが再会して語り合うという伝統の催しだったが、現在では少数民族の文化に触れる観光イベント的要素が強い。ハザン省のカウバイ村で開かれる。

熱帯なのに雪が降る

中国との国境近くにある、標高1600mのサパという町ではなんと雪が降る。例年は雪がちらつくだけだが、2013年には51年ぶりに積雪も記録され、日本でも報道された。

雪が積もったサパの町

ワールドランキング TOPIC
知られざるコショウ大国

2022年のベトナムのコショウ生産量は約27万トンで世界一。2位のブラジルが約13万トンなので断トツ。23年連続の1位で、特に2015年にコショウの価格が高騰した際、多くの農家が生産シフトしさらに増えた。
出典：国際連合食糧農業機関 2023

たわわに実るベトナムのコショウの実

稳やかな人々が暮らすメコンの宝石

ラオス人民民主共和国

Lao People's Democratic Republic

国旗の意味

白い円はメコン川に上る満月を表し、共産党政府の下の統一性を象徴。赤は革命で流された血、青はメコン川と国の繁栄を表す。

LA/LAO

IOC LAO

FIFA LAO

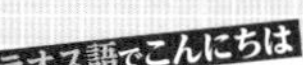

ラオス語でこんにちは

ສະບາຍດີ!

(サバイディー)

日本の本州ほどの広さをもつ。国土の約70％が高原や山岳地帯。政府は国籍をもつ者を一様にラオス人として定義するが、実際にはラオ族が過半数を占め、ほか独自の文化を育む約50の民族が暮らす。16世紀に絶頂期を迎えたラーンサーン王国があり、1893年にフランス植民地化、1975年に社会主義国として独立。経済発展が課題だが、多くが仏教徒の人々の暮らしは穏やか。

DATA

人口：約744万3000万人
面積：約24万k㎡
首都：ビエンチャン
言語：ラオス語
民族：ラオ族(半数以上を占める)を含む約50の民族
宗教：仏教
通貨：キープ
時差：日本より2時間遅れている
GNI：US$2310／人

国名の由来

国民の過半数を占めるラオ族に由来。「ラオ」は古いタイ語で「人間」の意味で、「ス」は複数形。

正式名称はサーターラナラット・パサーティパタイ・パサーソン・ラーオ。サーターラナラットが「共和国」、パサーティパタイが「民主主義」、パサーソンが「人民」、ラーオが「ラオ族」を意味する。

グルメ

サイ・ウア

ラオス風ソーセージ。豚肉のほかに春雨やもち米も入っていてスパイスで味付けをしており、炭火で表面を焼いて食べる。ポピュラーな屋台料理のひとつ。

左）世界遺産の古都ルアンパバーンで托鉢をする僧侶たち
右）不思議な石壺が点在するジャール平原

明日誰かに教えたくなる ラオスの雑学

主食はおもにもち米

世界で2番目に米を消費している国で、「カオニャオ」と呼ばれるもち米がおもに食される。とても粘り気がありおいしい。ちなみに1位はバングラデシュ。

もち米を入れる竹編みの入れ物

ワールドランキング TOPIC

静かな秘境国が一気に大人気に

ニューヨーク・タイムズの「世界でいちばん行ってみたい国」に選ばれたのは2008年。これをきっかけに旅行者は増え続け、コロナ禍前の2019年には約420万人が訪れた。
出典：Lao Statistics Bureau 2023

2021年末には中国雲南省からの国際新幹線が開通

PHRASE ▶ ありがとう／コプチャイ　がんばれ！／パニャニャンダー　さようなら／ラーコーン

東南アジアで最も厳格なイスラム教国

ブルネイ・ダルサラーム国

Brunei Darussalam

BN/BRN
IOC BRU FIFA BRU

首都にあるオールド・モスク

ボルネオ島のマレーシア領に囲まれた小さな王国。国名は“永遠に平和な国”を意味する。ガスと石油の天然資源からの恩恵で所得税がなく、医療と教育も無償。町にはイスラム教の豪華絢爛なモスクが立つ。一方で、世界最大規模といわれる水上集落カンポン・アイールも残る。一時、政府は陸上への移住を進めたが、ほとんどの住民が質素だが涼しい水上家屋へと戻ったという。

マレー語でこんにちは

Selamat Tengahari !
（スラマットゥンガハリ）

DATA

人口：約44万720人
面積：約5765㎢
首都：バンダル・スリ・ブガワン
言語：マレー語、英語
民族：マレー系67.4%、中国系9.6%、そのほか23%
宗教：イスラム教ほか
通貨：ブルネイ・ドル
時差：日本より1時間遅れている
GNI：US$3万1410／人

明日誰かに教えたくなる ブルネイの雑学

年に一度、王宮を訪問できる

断食明けの祭りの3日間だけ王宮が開放される。王族と握手をして、祝いの食事を食べ、記念品もいただける。

PHRASE ▶ ありがとう／トゥリマカシ　がんばれ！／ボーレ　さようなら／スラマトティンガル

21世紀最初の独立国

東ティモール民主共和国

The Democratic Republic of Timor-Leste

TL/TLS
IOC TLS FIFA TLS

伝統衣装を着た男性

2002年5月に独立した若い国。ティモール島をインドネシアと分け合い、そのほぼ東半分と周辺の小島、小さな飛び地で構成される。住人のほとんどがキリスト教徒で、かつての植民地宗主国ポルトガル人との混血者が多い。イスラム教が大半でオランダ系が多いインドネシアとの違いから、長年にわたる激しい戦いの末、住民投票をもって独立を果たした。

テトゥン語でこんにちは

Botarde !
（ボタルデ）

DATA

人口：約134万人
面積：約1万4900㎢
首都：ディリ
言語：テトゥン語、ポルトガル語
民族：テトゥン族などメラネシア系がおも
宗教：キリスト教が99%
通貨：アメリカ・ドル（1ドル以下はセンタボ）
時差：日本と同じ
GNI：US$1980／人

明日誰かに教えたくなる 東ティモールの雑学

セクハラに注意！

舌をペロッと出す動作や、アッカンベーなど指で目を広げる動作は性的な意味を表すので注意しよう。

PHRASE ▶ ありがとう／オブリガード（男性）、オブリガーダ（女性）　さようなら／アデウス

IT大国へと変貌する神々の国

インド共和国

Republic of India

国旗の意味

サフラン色は勇気と強さ、白は真理と平和、緑は大地を表す。中央は紀元前3世紀のアショーカ王の獅子柱頭に描かれた法輪。

IN/IND

IOC IND

FIFA IND

ヒンディー語でこんにちは

नमस्ते！

（ナマステー）

紀元前2500年頃から栄えたインダス文明から続く、長い歴史がある国。ヒマラヤ山脈からインド洋に突き出したインド亜大陸の先端まで、多様な地理を有する広大な国土をもち、そこに暮らす人々は14億人以上で、2023年には国連の統計予測より早く中国を抜き世界一となった。15歳〜65歳のいわゆる生産年齢人口は約67%。これは世界でも群を抜いており、ゼロの概念や10進法が生まれたように国民は数学が得意で、英語を話せる人が多いことから豊かなマンパワーをもつ市場として注目される。一方でカレーやヨガなどにイメージされるエキゾチックで独特な民俗や文化も、神秘的かつ不思議な魅力として健在。

国名の由来

正式名称はインドとバーラト。インドは外国側からの呼び名で、バーラトは国内で使われる内名。

紀元前 5 世紀の地理学者ヘロドトスがインダス川流域をインドと記述したのが始まり。語源は古代サンスクリット語でインダス川を示す「シンド（大河）」から。

バーラトは古代インドの伝説の王「バーラタの領土」を意味するサンスクリット語を由来とするヒンディー語で、1949年に正式国号となった。

DATA

人口：約14億1717万人

面積：約328万7469㎢

首都：ニューデリー

言語：ヒンディー語。ほかベンガル語、マラーティー語、テルグ語、タミル語、グジャラート語、ウルドゥー語、カンナダ語、パンジャブ語、アッサム語など21言語が公認されている

民族：インド・アーリヤ族72%、ドラビダ族25%ほか

宗教：ヒンドゥー教79.8%、イスラム教14.2%、キリスト教2.3%、シク教1.7%ほか

通貨：ルピー

時差：日本より3時間30分遅れている

GNI：US$2390／人

左）ヒンドゥー教の聖地ワラーナシー

右）サドゥと呼ばれるヒンドゥー教の修行僧

PHRASE ▶ ありがとう／ダンニャワード　さようなら／ピルミルテー　がんばれ！／イスケリエジャォ

COLUMN
ヒンドゥー教の聖地 ワラーナシー(バナラシ)

ヒンドゥー教は古代インドのバラモン教を土台として発達した土着の宗教。破壊と創造の神シヴァを最高神として、ブラフマー、ヴィシュヌ、ハヌマーンなど、カラフルな神々があがめられている。このヒンドゥー教の最大の聖地がワラーナシー。聖なる川ガンジスが流れ、叙事詩『マハーバーラタ』にも出てくる由緒正しい町だ。巡礼者はガートと呼ばれる岸で祈り、沐浴する。また、ヒンドゥー教徒は遺灰をガンジス河に流すことで清められると信じるため、岸は火葬場としても機能している。ガンジス河に流された者は輪廻から解脱できるとされている。

ガンジス河で祈りをささげる女性

COLUMN
いつの間にかIT大国

世界屈指のIT大国となったインド。ここまで上り詰めることができたのはインドならではの事情がある。まず彼らは数字に強い。3桁のかけ算まで暗算できるというのは有名な話。また、IT関係にはカースト(身分)の高低にかかわらず誰でも進めるため、努力する人も多い。今ではシリコンバレーにある企業のCEOにも多くのインド人が就任している。

IT企業で働く男性

上)アーグラにある霊廟タージ・マハル
下)ピンクシティと呼ばれるジャイプルにある風の宮殿

グルメ
タンドール料理

甕(かめ)の形の粘土製オーブンで焼く料理。有名なのはインド式パンの「ナン」や、スパイスやヨーグルトで味付けした鶏肉の「タンドーリチキン」。

おみやげ
紅茶

インドは世界最大の紅茶生産国。生産が盛んなのはインド北東部で、アッサムやダージリン地方のものは、その地域名が茶葉にブランド名としてつけられる。産地ごとに香りや味が異なるので飲み比べも楽しい。

明日誰かに教えたくなる インドの雑学

インドは映画大国

ボンベイの頭文字を取って"ボリウッド"と呼ばれるインドの映画産業。ここで製作される映画の数は世界No.1。ちなみに2位は中国、3位はアメリカ。一度現地の映画館に行ってみるのもおもしろい。

野良牛がいっぱい!

ヒンドゥー教徒がほとんどのインドでは、崇拝の対象である牛は大切にされている。牛肉を食べるのは禁止され、町では野良牛が堂々と闊歩している(実際には飼い主がいる牛も多く、その場合は町で放牧している状態)。

道を闊歩する牛

ワールドランキング TOPIC
ついに世界一に到達した人口

国連では2030年頃にインドの人口が世界一になると推計していたが、早くも2023年に中国の人口を1600万人ほど抜き世界一となった。その一方で都市部では女性の社会進出とともに少子化が進む。
出典:国連人口基金(UNFPA)2023

若い労働力が多いことは明るい未来につながる

ヒマラヤに抱かれた多民族国家

ネパール連邦民主共和国

Federal Democratic Republic of Nepal

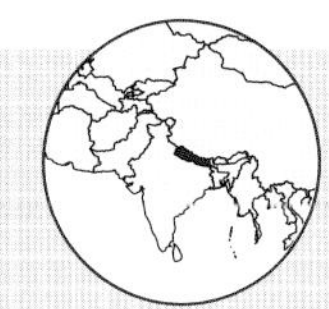

国旗の意味

形は古代ヒンドゥーの神々に使われた三角形を模したもの。月は平和、太陽は光、青は平和、赤地は国花シャクナゲの色を表す。

NP/NPL

IOC NEP

FIFA NEP

ネパール語でこんにちは

नमस्ते！

（ナマステ）

ヒマラヤ山脈の南に位置し、北の中国との国境地帯では標高8000mを超える。しかし、南側には最も低い所で海抜100mほどの広い平野が広がり、高低差のある変化に富んだ地形をしている。首都カトマンドゥは山地と低地の途中の盆地にあり標高約1400m。山岳部の風景がおなじみのため寒い国のイメージがあるが、人が多く住むのは亜熱帯から熱帯へかけての緑豊かな地域だ。130以上の民族が暮らし、文化・言語は125以上といわれる多民族国家で、伝統的にインドの影響を強く受けてきたため、ヒンドゥー教徒が約8割と多勢を占める。しかしチベット仏教なども共存してきており、それぞれの貴重な遺産もある。

国名の由来

諸説あり定説はないが、サンスクリット語で山の麓を意味する「ニパ」と、家を意味する「アラヤ」が合わさった「ニパアラヤ」、つまり山麓の住まいを由来とする説が代表的。チベット語で神聖な土地を意味する「ニアンバル」を語源とする説も有力なもののひとつ。

南部は標高が低く熱帯動物サファリも楽しめる

DATA

人口：約3054万7580人
面積：約14万7000㎢
首都：カトマンドゥ
言語：ネパール語
民族：パルバテ・ヒンドゥー、マガル、タルー、タマン、ネワールなど130以上の民族
宗教：ヒンドゥー教81.3％、仏教9％、イスラム教4.4％ほか
通貨：ネパール・ルピー
時差：日本より3時間15分遅れている
GNI：US$1340／人

左）首都郊外の寺院スワヤンブナート
右）世界遺産に登録されているパタンのダルバール広場

PHRASE ▶ ありがとう／ダンニャバード　がんばれ！／ハールナマンヌホス　こんばんは／ナマステ

COLUMN

“世界の屋根”ヒマラヤ山脈

ヒマラヤ山脈はブータン、インド、中国、ネパール、パキスタンなど多数の国にまたがる巨大な山脈。ヒマラヤとはサンスクリット語で「雪のすみか」を意味する。とくにネパールには、エベレスト、アンナプルナ、カンチェンジュンガ、マナスル、ダウラギリなど8000m級の山々が連なり、世界の屋根を目指そうとする登山家にとってはまさに聖地といえる。

サガルマータ国立公園のキャンプ場とヤク

COLUMN

お釈迦様の生まれた地

ネパールのルンビニという土地はお釈迦様の生まれた所。お釈迦様ことガウタマ・シッダールタは、シャカ族（これが釈迦の由来）の都カピラバストゥで、シュッドーダナ王とマーヤーの子として生を受けた。その後出家し、菩提樹の下で悟りを開くと、今のネパール、インド北部あたりでその教えを説いて回った。ゆかりの聖地はこの地域に集中している。

聖域建設計画が進められているルンビニ

生きる女神とされるクマラ

グルメ

ダルバート

ご飯とともに豆スープ、カレー、野菜料理などを一皿に盛ったネパール式定食。ネパールは地域ごとに食文化が大きく異なるが、これだけは全土で食べられている定番中の定番。

お菓子

バルフィ

牛乳だけを煮詰めて作る。初めて食べると驚くほど甘いが砂糖は使用されていない。牛乳の味が凝縮されたミルクキャラメルのような味がする。

明日誰かに教えたくなる **ネパールの雑学**

参拝するときは常に時計回り

寺や仏塔を参拝する際は、右肩を向けるのが尊敬の印。常に時計回りで回ろう。チベット仏教の影響でマニ車（真言が書かれた仏具）がある寺も多いが、これも右回りに回す。

人が手をつけた食べ物は穢れている？

一般的な習慣としてネパールでは大皿料理をシェアすることはしない。ひとりひと皿が基本だ。これは人が手をつけた食べ物は穢れているとされるため。すべてひとり分ずつ盛りつけたダルバートと呼ばれる定食のようなものを食べる。

カトマンズの伝統料理レストラン

ワールドランキング TOPIC

実際に事故も多い空港

正式なランキングが出ているわけではないが、「世界一危険な空港」と呼ばれ世界的に有名なのが北東部ルクラにあるテンジン・ヒラリー空港。標高は約2860mで空気が薄く離着陸時にパワーが必要なうえ、滑走路は527mしかなく一方の端にはすぐ山が迫る。

離陸には下りの傾斜を利用して加速する

インダス文明発祥の地

パキスタン・イスラム共和国

Islamic Republic of Pakistan

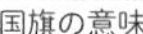

国旗の意味

緑はイスラム教、白は宗教的少数派を表す。また、緑と白はともに平和と繁栄も象徴し、三日月は進歩、星は光と知識を表す。

PK/PAK

IOC **PAK**
FIFA **PAK**

ウルドゥー語でこんにちは

السلام علیکم !

（アッサラーム アレイクム）

古代インダス文明に遡る人類史の中心を担う歴史をもつ国。西遊記で有名な仏教の都ガンダーラがあり、アレキサンダー大王が目指した地でもある。現在は国民の約97%がイスラム教徒だ。北部にはヒマラヤをはじめとする大山脈、中心部はインダス川が流れる肥沃な大地で人口の75%以上が住む。1946年に大インドとしてイギリスから独立。1947年にはインドとこれを挟む東西パキスタン（東は1971年にバングラデシュとして独立）とで分離独立。同時に藩王がヒンドゥー教徒でありながら、住民の76％がイスラム教徒というカシミール地方でインドへの帰属をめぐる紛争が勃発。現在も続き、核保有はここに起因する。

国名の由来

公用語のウルドゥー語でもある北インド地域で広く使われる話し言葉ヒンドゥスターニー語で、「神聖な」あるいは「清浄な」を意味する「パク」と、「国」を意味するスタンを合わせたもの。同時に国を構成する5つの地方の頭文字、パンジャブのP、アフガン（現在のハイバル・パフトゥンハー)のA、カシミールのK、シンドのSの頭文字と、バローチスターンのTANを合わせパクスタン（PAKSTAN）としたとも説明している。後に発音しやすくIが加わりパキスタン（PAKISTAN）となった。

DATA

人口：約2億4149万人
面積：約79万6000㎢
首都：イスラマバード
言語：ウルドゥー語、英語ほか
民族：パンジャーブ人44.7%、パシュトゥーン人15.4%、シンド人14.1%、サライキ人8.4%、ムハージル人7.6%、バローチ人3.6％ほか
宗教：イスラム教(国教)
通貨：パキスタン・ルピー
時差：日本より4時間遅れている
GNI：US$1560／人

インドとの国境に接した都市ラホール

PHRASE ▶ **ありがとう**／シュクリヤ　**さようなら**／ホダーハーフィズ　**おいしい**／マゼダールヘエ

インダス川沿いに興ったインダス文明

インダス文明（紀元前2600〜前1800年）が興ったインダス川流域のほとんどを領土とするパキスタン。モヘンジョ・ダロ、ハラッパーなどの中心都市はインダス川やその支流の近くに位置している。文明最大の都市遺跡とされるモヘンジョ・ダロは仏教遺跡だと思われていたが、その遺跡の下からインダス文明を象徴する四角い印章が発見された。4km四方にも及ぶ広大な土地は整然と道路で区画され、約3万人もの人々が暮らしていたとされる。しかし、大洪水で文明は衰退したと考えられている（諸説あり）。

モヘンジョ・ダロ遺跡

最後の桃源郷 フンザ

古くから日本人旅行者に愛されたフンザという土地がある。7000m級のカラコルム山脈に囲まれた山あいの盆地で、桜やアーモンドの花々が咲き誇る田園風景は“桃源郷”と呼ばれてきた。そのあまりの美しさから、ジブリ映画『風の谷のナウシカ』のモデルなのではないかとうわさされるほど。日本人が中心となって建てた学校もあり、住民は親日的。

秋のフンザの谷

ラホールの城塞と庭園は世界遺産に登録されている

グルメ

ビリヤニ

中東で広く食べられるスパイスの利いた炊き込みご飯。パキスタンでは建国時にブームがあり独自の進化をした。鶏肉や羊肉の具だくさんのシンディビリヤニは有名。

おみやげ

カシミールの岩塩

約2億5000万年前には海だったヒマラヤ山脈。その海水が壮大な年月をかけて結晶したもの。天然ミネラルが豊富でピンク色をしたピンクソルトは、健康志向の高まりとともに世界的に人気が高まった。

明日誰かに教えたくなる パキスタンの雑学

人々は古代文明を誇らない

パキスタンのあるインダス川流域は古代インダス文明が花開いた地。しかし現地ではそのことを知らない人が多い。歴史的な経緯もありイスラムの国ということを強調したいため、イスラム以前の歴史を学校で教えないのがその理由。

アレキサンダー大王の軍隊の子孫が暮らす谷がある

カラーシャの谷に暮らすカラーシャ族はアレキサンダー大王の軍隊の末裔だという伝説が残っている。人々は白い肌をもち、多くの独特な文化をもっている。

カラーシャ族の女性

ワールドランキング TOPIC

サッカーワールドカップの試合に欠かせないアレ

世界のサッカーボールの多くがパンジャブ州のシアールコートで生産されており、ワールドカップの公式ボールもここで作られる。イギリス植民地時代に製造技術が伝えられたのがきっかけ。

参考：PARS International Corp 2022

ボールのみならず革製品の技術が受け継がれる

急速に発展するインド洋の光り輝く島

スリランカ民主社会主義共和国

Democratic Socialist Republic of Sri Lanka

国旗の意味

ライオンはシンハラ人のシンボルで、四隅にあるのは仏教を表す菩提樹の葉。緑とオレンジはそのほかの民族を表す。

LK/LKA

IOC **SRI**

FIFA **SRI**

シンハラ語でこんにちは

ආයුබෝවන්！

（アーユボーワン）

インド洋に浮かぶ小さな島国。旧国名のセイロンは世界的な紅茶のブランドとしてよく知られているが、1972年に植民地時代の印象払拭のため主要民族シンハラ人の言語である現国名に変更された。年2回のモンスーンがある熱帯性気候だが、中央部の2000mを超える冷涼な高原地帯がこれを遮り、南西部と北東部では季節がほぼ反対になるなど、多様な自然環境をもつ。紀元前5世紀頃から19世紀前半まで2000年以上も続いたシンハラ王国が、インドの侵攻で遷都を繰り返してきた歴史をもち、同一王朝の長さとしては日本の皇室とともに世界でも有数。その壮大な遺産の数々や美しいビーチなど、観光資源も豊富だ。

国名の由来

多数派シンハラ人が使うシンハラ語でスリは「光り輝く」、ランカは「島」を意味する。いずれも語源は不明。独立後の1972年に旧国名「セイロン」から変更されている。これはシンハラ人のナショナリズムが台頭していくなかで、セイロンが外国側からの他称であったこと、植民地の印象が残ることなどから行われたもの。

旧国名のセイロンは、サンスクリット語で「ライオンの島」を意味する。シンハラ人がライオンの子孫という神話に基づく。

DATA

人口：約2218万人
面積：約6万5610㎢
首都：スリー・ジャヤワルダナプラ・コーッテ（通称コーッテ）
言語：シンハラ語、タミル語、英語ほか
民族：シンハラ人74.9%、タミル人15.3%、スリランカ・ムーア人9.3%
宗教：仏教70.1%、ヒンドゥー教12.6%、イスラム教9.7%、キリスト教7.6%
通貨：スリランカ・ルピー
時差：日本より3時間30分遅れている
GNI：US$3610／人

左）巨大な岩山の頂上に城が築かれていたシーギリヤ・ロック
右）伝統的な漁法ストルトフィッシング

PHRASE ▶ **ありがとう／ストゥティイ　さようなら（去る側）／ギヒンエンナム　おいしい／ラサイ**

COLUMN

重要な仏教遺跡が点在する文化三角地帯

文化三角地帯とは、かつてシンハラ人の王朝の都があったアヌラーダプラ、ポロンナルワ、キャンディの3点を結んだエリアのこと。ここにある遺跡の多くは、その規模、歴史的および美術的価値において非常に重要とされている。さらに注目に値するのは、これらの仏教遺跡のほとんどが現在でも実際に祈りの対象となっていることだろう。これは世界でも例が少ない貴重な存在。初め北部にあった都は、インドからの侵入者によって南下を余儀なくされ、遷都を続けてきた。そこでは数々の伝説が語り継がれており、旅人のロマンをかきたててくれる。

古都ポロンナルワの仏教遺跡

COLUMN

シンハラ人とタミル人

紀元前5世紀頃に島に定住したアーリア系のシンハラ人と、そのあとに南インドからやってきたドラヴィダ系のタミル人。両民族の間で紛争が絶えなかったが、2009年ついに内戦が終結。宗教の違いもあり、現在でも民族間に摩擦はなくはないが、基本的には共生し平和を保っている。ほかにイスラム教徒のムーア人と呼ばれる人々もいる。

シンハラ人の仏教徒

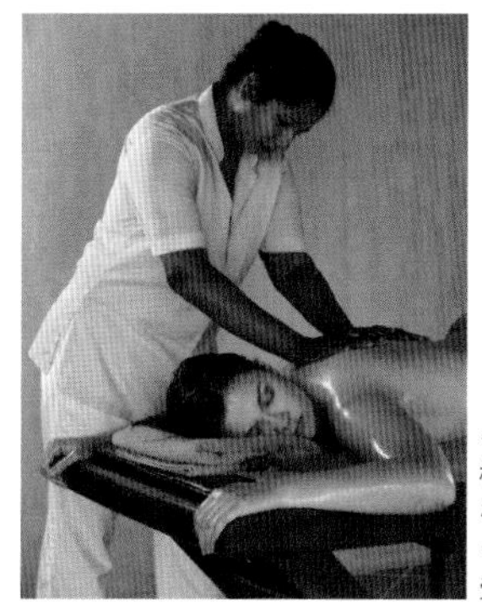
インドと同様、本格的なアーユルヴェーダが受けられる

おみやげ

セイロンティー

イギリス植民地時代に始まった紅茶生産は今や国を代表する産業。栽培地の標高によって味が変わり、飲み比べセットなども手に入る。

グルメ

スリランカカリー

ひと皿に肉か魚のカレー1種と複数の野菜のカレー、辛い付け合わせのサンボルを組み合わせ、混ぜて食べるのが特徴。ココナッツオイルやカツオの生ぶしを使って味付けするので、コクのある奥深い味が楽しめる。

明日誰かに教えたくなる **スリランカの雑学**

ブッダ(釈迦)が描かれた商品の持ち込みに注意

とても敬虔な仏教国のため、戒律がなかなか厳しい。旅行者に対しても、ブッダの絵柄が書かれた商品が「侮辱にあたる」として没収されたり、ブッダのタトゥーを入れた外国人が拘束されたりなどのケースが報告されている。また、仏像に背を向けての写真撮影も絶対にNGだ。

毎日3食カレーを食べる

スリランカやインドではスパイスを多用した料理全般をカレー（カリー）というが、3食とも同じ料理を食べるわけではない。さまざまな具材をスパイスで調理した多彩なメニューがある。

典型的なスリランカカレー

ワールドランキング TOPIC

世界一ヒマな空港？

2013年にスリランカの南部に開港した「マッタラ・ラージャパクサ国際空港」は、3500mの滑走路を擁するモダンな空港で、建設費は約2億900万ドル。中国政府が融資し、中国の会社が建設したが、需要に見合わず2018年には定期便がゼロに。中国への大きな債権となった。

空の玄関はコロンボに近いカトゥーナーヤカ国際空港

世界一の人口密度に圧倒される

バングラデシュ人民共和国

People's Republic of Bangladesh

国旗の意味

緑は豊饒の大地、赤い丸は昇る太陽と独立戦争で流された血を表す。

BD/BGD

IOC BAN

FIFA BAN

ベンガル語でこんにちは

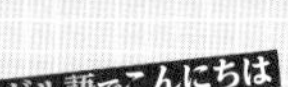

আসসালামু আলাইকুম！

（アッサラーム アレイクム）※イスラム教徒に対してのあいさつ

ベンガル湾に注ぐ大河ガンジスの河口一帯に位置する。豊富な水源と肥沃な土地が、穀物や繊維を採る植物ジュートの生産に適し、17世紀には“黄金のベンガル”とまで呼ばれたが、現在ではアジア最貧国のひとつ。日本の約4割ほどの国土に世界第8位の人口があり、都市国家以外では世界で最も人口密度が高い。近年は労働力の豊富さと賃金コストの低さが注目され、外国の製造業が進出している。

DATA

人口：約1億7119万人
面積：約14万7000㎢
首都：ダッカ
言語：ベンガル語
民族：おもにベンガル人
宗教：イスラム教91％、ほかヒンドゥー教、仏教、キリスト教など9％
通貨：タカ
時差：日本より3時間遅れている
GNI：US$2820／人

国名の由来

ベンガル語でバングラが「ベンガル人」、デシュが「国」を表す。つまり「ベンガル人の国」という意味。1947年にパキスタンとして西パキスタン（現在のパキスタン）とともにインドを挟む形でイギリスから独立し東パキスタンと呼ばれた。やがてナショナリズムが台頭し、1971年にさらにパキスタンから独立し、現国名となった。

グルメ

カラブナ

ドライタイプの黒いカレー。水牛の肉などを、塩やチリ、ニンニク、スパイス、ヨーグルトなどで味付けし、時間をかけてゆっくりと煮込む。

左）リキシャと呼ばれる自転車タクシー
右）バングラデシュ名物の超満員電車

明日誰かに教えたくなる バングラデシュの雑学

笑顔を見せるのは未熟さの証

バングラデシュを旅していると、あまり笑顔に出合うことがないと思うかもしれない。しかし、これは不愛想なのではなく、彼らは頻繁に笑うことは未熟さの証であると考えているから。

怒っているわけではない

ワールドランキング TOPIC

ユニクロの生産拠点がある

衣料品の輸出額の世界1位は約32％のシェアをもつ中国で、バングラデシュが約8％で2位。人件費の安さと豊富な労働力によるものだ。一方でごく一部には劣悪な労働環境も存在し問題になった。

日本企業は女性のキャリア形成支援も行っている

PHRASE ▶ ありがとう／ドンノバード　さようなら／コダハフェズ　おいしい／モジャ

ヒマラヤの秘境に位置する幸福の国

ブータン王国

Kingdom of Bhutan

国旗の意味

黄は国王の世俗的権威、オレンジは宗教的な修行と精神力を表す。龍は国名に由来し、体の純白は国家に対する忠誠心を表現。

BT/BTN

IOC BHU

FIFA BHU

ゾンカ語でこんにちは

སྐུ་གཟུགས་བཟང་པོ་ལགས། !

(クズザンポーラ)

インドと中国に挟まれた小さな内陸国。国民のほとんどが敬虔なチベット仏教徒で、ゾンと呼ばれる行政機関と僧院を兼ねた城壁など、色彩豊かな伝統建築が点在する。南部の低地からヒマラヤまで7400m以上の高低差があり、低地では米、山岳部では果実や野菜が取れ、食糧自給率が高い。発展の指針としてGNH（国民総幸福量）を取り入れ、物質よりも精神的な豊かさを大切にしている。

DATA

人口：約78万2000人
面積：約3万8394㎢
首都：ティンプー
言語：ゾンカ語ほか
民族：チベット系50％、ネパール系35％ほか
宗教：チベット系仏教75.3％ほか
通貨：ニュルタム
時差：日本より3時間遅れている
GNI：US$3290／人

国名の由来

サンスクリット語でチベットを意味する「ボット」と、端を意味する「アンタ」が合わさった「ボッタンタ」が変化。「チベット文化圏の周辺部」を表す。これはインド人がチベットを指した言葉に由来する他称。自称は国教がチベット仏教カギュ派の一分派ドゥルック派であることから「ドゥルックユル」。意味は雷龍の国。

グルメ

エマダツィ

エマ（トウガラシ）をダツィ（チーズ）で煮込んだ料理。ブータンではトウガラシは香辛料ではなくあくまで野菜。たっぷりのご飯と一緒に食べる。

左）パロにあるタクツァン僧院はチベット系仏教の聖地
右）ティンプーで行われる祭り

明日誰かに教えたくなる ブータンの雑学

仏教の戒律が厳しい

敬虔な仏教国なので、不殺生戒がよく守られており、ハエや蚊を殺すのも嫌われる。寺で仏像にお祈りする際にも、息がかからないように口元を覆わなければならない。

寺院に集まった僧侶たち

ワールドランキング TOPIC

世界一幸福な国から陥落？

前国王が「国民総生産（GNP）より国民総幸福量（GNH）が重要」と提唱、幸福の国として知られたが、近年は幸福度ランキングで低くなっている。諸外国の情報が入り、自国と比較する国民が増えたためとされる。

それでも暮らしはのんびり穏やか

PHRASE ▶ ありがとう／カディンチェ　さようなら／ロクジェーゲラ　おいしい／ナメサメジンベーラ

イスラムの教えを静かに守るリゾート天国

モルディブ共和国

Republic of Maldives

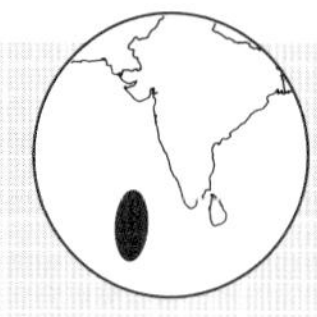

国旗の意味

赤は国民の勇気、緑は命の源とされるヤシの木を表す。三日月はイスラム教の象徴。

MV/MDV

IOC MDV

FIFA MDV

ディベヒ語でこんにちは

އައްސަލާމް ޢަލައިކުމް!

(アッサラーム アレイクム)

インド洋に浮かぶ26の環礁と、それを形成する約1200の小さな島々。かつてはほとんどが漁民の最貧国のひとつだったが、観光産業が成功し、GDPは南アジアでは最も高い。有人島は約200で、うちリゾート専用の島は100近いといわれる。海抜は最高で2.4m。温暖化での海面上昇とサンゴの死滅で国土が消滅する可能性があり、一説には海面は2100年までに最大1m上昇するのではといわれる。

DATA

人口：約51万5000人
面積：約298㎢
首都：マーレ
言語：ディベヒ語、英語
民族：モルディブ人
宗教：イスラム教(スンニ派)
通貨：ルフィア
時差：日本より4時間遅れている
GNI：US$10880／人

国名の由来

サンスクリット語で輪を表す「マーラー」と島々を表す「ドウィーパーハ」が合わさった「マローディープ」に由来し「花輪の島々」の意味。ただし、これは英語からの他称で、自称はディヴェヒ・ラーッジェーゲ・ジュムフーリッヤーで、略してラーッジェー。ディベヒ語で「島に住む人たちの島々共和国」の意味。

グルメ

モルディブフィッシュ

カツオ、キハダマグロなどを乾燥させて固くさせた伝統的な食品。日本のかつお節に似ている。カレーなどの料理に広く使われうま味とコクを出す。

左）リゾートの島々へのアクセスに使われる水上飛行機
右）洗練されたアイランドリゾートが点在する

明日誰かに教えたくなる モルディブの雑学

地元民の住む島でのホテル営業が解禁

以前は旅行者の滞在が許されなかったローカルアイランドでのホテルの営業が2009年に解禁され、急激にその数は増加中。格安なモルディブ旅行も可能になった。

地元の人々が住むマアフシ島

ワールドランキング TOPIC

豪華すぎるバカンス

豪華リゾートが続々誕生しているモルディブ。旅行予約サイトで世界No.1ホテルに選ばれたり、世界一贅沢な海中レジデンスと呼ばれたり、超ラグジュアリーなリゾートがめじろ押し。ただし値段も高額。

「一生に一度は」のレベルがたくさん

PHRASE ▶ **ありがとう**／シュークリア　**さようなら**／ヴァキヴェラニー　**こんばんは**／ラガルハウィレ

急成長を遂げる資源大国

カザフスタン共和国

Republic of Kazakhstan

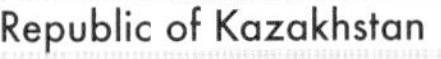

国旗の意味

金色の太陽と翼を広げて飛ぶワシが描かれている。左は伝統的な民族模様。

KS/KAZ

IOC KAZ

FIFA KAZ

カザフ語でこんにちは

Сәлеметсіз бе！

（サレミエッシズベ）

面積は世界第9位、内陸国としては世界一だが、国土の大半は人の住まないステップ地帯。人口の7割を占めるカザフ人は遊牧民で、19世紀末までは隊商のためのキャラバンが点在するだけで町はなかった。エネルギー資源や鉱物資源が豊富な資源大国。首都は1997年にアルマトイからアスタナに遷都。さらに名称をヌルスルタンに変更したが、2022年にアスタナに戻している。

DATA

人口：約1960万人
面積：約272万4900㎢
首都：アスタナ
言語：カザフ語、ロシア語ほか
民族：カザフ系69.6％、ロシア系17.9％、ウズベク系3.3％ほか
宗教：イスラム教70.2％、ロシア正教26.3％ほか
通貨：テンゲ
時差：日本より3時間遅れている（西部は4時間）
GNI：US$9620／人

国名の由来

主要民族の名の「カザフ」とペルシア語で「の地」を意味する地名接尾語「スタン」がついたもの。カザフはユーラシア大陸に広く分布するテュルク諸語の言葉で「放浪者」を意味する。15世紀にウズベク人から分派し、遊牧文化のもとで生活をするようになった歴史を表している。

グルメ

ベシュバルマク

ゆでた平打ちパスタ風の麺の上に、煮込んだり蒸したりした馬肉あるいは羊肉、ソーセージ、タマネギなどをのせて盛りつけた料理でカザフスタンの国民食。

左）伝統的な衣装で土着の楽器を奏でる家族
右）ヌルスルタンの都市デザインは黒川紀章氏によるもの

明日誰かに教えたくなる カザフスタンの雑学

110のうち99元素がある

世界的に見ても天然資源の豊富な国として知られており、メンデレーエフの化学元素表の110元素のうち、99元素がカザフスタンで見つかっている。

手つかずの自然が残る

ワールドランキング TOPIC

種類豊富な資源のうちウランはダントツ

2022年のウラン生産量は2万1227トンで世界第1位。シェアは43％をも占める。石油、天然ガスなどのエネルギー資源、レアメタルを含む非鉄金属も豊富な資源大国。
出典：世界原子力協会(WNA)2022

砂漠の中に残るウラン鉱山跡

PHRASE ▶ ありがとう／シクメト　さようなら／サクボルヌズ　こんばんは／カエルキシュ

英雄ティムールを生んだシルクロードの宝石

ウズベキスタン共和国

Republic of Uzbekistan

国旗の意味

青は空と水、白は平和、緑は自然を表す。月はイスラムを象徴し、12の地域を表す星が配されている。

UZ/UZB

IOC UZB

FIFA UZB

ウズベク語でこんにちは

Salom !

（サローム）

旧ソ連を構成していた共和国のひとつ。シルクロードのほぼ中間地に位置し、交易地として東西から人々が行き交い、数々の物資や文化が運ばれ融合してきた。14世紀にはティムール帝国の中心地となり、15世紀と17世紀には独特な文化を開花させて繁栄した。その遺産であるモスクや霊廟などの壮麗なイスラム建築が今も当時の姿をとどめている。親日家が多く、これは首都タシケントにある第2次世界大戦後に日本人抑留者によって建築された劇場が、1966年の大地震でも唯一崩れず避難した市民の命を救った逸話に始まるもので、日本人の真面目さや勤勉さのイメージもあって好感を抱かれているという。

国名の由来

多数民族の名「ウズベク」にペルシア語で「の地」を意味する地名接尾語「スタン」が付いたもの。

ウズベクはテュルク語で「自分」を意味するオズと「君主」を意味するベグが語源。13世紀から18世紀にかけて存在したチンギスハーンの末裔が支配した国ジョチウルス（キプチャクハン国ともいう）の10代族長が「我こそが主」を意味するウズベクを名乗ったのが由来という説が有力。

DATA

人口：約3520万人
面積：約44万8969㎢
首都：タシケント
言語：ウズベク語。ほかロシア語
民族：ウズベク系84.4％、タジク系4.9％、カザフ系2.4％、ロシア系2.1％
宗教：イスラム教(スンニ派)88％、東方正教9％ほか
通貨：スム
時差：日本より4時間遅れている
GNI：US$2190／人

サマルカンドのレギスタン広場

PHRASE▶ ありがとう／ラフマト　さようなら／ハイル　こんばんは／ハイルリケチ　おいしい／マザリ

COLUMN
“青の都”サマルカンド

レギスタン広場に立つ3つのメドレセ（神学校）、グル・エミール廟、ビビハニム・モスク、シャーヒズィンダ廟群など、さまざまな青が美しいサマルカンド。紀元前からシルクロードの中心都市マラカンダとして栄え、その美しさがたたえられていたが、一度はモンゴル軍の侵入で壊滅的な被害を受けている。それをよみがえらせたのがティムール。ティムール帝国を築いたモンゴル出身の英雄だ。遠征先から優れた技術者や芸術家を連れ帰り、世界一美しいといわれる都市を造り上げた。サマルカンドは2001年に世界文化遺産に登録されている。

独特の青色は
“サマルカンドブルー”と呼ばれる

COLUMN
おみやげに伝統雑貨を

ウズベキスタンの雑貨は、カラフルでエキゾチックだと特に女性にたいへん人気。ズザニと呼ばれる伝統的なクッションカバーは色鮮やかで、細やかな手仕事が美しい。陶器類も同様にカラフルで、インテリアとしても使えそうなほど。高級感あふれるシルク製品は自分へのご褒美に購入したい一品だ。アトラスと呼ばれる伝統模様を使った布製品も人気。

カラフルな布は人気が高い

メドレセ（神学校）やモスクの見えるヒヴァの町並み

グルメ
プロフ

肉とタマネギ、ニンジン、干しブドウ、米を炒め、デギやカザンと呼ばれる大釜で炊きあげる料理。肉は羊肉が多く、馬肉ソーセージ、ウズラ、鶏肉のことも。

おみやげ
リシタン・クロールチリッキ

鮮やかな絵付けが美しい陶器。良質の赤粘土が採れる東部の町リシタンで生産されている。独特の青を生み出すのは天然の鉱物と植物で作られる「イシュコール」と呼ばれる釉薬（ゆうやく）。

明日誰かに教えたくなる ウズベキスタンの雑学

炭水化物×炭水化物

主食はプロフ（ピラフ）とノン（パン）。プロフを食べるときには一緒にノンも食べる。

多くの車がガスで走る

豊富な天然ガス資源があり安価なため、車の燃料はほとんどがガス。

イスラム教なのに偶像崇拝

サマルカンドのレギスタン広場に立つシェルドル・メドレセのファサード（建物正面）は動物や人の顔がモチーフにされている。偶像崇拝を禁止しているイスラム教ではまれなことだ。

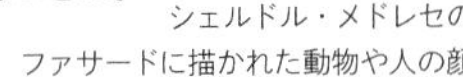
シェルドル・メドレセの
ファサードに描かれた動物や人の顔

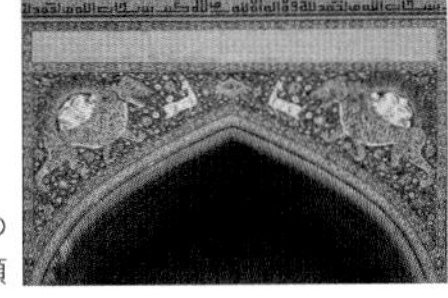

ワールドランキング
TOPIC
世界が注目する新たな投資市場

ウズベキスタンのほか、カザフスタン、キルギス、タジキスタン、トルクメニスタンの中央アジア5ヵ国の人口は約7000万人。70年後には1億人に達すると推測される。うち人口1位がウズベキスタン。高い経済成長率と人口増加で投資先として注目される。

都市部にはモダンな建物も増えている

中央アジアのスイスと呼ばれる自然豊かな国

キルギス共和国

Kyrgyz Republic

国旗の意味

テュンデュックと呼ばれるユルタ（遊牧民のテント）の天窓が描かれている。太陽は平和と豊かさを象徴。

KG/KGZ

IOC KGZ
FIFA KGZ

キルギス語でこんにちは

Саламатсызбы！

（サラマッスズバ）

かつては周辺の国名と同じようにキルギスタンと名乗っていたが、1993年にキルギスへ変更。これは「〜スタン」がもともとペルシア語で「国」を意味するため「共和国」との二重表記を避けたとされる。国土の約40%は雄大な自然が残る標高3000m以上の高地。北西にある巨大な湖イシク・クルの名は、厳しい冬にも凍らないので熱い湖を意味するが、実際は塩分が濃いのが原因。

DATA

人口：約670万人
面積：約19万8500㎢
首都：ビシュケク
言語：キルギス語、ほかロシア語
民族：キルギス系73.8%、ウズベク系14.8%、ロシア系5.1%ほか
宗教：おもにイスラム教(スンニ派)
通貨：ソム
時差：日本より3時間遅れている
GNI：US$1440／人

国名の由来

キルギス語で数字の「40」を意味する「クルグズ」が語源。具体的な数字ではなく「多い」という意味合いで「40」を使い、多くの部族で構成される遊牧民の国を示したものとされる。ほかにも草原を意味する「キル」と遊牧を意味する「ギシュ」の合成語という説もある。

グルメ

ノン

小麦を発酵させて円盤状にして土窯で焼き上げたパン。独特の模様は「チェキチ」というハンコのような器具でつける。店の電話番号が入っていることも。

左）山あいに点在するユルタ（テント）
右）ユルタの中で過ごす親子

明日誰かに教えたくなる キルギスの雑学

見た目が日本人にそっくり!?

「かつてキルギス人と日本人は兄弟で、肉が好きな人が西へ行きキルギス人となり、魚が好きな人が東に行って海を渡り日本人になった」という俗説がキルギスにはある。

キルギスの鷹匠

ワールドランキング TOPIC

英雄3代を描く壮大な叙事詩

キルギス族の歴代の英雄たちを主人公とする韻文の英雄叙事詩『マナス』。遊牧民の間で伝えられてきた口承文学で、ギネスブックでは「50万行以上の長さがある世界で最も長い詩」と紹介されている。

遊牧民たちに大切に語り継がれてきた

PHRASE ありがとう／ラクマト　さようなら／コシ　こんばんは／クトゥマンケッチ

国土の90%が山岳地帯

タジキスタン共和国

Republic of Tajikistan

国旗の意味

赤は国の統一と他諸国との友情、白は豊かさの象徴の綿花、特産の綿、緑は人々の暮らす谷を表し、中央に7つの星と王冠があしらわれる。

TJ/TJK

IOC TJK
FIFA TJK

タジク語でこんにちは

Ассалому алейкум！
（アッサロム アレイクム）

テュルク系民族の多い中央アジア5ヵ国で唯一イラン系の民族が主体の国。1991年の独立と同時に政治的混乱が起こり、旧ソ連で唯一内戦を経験した。1997年の和平合意で終結したが、それまでの戦闘は非常に激しく、1994年に就任のラフモン大統領が強権的とされながらも長期政権なのはこの戦争疲れによる支持といわれる。7000m級の山々が連なるパミール高原の大自然が美しい。

DATA

人口：約1010万人
面積：約14万2600㎢
首都：ドゥシャンベ
言語：タジク語。ほかロシア語
民族：タジク系84.3%、ウズベク系12.2%、キルギス系0.8%、ロシア系0.5%ほか
宗教：イスラム教（ほとんどがスンニ派）
通貨：ソモニ
時差：日本より4時間遅れている
GNI：US$1210／人

国名の由来

多数民族の名「タジク」にペルシア語で「の地」を示す地名接尾語「スタン」をつけた「タジク人の国」の意味。

タジクの語源は明らかになっていないが、ペルシア語で「王冠」を意味するタジに由来するというのが現地での定説。アラブ系部族の「タイイ」、中国がイスラム帝国を呼んだ「タージー」が語源の説もある。

グルメ

ラグマン

小麦で作った長い麺をラムかビーフでだしを取ったスパイス入りスープで食べる。ナス、ダイコン、ジャガイモ、タマネギ、ニンニクなどの野菜ものせる。

左）エメラルド色のイスカンデルクル湖
右）パミール高原の壮大な景色

明日誰かに教えたくなる タジキスタンの雑学

つながり眉毛は美人の条件

この国では眉毛がつながっていることが美人の条件。眉間を染料で塗って人工的につなげるのだとか。ほかの中央アジア諸国でもよく見られる習慣。

基本的に眉毛は濃い

ワールドランキング TOPIC

水力発電の国の巨大ダム

ヌレクダムは堤高304mで既設のダムで世界一高い。タジキスタンでは水力が総発電量の90%をまかなう。水力発電量はアメリカ、ロシアに次ぎ世界第3位。ソ連時代の1980年に完工した。

国内を南から東に流れるヴァフシュ川に造られた

PHRASE ありがとう／ラフマト　さようなら／ハイル　おいしい／シャブバハイル

豊かな自然に囲まれた資源豊かな国

トルクメニスタン

Turkmenistan

国旗の意味

月はイスラムの象徴で5つの星は州を表す。左の帯には伝統的な絨毯の模様と、平和や中立を表すオリーブが描かれている。

TM/TKM

IOC TKM
FIFA TKM

トルクメン語でこんにちは

Salam !
（サラーム）

カラクム砂漠が国土の85%を占めるため、人は南部の山沿いに集中して暮らす。豊富な石油や天然ガスがあり経済は豊か。永世中立国として国連に承認されている。複数政党制だが、事実上は一党独裁。首都アシガバットは、世界で最も大理石張りの建造物が集まる都市としてギネス認定されている。天然ガスに火がつき40年以上燃え続ける地獄の門というクレーターが有名。

DATA

人口：約650万人
面積：約48万8000㎢
首都：アシガバット
言語：トルクメン語。ほかロシア語
民族：トルクメン系85％、ウズベク系5％、ロシア系4％、そのほか2％
宗教：おもにイスラム教（スンニ派）
通貨：マナト
時差：日本より4時間遅れている
GNI：US$8793／人

国名の由来

多数民族の名「トルクメン」にペルシア語で「の地」を示す地名接尾語「スタン」をつけた「トルクメン人の国」の意味。

トルクメンという言葉の「トルク」は、ユーラシア大陸に広く分布するテュルク諸族を表すとされるが、「メン」の語源は判明していない。

おみやげ

トルクメン絨毯

中央アジアやイラン、パキスタンで生産されている絨毯のオリジン。トルクメン人によって手作業で織られる。国旗に縦に入っている模様はトルクメン絨毯のもの。部族によっても模様は異なる。

左）大統領の宮殿とアシガバットの町並み
右）地獄の門と呼ばれる穴では天然ガスが燃え続けている

明日誰かに教えたくなる **トルクメニスタンの雑学**

若者のひげは禁止されている

一般的にイスラム教ではひげを伸ばすことが奨励されているが、ニヤゾフ前大統領により40歳未満の若い男性がひげを生やすことが法律で禁止されている。
また、長髪も禁止。

特に禁止の理由は説明されていない

ワールドランキング TOPIC

世界最大の屋内観覧車の名は「宇宙」

首都アシガバットにある高さ46.7mの世界最大の屋内観覧車の名は「アーレム」で宇宙の意味。6人乗りのゴンドラ24台が、鉄骨とガラスでできた巨大な八角星形の建物の中で回る。

なんとも不思議な形をしている

PHRASE ▶ ありがとう／サグボルン　さようなら／ホス サグボルン　おいしい／アクシャムラー

いまだ混迷を極める歴史ある多民族国家

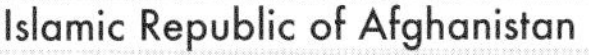

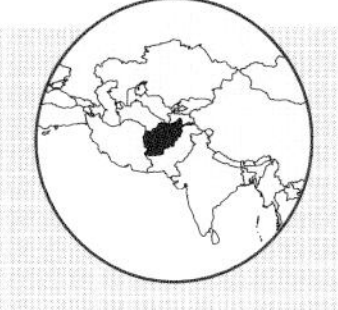

イスラム教の五行のひとつ、シャハーダ（信仰告白）とモスクが描かれている。

AF/AFG

IOC AFG
FIFA AFG

ダリー語でこんにちは

سلام علیکم !

（サラーマレークム）

1979年にソ連軍が侵攻して以来、ずっと混乱状態のなかにあり、これに乗じたタリバンやISなどといった勢力が交錯し収拾は困難な状態にある。しかし、バーミヤンの石窟やジャムのミナレット（尖塔）などの遺跡、標高5000mを超えるパミール高原の絶景など、魅力的なスポットは多い。また「ナンとタマネギは楽しい気分で食べる」ということわざから、旅人を食事でもてなす習慣がある。

DATA

人口：約3890万人
面積：約65万2225㎢
首都：カブール
言語：ダリー語、パシュトー語
民族：パシュトゥン人、タジク人、ハザラ人、ウズベク人ほか
宗教：イスラム教
通貨：アフガニー
時差：日本より4時間30分遅れている
GNI：US$530／人

国名の由来

民族名「アフガン」にペルシア語で「の地」を示す地名接尾語「スタン」をつけた「アフガン人の国」の意味（実際には数多くの民族が暮らす）。アフガンの語源はサンスクリット語で「馬の使い手」を表す「アシュヴァカン」、あるいはアヴェスター語で「激しい攻撃で守る」という意味合いの「アヴァ・ハン」など諸説ある。

グルメ

ボラニ

小麦粉を練って数時間寝かせた生地に、ニラやジャガイモ、カボチャなどの野菜を挟み包みし、土窯かフライパンで焼いた料理。食事でも間食でも食べる。

左）タリバンが破壊したバーミヤンの石窟遺跡
右）パミール高原を流れるパンジ川

明日誰かに教えたくなる アフガニスタンの雑学

毎週木曜日は詩の夜

アフガニスタンでは詩を楽しむ文化が定着しており、特に西部のヘラートという都市では、毎週木曜に老若男女が集まり、お茶とお菓子を用意して詩を吟じ合う。社会問題を取り扱うことも多く、イスラム教における女性の権利は人気のテーマ。

花々も詩の重要なテーマ

ワールドランキング TOPIC

和平への道はまだまだ遠い

「世界平和度指数2023」でアフガニスタンは163の国と地域中163位と、過去6年連続で世界で最も平和度が低い国になった。世界で最も「兵器に汚染された国」ともいわれる。　出典：Institute of Economics and Peace(Australia)2023

本来は訪問者にあたたかい旅のしやすい国

PHRASE ▶ **ありがとう**／アスルバカイル　**さようなら**／タシャクール　**こんばんは**／クダハフィス

イスラム教シーア派の盟主

イラン・イスラム共和国

Islamic Republic of Iran

国旗の意味

4つの三日月と剣はイスラムの五行を表す。白いアラビア文字は「神は偉大なり」と書かれている。

IR/IRN

IOC IRN

FIFA IRN

ペルシア語でこんにちは

سلام !

（サローム）

自国中心の政策を強権に進める一面からアメリカと対立し、世界を揺るがすニュースが注目を集めがちだが、実はたいへんな親日国であり、国民にも日本人への友好感情は強い。ペルシア語には「お疲れさまです」のような相手を気遣う表現があり、「もてなし」や「人情」を大切にするなど日本との共通点が多いためといわれている。ペルシア帝国として2000年以上も独自の文化を育んできた歴史があり、紀元前の壮大なペルセポリスの古代遺跡を筆頭に、歴代の王の贅を尽くした宮殿や、繊細に装飾された美しいモスクの数々など観光資源が豊富。近年はイスラエルとの対立が、地域の安定の脅威となっている。

国名の由来

「アーリア人の国」の意味。サンスクリット語で「高貴な」という意味の「アリアナ」の音が変化して「イラン」となった。紀元前にコーカサス地方を原住地とするアーリア人が征服をしながら移動し、一部は東のガンジス河一帯へ広がり、カフカス山脈を越えてイラン高原に移動したグループが紀元前6世紀頃ペールス地方（ペルシア）に国を築いたことに由来する。1935年に国名をペルシアからイランに変更。ペルシアは古代ギリシアの歴史家による外名で、独立後のナショナリズムの高まりとともに歴史的、民族的に自称にふさわしいイランが採択された。

DATA

人口：約8920万人
面積：約164万8195㎢
首都：テヘラン
言語：ペルシア語。ほかにトルコ語、クルド語など
民族：ペルシア人、アーザーリ人、クルド人、アラブ人など
宗教：イスラム教（シーア派9割、スンニ派1割）99.4％ほか、ゾロアスター教、ユダヤ教、キリスト教など
通貨：イラン・リアル
時差：日本より5時間30分遅れている（サマータイムあり）
GNI：US$3980／人

モスクや宮殿に囲まれたイスファハンのイマーム広場

PHRASE▶ ありがとう／モタシァケラム　さようなら／コーデ ヘフェヅ　こんばんは／アスルベヘイルテ

COLUMN
イスラム教シーア派とは

イスラム教はまず大きくふたつの宗派に分けられる。スンニ派とシーア派だ。シーア派とは、ムハンマドの血縁である4代目カリフ、アリーとその子孫のみが預言者代理の資格をもち、イスラム共同体の指導者の職務を後継する権利をもつと主張する派閥。スンニ派が多数派を占めるイスラム圏において、シーア派が9割のイランがその盟主として君臨している。ほかにシーア派の数が多いのがイラク、アゼルバイジャン、バーレーンなどだ。イランはシーア派のなかでも十二イマーム派に分類され、日本でシーア派という場合、この十二イマーム派を指す場合が多い。

ヤズドの町を歩く男女

COLUMN
中東で最多を誇る世界遺産

イスファハン、ペルセポリス、シューシュ――。イランにはかつてのペルシアの栄華を物語る遺跡が国内各地に残されている。ペルシア以外にも、エラム王国、モンゴル帝国など、各民族が行き来した激動の歴史を物語る遺跡が点在。紀元前3000年前から現在まで、約5000年分の史跡を擁し、世界遺産の登録物件数は中東諸国で最多を誇る。

ペルセポリスのレリーフ

夕方、人々でにぎわう古都イスファハンの伝統的なバザール

グルメ
チェロケバブ

羊の肉をミンチにしてハンバーグのようにこね、棒につけて炭火で焼いたケバブ。これがご飯とセットになったイランの国民食。チェロはペルシア語でライスのこと。

おみやげ
ミナカリ

イランを代表する伝統工芸品。銅の器や皿に職人が手作業でカラフルなエナメル加工を施す。紀元前1500年からの歴史があるといわれており、アンティークは高額で取引され、世界の美術館に展示される作品もある。

明日誰かに教えたくなる イランの雑学

女性は整形して鼻を低くする

女性は目鼻立ちのはっきりした顔立ちをしている人が多いが、その高すぎる鼻がコンプレックスで、美容整形して鼻を低くする人も多い。ちなみに女性の約8割が整形しているという説もある。

チーターが生息している

珍獣とされるアジアチーターが生息し、絶滅危惧種に指定されている。

ネクタイはつけない

ネクタイは西洋文化の象徴で、身につけるのは好ましくないとされている。

首都テヘランの町並み

サウナの中にいるような体感気温

2023年8月、ペルシア湾に面するゲシュム国際空港で、地域全体がなんと体感温度81度という記録が一時的に出た。これは2003年7月のサウジアラビアのダーランの世界記録に並ぶもので大きな話題に。　参考：National Oceanic and Atmospheric Administration (USA) 2023

ゲシュム島の風景。ペルシア湾は水温が高い

2000年の時を超えて建国されたユダヤ人の国

イスラエル国

State of Israel

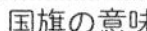

国旗の意味

中心にあるのはダビデの星で、上下の青い帯は祈祷用の肩かけを意味する。

IL/ISR

IOC ISR

FIFA ISR

ヘブライ語でこんにちは

!שלום

(シャローム)

2000年以上前、この地にあったユダヤ人の国が滅ぼされ、世界各地へ逃れていた人々が、同じ場所に自分たちの国を取り戻すべく1948年に建国された。しかし、すでに定住していたアラブ人との紛争を現在にも残す結果となる。2023年にはイスラム組織ハマスによる攻撃に対し、隣国パレスチナのガザ地区に大規模な報復作戦を開始した。首都と主張するエルサレムはユダヤ教、キリスト教、イスラム教の聖地とされ、嘆きの壁は同時に宗教衝突を象徴する場所でもある。国際金融都市テルアビブでは、若者が牽引する音楽、映画、ダンスなどの現代カルチャーも盛んで、LGBTQ+の活動も積極的に受け入れられている。

国名の由来

もともとは旧約聖書の創世記に登場するヘブライ人の族長ヤコブに神が与えた別名。ヘブライ語で「神が支配する」「神が勝利する」「神と闘う人」などの意味を持つ。12人の息子たちもそれぞれ族長となり、その子孫たちは「イスラエル12部族」と呼ばれるようになった。イエス・キリストはそのうちのユダ族の子孫。その子孫のすべてがイスラエルとされ、やがて民族の名、再建した国家の名となった。

DATA

人口：約950万人
面積：約2万2000㎢
首都：エルサレム(日本を含む国際社会の大多数には認められていない)
言語：ヘブライ語、アラビア語
民族：ユダヤ人74％、アラブ人そのほか26％
宗教：ユダヤ教74％、イスラム教8％、キリスト教2％、ドルーズ派1.6％
通貨：新シェケル
時差：日本より7時間遅れている(サマータイムあり)
GNI：US$5万5140／人

左）テルアビブのロスチャイルド大通りにあるおしゃれなカフェでくつろぐ人々
右）嘆きの壁で祈りをささげる人

PHRASE▶ ありがとう／トダ　がんばれ！／ベハツラハ　さようなら／シャローム　こんばんは／エレフトフ

COLUMN 3つの宗教の聖地 エルサレム

ユダヤ人にとってエルサレムは、約束の地カナンの一部であり、嘆きの壁がある場所。もともと祖先アブラハムが信仰心を試された「聖なる岩」があり、そこにヘロデ王がエルサレム神殿を建てた。これが歴史上2度も破壊され、その唯一残された外壁が嘆きの壁と呼ばれている。一方、キリスト教にとっては、イエス・キリストが十字架にかけられたゴルゴダの丘がある聖地。また、イスラム教にとっても、岩のドームがある第3の聖地。ユダヤ教と同じ「聖なる岩」が神聖視され、そこに記念堂が建てられている。

聖なる岩がある岩のドーム

COLUMN クムランで発見された死海文書

1947年、ベドウィン（遊牧民）の羊飼いの少年が、死海沿岸の町クムランの洞穴で壺に入った巻物を発見した。これがいわゆる死海文書。発見された旧約聖書と聖書関連の書物は紀元前2世紀のもので、「20世紀最大の考古学的発見」ともいわれる。クムランの博物館で見ることができる。

修復・解読が進められている

テルアビブにあるアズリエリ・センター。低層階にはショッピングモールがある

グルメ

ジャフヌン

小麦粉の薄い生地にバターを塗っては折り重ねて焼き上げる料理。ユダヤ教は安息日に火の使用や労働を禁じており、そのために作り置きする。

お酒

イスラエルワイン

古代からワインが作られてきた土地だが、イスラム化で途絶え、1880年に再興を始めた。国際品種を輸入、フランスやアメリカの醸造を取り入れ、世界的に評価の高いワインが産出されるようになった。

明日誰かに教えたくなる イスラエルの雑学

シェルターを標準装備

パレスチナなどからの攻撃に備えて、一般家庭でもボムシェルター（爆弾から身を守るシェルター）などのセキュリティルームの設置が、なんと法律で義務付けられている。

食べ物に関する規律が厳しい

食べてもいい動物は、まず草食動物であり、ひづめが分かれ、反芻することが条件（ラクダや豚はNG）。水生生物は、ひれとうろこがあるものは食べてもよい。これらの規律はコーシェルと呼ばれ、ユダヤ教徒はこれを満たした食べ物のみ食べられる。

健康食としても人気のフームス

ワールドランキング TOPIC 世界一厳しくて安全な航空会社

航空会社に関するランキングには数々あるが、スペシャリストの多くが口を揃える世界一安全な航空会社がエルアル・イスラエル航空。世界のユダヤ同胞を安全に運ぶのを使命とし、とにかくセキュリティチェックが厳しい。

検査は厳しいがサービスの質は高い

観光地として人気の中東のシェルター

ヨルダン・ハシミテ王国

Hashemite Kingdom of Jordan

国旗の意味

黒、白、緑は、それぞれアッバース朝、ウマイヤ朝、ファーティマ朝を、赤はハーシム家を表す。七稜星はコーランの一節を象徴。

JO/JOR

IOC JOR

FIFA JOR

アラビア語でこんにちは

السلام عليكم !

(アッサラーム アレイクム)

ヨルダン川東岸に位置するイスラム教の立憲君主国。シリアやイラク、イスラエル、パレスチナなど不安定な国々と接するが、政情は比較的安定し、中東のシェルターと呼ばれる。イスラム穏健派で親西側・欧米政策を取るが、イスラム諸国とも協調する全方位外交を展開し、この地域の平和と安定に重要な役割を担う。第1次世界大戦下、オスマン帝国の弱体化を図ったイギリスが委任統治領化し、1923年にトランスヨルダン王国を成立させる。このときの英政府代表者が映画『アラビアのロレンス』で有名なT・E・ロレンス。独立は1946年。国土の8割が砂漠で資源に乏しいが、ペトラ遺跡や死海など観光資源は豊か。

国名の由来

北西部の国境の大部分を作るヨルダン川の名に由来。川の名前の起源には諸説あるが、ヘブライ語で「流れ下る」の意味をもつ「ヤラド」からきているという説が有力。英語ではジョルダン、アラビア語ではウルドゥンのカタカナ表記が発音に近い。

アンマン市内に残るローマ劇場

DATA

人口：約1128万6000人
面積：約8万9000㎢
首都：アンマン
言語：アラビア語、英語
民族：ヨルダン人69.3％、シリア人13.3％、パレスチナ人6.7％、エジプト人6.7％、イラク人1.4％、そのほかアルメニア人、チェルケス人など2.6％
宗教：イスラム教93％（おもにスンニ派）、キリスト教7％、仏教0.4％、ヒンドゥー教0.1％、ほかユダヤ教など
通貨：ヨルダン・ディナール
時差：日本より7時間遅れている（サマータイムあり）
GNI：US$4350／人

左）ペトラ遺跡のシンボル、宮殿のような墳墓エル・ハズネ
右）クリーム色の建物が密集するアンマン

PHRASE▶ ありがとう／シュクラン　がんばれ！／ビタウフィク、ヤッラー　さようなら／マアッサラーマ

COLUMN

壮大な古代遺跡ペトラ

　一生に一度は訪れたいといわれる古代遺跡ペトラ。紀元前1世紀頃から謎の多い民族ナバタイ人によって建てられたもので、乾いた山々に囲まれた盆地に1日ではとても回り切れない壮大な遺跡群が広がる。なかでもエル・ハズネと呼ばれる岩山を削り取って作られた岩窟墓はペトラ遺跡のシンボル。エル・ハズネまで続く、岩山の狭間を走るシークと呼ばれる道も圧巻の迫力だ。ナバタイ以前、以後の史跡も複合的に残されており、この地域の歴史を知るうえで大変貴重な遺跡として知られている。

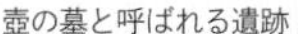

壺の墓と呼ばれる遺跡

COLUMN

死海の恵みで美しく

　海抜マイナス420mと陸上で最も低い場所にある死海。水や泥に紫外線が届きにくく豊富なミネラル分が残されるため肌によいとされ、ユダヤの王ヘロデやクレオパトラもその恩恵にあずかったといわれる。沿岸にはスパ施設の整ったリゾートが建ち並ぶ。ぜひ滞在してその効果を試したい。死海ミネラル配合のコスメグッズを持ち帰るのもおすすめ。ヨルダンは小さな国なので、死海リゾートを滞在拠点にしてペトラやアンマン、ワディ・ラムなどの観光地を巡る旅行者も多い。

死海の沿岸にはラグジュアリーなリゾートが並ぶ

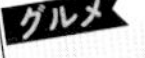

グルメ

マンサフ

ジャミードと呼ばれる乾燥させたヨーグルトで煮込んだ肉を炊いた米にのせ、煮汁をかけてナッツ類を添える料理。肉はラム肉を使うのが主流。

おみやげ

死海の塩

死海の水を塩田で6ヵ月間も蒸発させ殺菌、昔ながらの製法で作られる塩。ミネラルが豊富で甘味があるため世界の一流料理人にも愛用者は多い。みやげ物店ではおしゃれなボトルで売られる。

明日誰かに教えたくなる ヨルダンの雑学

王室は預言者と同じ家柄

　ヨルダン王室は預言者ムハンマドを生んだハーシム家の出身。アブドゥッラー2世国王はラーニア王妃とともに国民に絶大な人気がある。ちなみにイラクの王室もハーシム家だったが、1958年のイラク革命により途絶えている。

聖書にまつわる史跡が多い

　ヨルダン川沿岸はイエス・キリストが活動をした場所。ヨハネに洗礼を受けた場所はヨルダンとイスラエルの国境にあり、ヨルダン側からもアクセス可能。モーセ終焉の地であるネボ山もヨルダン川の近く。

イエスが洗礼を受けたとされる場所

ワールドランキング TOPIC

世界一高額な世界遺産入場料

　きちんとした統計は出ていないものの、ペトラが世界一入場料の高い世界遺産といわれることにほぼ間違いはなさそう。在住者は1ディナールなのだが、外国人は90ディナール。日本円で2万円弱もする（2024年5月現在）。

それでも訪れる価値と魅力がある

古きよきアラビア世界を残す海洋王国

オマーン国

Sultanate of Oman

国旗の意味

赤は国の防衛、白は平和、緑は農作物と繁栄を象徴。半月刀と太刀が交差した紋章はイスラム君主スルタンの威厳を表す。

OM/OMN

IOC **OMA**

FIFA **OMA**

アラビア語でこんにちは

السلام عليكم !

(アッサラーム アレイクム)

古くから海洋王国として覇権を握ってきた。特に7世紀以降、オマーン湾に面したソハールの港はアラビア半島随一の規模を誇り、アフリカから中国の広東まで広がる交易拠点として大いに栄えた。『アラビアン・ナイト』の船乗りシンドバッドはこの港から出港したといわれている。1970年まで保守的な鎖国政策をとってきたが、カブース前国王（2020年崩御）が政権を奪取して以来、積極的な開国政策を展開。現在はアラブの中立国として各国の仲裁役としての地位を確立している。不安定なアラブにあって紛争とは縁遠く、平和な雰囲気に満ちた国で、独特の歴史遺産や自然も多く旅先としてもとても魅力的だ。

国名の由来

由来に定説はない。船乗りシンドバッドが生まれたとされる古都で港町のソハールを、古代ローマの学者プリニウスが「オマナ」、同じく古代ローマの学者プトレマイオスが「オマノン」と記していたことが手がかりと推測されている。これらのソハールの呼称は、古いアラビア語で「定住した」という意味の言葉が語源と考えられている。地域の主要民族が遊牧民だったのに対し、港を築き暮らしたことを示すようだ。

DATA

人口：約500万人

面積：約30万9500㎢

首都：マスカット

言語：アラビア語。ほか英語、バローチ語、スワヒリ語、ウルドゥー語、インド方言など

民族：アラブ人、バローチ人、南アジア系（インド、パキスタン、スリランカ、バングラデシュ）、アフリカ系など

宗教：イスラム教86％、キリスト教6.5％、ヒンドゥー教5.5％、仏教0.8％ほか

通貨：オマーン・リアル

時差：日本より5時間遅れている

GNI：US$2万20／人

伝統的なダウ船が浮かぶ首都マスカットの港町マトラ

PHRASE ▶ ありがとう／シュクラン　がんばれ！／ビタウフィク、ヤッラー　さようなら／マアッサラーマ

COLUMN
エキゾチックな香り漂う国

古くから貿易で栄えたオマーンだが、当時の輸出品の代表が乳香(フランキンセンス)。カンラン科ボスウェリア属の植物の樹液を固めたお香だ。オマーンやイエメン、エチオピアなど、自生する場所が限られ、オマーンのサラーラ地方のものは高品質で知られる。首都マスカットのマトラ地区のスーク(市場)では乳香がたかれ、エキゾチックな雰囲気が漂う。

乳香は古代エジプトでは儀式に使われ、キリスト教ではイエス誕生の際に賢者が贈ったものとして神聖化されるなど、貴重なものとして紀元前から盛んに交易が行われた。それにより栄えたオアシスや港などが「乳香の土地」として世界遺産に登録されている。

高貴な香りのする乳香

COLUMN
約5000年前の灌漑用水路が今も使われている

ハジャル山地周辺の村では、ペルシア時代に築かれた灌漑用水路ファラジュが残されている。岩山の斜面にへばりつくように広がる家々の間をぬうように用水路が走り、これを利用して農業が行われている。国内には3000以上あるが、2006年にニズワ周辺の5つが世界遺産に登録された。

子供の遊び場でもある

ハジャル山地の中腹に位置するニズワではヤギの市場が開かれる

グルメ
オマニカフア

コーヒーにカルダモンのパウダーを加えたもの。オマーンコーヒーとも呼ばれる。もてなしの場面ではデーツやハルワなどのスイーツとともに必ず供される。

おみやげ
ハンジャル

国旗にも描かれている成人男性の証として腰に巻く三日月型の刀。伝統的には銀で作られてきており、施された細やかな模様にはため息がもれる。本格的な銀製品のみならずみやげ用の安価なレプリカもある。

明日誰かに教えたくなる **オマーンの雑学**

かつてアフリカにも領土をもつ海洋王国だった

19世紀に最盛期を迎えたオマーンは、現在のタンザニア、ケニア、ソマリアに及ぶ地域を支配下におき、現タンザニアのザンジバル島を首都として大帝国を築いた。島内には今でもかつてのスルタンの居城やアラブ風の町並みが残されている。

世界で最もテロから遠い国

2024年のグローバルテロリズムインデックスでオマーンはテロ危険度ランキング最下位(同位国多数)。アラブ地域のみならず世界でも最もテロリズムの可能性が少ない国との評価を受けている。

マスカットにある豪華なモスク

ワールドランキング TOPIC

国王が作った世界最高峰の香水ブランド

1983年に国王の命によって創立されたフレグランスブランド『アムアージュ』。「世界一高価な香水」という通説が世界的に浸透している。高価なのはオマーン産の希少な乳香をはじめ、使う香料の数を惜しまず通常の数倍のため。

マスカット空港の免税店でも人気

ふたつの聖地を擁する厳格なイスラム教国

サウジアラビア王国

Kingdom of Saudi Arabia

国旗の意味

イスラム教を示す緑の地に、シャハーダ（信仰告白）をデザイン化した文字と、メッカの守護を表す白い剣が描かれている。

SA/SAU

IOC **KSA**

FIFA **KSA**

アラビア語でこんにちは

السلام عليكم !

（アッサラーム アレイクム）

アラビア半島の約8割を占める砂漠の国。絶対君主制を敷き、世界でも数少ない統治王家名がそのまま国名となっている。現国王の第7代サルマンまで、歴代国王全員が初代アブドゥルアジーズの息子。ムハンマドが生まれたイスラム教発祥の地で、メッカ、メディナの2大聖地に多くの巡礼者が訪れる。厳しい戒律に基づく法体制はたびたび人権問題ともなるが、中東最大のアメリカ同盟国のため、西側諸国は表立った非難をしない。原油埋蔵量が世界2位で、生産量もアメリカと1、2位を争う。近年は石油依存経済からの脱却を目指し改革も進め、異教徒への厳しい入国制限を緩和し、観光にも力を入れている。

国名の由来

アラビア語で「サウード家によるアラブの王国」という意味。18世紀に首都リヤド近郊を拠点に王国の基礎を樹立したサウード家が、20世紀にアラビア半島の大部分を支配下におき王国を築いた。

アラビアは古代ギリシア語で「アラブの土地」を意味する言葉とされるが、紀元前2300年にメソポタミア全域を統一したアッカド人がアラビアに住む人々を「アラビ」と呼んでいた記録もあり、正確な語源はわかっていない。

DATA

人口：約3217万5000人
面積：約215万㎢
首都：リヤド
言語：アラビア語
民族：アラブ人90％、アフリカ系アジア人10％
宗教：イスラム教（9割がスンニ派）ほか
通貨：サウジアラビア・リヤル
時差：日本より6時間遅れている
GNI：US$2万76800／人

左）最大の聖地メッカのカアバ神殿で礼拝をするイスラム教徒　右）首都リヤドのシンボル、キングダム・センター

PHRASE ▶ ありがとう／シュクラン　がんばれ！／ビタウフィク、ヤッラー　さようなら／マアッサラーマ

COLUMN

イスラム教で最も重要な聖地メッカ

メッカはイスラム世界で最も重要な聖地。イスラム暦の第12月、ハッジと呼ばれる巡礼の時期になると、真っ黒なカアバ神殿を取り囲むように、モスクが無数の人々で埋め尽くされる。世界中から集まるムスリム（イスラム教徒）は200万人を超えるという。ちなみにカアバ神殿は、アブラハムとその息子が天国にある神の館を模して建てたもの。この建物こそがキブラ（礼拝の方角）であり、イスラム教徒はこの方角に向かって1日5回の礼拝を行っている。メッカへの巡礼はイスラムの教えの中核をなす五行のひとつで、イスラム教徒なら誰しも一生に一度の巡礼を望みとしている。

メディナにある預言者のモスク

COLUMN

ついに観光ビザの発給を開始

保守的なイスラム教の国であったサウジアラビアだが、石油依存からの脱却を図るため、「ビジョン2030」という改革計画を発表し、その一環で観光ビザの発給を開始した。対象となる国には日本も入っている。憧れつつも渡航がかなわなかった多くの旅好きにとっては大きなニュースとなった。イスラム教で最も神聖な地であり、ナバタイ人の遺跡マダインサーレハや歴史都市ジェッダなど、5つもの世界遺産をもつため、魅力的な観光フロンティアとして世界的に注目されている。

上）ナバタイ人の遺跡マダインサーレハ
下）古い建物が残るジェッダの旧市街

グルメ

カブサ

米をたっぷりの香辛料と骨付きの鶏肉や羊肉とともに炊き上げる料理。大皿に盛りつけ、数人で囲んで右手で食べる。祝いの席には欠かせない伝統料理。

おみやげ

ミスワーク

天然の歯ブラシとして使われる柔らかな木の根。使う部分の皮を削って水につけ、しごくとブラシ状になり歯の掃除に使う。傷んできたら新たな部分を削る。よい香りがあり、くわえたまま歩く男性も見かける。

明日誰かに教えたくなる サウジアラビアの雑学

聖地に入れるのはイスラム教徒だけ

異教徒観光客を受け入れ始めたが、イスラム教の2大聖地であるメッカとメディナは、イスラム教徒以外の立ち入りは厳しく禁止されている（町自体に入ることができない）。

女性は意外に楽しそう？

世界で最も厳格なイスラム教国家のひとつといわれ、女性の人権に関するニュースが大きく報道されてきた。女性の生活はさぞ堅苦しくて息が詰まるのかと思いきや、女性専用の部屋や時間が設けられ、アバヤの下に金や宝石を身に着け、逆にそれを特別扱いと楽しむ女性も少なくないとか。

ショッピングを楽しむ女性たち

ワールドランキング TOPIC

お好み焼きソースにも使われるデーツ

サウジアラビアでは脱石油の政策のもと、デーツ（ナツメヤシ）の生産に力を入れ、2021年には輸出額で世界第1位となった。天然スーパーフードと呼ばれるほど栄養価が高く、近年、世界的に注目を集めている。
参考：国際貿易センター(ITC)2022

整然としたナツメヤシの畑

東洋と西洋が交わるかつての大帝国

トルコ共和国

Republic of Türkiye

国旗の意味

一説にはオスマン帝国初代皇帝の夢に三日月と星が現れ、コンスタンティノープルの征服を預言したという話が由来。

TR/TUR

IOC TUR
FIFA TUR

トルコ語でこんにちは

Merhaba !
(メルハバ)

最大都市イスタンブールはボスポラス海峡を挟んでアジア側とヨーロッパ側に分かれ、“欧州とアジアの懸け橋”と呼ばれる。GDPは世界第17位（2024年）と中東では屈指の経済大国。14世紀から栄えたオスマン帝国が、西アジアから東ヨーロッパ、北アフリカにまでいたる栄光の大帝国を築いたが、19世紀には衰退。1923年にトルコ共和国としてほぼ今の領土になった。国民の多くがイスラム教スンニ派だが、建国の父アタテュルクは厳格に政教分離を行い、宗教色を排除することで経済を発展させてきた。アジア、欧州、アラブに影響を及ぼし、世界の安定のカギとなる国。親日国としても知られている。

国名の由来

主要住民の名称「トルコ人」に由来する。ただし、トルコは日本での呼称で、ポルトガル語で「トルコ人」や「トルコの」を意味する「Turco」が浸透したもの。英語で「Turkey（ターキー）」と呼ぶのは有名だが、2022年、国連にトルコ政府が英語を含む多言語においてトルコ語である「Türkiye（テュルキエ）」を正式に使用することを要請し受理されている。トルコ人の祖先は中央アジアに住んでいたチュルク人で、テュルキエはここからきている。チュルクは「強い人」の意味。

DATA

人口：約8528万人
面積：約78万576㎢
首都：アンカラ
言語：トルコ語
民族：トルコ人70〜75％、クルド人19％、ほか少数民族
宗教：イスラム教（スンニ派）99.8％。ほかにギリシア正教、アルメニア正教、ユダヤ教など
通貨：トルコ・リラ
時差：日本より6時間遅れている
GNI：US$1万640／人

左）夕日に照らされるイスタンブールの町
右）奇観カッパドキアでは熱気球が人気

PHRASE ▶ ありがとう／テシェキュルエデリム　がんばれ！／イイシャンスラル　さようなら／ホシュチャカルン

COLUMN

知っておきたい日本とトルコのつながり

トルコは世界でも指折りの親日国。若者はアニメが大好きで、日本製品は質がいいと評判が高い。旅をしていると日本人だからという理由で親切にされることも多い。この親日感情のきっかけとなったのが、1890年のエルトゥールル号の海難事故。親善使節団としてオスマン帝国から派遣されたエルトゥールル号が帰国の途についた際、台風のなか、和歌山県大島の樫野埼沖で座礁し、587名の死者が出る大海難事故が発生した。このとき大島の島民は不眠不休で生存者の救助、遺体捜索にあたり、69名の生存者は無事イスタンブールに帰り着くことができた。これに対し、1985年のイラン・イラク戦争の際にはイラン在留邦人の救出にトルコの航空機が出動し、約200名が無事帰国している。

COLUMN

考古学の常識を覆した遺跡

シャンルウルファの郊外に1万年以上前にも遡るといわれるギョベクリ・テペの遺跡がある。これはメソポタミア文明よりも5000年以上も昔の遺跡。環状に並ぶ巨石は宗教施設とみられ、農耕が始まる前に宗教が存在していたということで世界を驚かせた。2018年に世界遺産に登録され、発掘調査は現在もさらに進められている。

環状に並ぶ石

上）エフェスの古代遺跡
下）ネムルト山に残る神像の頭部

おみやげ

ナザール・ボンジュウ

青い目玉の形のお守り。邪視から災いを跳ねのけてくれると信じられている。ナザールとは邪視や災いのことで、ボンジュウはビーズを示す言葉。

グルメ

ケバブ

肉や魚、野菜などをローストする料理の総称。日本では肉の塊を回しながら切り落とす「ドネルケバブ」が有名だが、長い鉄串に刺した肉や野菜を炭火で焼く「シシケバブ」もポピュラー。

明日誰かに教えたくなる **トルコの雑学**

旅人も知っておきたい国の英雄

近代トルコ建国の父ケマル・アタテュルクはトルコの英雄。外国人にはそれほど厳しくないが、彼のことをまったく知らないと、軽く軽蔑の念を抱かれることも。愛国心が強く、言論弾圧が強まりつつあるトルコでは、彼らのナショナリズムを批判すると逮捕される場合もある。

OKマークは侮辱の印

親指と人差し指で丸を作り、残り3本の指を立てたサインには性的タブーな意味があり、相手を侮辱したいときにやる動作とされる。

車に描かれたアタテュルク

ワールドランキング
TOPIC

世界の隅々まで路線を広げる航空会社

トルコのフラッグキャリアであるターキッシュ エアラインズは、イスタンブール・アタテュルク空港をハブに世界130ヵ国346都市、国際線293路線、国内線53路線というネットワークをもつ（2024年3月現在）。単独会社での就航国数が世界一。

保有機材は合計で450機以上

ドバイやアブダビなど7つの首長国で構成

アラブ首長国連邦

United Arab Emirates(U.A.E.)

国旗の意味

緑は豊かな国土を、白は清浄を、黒は過去の圧政を、赤は聖戦で流れた尊い血の犠牲を表す。

AE/ARE

IOC UAE

FIFA UAE

アラビア語でこんにちは

السلام عليكم !

(アッサラーム アレイクム)

首長とはイスラム世界で王族を表す君主号で、アラビア語で「司令官」を意味する言葉が転じたもの。つまり首長国は王国とほぼ同義。U.A.E.はこうした7つの首長国で構成される連邦制国家だ。しかし、経済、治安、社会福祉、教育、インフラ整備など多くの権限は各国にあり、連邦政府は外交、軍事、通貨などを担当する。連邦の予算の8割は石油資源に恵まれたアブダビ、1割を経済活動が盛んなドバイ、残りの1割が連邦政府としての税収で、ほか5つの首長国は負担していない。世界的に人気のドバイに続けと近年はアブダビでも観光開発が盛ん。外国人労働者が人口の大半を占めるため英語がよく通じる。

国名の由来

「アラブにある首長の国の連合」の意味。日本語のアラブ首長国連邦は英語の正式名称「United Arab Emirates」の和訳で、世界的には略称の「U.A.E.（ユーエーイー）」が多用されている。地元の人々は単に「Emirates（エミレーツ）」だけもよく使う。

アラブの語源としては、コーランに地域の定住者や遊牧民の共通言語をアラビーと呼んだ記述がある。同じくコーランにある「アーラーブ」は遊牧民だけを意味するが、アラビーと語根は同じと考えられている。

DATA

人口：約989万人
面積：約8万3600㎢
首都：アブダビ
言語：アラビア語。ほか英語、ヒンディー語、マラヤーラム語、ウルドゥー語、パシュトー語、タガログ語など
民族：U.A.E.人11.6％、南アジア人59.4％、エジプト人10.2％、フィリピン人6.1％ほか
宗教：イスラム教(公式)76％、キリスト教9％、ほかヒンドゥー教、仏教徒、ゾロアスター教、バハーイー教、ドルーズ派、シーク教ほか
通貨：ディルハム
時差：日本より5時間遅れている
GNI：US$4万9160／人

左）バージュ・ハリファ（世界で最も高いビル）をはじめさまざまなビルが立つ
右）アブダビのシェイク・ザイード・グランド・モスク

PHRASE▶ ありがとう／シュクラン　がんばれ！／ビタウフィク、ヤッラー　さようなら／マアッサラーマ

COLUMN

国を牽引する首長国 ドバイ

日中にドバイ空港を離発着する際、自然が作り出した美しいクリーク（入江）を空から一望できる。このクリークが、交易地としてドバイが発展した大きな要素になっている。かつてのおもな産業はダウ船の造船、アラビア湾での真珠取りだったが、1930年代には日本で真珠養殖技術が開発され、大打撃を受けている。当時は大恐慌の時代でもあり、経済はみるみる低迷。しかし1950年に新首長となったシェイク・ラシッドは石油採掘事業の産業基盤を整え、外国企業に優遇措置をとるなど、商業を奨励し手腕を振るった。現在でも「ドバイ建設の父」として人々の尊敬を集めている。

クリークを行くアブラ（渡し舟）

COLUMN

ドバイは世界一がいっぱい

2018年にオープンしたドバイフレーム。高さ150.24m、幅95.53mの世界一大きなフレームとして話題になった。上部はスカイデッキになっており、ドバイの町並みを一望できる。世界一といえばバージュ・ハリファも忘れてはならない。地上160階建て、828mの世界一高いビルで、ともにギネスブックに認定されている。

新たなランドマーク、ドバイフレーム

ジュメイラ・ビーチに立つ、7つ星とも称される超高級ホテル、バージュ・アル・アラブ

おみやげ

サンドボトル

ボトルの中にさまざまな色を付けた砂漠の砂を、詰める順序やバランスで模様や絵柄、文字を描くもの。店頭で職人が実演していることも多く、頼めばオリジナルも作ってもらえる。

グルメ

タッブーレ

細かく刻んだパセリを中心に、トマト、ミント、タマネギなどをオリーブオイルとレモン汁で味付けしたサラダ料理。中東レバノンを発祥とするが、健康志向の高いU.A.E.ではポピュラー。

明日誰かに教えたくなる アラブ首長国連邦の雑学

U.A.E.人はどこにいる!?

ドバイの町（特にデイラなどの下町）を歩いていると出会うのはほとんどがアジア・アフリカ系の人々。なんと彼ら外国人が人口の9割近くを占めている。U.A.E.人の生活を見てみたいなら、ドバイとアブダビ以外の首長国まで足を延ばしてみるのもおすすめ。

最も開放的なイスラム教国のひとつ

ドバイやアブダビは、アラブとは思えないほど開放的。ホテルではアルコールも飲めるし、肌を露出した女性も多い。しかし、ほかの首長国は保守的。行く際は服装に気をつけよう。

ドバイのビーチではビキニもOK

ワールドランキング TOPIC

世界で一番人気の観光地はドバイ

日本でもおなじみの世界最大の旅行口コミサイト、トリップアドバイザーが発表した「2024トラベラーズチョイス ベスト・オブ・ザ・ベスト人気の観光地」でドバイが世界一に。U.A.E.ではアブダビも観光に力を入れている。

2022年にオープンの未来博物館はドバイの新名所

ディルムン文明が興った小さな島国

バーレーン王国

Kingdom of Bahrain

国旗の意味

赤は祖国のために流された尊い血を、白は平和を象徴している。

BH/BHR

IOC BRN

FIFA BHR

アラビア語でこんにちは

السلام عليكم !

（アッサラーム アレイクム）

ペルシア湾に浮かぶ大小33の島からなる国。判明している最古の記録で紀元前3000年頃に謎の文明ディルムンが存在し、貿易の中継地として繁栄していた。中東でも最も早く採掘を行った産油国。鎖国的だったサウジアラビアとは橋で結ばれ、経済的な結びつきが強いことから、中継ビジネス拠点や金融センターとして発展。近年は観光にも力を入れている。

DATA

人口：約157万7000人
面積：約786.5㎢
首都：マナーマ
言語：アラビア語
民族：バーレーン人46%、アジア系45.5%、そのほかのアラブ人4.7%、アフリカ系1.6%、ヨーロッパ系1%ほか
宗教：イスラム教73.7%、キリスト教9.3%、ユダヤ教0.1%
通貨：バーレーン・ディナール
時差：日本より6時間遅れている
GNI：US$2万7720／人

国名の由来

アラビア語で「海」を意味する「バール」の二重形で「ふたつの海」の意味。東と西にあるふたつの湾、あるいは島の北と南のふたつの海、または地上の水と地下の水、さらに塩水と淡水など、いくつもの考え方がある。ただし、中世まではバーレーンはアラビア東部の広い地域を表し、いつからこの地のみを示すようになったかは不明。

グルメ

マクブース

米と羊肉や鶏肉を黒コショウ、カルダモン、シナモンなどの香辛料と炊いた料理。大きな皿にアーモンドやレーズンを混ぜ合わせる。名前は「詰め込む」の意味。

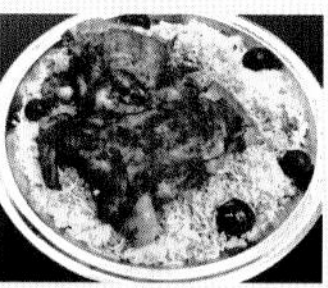

左）ディルムン文明の遺物が出土したカラート・アル・バーレン
右）バーレーンで最も大きなモスク

明日誰かに教えたくなる **バーレーンの雑学**

比較的気軽にアルコールが飲める

イスラム教国ではあるが、周辺国に比べてやや戒律が緩やかなので、町なかではアルコールも手に入るし、レストランで飲むこともできる。

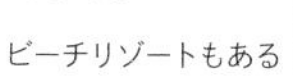

ビーチリゾートもある

ワールドランキング TOPIC

石油以前は経済を支えた真珠

世界最初の宝石と呼ばれる真珠は、1893年に日本の御木本幸吉が養殖に成功するまで海に潜って採取していた。真珠採取の世界最古の地域はアラビア半島とされ、中心地はバハレーン島だった。

真珠採取で栄えたムハラク島は世界遺産

PHRASE ▶ ありがとう／シュクラン　がんばれ！／ビタウフィク、ヤッラー　さようなら／マアッサラーマ

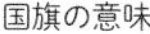

混乱続くメソポタミア文明発祥の地

イラク共和国

Republic of Iraq

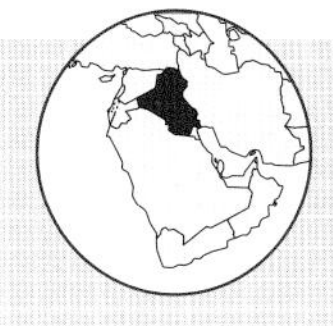

国旗の意味

赤は犠牲者の血、白は明るい未来、黒は過去の抑圧を表す。アラビア文字は「神は偉大なり」と書かれている。

IQ/IRQ

IOC IRQ

FIFA IRQ

アラビア語でこんにちは

السلام عليكم !

（アッサラーム アレイクム）

戦争のイメージが強いが、メソポタミア文明発祥の地であり、ハンムラビ法典で知られるバビロニア、大帝国アッシリアなど、貴重な古代遺跡が数多く残る。ほとんどのエリアは渡航が難しいが、北部クルド人自治区の都市アルビル周辺だけは治安の改善が目覚ましく、石油資源を背景に開発が進む。第2のドバイとも呼ばれているが、2021年と2022年のミサイル着弾事件が世界に衝撃を与えた。

DATA

人口：約3965万人
面積：約43万8300㎢
首都：バグダッド
言語：アラビア語、クルド語ほか
民族：アラブ人80％。ほかクルド人、トルクメン人、アッシリア人
宗教：イスラム教
通貨：イラク・ディナール
時差：日本より6時間遅れている
GNI：US$5270／人

国名の由来

由来には諸説ある。メソポタミア文明が栄えた時代にイラク南部にあったシュメールの人の都市「ウルク」からや、紀元前5世紀頃から1世紀頃に使われていたペルシア語で「低地」を意味する「エラーク」からなど。長らく「イラーク」という地名がアラブ人の多かったメソポタミア地方と、ペルシア人の多かったザグロス山脈の両方で使われてきたが、現在のイラクに含まれるのはメソポタミア地方のみ。

グルメ

マスグーフ

背開きにしたチグリス・ユーフラテス川で取れるコイなどの魚を、まる焼きにしたもの。味付けは塩のみや、砂糖を使って照り焼き風にしたものなどがある。

左）人々でにぎわうアルビル中心部の広場
右）古代都市バビロニアに復元されたイシュタル門

明日誰かに教えたくなる イラクの雑学

料理を残さず平らげるのはNG？

食事に招待されたとき、日本では残さず食べるのがよいマナーとされるが、イラクでは逆。客を盛大にもてなすのがアラブの伝統であり、残さず平らげてしまうと料理が足りなかったのではと思われるので、ある程度残すほうがよいだろう。

屋台でお茶を入れる男性

ワールドランキング TOPIC

見渡す限りの墓に衝撃を受ける

中南部の都市ナジャフにあるイスラム教徒の墓地『ワディ・アル・サラーム（平和の谷）』の面積は約6㎢。東京ドーム130個分近くの土地に数百万体が埋葬され、世界で一番大きな墓地といわれる。

まるでひとつの都市のようだ

PHRASE ▶ ありがとう／シュクラン　がんばれ！／ビタウフィク、ヤッラー　さようなら／マアッサラーマ

湾岸戦争を経て発展を続ける石油立国

クウェート国

State of Kuwait

国旗の意味

黒、赤、白、緑の4色は汎アラブ色と呼ばれる。緑は平和、白は清廉、赤は血(勝利)、黒は戦いを象徴している。

KW/KWT

IOC KUW

FIFA KUW

アラビア語でこんにちは

السلام عليكم !

(アッサラーム アレイクム)

1990年のイラクのクウェート侵攻をきっかけに始まった湾岸戦争。豊かな石油資源の下で発展を遂げていた現代都市が戦場になった光景は世界に衝撃を与えた。しかし、現在は戦前をはるかに上回る発展を遂げている。東日本大震災の際には、湾岸戦争時の多国籍軍への日本の資金援助への礼として、500万バレル(450億円相当)の原油を無償援助して話題となった。

DATA

人口：約446万人
面積：約1万7818㎢
首都：クウェート
言語：アラビア語
民族：クウェート人30.4%、そのほかのアラブ人27.4%、アジア人40.3%、アフリカ人1%ほか
宗教：イスラム教74.6%ほか
通貨：クウェート・ディナール
時差：日本より6時間遅れている
GNI：US$4万600／人

国名の由来

17世紀末頃までは丘を示すアラビア語「カルン」がより小さなものであることを表す言葉になった「クライン」と呼ばれていたが、やがて砦や城を示す「クウト」がより小さいものを示す言葉「クウェイト」に変化した。クラインは「小高い丘」、クウェイトは「小さなお城」という意味になる。

グルメ

ビリヤーニ

米を鶏肉や子羊肉と一緒にスパイスで炊き込んだ料理。多く居住するインド系の人々のレストランでは本格的なカレーと一緒に提供される。

左）クウェートの町並み。手前の建築物はランドマークのクウェート・タワー
右）豪華なショッピングモールが多くある

明日誰かに教えたくなる クウェートの雑学

湾岸で最も民主的な国

クウェートは選挙で選ばれた国民議会をもつ湾岸で最も民主的な国。1961年の独立後すぐに主権在民、言論・宗教の自由をうたった憲法を制定している。

民主的だが戒律は厳しい

ワールドランキングTOPIC

危険な暑さがたびたび記録される

さまざまな統計のうちワールドウェザーインフォメーションが発表したデータでは、クウェートが世界一暑い国となる。6～8月には最高気温が50℃を超え、2016年7月には53.9℃を記録した。 参考：World Meteorological Organization 2023

この地域の暑さはアラビア湾の水温の高さも関係がある

PHRASE ▶ ありがとう／シュクラン　がんばれ！／ビタウフィク、ヤッラー　さようなら／マアッサラーマ

宗教・宗派が入り乱れるモザイク国家

レバノン共和国

Lebanese Republic

国旗の意味

白は純潔と平和を、赤は勇気と犠牲を表している。中央に描かれているのは、レバノン杉で、潔さと不滅を表している。

LB/LBN

IOC LBN

FIFA LBN

アラビア語でこんにちは

السلام عليكم！

（アッサラーム アレイクム）

中東では唯一砂漠がなく四季がある国。国民の約6割がイスラム教、約3割がキリスト教で、国会議席をそれぞれに割り当てる。1943年の独立後、首都ベイルートは地域経済の中心地となり、美しい町並みからも“中東のパリ”と呼ばれ栄えたが、1975年に内戦が勃発、1990年にかけて断続的に続いた。海外に逃れた1600万人のなかには世界的富豪が大勢いる。

DATA

人口：約529万人
面積：約1万452㎢
首都：ベイルート
言語：アラビア語（フランス語、英語も通じる）
民族：おもにアラブ人
宗教：イスラム教67.8％、キリスト教32.4％ほか
通貨：レバノン・ポンド
時差：日本より7時間遅れている（サマータイムあり）
GNI：US$4970／人

国名の由来

現地表記では「ルブナーン」。発音では「リブナーン」となる。フェニキア語で「白い」を意味する「レバン」が語源で、オスマン帝国時代に使われるようになったとされる。これはレバノン山が冠雪することに由来する。

グルメ

フンムス（フムス）

中東随一の美食国レバノンの代表的な料理。ゆでたヒヨコマメをつぶし、ゴマ、ニンニク、オリーブオイルなどで味付けするペースト状の料理。

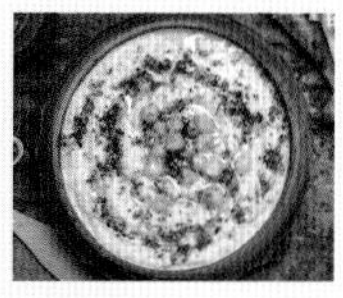

左）ベイルートのダウンタウンはまるでヨーロッパのような町並み
右）カディーシャ渓谷にあるブシャーレの町

明日誰かに教えたくなる レバノンの雑学

建設工事が進まない！

ベイルートなどの都市で建設工事が行われると、あるもののせいで建設工事が中断されることがよくある。それは遺跡。フェニキアの昔から栄える都市ならではの話だ。

ベイルートのローマ遺跡

ワールドランキング TOPIC

記録的なインフレが進む

2022年3～6月の間に食料品価格が実質122%上昇。食料品のインフレ率世界一になった。経済危機によるもので、2位のジンバブエが23%なので、いかに深刻かがよくわかる。出典：日本赤十字社2023

難民が多いことも大きな要因

PHRASE ありがとう／シュクラン　がんばれ！／ビタウフィク、ヤッラー　さようなら／マアッサラーマ

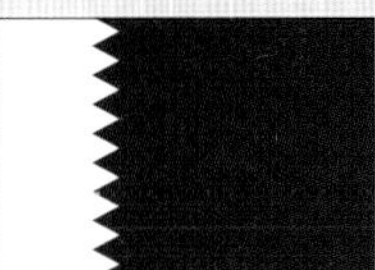

躍進するアラビア半島の金融センター

カタール国

State of Qatar

国旗の意味

エビ茶色は赤が変色したもので、これが正式な色になった。9つのジグザグは9番目の湾岸首長国であることを示す。

QA/QAT

IOC QAT

FIFA QAT

アラビア語でこんにちは

السلام عليكم !

（アッサラーム アレイクム）

天然ガスや石油の資源に恵まれ、1人当たりのGDPは世界第8位（2024年）。国民の医療や教育は無償、税金もない。しかし人口の9割近くは南アジアを中心する海外からの労働者が占めている。かつては「何もない退屈な国」などともいわれたが、将来的な資源枯渇を視野に金融センターへの脱却を図っており、観光開発も盛んで2022年にはサッカー・ワールドカップが開催された。

DATA

人口：約300万人
面積：約1万1427㎢
首都：ドーハ
言語：アラビア語
民族：カタール人11.6％、外国人88.4％
宗教：イスラム教65.2％、ヒンドゥー教15.9％、キリスト教13.7％、仏教3.8％ほか
通貨：カタール・リヤル
時差：日本より6時間遅れている
GNI：US$7万120／人

国名の由来

古代ローマの学者プリニウスが著書で、カタール半島の住民を当時の代表的な集落の名にちなんで「カタリイ」と記した。その後、同じく古代ローマの学者プトレマイオスがこの地域最初の地図を作り「カタラ」と記し、現在の国名のもととなったと考えられている。

グルメ

ホブス

薄焼きにしたパンで主食にする。ペースト状になった野菜や豆を煮込んだ料理などと食べるときは、ちぎってスプーンのようにしてすくうのに使う。

左）スーク・ワキーフ（市場）を巡回する警察
右）埋め立て開発地区「ザ・パール・カタール」

明日誰かに教えたくなる カタールの雑学

飛行機に鳥を持ち込める

湾岸諸国では鷹狩りが伝統的に行われており、ハヤブサを飼う人が多い。カタール航空ではひとり1羽までハヤブサを持ち込むことができる。

鳥やウサギを狩るハヤブサ

ワールドランキング TOPIC

10年足らずで世界一の空港に

航空会社の格付けを行っているSKYTRAX社の調査で、カタールのドーハ・ハマド国際空港が「2024ワールド・ベスト・エアポート」1位となった。2021年と2022年にも1位を獲得している（2023年はチャンギ国際空港）。

旅客運用開始は2014年と新しい

PHRASE ▶ ありがとう／シュクラン　がんばれ！／ビタウフィク、ヤッラー　さようなら／マアッサラーマ

激動の歴史がさまざまな遺産を残す

シリア・アラブ共和国

Syrian Arab Republic

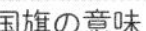

国旗の意味

アラブの反乱で使われた伝統的な汎アラブ色を使用。

SY/SYR

IOC SYR
FIFA SYR

アラビア語でこんにちは

السلام عليكم!

(アッサラーム アレイクム)

2011年、独裁アサド大統領政権を批判する落書きをした少年への拷問を抗議するデモをきっかけに、政府派と反政府派による内戦に発展、そこにISやクルド人勢力も加わり、さらには世界の思惑も乗じて現在も収拾はつかない。メソポタミア文明を生んだ肥沃な三日月地帯と呼ばれる豊かな自然に恵まれ、約5000年前から都市国家があった。ダマスカスは世界最古の都市のひとつ。

DATA

人口：約2156万人
面積：約18万5000㎢
首都：ダマスカス
言語：アラビア語
民族：アラブ人75%、ほかクルド人、アルメニア人など
宗教：イスラム教87%、キリスト教10%、ドルーズ派3%
通貨：シリア・ポンド
時差：日本より6時間遅れている(サマータイムあり)
GNI：US$560／人

国名の由来

語源は不明。紀元前にイラク北部あたりに興った王国の中核都市アッシュルを示した「日の出の地方」を意味するギリシア語の「アッシリア」が転じたもの、アラビア語で「アラブの北の国」を意味する「シリア」を語源とするなど諸説ある。

グルメ

メゼ

メゼは食事の最初に出されるもので、パンとともに比較的少量の料理が数種類並ぶ、いわば前菜の盛り合わせ。シリアはレバノンと並ぶ美食の国といわれる。

左）オロンテス川にある約500年前のハマの水車
右）アレッポのオリーブ石鹸は世界的に有名

明日誰かに教えたくなる **シリアの雑学**

人類初の殺人が起こった

聖書の創世記によると、楽園を追われたアダムとイブはダマスカスの北にあるカシオン山に降り立ち、この山で息子カインは弟のアベルを嫉妬から殺害。これが人類史上初の殺人といわれている。

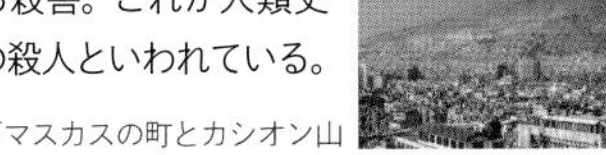

ダマスカスの町とカシオン山

ワールドランキング TOPIC

世界最多の内戦避難民

2011年に内戦が始まって以来、自宅を追われたシリア人は1300万人以上で、うち国内避難約670万人。周辺国で難民となった人が約660万人で世界一多い。 参考：UNHCR グローバル・トレンズ・レポート2022

少しでも早い終息を祈りたい

PHRASE ▶ ありがとう／シュクラン　がんばれ！／ビタウフィク、ヤッラー　さようなら／マアッサラーマ

混乱が続く幸福のアラビア

イエメン共和国

Republic of Yemen

国旗の意味

赤は独立への情熱、白は平和と希望、黒は過去の圧政からの解放と独立を表す。

YE/YEM

IOC YEM

FIFA YEM

アラビア語でこんにちは

السلام عليكم !

(アッサラーム アレイクム)

首都サヌアは“世界で最も古い都市”といわれ、「ノアの方船」のノアの息子が築いたという伝説もある。旧約聖書に登場する女王で有名なシバ王国の時代には、海のシルクロードの中継地として繁栄し、幸福のアラビアとまで呼ばれた。また、離島のソコトラは独特の自然景観と生態系で知られる。2015年以降は代理戦争に巻き込まれ、国連も仲介するが解決にいたっていない。

DATA

人口：約3370万人　面積：約55万5000㎢
首都：サヌア
言語：アラビア語
民族：おもにアラブ人。ほかアフリカ系アラブ人、南アジア人など
宗教：イスラム教99.1%(スンニ派65%、シーア派35%)、ほかユダヤ教、バハーイー教など
通貨：イエメン・リヤル
時差：日本より6時間遅れている
GDP：US$650

国名の由来

アラビア語で「右」を意味する「ヤムン」に由来。聖地メッカのカーバ聖殿に対して右側に位置するためといわれる。また、アラビア語で「南」を意味する「ユムン」が語源とする説もあり、これはアラビア半島の南部に位置し、朝日が昇る東に向かって南側の地域であるためとされる。

グルメ

サルタ

マドラと呼ばれる石鍋で肉のシチューを煮込み、ジャガイモ、卵、野菜などが添えられる。それに伝統的な平らなパンをちぎって浸しアツアツで食べる。

左）独特の伝統建築が残るサヌアの旧市街
右）ソコトラ島で見られる固有の竜血樹

明日誰かに教えたくなる イエメンの雑学

男性のほおが膨れているのはなぜ？

イエメン人男性の嗜好品といえばカート。アカネ科の木の葉っぱで、かみ砕いてエキスを飲み下すことにより、軽い神経興奮作用が得られる。これをもぐもぐしながら会話に花を咲かすのがイエメンの男たちの社交なのだ。エチオピアやケニアにもあるが、イエメンほど盛んなところはない。

延々とかみ続け、いつの間にかほおがパンパンになる

ワールドランキング TOPIC

内戦最大の犠牲は子供たち

2015年から国内で武力衝突が激化、貧困や食料危機が拡大している。2023年時点で2160万人が支援を必要とし、その半分以上が18歳未満。「世界最大の人道危機」といわれている。　参考：OCHA, "Humanitarian Needs Overview Yemen 2023

子供たちの未来を守る世界的な努力が必要

PHRASE ありがとう／シュクラン　がんばれ！／ビタウフィク、ヤッラー　さようなら／マアッサラーマ

西洋列強の思惑に翻弄されたアラブ人の国

パレスチナ

Palestine

国旗の意味

赤、緑、白、黒は汎アラブ色。オスマン帝国に対するアラブの反乱の際に使われた旗に由来している。

PS/PSE

IOC PLE

FIFA PLE

アラビア語でこんにちは

مرحبا！

（マルハバ）

ヨルダンの西に位置する共和制国家。1988年に独立宣言し、1993年にイスラエルの支配から自治を開始。国連未加盟だが、2024年5月23日時点で日本などを除く146の加盟国が国家承認している。領土はヨルダン川西岸地区とガザ地区に分割。首都の東エルサレムはイスラエルに占領されラマッラが首都機能を担う。2023年10月にガザ地区で始まったイスラエルとの武力衝突は深刻。

DATA

人口：約548万人
面積：約6020㎢
主都：ラマッラ（自治政府所在地）
言語：アラビア語
民族：アラブ人
宗教：イスラム教92%、キリスト教7%ほか
通貨：イスラエル・シェケル
時差：日本より6時間遅れている（サマータイムあり）
GDP：US$3517

国名の由来

もともとはシリアとエジプトに挟まれた地中海東岸一帯を指す。紀元前13～12世紀頃にこの地に建国をした民族ペリシテ人が語源とされる。紀元前4世紀後半にアレキサンダー大王に滅ぼされたが、第1次世界大戦後にイギリスの委任統治領の地名に使われた。

グルメ

バッティーハ

アラビア語で「すいか」。もちろん果物として人気があるが、切ると赤、緑、黒、白とパレスチナ国旗と色が同じことから民族のシンボルにもなっている。

左）ラマッラの中心部
右）イエス・キリスト降誕伝説の残る生誕教会

明日誰かに教えたくなる パレスチナの雑学

ウエットティッシュは必須

イスラエルの政策により生活水が制限され、深刻な水不足に悩まされている。一般人宅に宿泊する際はウエットティッシュなどを持参する必要がある。また、現在の政治的状況はとてもセンシティブな問題だが、彼らのおかれた状況について部外者と話したいと思っている人も多い。

パレスチナの旗を掲げる男性

ワールドランキング TOPIC

難し過ぎる共存問題

ランキングがあるものではないが、「現世界で最大の難問」と呼ばれているのがパレスチナとイスラエルの共存。2000年以上という憎しみの連鎖の歴史に、後ろ盾の各国の思惑も加わる。

天井のない監獄と呼ばれるガザ地区

PHRASE ありがとう／シュクラン　がんばれ！／ビタウフィク、ヤッラー　さようなら／マアッサラーマ

Europe

ヨーロッパ

地域共同体

EU（イーユー） ■ European Union

（欧州連合）

加盟国のページにはEU旗を印しています

幅広い分野での協力を進めているヨーロッパの政治・経済統合体。27ヵ国が加盟している。域内市場における人、物、サービスおよび資本の自由な移動を確保することを目的としている。具体的には通貨の統一（ユーロ）、シェンゲン協定による国境の排除（域内をパスポートなしで移動できる）、単一市場の設立などが行われてきた。また、司法、内政に関する法律を制定し、貿易、農業、漁業および地域開発に関する共通の政策を維持することもその目的のひとつ。世界の人口の5.8%程度だが、名目GDPは世界の約4分の1を占め、各地に在外公館をもつなどグローバルな影響力を保持している。

ヨーロッパ統合の試みは、第2次世界大戦後、反共産主義の取り組みの中で発展してきた。その起源ともいえるのが戦後に設立された3つの機関、ECSC（欧州石炭鉄鋼共同体）、EEC（欧州経済共同体）、EURATOM（欧州原子力共同体）。これが1967年にEC（欧州共同体）に統合され、1993年のマーストリヒト条約でEUが発足した。ただし、2020年1月にはイギリスが離脱している。

〈参加国〉ベルギー、ブルガリア、チェコ、デンマーク、ドイツ、エストニア、アイルランド、ギリシア、スペイン、フランス、クロアチア、イタリア、キプロス、ラトビア、リトアニア、ルクセンブルク、ハンガリー、マルタ、オランダ、オーストリア、ポーランド、ポルトガル、ルーマニア、スロヴェニア、スロヴァキア、フィンランド、スウェーデン

軍事同盟

NATO（ナトー） ■ North Atlantic Treaty Organization

（北大西洋条約機構）

アメリカ、カナダ、ヨーロッパ諸国の間で1994年に結成された軍事同盟で2024年現在32ヵ国が加盟。日本は非加盟だが協力関係にある。本部はベルギーの首都ブリュッセル。2022年のロシアのウクライナ侵攻により存在感が高まった。そもそもロシアはNATOを脅威と位置付け、旧東欧諸国の加盟を「約束反故の東方拡大」として反発してきたが、結果として周辺諸国の危機感を高めることとなった。

〈参加国〉アイスランド、アメリカ、イタリア、イギリス、オランダ、カナダ、デンマーク、ノルウェー、フランス、ベルギー、ポルトガル、ルクセンブルク、ギリシア、トルコ、ドイツ、スペイン、チェコ、ハンガリー、ポーランド、エストニア、スロヴァキア、スロヴェニア、ブルガリア、ラトビア、リトアニア、ルーマニア、アルバニア、クロアチア、モンテネグロ、北マケドニア、フィンランド、スウェーデン

Area map

フェロー諸島 (P.116)

※サンピエールおよびミクロン P.155 MAP参照

アイルランド (P.112)

ポルトガル (P.124)

アソーレス諸島 (P.134)

ヨーロッパの語源は古代ギリシアに出てくるフェニキアの王女エウロパ(諸説あり)。古代ギリシアはヨーロッパ文明発祥の地であり、ユーロの新紙幣にはこのエウロパが描かれている。人種はコーカソイドで、言語はほとんどがインド・ヨーロッパ語族に属する。世界で2番目に小さい大州(※)だが、経済規模は最も大きい。

※ロシアはウラル山脈でヨーロッパ州とアジア州に分かれる。ただし国連を含め国家としてはヨーロッパに分類されることが多い。ここでの説明はロシアのアジア州については含めていない。

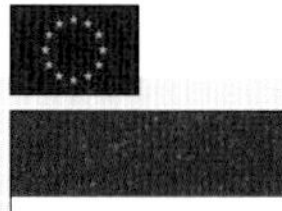

ハプスブルク家の栄光に包まれたアルプスの国

オーストリア共和国

Republic of Austria

国旗の意味

第3回十字軍でレオポルト5世が白い軍服が真っ赤に染まるまで戦い、剣帯していた腰の部分だけ白いまま残った伝説にちなむ。

AT/AUT

IOC AUT
FIFA AUT

ドイツ語でこんにちは

Grüß Gott !
（グリュース ゴット）

アルプス山脈の中に位置し、北海道ほどの小国ながら8つもの国と国境を接している。国土の6割が山岳地帯で、美しい自然を残している。約650年間、ヨーロッパ随一の貴族といわれた名門ハプスブルク家の帝国として、第1次世界大戦まではイギリス、ドイツ、フランス、ロシアと並ぶ欧州五大列強のひとつだった。このため宮廷文化が花開き、ドナウ川に面した首都ウィーンには、モーツァルトやベートーベンなど、世界中から優秀な音楽家たちが集まり、現在でも音楽の都として知られる。1人当たりGDPは世界第14位（2023年）と豊か。担うのはドイツ企業の下請け的な中小の企業が多い。観光産業も盛んだ。

国名の由来

8世紀末にこの地域を支配したフランク王国が、古いドイツ語で「東の領域」を表す「オスタリヒ」から、「東部辺境区」を意味する「オストマルケ」と命名したのが始まり。ドイツ語で「東の国」を意味する「エースターライヒ」と変化した。「エースター」が「東の」、「ライヒ」が「国」。オーストリアはエースターライヒがラテン語化したもので、ドイツ語で東を意味するオステンに英語の地名接尾辞-iaが付いたもの。

DATA

人口：約908万人
面積：約8万4000㎢
首都：ウィーン
言語：ドイツ語
民族：オーストリア人（ゲルマン系）80.8%、ドイツ人2.6%、ボスニア・ヘルツェゴビナ人1.9%、セルビア人1.6%、ルーマニア人1.3%ほか
宗教：カトリック約55%、プロテスタント約4%、イスラム教約8%ほか
通貨：ユーロ
時差：日本より8時間遅れている（サマータイムあり）
GNI：US$5万5720／人

ハプスブルク家の歴代君主が使用したシェーンブルン宮殿

PHRASE ▶ ありがとう／ダンケ　がんばれ！／フィールエアフォルク　さようなら／アウフヴィーダーゼーエン

COLUMN

クラシック音楽の聖地 ウィーン

中世ヨーロッパにおいて音楽の中心地として機能したウィーン。ハプスブルク家をはじめ有力貴族の庇護のもと、数々のクラシック音楽家が活躍した。その筆頭は神童と呼ばれたモーツァルト。6歳のときに女大公のマリア・テレジアの前で演奏した際に出会った7歳のマリー・アントワネットに求婚したエピソードは有名。そのほか、ウィーン内で70回以上も引っ越しをしたというベートーベン、ウィーンで生涯を過ごしたシューベルト、ウィーン宮廷歌劇場の芸術監督となったグスタフ・マーラー、ウィーン古典派と呼ばれるハイドンなどゆかりの音楽家が多数。

ウィーンの公園にあるモーツァルトの像

COLUMN

日没なき大帝国を築いたハプスブルク家

ウィーンの美しい町並みはハプスブルク家に負うところが大きく、芸術が発展したのもその庇護のもとだった。650年も栄華を誇った彼らは、ドイツからスイスにまたがる一帯のしがない貴族から、政略結婚によってオーストリア、神聖ローマ帝国の皇帝にまで上り詰めた。ちなみにマリー・アントワネットも一族の出身。

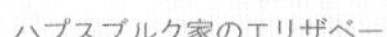
ハプスブルク家のエリザベート

アルプスの麓にあるハルシュタット村

グルメ

ウィンナーシュニッツェル

仔牛のもも肉を薄くたたいて伸ばし、パン粉をつけて揚げ焼きにしたウィーンの名物料理。パン粉が細かいことが特徴で、レモンをしぼって食べる。

お菓子

サハトルテ

ウィーンの「ホテル・ザッハー」が考案し、後に王室御用達の洋菓子店「デメル」が販売権を得た歴史あるチョコレートケーキ。濃厚なチョコレートにアプリコットジャムの酸味がアクセントになっている。

明日誰かに教えたくなる **オーストリアの雑学**

指を立てて手を挙げるのはタブー

日本の学校では右手の指先をピンと伸ばして手を挙げるように教育されることも多いが、オーストリアではナチスを連想させるのでやめたほうがよい。レストランで店員を呼ぶときなどにはくれぐれも注意しよう。地元の人は指を伸ばしきらず、少しだけ曲げて手を挙げている。

ウィンナーコーヒーはウィーンにはない

日本ではウィーンのコーヒーという意味のウィンナーコーヒーだが、オーストリアではまったく通じない。近いものにアインシュペナーという生クリームをのせたコーヒーがあり、これがもとになっているのでは？といわれている。

アインシュペナー

ワールドランキング TOPIC

王族の贅沢な遊びが生んだ最古の動物園

ウィーンのシェーンブルン宮殿内に設置されている「シェーンブルン動物園」は、1752年に開設された世界最古の動物園。当初は王家の人々が動物を見ながら朝食を楽しむために造られたもので、1779年に市民に公開された。

朝食用の建物は現在レストランになっている

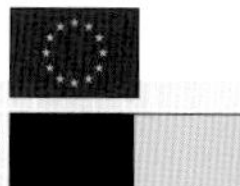

国際色豊かなヨーロッパの心臓

ベルギー王国

Kingdom of Belgium

国旗の意味

ブラバン公爵家のライオンの旗に用いられた黒、黄色、赤がもとになっている。

BE/BEL

IOC BEL

FIFA BEL

フラマン語でこんにちは

Goedemiddag！

（フウイェ ミダッハ）

オランダ、ルクセンブルクとともにベネルクス3国のひとつで連邦立憲君主制。九州ほどの広さの国土に3つの公用語と7つの政府が存在する。おもに北部フランデレン地域でフラマン語（オランダ語）話者が58%、南部ワロン地域でフランス語話者が31%、国境付近でドイツ語話者が少数。言語境界線が公式に設定されており、教育やマスメディア、政治までも分かれている。古くから言語戦争という文化的対立が存在するためだ。首都ブリュッセルはEUの主要機関の多くがおかれEUの首都とも呼ばれる。中世の町並みやルネッサンス建築などの遺産を多く有し、ビール、チョコレートなど美食の国としても有名。

国名の由来

古代ローマが初めて明らかに認識した西ヨーロッパ地域は「ガリア」と呼ばれ、その最北端一帯に暮らす人々を「ベルガエ」と呼んだ。古代ローマの政治家ジュリアス・シーザーが彼らを表すときにラテン語の「ベルギー」を使ったとされる。ベルガエの語源には諸説あり、ケルト語で「沼地」と「湿地の低い森林」を合成語、ガリア語で「戦士」を示す言葉からなどがある。

日本語表記のベルギーはオランダ語の「ベルヒエ」に由来。江戸時代にオランダ商人から伝わったものが変化した。

DATA

人口：約1170万人

面積：約3万528㎢

首都：ブリュッセル

言語：フラマン(オランダ)語、フランス語、ドイツ語

民族：ベルギー人75.2％、イタリア人4.1％、モロッコ人3.7％、フランス人2.4％、トルコ人2％、オランダ人2％ほか

宗教：キリスト教62.2％、イスラム教6.8％ほか

通貨：ユーロ

時差：日本より8時間遅れている(サマータイムあり)

GNI：US$5万3890／人

世界で最も美しい広場といわれるブリュッセルのグラン・プラス

PHRASE ▸ ありがとう／ダンキューウェル　がんばれ！／ボンクハージュ　さようなら／トッツィーン

COLUMN

世界に名だたるチョコレート王国

美食の国として名高いベルギーは、おいしいものであふれている。特にベルギーチョコレートは世界的に有名で、ゴディバやレオニダス、ピエール・マルコリーニ、ノイハウス、ヴィタメールなど、ベルギー王室御用達かつ、世界をリードするチョコレートブランドを数多く擁する。フィリング入りのチョコレート「プラリネ」もベルギーで生まれたものだ。南米からチョコレートの製法をもち帰り、ヨーロッパ世界に広げたのはスペインで、ベルギーはその支配下におかれた歴史をもつ。チョコレートを名乗れる厳しい基準を独自に設け、品質を保持している。

ブリュッセルのチョコレート店

COLUMN

国際都市ブリュッセル

南はフランス、東はドイツ、北はイギリスと、ヨーロッパを代表する大国の中心に位置するベルギー。その地理的状況から“ヨーロッパの心臓”とも称され、特にブリュッセルは経済、政治、文化などの面でも中心的役割を担い、NATOやEUの本部もおかれている。ゲルマン、ラテンという欧州2大民族が融合した国であることもその要因だ。

ブリュッセルのEU本部

伝統的なグラスに入ったベルギービール

グルメ

カルボナード・フラマンド

牛肉をビールだけで長時間煮込んだ料理。水は一切使わない。使うビールによって味が決まるため、家庭やレストランによって異なる味わいを楽しめる。

おみやげ

レース編み

繊細で優雅なレース製品は16世紀にイタリアから伝えられ、大きな権力をもっていた教会が儀式で必要とし、貴族にもオリジナルを身に着けるのがトレンドとなり盛んになった。古都ブルージュのものが有名。

明日誰かに教えたくなる ベルギーの雑学

『フランダースの犬』人気は日本だけ？

名作アニメ『フランダースの犬』の舞台はベルギー。しかし現地ではほとんどの人が知らない。結末が悲しすぎるなど、欧米では物語自体が人々に受け入れられなかったためだ。

フライドポテト発祥の地

フライドポテトは17世紀のベルギーが発祥といわれている。どの町にもフライドポテト屋があり、専門店は国内に4000を超えるという説もある。世界的にはフレンチフライやチップスなどと呼ばれるが、ベルギーではフリッツの呼称が一般的。

一度は食べたいフリッツ

ワールドランキング TOPIC

森の中の小さな小さな町

ギネスブックに「世界で一番小さな町」として登録されているデュルビュイは、南部に位置する人口500人足らずの森に囲まれた町。端から端まで歩いても10分ほどの小ささだが「食通の町」として世界のセレブに愛される。

まるで絵本の世界のような風景

自由・平等・友愛を掲げる芸術と美食の国

フランス共和国

French Republic

国旗の意味

18世紀、国民軍総司令官だったラ・ファイエットが、パリ国民軍の赤と青の帽章に王家の象徴である白を加えたのが三色旗の始まり。

FR/FRA

IOC FRA
FIFA FRA

フランス語でこんにちは

Bonjour !
(ボンジュール)

面積は日本の約1.4倍あるが、人口は半分程度で、人口密度は約3分の1。歴史の表舞台に何度も登場し、多大な影響を与えてきた。中世にはフランス王国が絶対王政を築いていったが、1789年のフランス革命でナポレオンが台頭し帝国主義へ。以降、帝政も挟んで共和制と王政を繰り返し、ふたつの世界大戦後に強力な大統領権限を含めた共和制を成立し現在にいたる。こうした歴史による魅力的な見どころをたくさん擁する世界有数の観光国。2024年にはパリオリンピックを開催。また、ファッションやグルメの先進国としても有名だが、実は農業大国で、農産物の生産額が世界第6位、輸出額では世界第2位を誇る。

国名の由来

5世紀末にゲルマン人の部族「フランク人」が西ヨーロッパに建てた「フランク王国」を由来とし、後に「フランス」と変化した。

フランクの語源は不明。一説には古いゲルマン語で「投げ槍」を意味する言葉と考えられ、これは当時のフランク人が「フランシスカ」と呼ばれる投げ斧を得意としていたからとされる。

南仏の美しい海岸線

DATA

人口：約6804万人
面積：約54万9134㎢
首都：パリ
言語：フランス語
民族：フランス人(ケルト人、ラテン人およびチュートン人の混血)、少数民族(バスク人など)
宗教：カトリック約47%、イスラム教4%、プロテスタント約2%ほか
通貨：ユーロ
時差：日本より8時間遅れている(サマータイムあり)
GNI：US$4万5290／人

左）人々でにぎわうパリの凱旋門
右）ギュスターヴ・エッフェルが設計したエッフェル塔

PHRASE ▶ ありがとう／メルスィ　がんばれ！／ボンクラージュ、アレ　さようなら／オルヴォワール

COLUMN

世界3大料理のひとつ

2010年、フランス料理は「フレンチガストロノミー（フランス美食学）」としてユネスコの世界無形遺産に登録された。中国料理、トルコ料理とともに世界3大料理のひとつに数えられるが、その世界が花開いたのは16世紀頃。イタリアのメディチ家からカトリーヌ・ド・メディシスがフランスに嫁いだ頃から始まったといわれている。ルネッサンスのなかで発展し洗練された食文化が導入され、まず宮廷料理として伝統的なフランス料理が形成されていった。フランス革命が起きると、美食は貴族のものだけではなくなり、オーギュスト・エスコフィエによって現在のコーススタイルが確立された。

コース料理を作るシェフ

COLUMN

パリ画壇の寵児となった藤田嗣治

フランスで最も知られている日本人のひとりが画家の藤田嗣治。1886年に日本で生まれた藤田は1913年に渡仏。“乳白色の肌”と呼ばれる裸婦像が絶賛され、一躍パリ画壇の寵児となる。1925年にはフランスの最高勲章であるレジオン・ドヌール勲章を授与されている。2015年、小栗康平による日仏合作の映画『FOUJITA』が公開された。

藤田も通ったカフェ「ロートンド」

世界遺産のモン・サン・ミッシェル

グルメ

ブッフ・ブルギニョン

牛肉のワイン煮。美食の国フランスの国民食的な存在。ほろほろでコクのある牛肉がおいしい。名に「ブルゴーニュ風」とついているのは、郷土料理というよりブルゴーニュ産ワインを使うため。

お酒

シャンパン

シャンパーニュ地方産のスパークリングワインだけを「シャンパン」と呼ぶことができる。ブドウの品種は限定された手づみのもののみ、瓶内で二次発酵していること、5気圧以上あることなど法律で細かく定められている。

明日誰かに教えたくなる フランスの雑学

フランスは「パリとそれ以外」といわれる

人口100万人を超える都市はパリしかない。フランスはほとんどが地方の市町村で構成され、国民にはパリだけが特別という意識が高い。

映画はフランス生まれ

映画を発明し世界で初めて上映したのはフランスのリュミエール兄弟。当時はシネマトグラフと呼ばれ、これがシネマの由来。

道路に面した家は洗濯物を干してはいけない

パリでは美観を保つため、道路に面したバルコニーでは洗濯物を干せないが、空気が乾燥しているため、家の中でもきちんと乾くという。

パリのアパルトマンのバルコニー

ワールドランキング TOPIC

世界中から旅行者が集まる観光王者

コロナ禍の影響を受ける前の2019年の統計で、フランスを訪れた観光客は約9000万人で世界一。2005年も世界一で約7600 万人だったので、観光産業の成長の著しさがうかがえる。ライバルは隣国スペインで常に僅差。

参考：国連世界観光機関（UNWTO）

観光客であふれるベルサイユ宮殿

欧州を牽引する経済大国

ドイツ連邦共和国

Federal Republic of Germany

国旗の意味

19世紀のナポレオン軍との戦いに参戦した学生義勇軍の軍服に取り入れられた3色に由来する。

DE/DEU

IOC GER

FIFA GER

ドイツ語でこんにちは

Guten Tag !

(グーテン ターク)

EUの中心的存在で、人口は加盟国最多。ヨーロッパのほぼ真ん中に位置し、北は北海やバルト海に続く低地帯、中央の丘陵地、南はドイツアルプスの山岳地帯と地域で異なる自然景観をもっている。歴史は古く2000年を超える。19世紀には世界随一の軍隊や強大な工業力をもつドイツ帝国があったが、第1次世界大戦で敗戦し共和国化、その後のヒトラー率いるナチスのもと第2次世界大戦でも敗戦し東西に分断。1989年のベルリンの壁崩壊をきっかけに翌年再統一された。ドイツ人は几帳面で真面目と評価される一方、個人主義も徹底しているといわれる。ビールの1人当たりの消費量は世界第3位。

国名の由来

自称は「ドイッチュラント」で「ドイツの土地」の意味。古い高地ドイツ語で「人民の」の意味の「ディウティスク」が由来。

呼び方はヨーロッパ内でもさまざまで、英語の「ジャーマニー」は、現在のドイツ、ポーランド、チェコ、スロヴァキア、デンマークを合わせたのとほぼ同じ地域を指した古代ローマ時代の地名である「ゲルマニア」が語源。

DATA

人口：約8482万人
面積：約35万7000㎢
首都：ベルリン
言語：ドイツ語
民族：ゲルマン人85.4%、トルコ人1.8%、シリア人1.1%、ポーランド人1%ほか
宗教：カトリック24.8%、プロテスタント22.7%、イスラム教5.1%、東方正教1.9%、そのほかのキリスト教1.1%ほか
通貨：ユーロ
時差：日本より8時間遅れている(サマータイムあり)
GNI：US$5万4030／人

フランクフルトで開かれる伝統的なクリスマスマーケット

PHRASE ▶ ありがとう／ダンケ　がんばれ！／フィールエアフォルク　さようなら／アウフヴィーダーゼーエン

COLUMN
起業家をひきつけるクリエイティブな都市 ベルリン

EUの優等生、あるいはリーダーなどといわれる先進国ドイツ。さまざまな分野で世界をリードしているが、近年IT、クリエイティブの分野でベルリンが注目されている。特に「スタートアップ」と呼ばれる、イノベーションで大きな成長を続けていくことができるビジネスを起業しようと、かつてのシリコンバレーのように、世界中からITクリエイターが集まっている。今なお世界に影響を与える美術学校バウハウスなど、近代デザインを率いてきたドイツは、そのクリエイティブな土壌をもとにIT先進国としても世界をリードしつつある。

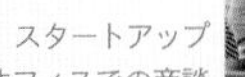

スタートアップオフィスでの商談

COLUMN
世界で人気のオクトーバーフェスト

近年、世界のさまざまな都市で浸透しつつあるビール祭り、オクトーバーフェスト。その発祥はもちろんドイツだ。毎年9月半ばから10月上旬にかけてミュンヘンで大々的に開催される。移動遊園地も設置され、子供も楽しめる祭りになっている。1810年にルートヴィヒ1世の成婚の祝典として始まったものが起源といわれている。

伝統衣装でビールを楽しむドイツの人々

人気観光地ロマンティック街道のシンボル、ノイシュヴァンシュタイン城

グルメ
ザウァークラウト

キャベツを千切りにして塩水と香辛料とともに甕に入れて塩漬けにし、乳酸発酵させたもの。ドイツの国民食としてソーセージの付け合わせとしても有名。

お酒
ヴァイスビーア

ビールの国を代表する小麦から作られる白ビール。バナナのようなフルーティでさわやかな味わい。下のほうがくびれた細長い専用グラスに注がれる。

明日誰かに教えたくなる **ドイツの雑学**

国によって呼び方がいろいろ

日本語のドイツというのはオランダ読みの「ダウツ」からという説がある。フランスでは「アルマーニュ」、イタリアでは「ゲルマニア」と呼ばれる。

サマータイム発祥の地

日中の明るい時間を有効活用するため、1916年にドイツで初めて導入された。

ビールの注文の仕方

1本頼む場合は人差し指ではなく親指を立てる。ホール店員には担当エリアがあるので、近くに来たら呼び止めればよいわけではないので注意。

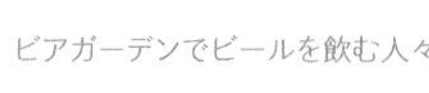
ビアガーデンでビールを飲む人々

ワールドランキング TOPIC
高い教会建築の1位と2位を独占

ドイツ南部の小都市ウルムのランドマーク「ウルム大聖堂」は、尖塔を含む高さが161.53mで教会建築としては世界一の高さ。768段の階段を上った141m部分には展望台がある。2位は同じくドイツのケルン大聖堂で高さ157m。

赤い屋根の家々の真ん中に堂々とそびえる

地道な干拓で国土を広げた風車の国

オランダ王国

Kingdom of the Netherlands

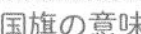

国旗の意味

スペインからの独立戦争で先頭に立ったオラニエ公のオレンジ、白、青の紋章が由来。

NL/NLD

IOC NED

FIFA NED

オランダ語でこんにちは

Goedemiddag！

（フッデミダッハ）

オランダという日本語での呼び名は、現地でも使われるHolland（ホラント）のポルトガル語読みが語源とされるが、もともとは12州のうちのふたつだけを指す呼称。現地でも非公式に使用されてきたが、2020年1月、正式名称はオランダ語でネーデルラントに統一すると政府が発表した。古くから干拓によって国土を広げてきたため約4分の1が海抜0メートル以下。平らなことを生かして、自転車での移動が一般的に行われている。大麻や売春の制限的合法化のイメージも強いが、オランダ人は自由な気質が強く、他者の生き方に偏見がないゆえに可能になったことだ。ゴッホをはじめとする画家を輩出した芸術の国でもある。

国名の由来

オランダ語では「ネーデルラント」。「ド」は誤用。「ネ」が「低い」、「デル」が「～よりさらに」、「ラント」が「地域」の意味。よって「より低い土地」の意味となる。ほとんどの土地が海面よりも低い地理的な特徴を表現している。英語では「ネーデルラント」の英語読みで「ネザーランド」と呼ばれるが、オランダ人やオランダ語のことは「ダッチ」と呼ぶ。

DATA

人口：約1776万人
面積：約4万1864㎢
首都：アムステルダム
言語：オランダ語
民族：オランダ人約75％、モロッコ人2.4％、インドネシア人2％、アフリカ系4％ほか
宗教：カトリック18％、プロテスタント13％、イスラム教6％、そのほか（ヒンドゥー教、仏教、ユダヤ教など）5.6％、無宗教57％
通貨：ユーロ
時差：日本より8時間遅れている（サマータイムあり）
GNI：US$6万230／人

オランダならではの風車とチューリップの風景

PHRASE ▶ ありがとう／ダンクユーウェル　がんばれ！／フォルハウトイエマール　さようなら／トットツインス

COLUMN

世界的に評価の高い画家を輩出

ゴッホはパリやアルルなどフランスでの活動が多く、フランスの画家と思われることも多いが、出身はオランダ。ズンデルトと呼ばれる町で生まれた。生家は今も残され、博物館になっている。アムステルダムにはゴッホ美術館があり、ゴッホの作品数では世界最大を誇る。そして日本でも人気のフェルメールはオランダのデルフトで生まれ生涯を過ごした。"光と影の画家"レンブラントもオランダが世界に誇る画家。フェルメールと同じくバロック絵画を代表する画家でライデンの出身だ。3人はオランダの3大画家といわれている。アムステルダム国立美術館には3人の多くの作品が収蔵されている。

フェルメールが描いたデルフトの風景

COLUMN

風車の風景

国土のいたるところに風車が立つ風景はオランダのイメージそのものだが、この風景を生み出す原因となったのは海抜の低い国土。なんと4分の1の土地が海抜0メートル以下。低地から風車で海水をくみ上げ、干拓地を乾いた状態に保つことで穀物の栽培を可能にした。

川沿いに立つ風車

第2の都市ロッテルダムは世界屈指の貿易港で、歴史的な港湾施設も残る

グルメ

クロケット

煮込んだ肉や野菜を細かく刻んだ具材をベシャメルソースと混ぜ、形を整えて衣を付けて揚げたもの。専用の自動販売機があるほどの国民食。

おみやげ

クロンペン

クロンペンは木靴のこと。約800年の歴史があり、低湿地帯でぬかるんだ地面を歩くのに適していたことから広がった。現在も農業や漁業、庭仕事の際に履かれている。みやげ用にカラフルにペイントされたものもある。

明日誰かに教えたくなる オランダの雑学

コーヒーショップで大麻を売っている

オランダでは特別な許可を得たコーヒーショップで大麻が手に入る。麻薬を全面的に禁止することは不可能であるという現実的な見地から生まれた政策なので、ひとりの客に1日で5g以上の大麻を売ってはいけないなど、厳格なルールが設けられている。ハードドラッグに対する規制は厳しい。

質素倹約を美徳としてきた結果

割り勘を意味する英語は「Go Dutch」で、Dutchは オランダ人のこと。ヨーロッパではオランダ人はケチというイメージが浸透しているため。

オランダ人はしっかり者!?

ワールドランキング TOPIC

自転車はオランダの風土にぴったり

国土のほとんどが低地で、ほぼ平らなオランダでは、自転車の普及率が世界一。1人当たり1.11台と人口以上の台数が保有されている。交通手段全体の比率でも自転車が27%を占め世界一。もちろんオランダ人のエコ意識の高さも要因のひとつ。

参考：国土交通省 2020

首都アムステルダムでも自転車がポピュラー

アルプスの美しい大自然に包まれた永世中立国

スイス連邦

Swiss Confederation

国旗の意味

13世紀にハプスブルク家との独立戦争のときに使用した赤色の旗に、白十字を加えたもの。

CH/CHE

IOC SUI

FIFA SUI

ドイツ語スイス方言でこんにちは

Grüessech/Grüezi !

(グリュエッサ/グリュエッツィ)

永世中立国として有名。その信頼性から国連関連をはじめ、多くの国際機関がおかれている。しかし、攻撃されない保障は別とし、防衛の国軍を有し重武装の国防体制を敷いている。男子国民皆兵制として20歳から30歳の男性に兵役義務がある。女性は任意。経済の中心は観光業で、国土の70％を占める山岳地帯アルプスの美しい自然と、中世の面影を残す古都の数々が、世界中から観光客を集めている。ヨーロッパ金融市場の中心でもあり、時計をはじめとする精密機器、医薬品などの高付加価値製品の製造、輸出国として、国民所得、生活水準ともに極めて高いため、世界の幸福度調査では常に上位に入っている。

国名の由来

4つの公用語ごとに呼称が異なり、ドイツ語で「シュヴァイツ」、フランス語で「スイス」、イタリア語で「シュヴィツェー」、ロマンシュ語で「シュヴィズラ」。13世紀末に独立闘争を始めた同盟3国のひとつで、中心的役割を果たした「シュヴィーツ」から（ほかの2国はウリとウンターバルデン）。古いドイツ語で「酪農場」を意味する言葉が語源とされる。

正式名称は平等にするためラテン語の「コンフェデラチオ・ヘルベチカ」が採用されている。

DATA

人口：約867万人
面積：約4万1000㎢
首都：ベルン
言語：ドイツ語、フランス語、イタリア語、ロマンシュ語
民族：おもにゲルマン民族
宗教：カトリック35.1%、プロテスタント23.1%、そのほか41.8%
通貨：スイス・フラン
時差：日本より8時間遅れている（サマータイムあり）
GNI：US$9万5490／人

スイスならではの大自然の絶景のなかを走る観光列車

PHRASE ▶ ありがとう／ダンケ　がんばれ！／フィールエアフォルク　さようなら／アウフヴィーダーゼーエン

COLUMN
世界で愛されるハイジ

スイスといえば『アルプスの少女ハイジ』。高畑勲による日本のアニメーションが有名で、両親を亡くした少女ハイジが祖父の家に預けられ、アルプスの自然のなかでさまざまなことを学び、成長していくといったストーリーだ。これはスイスの作家ヨハンナ・シュピリの小説をアニメ化したもの。原作はゲーテの『ヴィルヘルム・マイスターの修業時代』などから着想を得ており、教養小説ともいえる。世界中で実写映画化もされている作品だ。スイスのマイエンフェルトにはハイジ村と呼ばれる場所があり、ハイジがおじいさんと暮らした家が再現されている。

ハイジ村のあるマイエンフェルト

COLUMN
時計が有名なのはなぜ？

ロレックス、オーデマ・ピゲ、オメガ——。世界に名だたる高級時計の多くはスイス発のブランド。もともと宝飾産業が盛んだったジュネーブに、宗教改革によってフランスから逃げてきた、時計技術をもったユグノーが流入したことがその起源。アルプスの澄んだ空気ときれいな水も時計製造には重要な要素である。

スイスの高級時計

マッターホルンを望むツェルマットの町

グルメ
レシュティ

おろしたジャガイモに塩コショウ、ときにバターを加え、多くの場合はフライパンの形に合わせて成形しオーブンで焼いたもの。ドイツ語圏でよく食べられる。

お菓子
シュピッツブーベン

重ねたクッキーの間にベリーやアプリコットのジャムが挟まれた菓子。名前は「いたずら小僧」という意味で、クリスマスイブを迎えるまでのアドベントと呼ばれる4週間に家族で焼いて楽しむ習慣がある。

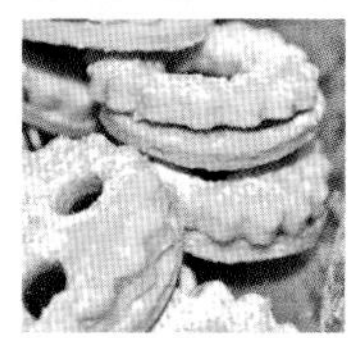

明日誰かに教えたくなる **スイスの雑学**

正式名称はヘルベチカ連邦

正式名称はラテン語で「ヘルベチカ連邦」。昔ゲルマン人と勢力を争っていたケルト系のヘルベチカ族が由来。

物価が世界一高い

物価の比較に使われるビッグマック指数ではダントツの1位でUS$8.17（2024年）。

首都はジュネーブでもチューリヒでもない

首都は国際都市ジュネーブでも、最大都市で経済の中心チューリヒでもなく、知名度の低いベルン。地理的にほぼ中央であったことがおもな理由。

ベルンの旧市街

ワールドランキング TOPIC
世界最高の国に選ばれる理由

アメリカの雑誌社が、文化、経済、国力、生活の質などを総合的に評価して毎年発表している「世界最高の国ランキング」で、2022年、2023年とスイスがトップを獲得。全分野が1位ではないのだが、平均して評価が高いことが要因。

出典：U.S. News & World Report L.P 2023

物価は高いが所得も高いので生活に問題はない

難攻不落の砦が生んだ豊かな小国

ルクセンブルク大公国

Grand Duchy of Luxembourg

国旗の意味

赤白青の3色は、13世紀の大公の紋章の青い縞模様のある銀の台の上のライオンに由来。赤はライオン、白と青は銀の台を表す。

LU/LUX

IOC LUX

FIFA LUX

ルクセンブルク語でこんにちは

Moien !

（モイヤン）

フランス、ベルギー、ドイツに囲まれた神奈川県ほどの広さしかない小国だが、20年以上も1人当たりのGDPが世界第1位（IMF統計）という豊かさ。失業率が低く格差が少ない、安定した平和な国として知られる。ヨーロッパ中央部という地理的優位性を生かし、金融センターとして発展。公共交通機関をすべて無料化という世界初の試みが進行中だ。要塞都市の首都や美しい森や峡谷など観光資源も多い。

DATA

人口：約65万7000人
面積：約2586㎢　首都：ルクセンブルク
言語：ルクセンブルク語、フランス語、ドイツ語
民族：ルクセンブルク人約53％ほか
宗教：キリスト教70.6％ほか
通貨：ユーロ
時差：日本より8時間遅れている（サマータイムあり）
GNI：US$8万9200／人

国名の由来

3つの公用語で呼び名が異なり、ルクセンブルク語「レツェブエシ」、フランス語「リュクサンブール」、ドイツ語「ルクセンブルク」。「小さな砦」を意味する「リュシリンブルフク」が語源で、963年頃にジークフロイト伯爵が、そそり立つ崖の上にある小さな砦を修道院から取得した時の契約書に初出する名前。

グルメ

ジュッド・マット・ガーデボウネン

豚の肩ロース肉を野菜、スパイスとともに一晩浸してからスモークした伝統のある料理。肉は薄切りにし、ソラマメと煮たジャガイモを添える。

左）中世の町並みが残るエッシュ・シュル・シュール
右）夏のルクセンブルク旧市街

明日誰かに教えたくなる ルクセンブルクの雑学

世界で唯一の大公国

モナコやアンドラなどの公国はあるが、大公国は世界でもルクセンブルクだけ。かつてオランダ国王が大公を務めた歴史があり、国旗が似ているのはそのため。

旧市街にある大公宮

ワールドランキング TOPIC

小さいながらも豊かさは世界一

国家の豊かさを示すランキングにはさまざまあるが、イギリスの雑誌『Global Finance』は2022年ルクセンブルクを1位に挙げた。政治や経済も安定し高い生活水準を誇っていることが評価された。

参考：Global Finance magazine 2022

世界的企業が進出。優遇税制は国際問題にも

PHRASE ▶ ありがとう／メルスィ　がんばれ！／オプレヒトエアハレン　さようなら／エディ

公爵が治める美しく豊かな小国

リヒテンシュタイン公国

Principality of Liechtenstein

LI/LIE
IOC LIE FIFA LIE

公爵の住むファドゥーツ城

アルプスにある小豆島より少し大きい小国。ヨーロッパ君主では随一の資産家とされるリヒテンシュタイン家が治める。法人税率が低く、銀行の守秘義務の信頼性も高いため、本社籍だけおく企業が多く、法人税が歳入の40％を占める。その恩恵で個人には所得税や相続税などがない。アニメ映画『ルパン三世 カリオストロの城』のモデルとして知られ、中世の城や山々の風景が美しい。

ドイツ語でこんにちは
Hoi !
（ホイ）

DATA

人口：約3万9062人
面積：約160㎢
首都：ファドゥーツ
言語：ドイツ語
民族：ゲルマン民族（うち外国人34％）
宗教：カトリック79.9％、プロテスタント8.5％ほか
通貨：スイス・フラン
時差：日本より8時間遅れている（サマータイムあり）
GNI：US$19万5546／人

明日誰かに教えたくなる リヒテンシュタインの雑学

年に一度、城内に入れる

8月15日のナショナルデイには、ファドゥーツ城の庭が公に開放され、外国人も訪れることができる。

PHRASE ありがとう／ダンケ　がんばれ／フィールエアフォルク　さようなら／アウフヴィーダーゼーエン

タックスヘイブンのミニ国家

モナコ公国

Principality of Monaco

フランス語でこんにちは
Bonjour !
（ボンジュール）

MC/MCO
IOC MON
FIFA なし

地中海に面した南仏の中にある世界で2番目に小さな国。1人当たりの名目GDPは世界で常にトップクラスの豊かさだが、それは人口の8割を裕福な外国人が占めているため。グルメやエンターテインメントなども一流のものが揃う。公爵に嫁いだハリウッド女優グレース・ケリーのシンデレラストーリーは、突然の事故死とともに語り継がれている。

DATA

人口：約3万6686万人
面積：約2.02㎢
首都：モナコ市
言語：フランス語
民族：モネガスク32.1％、フランス人19.9％ほか
宗教：カトリック
通貨：ユーロ
時差：日本より8時間遅い（サマータイムあり）

〈フランス海外準県〉

ヌーヴェルフランス名残の島々

サンピエールおよびミクロン

Saint-Pierre and Miquelon

フランス語でこんにちは
Bonjour !
（ボンジュール）

PM/SPM
IOC なし
FIFA なし

カナダのニューファンドランド島の南に浮かぶフランス領の小さな群島。18世紀の7年戦争でフランスは北米の植民地のほとんどを失ったが、これらだけがかろうじて残された。アメリカの禁酒法時代には、この地を経由して酒が密輸されたため、禁酒法博物館もある。北欧のような風景やバスク風の祭りなど、旅先としても魅力的。

DATA

人口：約5873人
面積：約242㎢
主都：サンピエール
言語：フランス語
民族：フランスからの入植者の子孫
宗教：おもにカトリック
通貨：ユーロ
時差：日本より12時間遅い（サマータイムあり）
※MAP→P.155

今なお影響力をもつかつての大帝国

イギリス(グレートブリテンおよび北アイルランド連合王国)

United Kingdom of Great Britain and Northern Ireland

国旗の意味

通称ユニオンジャック。イングランド、スコットランド、アイルランドのデザインが合わさってできた。

GB/GBR

IOC GBR
FIFA ENG

英語でこんにちは

Hello !
(ハロー)

イギリスと呼ぶのは日本だけ。江戸時代の鎖国中に交易のあったポルトガルの「イングレス」、あるいはオランダの「エゲレス」という、当時の主力勢力だったイングランド王国を表す言葉が起源（諸説あり）。実際にはウェールズ、スコットランド、北アイルランドを含めた4国の連合王国であり、その英語の正式名称を略してU.K.（ユーケー）と呼ぶのが一般的。ほかのヨーロッパ諸国との大きな違いはイギリス国教会を国教として定めていること。16世紀にカトリックから離脱し、統治者は法王ではなく首長。現在ならチャールズ3世だ。世界で最も影響力のある国家のひとつであり、民主主義、立憲君主制などの発祥地。

国名の由来

日本の外務省による正式名称は「グレートブリテン及び北アイルランド連合王国」。グレートブリテンは4構成国のうち3国がある島の名。紀元前4世紀にはギリシアで「プレタニケ」と呼ばれていたのが「ブリトニ」と変化して定着、ラテン語で「ブリタンニア」と呼ばれるようになった。各構成国の名は、イングランドはドイツ北部アンゲルン半島から移住してきた「アングル人の土地」、スコットランドはこの地を統一した「スコット人の土地」、ウェールズは侵略者アングロ・サクソンの人々がつけた「異邦人」の意味。アイルランドはP.112を参照。

DATA

人口：約6708万人
面積：約24万3000㎢
首都：ロンドン
言語：英語、ウェールズ語、ゲール語
民族：白人87.2％、黒人3％、インド系2.3％、パキスタン系1.9％ほか
宗教：キリスト教59.5％、イスラム教4.4％、ヒンドゥー教1.3％、無神論者25.7％ほか
通貨：スターリング・ポンド
時差：日本より9時間遅れている(サマータイムあり)
GNI：US$4万9240／人

テムズ川の向こうに見えるビッグ・ベンと国会議事堂

PHRASE ▶ ありがとう／サンキュー　がんばれ！／グッドラック、ゴーフォーイット　さようなら／グッバイ

COLUMN
大英博物館の珠玉のコレクション

かつて世界を席巻した大英帝国。建設した植民地は数知れず、現在でも世界中に英連邦を形成する国がある。進出した国々から持ち帰った宝物の数々が納められているのが、世界3大博物館のひとつ大英博物館だ。エジプトのヒエログリフ解読のカギとなったロゼッタストーン、ギリシアのパルテノン神殿のレリーフ（再三にわたってギリシアから返還要求がされている）、イースター島のモアイ像、イランのペルセポリスのレリーフなど、歴史的に最重要とされる品々が展示され、しかも入場無料なので、ロンドン訪問の際はぜひ訪れたい。

大英博物館の正面玄関

COLUMN
イギリス発の紅茶文化アフタヌーンティー

アフタヌーンティーはイギリス発祥のティー文化で、19世紀中頃、公爵夫人アンナ・マリアが始めた間食が起源。3段のティースタンドに、上から菓子、スコーン、サンドイッチをのせ、紅茶やジャム、クロテッドクリームと楽しむ。紅茶とスコーンだけのクリーム・ティーもポピュラー。

基本的なスタイル

バッキンガム宮殿の衛兵

グルメ
フィッシュアンドチップス

その名のとおり魚の衣揚げとフライドポテトをひと皿に盛った料理。19世紀に誕生し、安くて栄養価が高い食事として20世紀になって庶民に浸透した。

お菓子
ビスケット

紅茶文化が根づくイギリスで、お茶と一緒に食べる菓子の定番。そもそも茶菓子全般を「ビスケット」と呼び、クッキーやショートブレッドも含まれる。

明日誰かに教えたくなる ▶イギリスの雑学

すべての建物に異なる郵便番号が振られている

イギリスではすべての建物に郵便番号が割り振られているので、Googleマップなどでは郵便番号を打ち込むだけで目的地を表示できる。郵便番号はアルファベットと番号の組み合わせからなる。

ウィンザー城は世界最古の城

ウィンザー城は、現存する居城としては世界最古かつ最大。1066年にノルマン朝を興したウィリアム1世によって建てられた。国王が訪れているときには王室旗が掲げられる（普段はイギリス国旗が掲げられている）。

格式あるウィンザー城

ワールドランキング TOPIC
世界で最も高額な邸宅とは

アメリカの雑誌によれば、バッキンガム宮殿の推定資産価値は15億5000万米ドルで、世界で最も高い住宅だと伝えている。ただし、前女王エリザベス2世は暮らしていたが、現国王チャールズ3世は王室のタウンハウスに住んだままだという。
参考：Architectural Digest 2019

一般公開は夏の間のみ

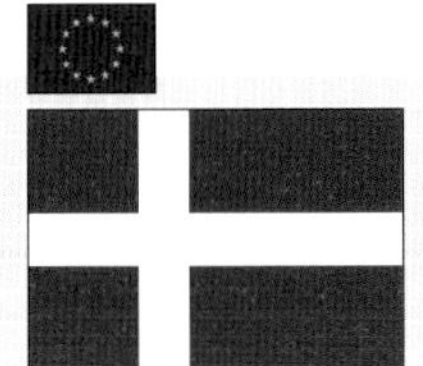

世界一幸福といわれるおとぎ話の国

デンマーク王国

Kingdom of Denmark

国旗の意味

ターネフロウと呼ばれる旗で、13世紀の十字軍との戦いの際に空から降ってきて、デンマーク軍を勝利に導いた伝説がある。

DE/DNK

IOC DEN
FIFA DEN

デンマーク語でこんにちは

God dag !
(グッディ)

ユトランド半島と、大小約500の島々からなる国。首都コペンハーゲンも島にある。海抜は最高でも173mと低く、森、湖、フィヨルドなどの豊かな自然に包まれている。高緯度だが暖流のメキシコ湾流の影響で極端には寒くならない。立憲君主制をしいており、王室は長い歴史をもっている。国民の約86％がデンマーク人で、公用語のデンマーク語は25～30の母音をもつ世界でも発音の難しい言語として知られる。北海油田が領海内にあり、石油自給率は100％と資源に恵まれている。福祉国家であるとともに環境先進国であり、高いCO_2削減率を実現。自転車保有率も高く、自転車専用道路は3000kmにも及ぶ。

国名の由来

デンマーク語による読みは「ダンマルク」。8～14世紀頃にスカンジナビア出身者が使っていた古ノルド語で「デーン人の境界地帯」を意味する「ダンメルク」が変化したもの。ダンの語源は1170年頃に書かれた民間伝承の記録レイレ年代記に登場する王イッペルの3人息子のひとりの名で、その後デンマークを統治したと伝えられる。ほかのふたりはノルウェーを統治したノリ、スウェーデンを統治したオステンとされる。古ノルマン語の「谷間の辺境」を意味する言葉からという説もある。

DATA

人口：約596万人
面積：約4万3000㎢
首都：コペンハーゲン
言語：デンマーク語
民族：デンマーク人84.2％、ほかトルコ系、ポーランド人、シリア人、ドイツ人、イラク人、ルーマニア人など
宗教：福音ルーテル派71.4％、イスラム教4.3％、ほかカトリック、エホバの証人、セルビア正教、ユダヤ教など
通貨：デンマーク・クローネ
時差：日本より8時間遅れている(サマータイムあり)
GNI：US$7万3520／人

運河に沿ってカラフルな木造家屋が並ぶコペンハーゲンのニューハウン

PHRASE ▶ ありがとう／タック　がんばれ！／コムソ　さようなら／ファーヴェル

COLUMN
世界で幸福度が最も高い国

国連の世界幸福度報告書において、デンマークはたびたび幸福度世界第1位にランキングされている。これは1人当たりのGDP、平均余命、社会的支援、信頼、寛容さ、自由度の6つのテーマをもとに割り出されている。税率は高いが、社会福祉が充実しているのはほかの北欧諸国と同様。労働は週37時間（1日約7時間）と定められ、残業という概念は存在しない。そして世界に注目されているのが「ヒュッゲ」という概念。「人との触れ合いから生じるあたたかく居心地のよい雰囲気」くらいの意味で、彼らの幸福を考える際に大切な要素である。

自転車で出かけるデンマーク人

COLUMN
ヒッピーが作った町

コペンハーゲン、クリスチャンハウンの一画に、クリスチャニアと呼ばれる地区がある。ここはヒッピーが集まってできたコミュニティ。独自のルールで自治を行っており、独自の旗も掲げている。1971年に誕生し、政府と激しく対立した時期もあったが、制限や監視のもとに現在も存続している。ちなみに納税義務はあり、社会福祉も受けている。

クリスチャニアの入口

アンデルセンの童話『人魚姫』がモチーフの像はコペンハーゲンの名所

グルメ

フレスケスタイ

豚肉の塊に切れ込みを入れ、ローリエなどスパイスを挟んでオーブンで皮がカリカリになるまでローストした料理。ブラウンソースをかけ、ポテト、赤キャベツの甘酢煮を添える。

お菓子

ヴァニリエクランセ

クリスマスにはさまざまなクッキーを焼く。ヴァニリエクランセは「バニラクッキー」で、バターとバニラ、アーモンドの風味。ほかにはコショウナッツ味の「ペバーヌダー」、スパイスが利いた「ブロンケイエ」など。

明日誰かに教えたくなる ▶デンマークの雑学

世界で最も古い国旗

デンマークの旗は「ターネフロウ」と呼ばれ、由来にはさまざまな伝説があるが、国旗としては13世紀にローマ法王によって授けられたものといわれている。現在使われている国旗では世界で最も古いもの。

レゴはデンマークのおもちゃ会社

世界的に有名なレゴは、デンマーク発の会社。ビルンという町に本社があり、その郊外の世界最初のレゴランドは海外から多くの観光客が訪れる。また、近くにはレゴハウスという屋内ミュージアムもあり、さまざまなレゴ作品を見ることができる。

ビルンのレゴランド

ワールドランキング TOPIC

ビジネスチャンスを生かせる国

スイスの有名ビジネススクールの調査で、2022年と2023年、デンマークは連続で「国際競争力ランキング」世界1位に選ばれた。主要約60ヵ国を対象に企業が成長しやすい環境を重視して比較したもの。

参考：国際経営開発研究所（IMD）2023

コペンハーゲンのダウンタウン

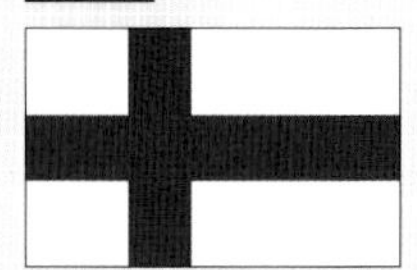

幸福度指数の高い教育先進国

フィンランド共和国

Republic of Finland

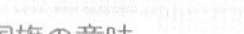

国旗の意味

白地に青十字。青は空と湖、白は雪を、そしてキリスト教の十字を象徴している。

FI/FIN

IOC FIN
FIFA FIN

フィンランド語でこんにちは

Päivää !
（パイヴァー）

日本ではムーミンやサンタクロース、サウナの国として知られる。バルト海に面し、“森と湖の国”の愛称のとおり大自然が広がり人口密度は低い。平和なイメージが強いが、歴史的にはこの地域で権勢を振るってきたスウェーデンと大国ロシアに挟まれ、常に翻弄されてきた。難しい言語のひとつといわれるフィンランド語をはじめ、文化や習慣ではほかの北欧諸国との違いが大きい。世界有数のIT先進国でもあり、小学生からプログラミングの授業がある。教育に競争がなく、世界で最も自由な国とされ、生活満足度は高い。男女平等意識が根づくが、これは古来より女性もよく働き、強い発言権をもってきた伝統による。

国名の由来

フィンランドのふたつの公用語のうち、フィンランドと呼ぶのはスウェーデン語で、「フェン人の国」を意味する「フェンランド」が変化したもの。フェン人はフィンランド人の主要民族。フィンランド語では「スオメン」と言い、フィンランド人は通称で「スオミ」と呼び、国民としての自称にも使う。この名はバルト海沿岸のトゥルク一帯だけを指す言葉だったのが、国土全体を指す単語に変わった。スオミの語源は不明だが、フィンランド語で「湖沼」や「沼地」を表す「スオ」が由来という説がある。

DATA

人口：約555万人
面積：約33.8万㎢
首都：ヘルシンキ
言語：フィンランド語85.9％、スウェーデン語5.2％、ロシア語1.7％ほか
民族：フィンランド人、スウェーデン人、ロシア人、エストニア人、ルーマニア人、サーミ人
宗教：福音ルーテル派66.6％、ギリシア正教1.1％ほか
通貨：ユーロ
時差：日本より7時間遅れ（サマータイムあり）
GNI：US$5万4890／人

湖のほとりに立つサマーハウスとサウナ

PHRASE ▶ ありがとう／キートス　がんばれ！／ツェンピア　さようなら／ネケミーン　こんばんは／イルター

COLUMN
森と湖の国

フィンランドの65％は森林で占められ、首都である大都市ヘルシンキにさえ大きな森がある。国内には18万を超える湖が点在し、森と湖はフィンランドの風景を形成する大切な要素だ。ヘルシンキに住む多くの人は森や湖のそばにサマーハウスと呼ばれる別荘をもち、休日をそこで過ごす。キノコ狩りをし、ラズベリーやクランベリーをつんでジャムを作り、家族で会話を楽しみ、あるいは読書をして穏やかな時間を過ごす。もちろんサウナと湖でのスイミングも外せない。人々は森や湖とともに生き、心の安寧を得ている。

典型的なサマーハウス

COLUMN
サウナ発祥の国

サウナはフィンランド語であり、その発祥ももちろんフィンランド。1000年以上の歴史があり、フィンランドを象徴する重要な文化で、社交の場としても大切にされている。人口551万人に対して、200〜300万のサウナが存在するといわれ、1人当たりの数は世界一を誇る。なんとヘルシンキの国会議事堂にもサウナがある。

フィンランド式サウナ

トラムが走るヘルシンキの旧市街

グルメ
カリヤラン・パイスティ

牛肉や豚肉、レバーなどと野菜を、塩とコショウとベイリーフだけで煮込んだシンプルなシチュー。ロシアの国境に近いカレリア地方から全土に広がった。

おみやげ
ヒンメリ

冬至の祭「リヨウル」で飾られる伝統工芸品で、麦わらを使って多面体を組むモビールのこと。ヒンメリとは「天」を意味し、幸運のお守りともされる。光を当てると映し出される陰影が美しい。

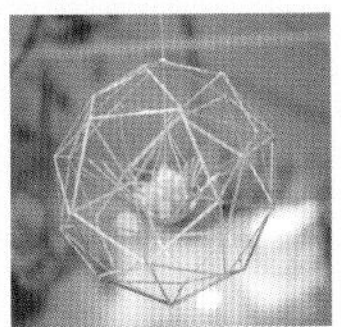

明日誰かに教えたくなる **フィンランドの雑学**

ヘビーメタルバンドの数が世界一

メタル大国と呼ばれるフィンランド。1人当たりのヘビメタバンドの数は世界一といわれ、学校の授業でも教える。

サンタクロースの村がある

ラップランドのロヴァニエミにはサンタクロースの村があり、ここを拠点にサンタクロースがプレゼントを配り、世界中へサンタからの郵便を発送している。オフィスはシーズンのみならず1年中オープンしており、いつでもサンタに会うことができる。カフェやおみやげショップも充実、日本を含め世界中から観光客がやってくる。

ロヴァニエミのサンタクロース・オフィス

ワールドランキング TOPIC
幸福度ランキングの絶対王者

国連が毎年発表する「世界幸福度ランキング」。2024年時点で7年連続１位なのがフィンランドだ。各国民が「自身の人生」を評価した平均に基づく調査で、子育てや医療への手厚い補助、無償教育などが評価につながったと考えられる。

身近で豊かな自然と触れ合えるのも理由

資源に恵まれたEU非加盟国

ノルウェー王国

Kingdom of Norway

国旗の意味

赤地に白い縁取りの紺十字「スカンジナビアン・クロス」。デンマークとスウェーデンの旗のデザインを合わせたもの。

NO/NOR

IOC NOR
FIFA NOR

ノルウェー語でこんにちは

God dag !
（ゴダーグ）

北部は北極圏という高緯度にあるが、暖流の影響で気候は温暖。人口密度は極めて低い。フィヨルドやオーロラといった大自然や、豊かな漁場など平和的なイメージが強いが、歴史は複雑で、11世紀まではヴァイキング時代で14世紀にはデンマーク支配下、1814年からはスウェーデンに統治され、1905年に王国として独立した。19世紀までは貧しい国だったが、1970年代から石油採掘が始まり、現在は海洋石油開発の技術力では世界随一。その恩恵で豊かな福祉国家となり、1人当たりGDPは世界第3位（2023年）。ジェンダーフリーの国としても知られ共働きが普通で、2015年からは女性にも徴兵制度が適用された。

国名の由来

ノルウェー語には2種類あり、正式名称もふたつ。デンマーク語やスウェーデン語に近いブークモール（書物の言葉）で「ノルゲ」、アイスランド語と同じ西スカンジナビア語群に分類されるニーノシュク（新しいノルウェー語）で「ノレグ」。ちなみに、もうひとつの公用語サーミ語では「ノルガ」という。英語の「ノルウェー」は「北への道」の意味。中世の北方ゲルマン人が用いた航路のひとつを、ゲルマン語の「北」を意味する「ノルレ」と、「道」を意味する「ベク」を合わせ「ノルレベク（北の道）」と呼んだのが地名となり変化したもの。

DATA

人口：約525万人
面積：約38万6000㎢
首都：オスロ
言語：ノルウェー語(ブークモール、ニーノシュク)、サーミ語
民族：ノルウェー人(サーミ人を含む)81.5％、ヨーロッパ人8.3％ほか
宗教：福音ルーテル派67.5％、イスラム教3.1％、カトリック3.1％、そのほかのキリスト教3.8％ほか
通貨：ノルウェー・クローネ
時差：日本より8時間遅れている(サマータイムあり)
GNI：US$9万4540／人

世界遺産に登録されている北部の町ベルゲンにはカラフルな家が並ぶ

PHRASE ありがとう／タック　がんばれ！／ハイア　さようなら／ハーデ　こんばんは／アフテン

COLUMN
優れた航海技術で各地に遠征したヴァイキング

ヴァイキングとは、8〜11世紀にかけて、今のノルウェーやスウェーデン、デンマークを拠点に西欧沿海部に遠征した北ゲルマン系の人々。遠征は広範囲にわたり、北大西洋、スコットランド諸島の一部、アイスランド、グリーンランド、果ては北米にまで達した。ちなみに彼らのアメリカ大陸上陸はコロンブスより5世紀も前のことだ。新たな通商路を開拓し、イギリスやフランスの北部、グリーンランドには入植も行っている。略奪者のイメージが強い彼らだが、その優れた造船技術と航海術により、中世以後のヨーロッパに多大な影響を与えた。

ヴァイキングの船を模したボート

COLUMN
見逃せないフィヨルド観光

ノルウェーの西部海岸線は、氷河により浸食された入江（狭湾）が2万km以上にもわたって広がっている。これをノルウェー語でフィヨルドと呼び、「内陸部へ深く入り組んだ湾」を意味する。この大自然の景観はノルウェー観光のハイライト。数々の絶景ポイントがあり、フェリーやバス、鉄道で周遊しながらその美観を楽しむことができる。

美しいフィヨルドの風景

オーロラを見ることのできるスポットが点在し、リゾートも整備されている

グルメ
ヒョットカーケ

大きめに作ったミートボールにブラウンソースをたっぷりとかけた料理。ヒョットは肉でカーケは見た目からきたケーキを意味する言葉。コケモモのジャムを添えて食べることが多い。

お酒
アクアビット

北欧一帯で造られている酒。ジャガイモを原料に発酵させ蒸留、これに香草で風味を付け、さらに蒸留する。多くは樽熟成させずホワイトスピリッツとなるが、ノルウェーには樽熟成させる銘柄もあり、これには色が付く。

明日誰かに教えたくなる ノルウェーの雑学

サーモンの寿司はノルウェーの提案で生まれた

日本では生のサーモンを食べる習慣はなかったが、そこに着目したノルウェー漁業相らがサーモンを寿司用に売り込み、サーモンの寿司が誕生。サーモンといえばノルウェーというイメージも定着した。

地獄という名の村がある

「Hell（英語で地獄）」という名前の村がある。古いノルウェー語で「崖の洞窟」を意味する言葉が本来の由来。

毎年イギリスにクリスマスツリーを提供

第2次世界大戦時の支援に感謝し、毎年イギリスにクリスマスツリーを贈っている。

クリスマスツリーはロンドンのトラファルガー広場に飾られる

ワールドランキング TOPIC
一般市民もメディアの自由を理解

国境なき記者団（RSF）が発表する「世界報道自由度ランキング」。ノルウェーは2024年時点で8年連続1位。表現の自由を守る法律が存在し、一般市民にも啓発活動が積極的に行われていることなどが評価された。
参照：journalism under political pressure 2024

店先で売られる新聞の種類も多い

福祉が充実したデザイン先進国

スウェーデン王国

Kingdom of Sweden

青は海や湖、黄は王冠の黄金を象徴している。

SE/SWE

IOC SWE

FIFA SWE

God dag !
(グッ ダーグ)

面積は日本の1.2倍ほどだが、人口は10分の1以下。人間と経済と自然が調和し、持続可能な発展への意識が高い。森と湖が広がる豊かな自然も自慢。人々は短い夏は大自然のなかで過ごし、長い冬には家の中の生活を楽しむ。暮らしに根づく洗練された北欧デザインが生まれたのはこのため。インテリアのIKEA、ファッションのH&M、車のボルボなどは世界的に有名だ。近年はIT関連企業が成長し、ストックホルムはシリコンバレーに次いでユニコーン企業（評価額10億ドル以上の非上場企業）の人口比率が高い。福祉国家としても有名だが、支えるのは25％の消費税や約30％の所得税といった高い税率だ。

国名の由来

スウェーデン語では自国を「スヴェーリエ」と呼び「スヴェア族の国」の意味。北方ゲルマン系のスヴェア族の名に由来しており、「スヴェ」は「自分自身の」で「リエ」は「土地」なので「われわれの土地」のこと。

「スウェーデン」は英語だが、16世紀頃まではスウェーデンを表す古語の「スウェオン」から「スウェオランド」と呼ばれており、17世紀頃からオランダ語のスウェーデンが英語を含め一般的に使われるようになった。

DATA

人口：約1052万人
面積：約45万㎢
首都：ストックホルム
言語：スウェーデン語
民族：スウェーデン人79.6％、シリア人1.9％、イラク人1.4％、フィンランド人1.3％ほか
宗教：福音ルーテル派53.9％、ほかカトリック、東方正教、バプテスト、イスラム教、ユダヤ教、仏教など
通貨：スウェーデン・クローナ
時差：日本より8時間遅れている(サマータイムあり)
GNI：US$6万3500／人

旧市街ガムラ・スタンの町並み（ストックホルム）

PHRASE ▶ ありがとう／タック　がんばれ！／ヘイヤ　さようなら／ヘイド　こんばんは／グクヴェル

幸福の国の福祉制度

スウェーデンの消費税はなんと25%。軽減税率は適用されているが、それでも世界で指折りの高税率の国だ。スウェーデンの充実した社会福祉制度はこの高い税金をもとに行われている。税率が高くても最終的には政府を通してその恩恵を受けることができるのだ。まず大学までの授業料は一切かからず、学生生活のための奨学金も世界で最も利子が低い。そして医療費は地方税が財源で、基本的に20歳以下、85歳以上は無料。また、入院する場合もかかる費用は最高およそ1300円/日までと決められている。ただし住民税の全国平均は約32%と高額。

ストックホルムの通りを歩く人々

スウェーデンの有名人

1833年、ストックホルムで生まれたアルフレッド・ノーベル。彼の名を冠したノーベル賞は世界的に知られている。ダイナマイトやゼリグナイト（プラスチック爆弾）の発明で莫大な財を残し、その遺言でノーベル賞の創設を指示したといわれている。あまり知られていないが、生前は“死の商人”と呼ばれ、苦しんでいたこともあるという。

ストックホルムにあるノーベル博物館

伝統衣装を着てミッドサマー（夏至祭）を祝う子供たち

グルメ

ショットブラール

日本でもおなじみのスウェーデン風ミートボール。ホワイトソースで煮込み、リンゴンベリーソースをかけて食べる。クリスマスの家庭料理でもある。

お菓子

キャネールブッレ

シナモンロールのこと。スウェーデンには家族や同僚と一緒に、コーヒーと焼き菓子を食べて休憩をする「フィーカ」という習慣があり、その際に食べる代表的な菓子。生地にカルダモンが練り込まれ、巻いた形で焼くのがスウェーデン風。

明日誰かに教えたくなる **スウェーデンの雑学**

摂氏とはセルシウスのこと

スウェーデン生まれの天文学者アンデルス・セルシウスは、氷点を0度、沸点を100度とする世界初の実用的温度計を提唱した人物。摂氏（℃）とはセルシウスを意味している。ちなみに華氏（℉）はドイツ人のファーレンハイトが提唱した。

金曜日はタコスの日

スウェーデンでは金曜日にタコスを食べる習慣がある。金曜日はfredagsmys（ほのぼのした金曜日くらいの意味）と呼ばれ、家族でタコスを食べゆっくり過ごす。

名物のサーモンを使ったタコス

ワールドランキング TOPIC

SDGsに対する意識の高さが根づく

国連の発表する「SDGs達成度ランキング」では常に上位で2020年には1位になっている。もともと「人はそれぞれ」という個人主義が根づいていることもあるが、SDGsの取り組みは1960年代から始まっており、小学生から学習するなど日常に浸透している。　参考：国連SDSN

自家用車の使用を減らし公共交通のシェアも増加させている

バルトのIT先進国

エストニア共和国

Republic of Estonia

国旗の意味

青は空やバルト海、黒は大地や森、白は雪や白夜を表す。また、青と白は苦難を克服してきた忠誠心と啓蒙運動の精神も象徴。

EE/EST

IOC EST

FIFA EST

エストニア語でこんにちは

Tere päevast !

(テレ パエヴァスト)

バルト3国のひとつで九州の1.2倍ほどの小国。かつてのハンザ都市である首都タリンは、最も優れた状態で中世の面影を残す町とされ、おとぎの国にもたとえられる。自然や古いものを大事にする一方、無料通話ツールSkypeなどを生み出したIT先進国としても名高い。商店のレジが無人のセルフだったり、町にはレンタルの電動キックボードが走っていたりと、ノスタルジーと近未来が同居する。

DATA

人口：約136万5000人
面積：約4万5000㎢
首都：タリン
言語：エストニア語
民族：エストニア人68.7％ほか
宗教：無宗教58.4%、東方正教16.5％ほか
通貨：ユーロ
時差：日本より7時間遅れている(サマータイムあり)
GNI：US$2万7120／人

国名の由来

エストニア語での呼称は「エースティ・ヴァバリーク」。「エースティ」はエストニア人のことで、「ヴァバリーク」は「共和国」という意味。エースティの語源は「東」だが、長い歴史のなかでアエスティ、エイスト、エスティア、ヘスティアなど変化をし続けてきた。エースティに落ち着いたのは19世紀半ばになってから。

グルメ

ヴェリヴォルスト

豚の血で作られたソーセージ。豚の腸に肉の代わりに大麦を詰め、スパイスを使って臭みを弱める。クリスマスによく食べられる国民食。

左）緑の多いタリン旧市街の町並み
右）旧市街のランドマーク、ヴィル門

明日誰かに教えたくなる エストニアの雑学

無宗教者が世界一多い

ソ連時代に宗教が弾圧されたこともあり、無宗教の人の割合が半数以上を超える世界でも数少ない国。無宗教者が過半数の国はほかにチェコ、中国、北朝鮮などがある。

クリスマスのお祝いはする

ワールドランキング TOPIC

学力も高い世界的なIT大国

国際機関の経済協力開発機構による国際学力調査で、エストニアは基準3教科すべてヨーロッパ1位。世界全体の総合スコアではシンガポールと中国に次ぐが、教育格差は2ヵ国より少ない。
参考：経済協力開発機構（OECD）PISA

世界的なIT大国。非接触型決済も浸透

PHRASE ありがとう／アイタ　がんばれ！／ヨウドゥ　さようなら／ナゲミセニ　こんばんは／テレウフトゥストゥ

世界最古の民主議会をもつ火山の国

アイスランド共和国

Republic of Iceland

国旗の意味

赤、白、青のスカンジナビア十字。赤と青は民族衣装にも使われてきた伝統的な色。

IS/ISL

IOC ISL
FIFA ISL

アイスランド語でこんにちは

Góðan daginn !
（ゴウザン ダイイン）

北海道の1.2倍ほどの大きさの島国。火山が多いことで有名で、2023年からは大規模な噴火も起きている。エネルギーの大部分には火山の地熱が利用されている。巨大な氷河、白夜やオーロラといった神秘的な大自然や、ヴァイキングの歴史や文化、真面目でフレンドリーな国民性により注目を集めている。多くの人が妖精の存在を信じており、伝説の残る場所を保存する法律もある。

DATA

人口：約38万7758人
面積：約10万3000㎢
首都：レイキャヴィーク
言語：アイスランド語
民族：アイスランド人78.7％ほか
宗教：福音ルーテル派58.6％、カトリック3.8％ほか
通貨：アイスランド・クローナ
時差：日本より9時間遅れている
GNI：US$6万8660／人

国名の由来

アイスランド語では「イーストラント」。ノルウェー語の「氷」を意味する「イス」と「国」を意味する「ラント」が合わさった言葉。初めてアイスランドを航行した9世紀の古代スカンジナビアのノース人でヴァイキングのフローキ・ビリガルズソンが、周辺の海に流氷が浮かんでいるのを見て名づけたとされる。

グルメ

スキール

1100年以上も前のヴァイキングの時代から食べられてきた乳製品。ヨーグルトだがチーズに近く、近年は低脂肪、高タンパク質の健康食として注目される。

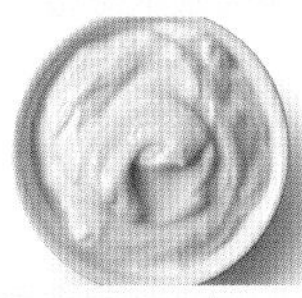

左）首都レイキャヴィークの冬の景色
右）キルキュフェトル山とオーロラ

明日誰かに教えたくなる ▶ **アイスランドの雑学**

バナナを生産している

南国フルーツのバナナを初めてヨーロッパで栽培したのが、北極圏にあるアイスランド。地熱や温泉の熱を利用し、温室栽培を行っている。

スーパーで売られているバナナ

ワールドランキング TOPIC

戦いに巻き込まれる可能性がほぼない

平和に関する研究機関による「グローバル平和指数」で、アイスランドが最高得点を獲得。世界で最も安全で平和な国に選ばれた。ほとんどの基準項目で1位だった。
出典：経済平和研究所（IEP）2023

テロや国際紛争の可能性がほとんどない

PHRASE ▶ **ありがとう**／タック　**さようなら**／ブレス　**こんばんは**／ゴットクヴェルト

多くの文豪を輩出したケルト文化の国

アイルランド

Ireland

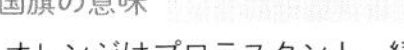

国旗の意味

オレンジはプロテスタント、緑は共和主義（カトリック）、白は両者の平和を表す。

IE/IRL

IOC IRL

FIFA IRL

ゲール語でこんにちは

Dia dhuit !

（ジア グウィッチ）

中世以降イギリスとの宗教的対立があり、近世になり戦争を経て独立。1949年にはイギリス連邦も脱退し、残った「北アイルランド」を巡る紛争が続いていたが、現在は和平への道を歩んでいる。高緯度にあっても暖流により温暖。草地の丘が連なり“緑の島”と呼ばれる。人々はパブをこよなく愛し、ケルト文化の伝統音楽や神話を大切に受け継いでいる。妖精の存在を信じる人も多い。

DATA

人口：約515万人
面積：約7万300㎢
首都：ダブリン
言語：アイルランド語、英語
民族：アイルランド人76.6％ほか
宗教：カトリック69.2％ほか
通貨：ユーロ
時差：日本より9時間遅れている（サマータイムあり）
GNI：US$7万9730／人

国名の由来

ふたつの公用語での呼称は、英語で「アイアランド」、アイルランド語（ゲール語ともいう）で「エール」。いずれも「エール人の国」を表し、12世紀にイギリスが征服した際、先住ケルト人の国名エールを英語化して名づけた。語源は諸説あり、アイルランド神話の女神エリウの名から、ゲール語の「西の島」からなど。

グルメ

アイリッシュシチュー

肉とタマネギ、キャベツ、ジャガイモなどを、ブーケガルニとともに煮込み、塩とコショウで味付けした料理。肉は羊肉を使うのがアイルランド流。

左）修道院の廃墟前でこちらをうかがう羊
右）パブが並ぶダブリンの町角

明日誰かに教えたくなる アイルランドの雑学

イギリスの話題は控えて

長い支配の後にようやく独立した経緯があるため、まだイギリスに敵対心を抱いている人も多い。イギリスやIRA（アイルランド共和軍）に関する話題には気をつけよう。

パブでの話題に注意

ワールドランキング TOPIC

かつての欧州最貧国のひとつが今や富裕国に

アメリカの出版社が発表した「世界で最も裕福な国ランキング2023」で、アイルランドが世界一に。英語圏で法人税率が低いので、アップル、グーグルはじめ大企業が欧州本社をおくため。

参考：Global Finance Magazine 2024

首都ダブリンの金融街

PHRASE ありがとう／グラマハガット　さようなら／スローン　こんばんは／トローフノーナマヒ

たび重なる被支配の歴史から独立

ラトヴィア共和国

Republic of Latvia

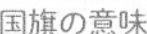

国旗の意味

13世紀にドイツ騎士団と戦った指揮官の白い布に染み付いた血の色に由来。世界で最も古い旗のひとつ。

LV/LVA

IOC LAT

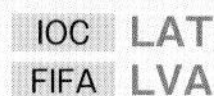

FIFA LVA

ラトヴィア語でこんにちは

Labdien！

（ラブディエン）

1990年にソ連から独立回復したバルト3国のひとつ。公用語はラトヴィア語だが、国民の約24%がロシア系でロシア語も広く使われる。英語やドイツ語などとのマルチリンガルが多いため、外国企業が多く進出。北海道の8割ほどの大きさの国土は、沿岸にはビーチが長く続き、内陸はほとんどが低地で広大な森林に覆われている。中世の面影を残す首都リーガは“バルトのパリ”とたたえられる。

DATA

人口：約189万人　面積：約6万5000㎢
首都：リーガ　言語：ラトヴィア語
民族：ラトヴィア人62.7％、ロシア人24.5％ほか
宗教：ルーテル派36.2％、カトリック19.5％、東方正教19.1％ほか
通貨：ユーロ
時差：日本より7時間遅れている（サマータイムあり）
GNI：US$2万1850／人

国名の由来

先住民族で現在の国民の最多数を占めるラトヴィア人の名に由来する。ラトヴィアの語源には、古代バルト海の部族ラトガリア人から、古ノルマン語で「低地」を意味する言葉、ドイツ語の「砂の国」からなどの説がある。

グルメ

ルピマイゼ

ライ麦のパン。ライ麦モルトを使って長時間発酵させて作る。ラトヴィアでは毎日のように食べられており、田園地帯には広大なライ麦畑が広がる。

左）バルトのパリとも呼ばれるリーガ旧市街
右）ドーム広場で行われるクリスマスマーケット

明日誰かに教えたくなる ラトヴィアの雑学

インターネット先進国

800以上の図書館が無料Wi-Fiを整備しているほか、ホットスポットもたくさんある。2014年にリーガは「ヨーロッパのフリーWi-Fiの首都」を宣言した。

世界遺産に登録されているリーガ旧市街

ワールドランキング TOPIC

下剋上を果たす欧州の「スラムダンク」

あまり知られていないが実はバスケットボールの強豪国。2024年2月時点ではFIBA世界ランキングで男子は世界第6位。2023年8月には当時ランク29位ながら1位のスペインに勝利したことで話題となった。

若者たちはバスケットボールに夢中

PHRASE ▶ ありがとう／パルディエス　がんばれ！／ダトルピニ　さようなら／ウズレゼシャヌアス

森と湖に囲まれたバルトの国

リトアニア共和国

Republic of Lithuania

国旗の意味

黄は太陽や光、緑は森や自然、自由、希望、赤は勇気と祖国を守るために流れた血を表す。

LT/LTU

IOC LTU

FIFA LTU

リトアニア語でこんにちは

Laba Diana !

（ラバ ディアナ）

1990年に独立を回復したバルト3国で最も大きな国。世界的にみると平均所得は高くインフラも整っているが、EUのなかでは低いため2004年の加盟時にはほかの加盟国への移住が増え問題となった。独立回復時には住民すべてに国籍を与えたため、旧ソ連の国々で残留ロシア人が無国籍となった問題がない国。国土の98%が緑の森林や農地で、その中に大小約4000もの湖が点在する。

DATA

人口：約282万人　面積：約6万5000㎢
首都：ヴィリニュス　言語：リトアニア語
民族：リトアニア人84.6％、ポーランド人6.5％、ロシア人5％ほか
宗教：カトリック74.2％、ロシア正教3.7％ほか
通貨：ユーロ
時差：日本より7時間遅れている（サマータイムあり）
GNI：US$2万3870／人

国名の由来

主要民族リトアニア人に由来。リトアニアは英語読みで、リトアニア語での読みは「エトゥヴォース」。国民は「リエトゥバ」と通称で自称する。語源は諸説あり11世紀のドイツの歴史書に書かれた「流れ」を意味する「リエタ」、13世紀に王に侍従していた戦士団「レイチアイ」からなど。

グルメ

キビナイ

リトアニアのミートパイ。14世紀末に時の大公に招かれ現在のウクライナのクリミア半島から移住したカライム人の末裔の料理が全土に広がった。

左）石畳が続くヴィリニュスの旧市街
右）古都トラカイのガルヴェ湖

明日誰かに教えたくなる リトアニアの雑学

“東洋のシンドラー”が活躍した国

第2の都市カウナスは“東洋のシンドラー”と呼ばれる外交官、杉原千畝が活躍した町。ユダヤ人にビザを発給し、シベリア鉄道経由での亡命を手助けし、6000人以上の命を救ったといわれている。かつての日本領事館は杉原記念館として公開されている。

ワールドランキング TOPIC

カニカマは今やワールドワイド

カニカマの世界最大の生産国は年間約7万トンの日本ではなく、約8万トンを作るリトアニア。世界的に人気のカニカマはヨーロッパでも消費量が年々増えている。
参考：株式会社スギヨ(HPより)

ヨーロッパやアジアでもスーパーで売られている

PHRASE ありがとう／アチュウ　さようなら／ヴィーソギヤロ　こんばんは／ラバスヴァーカラス

氷に覆われた世界最大の島

グリーンランド 〈デンマーク自治領〉

Greenland

GL/GRL
IOC なし FIFA なし

日本の国土の6倍もの面積がある世界最大の「島」。ここより大きいと大陸で、小さいと島という基準になっているといわれるが、実際には明確な基準は存在しない。9世紀から11世紀にわたってこの海域で活動した海賊ヴァイキングによる発見が事実上の歴史の始まりとされる。地表の80%以上は氷に覆われている。デンマーク王国の一部だが、EU反対派が多く1985年に脱退。

クルスクのカラフルな家々

グリーンランド語でこんにちは

Inuugujoq!
（イィヌゥギョック）

DATA

人口：約5万7700人
面積：約216万㎢
主都：ヌーク
言語：グリーンランド語、デンマーク語ほか
民族：グリーンランド人88.1%ほか
宗教：キリスト教、伝統宗教
通貨：デンマーク・クローネ
時差：日本より12時間進んでいる（ヌーク。ほか3つのタイムゾーンがある）

明日誰かに教えたくなる グリーンランドの雑学

犬ぞりの編成が独特

通常犬ぞりは縦2列に犬を配置するが、グリーンランドでは犬を横並びにつなぐ。世界最古の犬種といわれるグリーンランド・ドッグが引く。

PHRASE ありがとう／クヤナ　さようなら／イヌールアリット　こんばんは／ウキオルターミ ピルアリト

独自の文化を育む誇り高き人々の島々

チャネル諸島 〈イギリス王室属領〉

Channel Islands

なし/なし
IOC なし FIFA なし

イギリス海峡に浮かぶジャージーとガーンジーなど5つの島と周辺の小さな島々からなる。イギリス王室属領で、高度な自治権を有し、連合王国には含まれない。独自の議会と政府をもち、イギリスの法律や税制も適用されず、イギリス議会は支配をしないが外交と防衛は担う。良質の乳が取れるジャージー牛は有名。また、タックスヘイブン（租税回避地）ではあるが、健全な運用で注目される。

ジャージー島のモントルグイユ城

ジャージー語でこんにちは

Bouônjour!
（ブオンジュール）

DATA

人口：約17万3859人
面積：約194㎢
主都：セント・ピーター・ポート（ガーンジー）、セント・ヘリア（ジャージー）
言語：英語、フランス語、ジャージー語
民族：ジャージー人、ガーンジー人が約半分で、ほかヨーロッパ人
宗教：キリスト教
通貨：ジャージー・ポンド、ガーンジー・ポンド
時差：日本より9時間遅れている

明日誰かに教えたくなる チャネル諸島の雑学

イギリス人と呼ばないで

歴史的に独自の文化を育んできたため、アイランダーとして誇りが高く、ジャージー人やガーンジー人と呼んだほうがよい。

PHRASE （英語）ありがとう／サンキュー　がんばれ！／グッドラック　さようなら／グッバイ

〈フィンランド自治領〉

スウェーデン系住民がほとんど

オーランド諸島

Åland Islands

スウェーデン語でこんにちは

God dag !

（グッ ダーグ）

AX/ALA

IOC なし

FIFA なし

スウェーデンとフィンランドの間に浮かぶ約6500もの島々からなる。第1次世界大戦後、その帰属をめぐって両国の間で紛争になるが、これを解決したのが、当時の国連事務次官だった新渡戸稲造。帰属はフィンランド、言語や文化はスウェーデン、そして強い自治権をもたせることで痛み分けとなった。黒パン、サーモンなどグルメな島としても有名。

DATA

人口：約3万100人
面積：約1580㎢
主都：マリエハムン
言語：スウェーデン語、フィンランド語
民族：スウェーデン系
宗教：福音ルーテル派がほとんど
通貨：ユーロ
時差：日本より7時間遅い（サマータイムあり）

〈デンマーク自治領〉

メルヘンチックな景色が広がる

フェロー諸島

Faroe Islands

フェロー語でこんにちは

Góðan dag !

（ゴウアン デア）

FO/FRO

IOC FRO

FIFA FRO

イギリスの北に位置する自然豊かな18の島々。デンマーク領ではあるが、独自の歴史や文化、言語をもち、国防と外交以外は自治政府が担う。北欧ならではのカラフルな家々や風変わりな草の屋根の町並みはまるでおとぎの国のよう。世界の果てを思わせる自然風景、パフィンをはじめとする珍しい鳥たちなど、さまざまな魅力にあふれている。

DATA

人口：約5万3000人
面積：約1393㎢
主都：トースハウン
言語：フェロー語、デンマーク語
民族：フェロー人83.8％ほか
宗教：福音ルーテル派
通貨：フェロー・クローネ
時差：日本より9時間遅い（サマータイムあり）

〈イギリス王室属領〉

オートバイレースの開催地

マン島

Isle of Man

マン島語でこんにちは

Fastyr mie !

（ファステ マイ）

IM/IMN

IOC なし

FIFA なし

1907年に始まったバイクのロードレースで世界的に知られる島。本田宗一郎もこのレースで優勝することを夢見ていたという。イギリス王室の属領で外交・軍事はイギリス政府に委ねられているが、マン島語をはじめ独自の文化や高い自治権をもっている。角の多いラクタン羊やノアの箱舟に関わる逸話をもつマンクス猫など固有の動物も多い。

DATA

人口：約8万4500人
面積：約572㎢
主都：ダグラス
言語：マン島（ゲール）語ほか
民族：白人94.7％ほか
宗教：プロテスタント、カトリックほか
通貨：マンクス・ポンド
時差：日本より9時間遅い（サマータイムあり）

〈ノルウェー領〉

世界最北の町がある

スヴァールバル諸島

Svalbard

ノルウェー語でこんにちは

God dag !

（ゴダーグ）

SJ/SJM

IOC なし

FIFA なし

人が定住する世界最北の町ロングイェールビーンがある小さな群島。人口は2600人ほどで、周辺にすむホッキョクグマ（約3000頭）よりも少ないといわれる。ノルウェー領ではあるが独立行政区であり、スヴァールバル条約により、日本人でもビザや永住権なしで自由に就労、定住できる。世界種子貯蔵庫があることでも知られる。

DATA

人口：約2926人
面積：約6万2045㎢
主都：ロングイェールビーン
言語：ノルウェー語、ロシア語
民族：ノルウェー人ほか
宗教：おもにノルウェー国教会
通貨：ノルウェー・クローネ
時差：日本より8時間遅い（サマータイムあり）

欧州で唯一イスラム教が多数派の国

アルバニア共和国

Republic of Albania

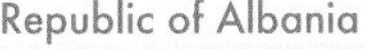

国旗の意味

赤地に黒い双頭の鷲。15世紀にオスマン帝国から一時的に独立を果たした君主スカンデルベグの紋章がもとになっている。

AL/ALB

IOC ALB

FIFA ALB

アルバニア語でこんにちは

Mirë dita !
（ミルディタ）

第2次世界大戦後の1978〜91年は、米ソ双方と距離をおくため社会主義国家として鎖国をしていた。この間は欧州最貧国だったが、皆が平等な状態にあったとされる。開国後は市場経済に慣れない国民にねずみ講が蔓延した。近年はアドリア海のビーチを中心に観光が発展。欧州とイスラムの文化が融合、風光明媚で治安もよい新しい旅先として注目されている。

DATA

人口：約276万人
面積：約2万8700㎢
首都：ティラナ
言語：アルバニア語
民族：アルバニア人
宗教：イスラム教57％、カトリック10％、東方正教7％
通貨：レク
時差：日本より8時間遅れている（サマータイムあり）
GNI：US$6770／人

国名の由来

アルバニアは他称で、アルバニア語での自称は「シュチパリサ」。通称では「シュチパリ」「シュチパリア」が使われる。シュチパリアとはアルバニア語で「鷲の国」の意味。アルバニア人は強い鷲の子孫という故事がある。一方、アルバニアはラテン語の「白い」が語源とされ、白い石灰岩質の地質であることに由来する。

グルメ

トーブコーシ

肉と米を小麦粉とバターで作ったルーであえ、ヨーグルトと卵を混ぜせてオーブンで焼いた料理。肉は羊肉がポピュラーで、鶏肉を使うこともある。

左）千の窓の町と呼ばれる歴史都市ベラティ
右）サランダにあるクサミル・ビーチ

明日誰かに教えたくなる アルバニアの雑学

シエスタと散歩の習慣がある

旅行者がまず驚くのが、昼間は人がほとんど外に出ていないこと。これは暑さとシエスタ（午睡）の習慣によるもの。夕方にはジロと呼ばれる散歩の習慣があり、夜にかけて徐々に町はにぎわい始める。散歩のためにジロの時間は道路を封鎖する町まである。

ワールドランキング TOPIC

今世界から注目を集める旅先

旅行業がサービス貿易に占める割合が73.74％でアルバニアは世界一。治安がよい、物価が安い、食事がおいしいと評判を呼び、近年、旅先として急激に人気が高まっている。　参考：世界銀行 2024

社会主義時代の核シェルターも観光名所

PHRASE ありがとう／ファレミデリト　さようなら／メロパフシェン　こんばんは／ミンブラマ

アドリア海に面した自然と古都が美しい国

クロアチア共和国

Republic of Croatia

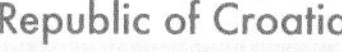

国旗の意味

赤白青の3色はスラヴカラーで、中央には5つの地域を表す紋章と、伝統的なチェック柄が描かれている。

HR/HRV

IOC CRO

FIFA CRO

クロアチア語でこんにちは

Dobar dan !

(ドバル ダン)

内陸部にはディナル・アルプス山脈が縦断、アドリア海に面した長い海岸線には1000を超える島々が浮かび、変化に富んだ国土をもつ。ジブリ映画『魔女の宅急便』の舞台とうわさされる中世の城壁都市ドゥブロヴニクは、ボスニア・ヘルツェゴヴィナの領土で分離された飛び地にある。1991年に旧ユーゴスラヴィアから分離した新しい国のイメージがあるが、8世紀末から9世紀にかけてクロアチア王国はすでに存在していた。人口の9割はクロアチア人で、これは1991～95年のクロアチア紛争により、在住していたセルビア人が流出、その一方でボスニアからクロアチア系住民が帰還した民族浄化の最成功例といわれている。

国名の由来

クロアチア語での名称は「フルヴァツカ」。「クロアチア」はラテン語読み。先住民族であるクロアチア人を示すクロアチアという呼び名は8～9世紀の記録に残るが、実際にはもっと古く6～7世紀には使われていたと考えられている。語源は明確になっていないが、古いスラヴ語で「守る者」を意味する言葉から生まれたという説が有力。

DATA

人口：約385万5000人
面積：約5万6594㎢
首都：ザグレブ
言語：クロアチア語
民族：クロアチア人91.6%、セルビア人3.2%、そのほか(ボスニャック人、ハンガリー人、スロベニア人、チェコ人、ロマ人を含む)4.4%
宗教：カトリック79%、セルビア正教3.3%、イスラム教1.3%ほか
通貨：ユーロ
時差：日本より8時間遅れている(サマータイムあり)
GNI：US$1万9600／人

城壁が張り巡らされたドゥブロヴニクの旧市街

PHRASE ▶ ありがとう／フヴァーラ　がんばれ！／サモタコナスタビ　さようなら／ドヴィデェーニャ

COLUMN

“アドリア海の真珠”ドゥブロヴニク

美しいアドリア海に浮かぶオレンジ色の要塞都市。ドゥブロヴニクの旧市街は世界遺産に登録された人気観光地だ。中世の町並みが残る城壁内は、歴史ある教会やスポンザ宮殿、プラツァ通りなど、散歩に最適な名所旧跡であふれている。旧市街の城壁を築いたのは、この地で栄えた都市国家ラグーサ。オスマン帝国に貢納金を納め独自に交易活動を認められ、15～16世紀に国は最盛期を迎えた。その後、地震や戦争でたびたび破壊されているが、精力的な修復により危機遺産のリストからは外された。スルジ山からは旧市街を一望できる。

旧市街の通り

COLUMN

ヴェネツィア共和国の軌跡

クロアチアのアドリア海沿岸では、羽の生えたライオンの像をよく見かける。これはヴェネツィア共和国の守護聖人である聖マルコのシンボル。アドリア海の制海権を得るため、ヴェネツィアがアドリア海沿岸に進出した痕跡だ。クロアチアの食文化には周辺国の影響が見られるが、なかでもイタリアの影響が顕著。

いたる場所で見られる聖マルコのシンボル

丘の町である首都ザグレブには、1890年開通の世界一短いといわれる長さ60mのケーブルカーが走る

グルメ

チェバピ

牛や豚、羊の挽肉などをスパイスで味付けし、棒状に丸めてグリルする、ハンバーグをソーセージ型にしたイメージの料理。チェバプチチとも呼ぶ。バルカン半島一帯で広く食べられている。

お酒

クロアチア・ワイン

紀元前から続くワイン造りの歴史をもつものの、民族紛争で生産量が激減していたが、近年もち直し注目を集めている。生産量は白ワインが多いが、有名なのは南部アドリア海沿岸ダルマチア地方の黒ブドウ品種の赤ワイン。

明日誰かに教えたくなる **クロアチアの雑学**

ダルメシアンはクロアチア生まれ

白に黒丸の模様が特徴的なダルメシアンは、クロアチア生まれ。ダルマチア地方で生まれたのでこの名前がつけられた。

あのミステリー小説の事件が起きた

アガサ・クリスティの『オリエント急行殺人事件』で殺人が起きたのは現クロアチア。

ネクタイ発祥の地

中世クロアチアの傭兵が首に巻いていたスカーフがネクタイの原型。「クロアタ」や「クラヴァタ」などの老舗店が有名。

ザグレブのクラヴィタの店舗

ワールドランキング TOPIC

死ぬまでに見てみたいといわれる絶景

客観的なランキングは出ていないが、首都ザグレブの南にあるプリトゥヴィツェ湖群国立公園にある92の滝は「世界で最も美しい滝」と呼ばれている。石灰質堆積物で造られた大小16の湖とともにエメラルドやコバルトに輝く水の風景は絶景。

ボスニア・ヘルツェゴヴィナとの国境に近い

ヨーロッパ文明が生まれたエーゲ海の国

ギリシア共和国

Hellenic Republic

国旗の意味

青は海と空、白は独立の純潔性、十字はギリシア正教、9本の横縞はトルコからの独立戦争時のスローガンの9音節を表す。

GR/GRC

IOC GRE

FIFA GRE

ギリシア語でこんにちは

Γεια σας !

(ヤース)

国のルーツはヨーロッパ文化の基礎を築いた古代ギリシア文明にある。彫刻、演劇、文学などの芸術、西洋哲学、歴史学、政治学、自然科学、数学的原理などの学問、そして民主主義にオリンピックと、ここで発祥した多くのものは現代社会にも大きな影響を及ぼしている。現在の主要産業はオリーブに代表される農業と、歴史遺産と美しい海が魅力の観光業。首都アテネのシンボル、パルテノン神殿などの古代遺跡を中心に世界遺産登録数は18件。国土の大きさからするとかなり多い。総面積の約2割が島で、エーゲ海とイオニア海に浮かぶ230あまりに人が暮らし、夏季にはヨーロッパ中からバカンス客が押し寄せる。

国名の由来

ギリシア語では「エラス」と呼ぶ。正式名称にならうときは「エリニキ」。英語では「グリース」だが、正式名称に近い「ヘラス」とも呼ぶ。語源は古代ギリシアの民族グラエシ人と考えられている。グラエシには「古い」とか「老人」という意味がある。

日本語ではギリシア、あるいはギリシャと呼ぶが、これはポルトガル人が「グレーシア」と伝えたのが始まりで、次第に訛って変化したもの。ギリシアとギリシャはどちらも間違いではないが、公的な国名としてはギリシャが使われ、歴史や文化を指す場合はギリシアが使われることが多い。

DATA

人口：約1064万人
面積：約13万1957㎢
首都：アテネ
言語：現代ギリシア語
民族：ギリシア人91.6%、アルバニア人4.4%、そのほか4%
宗教：ギリシア正教81〜90%、イスラム教2%、無宗教4〜15%、そのほか3%
通貨：ユーロ
時差：日本より7時間遅れている(サマータイムあり)
GNI：US$2万1810／人

アテネにあるアクロポリスの丘

PHRASE ▶ ありがとう／エフハリスト　がんばれ！／パレプセト　さようなら／アディオ　こんばんは／カリスペーラ

COLUMN

オリンピック発祥の地

オリンピック発祥の地といえばオリンピア。現在でも古代オリンピックが行われたオリンピアの遺跡で聖火が採火される。ギリシア神話にその起源となる逸話が残っている。当時この地の君主だったオイノマオスは「娘婿に王座を奪われる」という神託を受ける。そのため、娘ヒッポダメイヤの求婚者たちに対して、自分と戦車競走をして負ければ殺すと定めた。しかし、タンタロス（ゼウスの反抗的な息子）の息子ペロプスは、王の側近を買収し、王の戦車の車輪をひとつ外すことに成功。勝者となったペロプスはオイノマオスを殺してヒッポダメイヤと結婚し、ペロポネソス地方の王として君臨した。ゼウスの息子ヘラクレスは、オイノマオスに勝利したペロプスに敬意を表し、体育と陸上競技を始めたといわれている。

COLUMN

ロマンティックなエーゲ海の島 サントリーニ

エーゲ海の島々は、世界のセレブを魅了する人気デスティネーション。特に真っ白な町並みが美しいサントリーニ島には、世界中から観光客が押し寄せる。メディアでもよく登場する白壁の家々とブルードームの教会の景色はイアという町のもの。複雑に入り組んだ町並みはまるで迷路のようだ。夕日の美しさでもまた有名。

イアの風景

採火の儀式が行われるオリンピア遺跡

グルメ

ギロ・ピタ

薄切り肉を重ねた棒を回しながら火で炙り、焼けた部分をそぎ落とす料理がギロスで、それをピタというパンで挟んだもの。紫タマネギとトマト、ポテトフライを添えて食べるギリシアの国民食。

お酒

ウゾ

ブドウが原料のアルコール度の高い蒸留酒にアニスをはじめとするさまざまなフレーバーを加えて作る。ロックや水割りが一般的で、水が加わると白く濁る。数種類の異なる料理を少しずつ盛った前菜メゼと食前酒で飲む。

明日誰かに教えたくなる ギリシアの雑学

夏季と冬季の差が激しい

ギリシアのベストシーズンは6～9月の夏季で、バカンス客で大にぎわいとなる。一方、冬は寒く、雨も多くなり、観光客は激減。ホテルやレストランの多くも休業してしまう。落差が激しいのが特徴だ。ちなみに、冬季でも遺跡巡りには適している。人は少なく、入場料も半額になる。

トルコの話題は控えたほうがよい

近代のギリシアはオスマン帝国（トルコ）に支配され、暗黒時代ともいわれるつらい時期を経験した。現代においてもさまざまな問題が存在するので、トルコに関する話題は控えたほうがよい。

食堂で食事をする人々

ワールドランキング TOPIC

全部歌うと55分もかかる国歌

ギリシア国歌は歴史にまつわる一大叙事詩になっており158節まである。間奏を入れ55分もかかり、世界で一番長い国歌だといわれている。ただし、正式に国歌に指定されているのは24節までで、通常、公の場では2節までしか歌われない。

オリンピックで歌われるのは1分強ほどの2節のみ

芸術、ファッション、グルメで知られる歴史の国

イタリア共和国

Italian Republic

国旗の意味

ナポレオンが樹立したチザルピーナ共和国の旗に由来し、フランス国旗の影響を受けている。

IT/ITA

IOC ITA

FIFA ITA

イタリア語でこんにちは

Buon giorno !

(ブォンジョルノ)

地中海に突き出した細長い形は、よく長靴にたとえられる。中央部を南北に火山帯のアペニン山脈が走り地震や火山が多い。歴史は古く紀元前6世紀頃には始まり、キリスト教とともに文化的、政治的な影響を世界に与え続けてきた。このため古代から中世の遺産が数多く残り、観光業が重要な産業となっている。また、ワインやパスタなどが思い浮かぶグルメの国らしくローマやナポリのある中～南部は農業も盛ん。一方のトリノやミラノを中心とする北部は工業地帯で、多くの世界的なファッションブランドや自動車メーカーの本拠地。カトリック教国として人々の信仰心はあつく、安息日の日曜日にはほとんどの店が休業する。

国名の由来

イタリア語で正式名称にならった呼び方は「イタリャーナ」だが、日常的には通称の「イターリャ」が使われる。英語では「イタリー」で、イタリアは日本語での呼び名。

由来には諸説あり定説はないが、一般的には紀元前6世紀頃に半島南部で子牛の像を崇拝していた民族をギリシア人が「ビタリ人」と呼んだのが始まりという説が知られている。「ビタリ」は古ラテン語の「ビタロス」が語源で「牛」の意味。

DATA

人口：約6036万8000人
面積：約30万2000㎢
首都：ローマ
言語：イタリア語、ドイツ語、フランス語、スロヴェニア語
民族：イタリア人(ドイツ、フランス、スロヴェニア、ギリシア、アルバニア系も暮らす)
宗教：キリスト教(カトリックがほとんどで、ほかにプロテスタント、エホバの証人など)80.8％、イスラム教4.9％ほか
通貨：ユーロ
時差：日本より8時間遅れている(サマータイムあり)
GNI：US$3万8200／人

左）フィレンツェの町並みとサンタ マリア デル フィオーレ大聖堂
右）ミラノのガッレリア

PHRASE ▶ ありがとう／グラツィエ　がんばれ！／フォルツァ　さようなら／アッリヴェデルチ

COLUMN
世界遺産数 世界No.1

古代ローマの遺跡が各地に残るイタリア。ユネスコ世界遺産の登録数は、2024年時点で59件と中国を超して世界最多。ここまで数が多いのは、まずローマ帝国の本拠地であったこと。そして湿気が少ないため、歴史的建造物の風化を免れたことなどがその理由だといわれる。5大都市のローマ、ヴェネツィア、フィレンツェ、ミラノ、ナポリは、それぞれ歴史地区が世界遺産に登録されている。ほかにも、火山灰により一夜にして埋没したポンペイ、キノコのような家が並ぶアルベロベッロ、世界一美しい海岸といわれるアマルフィなどが有名。

保存状態のよいローマのコロッセオ

COLUMN
ヴェネツィアが沈む⁉

近年浸水が問題となっているヴェネツィアの歴史地区。もともと干潟で昔から浸水被害はあったが、工業化による地盤沈下、海面上昇も重なり、深刻な問題となっている。この対策として行われているのが「モーゼ計画」。海に可動式防潮堤を建設し、低い水位を保つというもの。2025年末までに完成する見通しだ。

運河に面して立つサンタ・マリア・デッラ・サルーテ教会

地中海沿いのアマルフィの海岸

グルメ
フォカッチャ

古代ローマが発祥の伝統的な平たいパン。ラテン語で炉端を意味する「フォカス」が語源。シンプルで素朴な味で、塩やオリーブオイルなどを付けたり、パスタなどの料理に添えたりして食べる。

おみやげ
フィレンツェの革製品

革加工職人の町として栄えてきたフィレンツェ。まだメディチ家が権力を振るうルネッサンス以前には商人組合が作られていた。その伝統がフェラガモやグッチといったフィレンツェ発祥のハイブランドにもつながっている。

明日誰かに教えたくなる **イタリアの雑学**

蛇口の表示は「C」が温水で「F」が冷水

蛇口に「C」と書かれているとColdだと勘違いしてしまうが、これはイタリア語でCaldo（熱い）を意味する。冷水は「F」でFreddo（冷たい）。

ピザ屋でタバスコは出てこない

ピザの本場イタリアではトウガラシを漬け込んだオリーブオイルが定番。

スパゲティはフォークだけで食べる

スパゲティをフォークとスプーンで食べるのはイタリアではマナー違反。フォークだけで食べるのが一般的だ。

イタリアといえばパスタ、特にスパゲティ

ワールドランキング TOPIC
フランスでもスペインでもない

ワインの生産量世界一は意外なことにイタリアで世界シェアの20％近くを占める。世界の約半分を2位のフランス、3位のスペインの3カ国で生産している。南北に細長く気候が多様なイタリアは、ワインの種類も豊富だ。
参考：OIV(国際ブドウ・ワイン機構)2023

ブドウ畑が広がる美しい景色も多い

大航海時代を牽引したかつての小さな大国

ポルトガル共和国

Portuguese Republic

国旗の意味

緑は誠実と希望、赤は大海原に乗り出したポルトガル人の血を表す。紋章は天球儀で、イスラムから奪い返した7つの城、王を表す5つの楯からなる。

PT/PRT

IOC POR

FIFA POR

ポルトガル語でこんにちは

Boa Tarde !

(ボア タルデ)

ヨーロッパ最西端の国。その栄光は15世紀に始まる大航海時代にある。イスラム支配から領土を奪還すると、大西洋に面する地の利からアフリカ、インド、ブラジル、さらには東アジアへも到達し、海を制したパイオニアとして世界の頂点に君臨した。日本とも織田信長や豊臣秀吉らと南蛮貿易を行った。現在も残る歴史的建築物の多くはこの頃のもの。1975年に衰退し植民地を一度に失い、資源の安価な調達ができず経済は混乱した。2000年以降はGDP成長率が1%を割り、経済復興が大きな課題。世界的サッカー選手の輩出、伝統歌謡ファドに代表されるサウダージという郷愁を表す文化が有名。

国名の由来

ポルトガル語で正式名称にならった呼び方は「プルトゥゲザ」、日常的に使う通称は「プルトゥガル」。古都ポルトのラテン語名の「ポルトゥス・カレ」が変化したものとされる。ポルトゥスは「港」、ガレが「温暖な」にあたり、「温暖な港町」という意味になる。

大航海時代を記念する「発見のモニュメント」

DATA

人口：約1030万人
面積：約9万2225㎢
首都：リスボン
言語：ポルトガル語、ミランダ語
民族：ポルトガル人、アフリカ系、東ヨーロッパ系、アジア系など
宗教：カトリック79.7%、そのほかのキリスト教2.5%、無宗教14.5%ほか
通貨：ユーロ
時差：日本より9時間遅れている(サマータイムあり)
GNI：US$2万5950／人

ポートワインで知られる第2の都市ポルトの風景

PHRASE ▶ ありがとう／オブリガード　がんばれ！／ボアソルチ、フォルサ、ヴァモ　さようなら／アデウス

COLUMN

新天地を求めて世界へ

ヨーロッパ列強が大海原を駆け抜けた、いわゆる大航海時代。その先駆けとなったのがポルトガルだった。スペインのカスティーリャ王国の宗主下にあったポルトガルだったが、1385年、アヴィス朝のもとで完全独立。初代国王の王子エンリケは、莫大な資金源をもとに海に進出した。ちなみに"航海王子"と呼ばれているが、自身は航海には出ていない。その後、喜望峰にたどり着いた騎士バルトロメウ・ディアス、インドへの航路を切り開いたヴァスコ・ダ・ガマ、その後継者カブラルなどが続き、帝国主義の礎を築いていった。

エンリケ航海王子の銅像

COLUMN

聖母が現れたファティマの奇跡

第1次世界大戦中の1917年5月13日、中部にあるファティマという村で、3人の子供の前に聖母マリアが現れた。そして5ヵ月間、毎月13日に同じ時刻に同じ場所に現れると言い残し姿を消した。最後の13日には7万人もの人が集まったが、やはり見えたのは3人の子供だけ。この地に礼拝堂を建てるようにいい、3つの予言を告げたという。

ファティマのバジリカ

リスボンは7つの丘に広がる坂の多い町

グルメ

バカリャウ・ア・ブラーシュ

バカリャウは干したタラのこと。これを細切りしたポテト、タマネギ、卵と炒め合わせる。ポルトガルではタラがよく使われ、その代表的な料理。料理の発案者の名前が付き「ブラーシュのバカリャウ」の意味。

お菓子

パステル・デ・ナタ

丸いパイ生地にカスタードクリームを詰め、高温で焼き上げる菓子。ナタと略して呼ばれる。日本ではエッグタルトと呼ぶこともあるが、これはマカオでナタの影響を受けた菓子の誤用。国内どこでも売られている。

明日誰かに教えたくなる ポルトガルの雑学

天ぷらの起源はポルトガル

日本食のイメージが強い天ぷらだが、実はポルトガルの宣教師によって日本に紹介されたといわれている。一説には、ポルトガル語のテンポーラというキリスト教の戒律を守る習慣の期間が語源とされる。その間、カトリック教徒は肉食を禁じ、野菜に衣をつけて揚げたものを食べる。

世界一古い本屋がある

リスボンのバイロ・アルト地区には世界で最も古い本屋「ベルトラン」があり、なんと1732年創業。店の外壁にはギネス認定のマークが堂々と飾られている。カフェもあるので休憩がてら訪れてみたい。

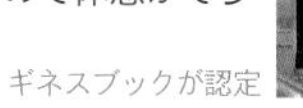

ギネスブックが認定

ワールドランキング TOPIC

書店が芸術そのもの

古都ポルトにあるレロ書店。イギリスのガーディアン紙が「世界で最も美しい書店10選」のひとつに選び、その後、「世界一美しい書店」と呼ばれるようになってSNSで大人気となった。1906年に現在の場所で営業開始、創業はさらに古く1869年。

内部は天井や壁面全体に重厚な装飾が施されている

フラメンコと数々の歴史遺産で知られる情熱の国

スペイン王国

Kingdom of Spain

中央の紋章は5つの王国（カスティーリャ、レオン、アラゴン、ナバーラ、グラナダ）を表す。

ES/ESP

IOC ESP
FIFA ESP

¡Buenas tardes!
（ブエナス タルデス）

ブルボン王家が治める立憲君主制の国。15世紀半ばからの大航海時代には、ポルトガルとともに大規模な航海を行い、アメリカ大陸を中心に世界各地に広大な領土をもつ大帝国を築いた。とりわけ最も繁栄した16世紀中頃から17世紀前半までの約80年間は黄金世紀と呼ばれ、莫大な金銀財宝、香辛料などの富がもたらされ“太陽の沈まない国”と形容された。現在でもスペイン語は世界で2番目に多く話されている言語だ。世界一を誇るものは他にも多く、ワインの輸出量、オリーブオイル輸出量のほか、年間観光客数もフランスと常に1位2位を争う。マイペースな国民気質で、昼寝のシエスタ習慣が根強く残る。

国名の由来

正式国名は定められていないが、一般的に「エスパーニャ」と呼ぶ。語源には諸説あり、フェニキア語の「ハイラックスの島」も一説。ハイラックスは岩場に生息する哺乳類で、姿が少し似ていることからウサギを見間違えて名づけたと考えられている。また、フェニキア語で「金属を精製し加工する島」を意味す言葉からの説は有力なものとなっている。

日本語でも使う「スペイン」は英語で、語源は古代ローマ人がイベリア半島を「ヒスパニア」と呼んでいたことからと考えられている。古ラテン語で「西方の国」の意味。

DATA

人口：約4760万人
面積：約50万6000㎢
首都：マドリード
言語：スペイン語、バスク語、カタルーニャ語、ガリシア語、バレンシア語、アラン語
民族：スペイン人84.8％、モロッコ人1.8％、ルーマニア人1.2%ほか
宗教：カトリック58.2％、無神論者16.2％、不可知論者10.8％ほか
通貨：ユーロ
時差：日本より8時間遅れている(サマータイムあり)
GNI：US$3万2090／人

左）建設工事が続けられるガウディ設計の教会サグラダ・ファミリア
右）イビサ島の美しいビーチ

PHRASE ▶ ありがとう／グラシアス　がんばれ！／アニモ、ベンガ、バモス　さようなら／アスタルエゴ

COLUMN
一筋縄ではいかない独立問題

2017年に話題になったカタルーニャ州の独立問題。住民投票で賛成が約90％にのぼり、プッチダモン州首相は「独立国家になる権限を得た」と発表。スペイン政府はこれに強く反発し、自治を一部制限、独立宣言を行った州首相ほか閣僚たちを全員更迭した。カタルーニャはもともと独立した公国であり、独自の言語、文化をもつ。同じく独立した国であったカスティーリャ王国とフランスのブルボン朝の連合軍に敗北し、スペインとして組み込まれた経緯があり、これが独立運動の土壌となっている。ちなみに美食で知られるバスクも独立問題を抱える州だ。

バルコニーに掲げられた州旗

COLUMN
美食が注目されるバスク地方

カタルーニャと同じく独自の伝統文化をもつバスク。古来よりバスク語を話すバスク人が暮らし、その隔絶された地理により、独自の文化が保存されてきた。近年はその食文化が世界的に注目されている。特に避暑地サン・セバスティアは“世界一の美食都市”と呼ばれ、100以上の美食倶楽部が存在するという。

バルのカウンターに並ぶピンチョスと呼ばれるスナック

アルハンブラ宮殿から見たグラナダの町並み

グルメ
ボカディージョ

パエリアやガスパチョなどで知られる美食の国でも、とくに国民食と呼べるのがパン。約300種類が存在し、とにかくよく食べる。こうしたパンを使ったサンドイッチがボカディージョで、ボカタとも呼ばれる。

お菓子
ポルボロン

アンダルシア地方発祥の伝統的な焼き菓子。小麦粉、砂糖、アーモンド、バターと原料はシンプルで素朴な味わい。つなぎになる卵を使わないのでホロッとほぐれ、「ほこり」を意味する名前はここからきている。

明日誰かに教えたくなる **スペインの雑学**

チュッパチャプスはスペイン生まれ

世界一有名な棒付きキャンディ、チュッパチャプスはバルセロナ生まれ。スペインでは棒付きタイプ以外にもさまざまな商品が手に入るのでおみやげにもぴったり。

サグラダ・ファミリアは140年以上工事中

バルセロナで最も人気の観光地サグラダ・ファミリアは、1882年に着工し140年以上経て、いまだに完成していない。2026年に完成予定。2013年には日本人彫刻家の外尾悦郎氏が芸術工房監督に就任し、いくつもの彫刻を手がけている。

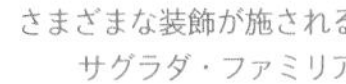

さまざまな装飾が施されるサグラダ・ファミリア

ワールドランキング TOPIC
食べるだけじゃないオリーブ大国

スペインのオリーブオイル生産量は約394万トンで世界一。全世界の約50％を製造している計算になる。国土全体が比較的平坦で、大規模な作付けで大量に生産することができるのが要因。　参照：Food and Agriculture Organization(FAO) 2022

アンダルシア地方が生産の中心

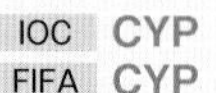

アフロディテの生まれた小さな島国

キプロス共和国

Republic of Cyprus

国旗の意味

国土の形がキプロス特産の黄銅の色でデザインされている。下のオリーブの枝は平和を象徴している。

CY/CYP

IOC CYP

FIFA CYP

ギリシア語でこんにちは

Γεια σας！

（ヤーサス）

　四国の半分ほどの広さの島国。ギリシア系とトルコ系の住民による1974年からの内戦により、事実上、南北に分断されている。北部ではトルコ系住民が独立を宣言しているが承認国はトルコのみ。世界的には島全体で1ヵ国とされる。地中海の中継地として歴史は古く、美と豊穣の女神アフロディテ信仰の古代遺跡が残り、アフロディテの英名からヴィーナスの島とも呼ばれる。

DATA

人口：約125万人
面積：約9251㎢
首都：ニコシア
言語：ギリシア語、トルコ語
民族：ギリシア系98.8％ほか
宗教：ギリシア正教89.1％、カトリック2.9％、プロテスタント2％ほか
通貨：ユーロ
時差：日本より7時間遅れている（サマータイムあり）
GNI：US$3万1520／人

国名の由来

　ギリシア語では「キプロス」、トルコ語では「クブルス」と呼ばれる。語源は古代ギリシア語での「糸杉」を意味する「キパリソス」と、同じく古代ギリシア語で「銅」を意味する「カルコス」を由来とする説がある。糸杉も銅もキプロス島に多く存在していた。

グルメ

アフェリア

豚肉を赤ワインとキプロス料理で多用されるコリアンダーシードで一晩マリネしてから煮込んだ料理。キプロスワインは紀元前からの歴史がある。

左）アフロディテ生誕の伝説の地ペトラ・トゥ・ロミウ海岸
右）ニコシアの町並み。トルコサイドのモスクが見える

明日誰かに教えたくなる キプロスの雑学

世界最古のワインレーベル

　キプロスは古代から有数のワインの産地で、12世紀に「コマンダリア」と名づけられたワインが今でも作られている。これは世界最古のワインレーベルとして有名。

ワインを楽しむ人々

ワールドランキング TOPIC

ウエルネス旅が盛ん

　小国ながら人口に対する外科医の人数はモナコに次いで世界第2位。近年は医療を生かしたウエルネス（よりよく生きる生活）ツーリズムでヨーロッパのリーダー的存在。

参照：世界銀行 2024

健康目的のリゾートホテルもある

PHRASE ありがとう／エフハリスト　がんばれ！／パレプセト　さようなら／アディオ　こんばんは／カリスペラ

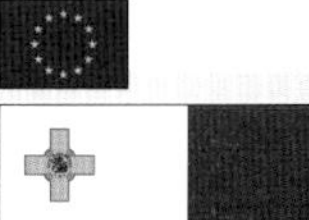

聖ヨハネ騎士団の足跡が残る小さな島

マルタ共和国

Republic of Malta

国旗の意味

独立時に第2次世界大戦中のマルタ人の勇敢な行動に対してイギリスより贈られたジョージ・クロスが加えられた。

MT/MLT

IOC MLT

FIFA MLT

マルタ語でこんにちは

Bongu !

(ボンジュ)

リゾート地として人気の地中海の小さな島国。多くの歴史文化遺産がある。紀元前からはローマ帝国、1世紀後半にはイスラム帝国、15世紀にはスペインに支配され、16世紀にキリスト教聖地防衛団のマルタ騎士団が領有し、オスマン帝国の侵略を撃退した。以降、ナポレオンの支配、19世紀のイギリスの統治下を経て、第2次世界大戦後に独立。冷戦終結のマルタ会談でも有名。

DATA

人口：約52万人
面積：約316㎢
首都：ヴァレッタ
言語：マルタ語、英語
民族：マルタ人(古代フェニキア、カルタゴ人の子孫)
宗教：カトリック90％以上
通貨：ユーロ
時差：日本より8時間遅れている(サマータイムあり)
GNI：US$3万1520／人

国名の由来

いくつかの説があり、そのひとつが古代ギリシア語で「ハチミツ」を意味する「メリタ」からというもの。1990年代までマルタには固有のミツバチが生息し、古代から重要なハチミツの産地だった。また、フェニキア語で「避難港」の意味の「メリタ」を語源とする説もある。古くから天然の良港を擁する地中海航路の要衝だった。

グルメ

ストゥファットタルフェネック

うさぎ肉をトマト、ニンジン、タマネギ、セロリなどの野菜と一緒に煮込み、トマトソースで味付けしたマルタの伝統的なシチュー。農村部でよく食べる。

左）空から見た城塞都市ヴァレッタ。ドーム型の建物は聖パウロ教会
右）中世の面影を残すヴァレッタの町並み

明日誰かに教えたくなる マルタの雑学

マルチーズはマルタ原産

日本でもおなじみの犬種マルチーズは英語でマルティース。「マルタの～」という意味だ。名前のとおりマルタ原産。ちなみにファラオハウンドという犬もマルタ生まれ。

日本でも人気

ワールドランキング TOPIC

町並みが美しい住宅地

オーストラリアの住宅物件サイトが、投票形式で「世界で最も美しい住宅地」を調査したところ、中世そのままの町並みを残すマルタのビルグが1位になった。 参考：Domain Holdings Australia 2021

首都ヴァレッタからフェリーで行ける

PHRASE ありがとう／グラッツィ がんばれ！／エッイヤ さようなら／ナラク、チャオ こんばんは／ボンスワ

中世の町並みと多彩な自然風景が広がる

スロヴェニア共和国

Republic of Slovenia

国旗の意味

白、青、赤のスラヴ3色に、最高峰トリグラフ山と3つの星が描かれたスロヴェニアの紋章が加えられている。

SI/SVN

IOC SLO

FIFA SVN

スロヴェニア語でこんにちは

Dober dan !

（ドベル ダン）

旧ユーゴスラヴィアから独立した国。アドリア海の最北部に位置し、古くから交易の要衝として栄えた。アルプスの雄大な山岳地や、美しい旧市街を残すアドリア海沿岸の古都、ヴェネツィアと向かい合いイタリア文化の影響を受けた町が点在するイストラ半島など、緑豊かで変化に富んだ美しい風景が広がっている。小国ながらバスケットボールの強豪で、NBA選手も多く輩出している。

DATA

人口：約210万人
面積：約2万273㎢
首都：リュブリャーナ
言語：スロヴェニア語
民族：スロヴェニア人83.1%、セルビア人2%ほか
宗教：カトリック69%、イスラム教3%、東方正教4%ほか
通貨：ユーロ
時差：日本より8時間遅れている（サマータイムあり）
GNI：US$2万9590／人

国名の由来

6世紀に定住したスラヴ系スロヴェニア人の名が地名化。9世紀には自らを「スロヴェーネ」と呼んでいた。語源には諸説あり、古スラヴ語で「栄光」の意味の「スラヴァ」、「会話」の意味の「スロヴォ」からなど。また、同様に「スロ」の付くスロバキアなどの国はみな「スラヴ」が語源で「口数の少ない人」の意味という説もある。

グルメ

ヨータ

ザワークラウト（キャベツの酢漬け）、厚切りベーコン、ジャガイモを入れて煮込んだスープ。酸味が効いたさわやかな風味はヨーロッパでは独特。

左）アドリア海に面した港町ピラン
右）リゾート地としても人気のブレッド湖

明日誰かに教えたくなる スロヴェニアの雑学

洞窟と同化した城がある

リュブリャーナの南西約40kmにある、自然の洞窟を利用して建てられたプレッドヤマ城。世界で最も大きな洞窟城としてギネスブックに登録されている。

観光地としても人気

ワールドランキング TOPIC

世界一有名なカルスト地形

国土の半分がカルスト台地で、地下に1万を超える洞窟がある。413ヘクタールにも及ぶ巨大なシュコツィアン洞窟群は南部カルスト地方にあってカルストの語源。地形研究では世界でも知られた場所。

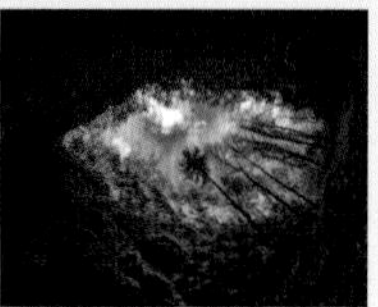

神秘的な地下世界が広がる

PHRASE ありがとう／ホヴァーラ　がんばれ！／ダイモナシ　さようなら／ナスヴィーデニエ

三つ巴の内戦が行われた

ボスニア・ヘルツェゴビナ

Bosnia and Herzegovina

BA/BIH

IOC BIH FIFA BIH

モスタルのスタリー・モスト(橋)

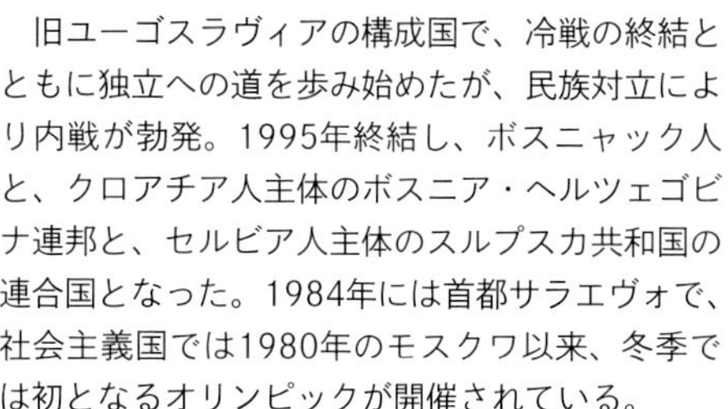

旧ユーゴスラヴィアの構成国で、冷戦の終結とともに独立への道を歩み始めたが、民族対立により内戦が勃発。1995年終結し、ボスニャック人と、クロアチア人主体のボスニア・ヘルツェゴビナ連邦と、セルビア人主体のスルプスカ共和国の連合国となった。1984年には首都サラエヴォで、社会主義国では1980年のモスクワ以来、冬季では初となるオリンピックが開催されている。

ボスニア語でこんにちは

Dobar dan !
(ドバル ダン)

DATA

人口：約323万3000人
面積：約5.1万㎢
首都：サラエヴォ
言語：ボスニア語、セルビア語、クロアチア語
民族：ボスニア人、セルビア人、クロアチア人ほか
宗教：イスラム教ほか
通貨：兌換マルク
時差：日本より8時間遅れている(サマータイムあり)
GNI：US$7660／人

明日誰かに教えたくなる ボスニア・ヘルツェゴビナの雑学

ブルース・リーの銅像がある

モスタルはかつての民族紛争の舞台で、対立した3民族が共通に好きな映画スターのブルース・リーの像を共存のシンボルとした。

PHRASE ありがとう／フヴァーラ　元気ですか／カコスィ　さようなら／ヴィディモセ

2006年にセルビアから分離独立

モンテネグロ

Montenegro

ME/MNE

IOC MNE FIFA MNE

コトル湾に面した古都コトル

旧ユーゴスラヴィアの解体とともに1992年にセルビアとユーゴスラヴィア連邦共和国となり、後にセルビア・モンテネグロに国名変更。2006年に独立した。アドリア海に沿った海岸線の多くが美しい砂浜で、深いフィヨルドのような湾の奥にある中世の面影を残す城壁の町コトルや、ビーチリゾート地ブドヴァなど、風光明媚な自然が資源の観光立国。周辺国からの日帰り訪問も多い。

モンテネグロ語でこんにちは

Dobar dan !
(ドバル ダン)

DATA

人口：約62万人
面積：約1万3812㎢
首都：ポドゴリツァ
言語：モンテネグロ語ほか
民族：モンテネグロ人、セルビア人、ボスニャック人ほか
宗教：キリスト教(正教)、イスラム教ほか
通貨：ユーロ
時差：日本より8時間遅れている(サマータイムあり)
GNI：US$1万400／人

明日誰かに教えたくなる モンテネグロの雑学

EU加盟国ではないがユーロを使用

ユーゴスラヴィア時代の通貨ディナールの暴落から一方的にユーロを流通させているが、EUは未加盟で公式の通貨協定も締結していない。

PHRASE ありがとう／フヴァラ　ありがとう／ドウロユートロ　さようなら／ドヴィジェーニヤ

紀元前からの歴史があるバルカンの国

北マケドニア共和国

Republic of North Macedonia

MK/MKD

IOC MKD FIFA MKD

スコピエのアレキサンダー大王像

旧ユーゴスラヴィアの連邦国で1991年にマケドニア共和国として独立したが、マケドニアは自国の地方名であると主張するギリシアの反対を受け、マケドニア旧ユーゴスラヴィア共和国へ変更、2019年には北マケドニア共和国に再変更した。1963年に首都スコピエを襲った大地震の後、建築家の丹下健三の都市計画で再建した経緯から親日国。マザー・テレサの母国でもある。

マケドニア語でこんにちは

Добар ден !

(ドバル デン)

DATA

人口：約205万7000人
面積：約2万5713㎢
首都：スコピエ
言語：マケドニア語、アルバニア語
民族：マケドニア人、アルバニア人ほか
宗教：マケドニア正教、イスラム教ほか
通貨：マケドニア・デナル
時差：日本より8時間遅れている（サマータイムあり）
GNI：US$6660／人

明日誰かに教えたくなる 北マケドニアの雑学

ギリシアの抗議で国名変更

マケドニアは古代アレキサンダー大王の国。大王の出身地はギリシアにあるためギリシアが抗議し、「北」を付けることに。

PHRASE ありがとう／ブラゴダラム　さようなら／ドヴィドゥヴァニエ

イタリアに囲まれた山頂の独立国

サン・マリノ共和国

Republic of San Marino

SM/SMR

IOC SMR FIFA SMR

ティターノ山の要塞

世界で5番目に小さな国。現存する世界最古の共和国のひとつで、起源は4世紀初め。ヴァティカン市国同様、イタリアの中に国土を構える。標高749mの山頂に城砦を築き、それによって独立を守り抜いてきたため“山頂の独立国”と呼ばれる。GDPの50％以上が観光業によるもので年間300万人以上が訪れる。通貨はユーロだが、独自の硬貨や切手は世界の収集家に人気。

イタリア語でこんにちは

Buon giorno !

(ブォンジョルノ)

DATA

人口：約3万3881人
面積：約61.2㎢
首都：サン・マリノ
言語：イタリア語
民族：サンマリノ人、イタリア人
宗教：カトリック
通貨：ユーロ
時差：日本より8時間遅れている（サマータイムあり）
GNI：US$4万7120／人

明日誰かに教えたくなる サンマリノの雑学

入国審査がない

サン・マリノへ入国するのに入国審査はない。入国スタンプが欲しいときは観光局へ行けば有料で押してもらえる。

PHRASE ありがとう／グラツィエ　がんばれ！／フォルツァ　さようなら／アッリヴェデルチ

旧ユーゴスラヴィアの中心地

セルビア共和国

Republic of Serbia

RS/SRB

IOC SRB FIFA SRB

旧ユーゴスラヴィア領の中央に位置し、現首都のベオグラードは連邦の首都でもあった。解体後、1992年にモンテネグロと連邦共和国となったが、2006年に分離独立。1998年からは南部のコソヴォで紛争が起こり、2008年にコソヴォ共和国が独立を宣言したが、セルビアは認めていない。山がちな内陸国だが、山々と渓谷の自然が美しく、古代ローマや中世セルビア王国の遺産もある。

ベオグラードの聖サヴァ教会

セルビア語でこんにちは

Добар ден !

(ドバル ダン)

DATA

人口：約693万人
面積：約7万7474㎢
首都：ベオグラード
言語：セルビア語、ハンガリー語など
民族：セルビア人ほか
宗教：セルビア正教84.6%、カトリック5%、イスラム教3.1%ほか
通貨：ディナール
時差：日本より8時間遅れている(サマータイムあり)
GNI：US$9290／人

明日誰かに教えたくなる セルビアの雑学

18人ものローマ皇帝を輩出

セルビア生まれのローマ皇帝は、有名なコンスタンティヌス帝やガレリウス帝などを含む計18人もいる。

PHRASE ありがとう／フヴァーラ　こんばんは／ドブラヴェーチェ　さようなら／ヴィディモセ

カトリックの総本山

ヴァティカン市国

Vatican City State

VA/VAT

IOC なし FIFA なし

世界一小さな独立国。東京ディズニーランドの面積にも満たないが、国土のすべてが世界遺産。イタリアのローマ市街地内の都市国家で、教会建築として世界最大級であるカトリック教会の総本山サン・ピエトロ大聖堂があり、ローマ法王が住んでいる。世界で約13億人ともいわれる信者を擁するカトリック教会の最高機関でもある。国境らしきものは存在せず、入国審査もない。

サン・ピエトロ広場

イタリア語でこんにちは

Buon giorno !

(ブォンジョルノ)

DATA

人口：約615人
面積：約0.44㎢
首都：バチカン
言語：ラテン語、イタリア語、フランス語
民族：ほとんどがイタリア人聖職者、スイス人衛兵
宗教：カトリック
通貨：ユーロ
時差：日本より8時間遅れている(サマータイムあり)
GNI：データなし

明日誰かに教えたくなる ヴァティカンの雑学

法王を守る衛兵隊はすべてスイス人

人口のほとんどがイタリア人聖職者だが、衛兵はスイス人と決められている。しかし、薄給のため不人気で、なり手の減少が課題。

PHRASE ありがとう／グラツィエ　がんばれ！／フォルツァ　さようなら／アッリヴェデルチ

ピレネー山脈に囲まれた小さな国

アンドラ公国

Principality of Andorra

カタルーニャ語でこんにちは

Bona tarda !
（ボナ タルダ）

AD/AND
IOC AND
FIFA AND

フランスとスペインを隔てるピレネー山脈の山中にあるミニ国家で、面積は金沢市と同じくらい。文化、言語などは両国の影響を受け、市内にはそれぞれの国のポストが設置されている。周辺国に比べて税率が低いため、ショッピングを楽しみに人々が訪れる。また、冬にはスキーリゾート、夏にはトレッキングの拠点としても人気。

DATA

人口：約8万人
面積：約468㎢
首都：アンドラ・ラ・ベリャ
言語：カタルーニャ語、スペイン語ほか
民族：アンドラ人48.8％ほか
宗教：カトリック
通貨：ユーロ
時差：日本より8時間遅い（サマータイムあり）

ヨーロッパで最も新しい国

コソヴォ共和国

Republic of Kosovo

アルバニア語でこんにちは

Mirë dita !
（ミルディタ）

XK/XKX
IOC KOS
FIFA KOS

旧ユーゴスラヴィア連邦が崩壊し、アルバニア人とセルビア人の泥沼の民族紛争を経て、2008年、セルビアからの独立を宣言。日本もアメリカに追随して承認している。マザー・テレサはオスマン帝国時代のコソヴォ州（現在は北マケドニア）出身だったことから、首都プリシュティーナの大聖堂には彼女の名前がつけられている。

DATA

人口：約179万人
面積：約1万908㎢
首都：プリシュティーナ
言語：アルバニア語、セルビア語
民族：アルバニア人92％、セルビア人5％ほか
宗教：イスラム教ほか
通貨：ユーロ（独自導入）
時差：日本より8時間遅い（サマータイムあり）

〈ポルトガル自治地域〉

北大西洋に浮かぶ孤立した島々

アソーレス諸島

The Azores

ポルトガル語でこんにちは

Boa Tarde !
（ボア タルデ）

なし/なし
IOC なし
FIFA なし

ポルトガルの西約1000km。ユーラシア、北米プレートがぶつかる火山活動で生まれた9つの島々からなる。火山島のため温泉やカルデラ湖、地熱を利用した煮込み料理などが有名。大陸から持ち込まれ、独自の進化を遂げた在来種のブドウを使ったワイン作りが盛んで、ピコ島のブドウ畑の景観はユネスコの世界遺産に登録されている。

DATA

人口：約24万人
面積：約2322㎢
主都：ポンタ・デルガダ
言語：ポルトガル語
民族：ヨーロッパ系37％、アフリカ系30％ほか
宗教：おもにカトリック
通貨：ユーロ
時差：日本より10時間遅い（サマータイムあり）

〈イギリス海外領土〉

イギリスが領有する地中海の要衝

ジブラルタル

Gibraltar

英語でこんにちは

Hello !
（ハロー）

GI/GIB
IOC GIB
FIFA GIB

スペイン、ジブラルタル海峡に突き出た岬の一部がイギリスの海外領土になっている。1713年のスペイン継承戦争の講和条約によりスペインからイギリスに割譲されたが、スペインは現在も返還を求めている。ザ・ロックと呼ばれる巨大な岩山が乱気流を生み、その脇にある空港は「ヨーロッパで最も危険な空港」といわれている。

DATA

人口：約2万9600万人
面積：約6.5㎢
主都：ジブラルタル
言語：英語
民族：ジブラルタル人79％ほか
宗教：カトリック72.1％ほか
通貨：ジブラルタル・ポンド
時差：日本より8時間遅い（サマータイムあり）

経済多角化の岐路に立つ産油国

アゼルバイジャン共和国

Republic of Azerbaijan

国旗の意味

青はトルコ民族、緑はイスラム、赤は近代化を表すといわれている。

AZ/AZE

IOC AZE

FIFA AZE

アゼリー語でこんにちは

Salam!
(サラム)

コーカサス山脈と世界最大の湖カスピ海に面したアジアとヨーロッパにまたがる国。19世紀半ばに石油の本格的な採掘が始まり、世界初の油田は首都バクー近郊のものだった。20世紀初頭には世界の石油生産の約半分がバクー油田に集中していた。古くはシルクロードの交易地として栄え、キャラバンサライと呼ばれる旅する商人たちのために設けられた隊商宿が現存する。

DATA

人口：約1040万人
面積：約8万6600㎢
首都：バクー
言語：アゼルバイジャン語
民族：アゼルバイジャン系91.6%、レズギン系2%、ロシア系1.3%、アルメニア系1.3%など
宗教：おもにイスラム教(シーア派)
通貨：マナト
時差：日本より5時間遅れている
GNI：US$5660／人

国名の由来

国名は主要民族アゼリー人（アゼルバイジャン人）から。由来はアケメネス朝の州総督「アトロパテス」、あるいはアレキサンダー大王遠征で建国された国「アトロパテン」からの説がある。いずれも古いペルシア語の「火によって守られた」が語源。火に礼拝するゾロアスター教（拝火教）に関係すると考えられる。

グルメ

ドルマ

ひき肉、バジルやタマネギ、トマトなどを混ぜ、ブドウの葉やキャベツで包み煮込んだ料理。ドルマは「包む」や「詰める」という意味がある言葉。

左）歴史とモダンが同居する首都バクー
右）油田で働く男性たち

明日誰かに教えたくなる アゼルバイジャンの雑学

パンが神聖視される

この国ではパンは神聖な食べ物と考えられており、床に落とした場合、そっとキスをして謝罪する人もいる。残ったとしても決して捨てずに、袋に入れて高いところに結んで置いておく。

伝統的な窯でパンを焼く女性

ワールドランキング TOPIC

未来の世界一は完成するか

首都バクー郊外に建設中のアゼルバイジャンタワー。完成すると高さ1050mで、サウジアラビアに建設中のキングダムタワーよりも50mほど高く世界一になる。しかし予定は遅れ続け明確な完成は未定。

首都バクーでは開発が進む

PHRASE ありがとう／テシェッキュルエディレム　さようなら／フダハーフィズ　こんばんは／ゲチェニズヘイレカルスム

東西の十字路に位置するスラヴ人国家

ブルガリア共和国

Republic of Bulgaria

国旗の意味

オスマン帝国からの独立運動で使われた旗が由来。白は平和と友好、緑は農業と森林、赤は軍隊の勇気と忍耐を表す。

BG/BGR

IOC BUL

FIFA BUL

ブルガリア語でこんにちは

Добър ден！

(ドーバル デン)

日本ではヨーグルトで有名。東で黒海に面し、内陸部は山岳部、北のルーマニア国境にはドナウ川が流れ、多様な地形をもつ。地理的に東西文明が交わる場所に位置し、古くからギリシア、スラヴ、オスマン帝国、ペルシアなどの影響を受けており、その遺産は伝統舞踊、音楽、衣装、工芸など数多い。ヨーロッパ建築の町並みの中にイスラム教のモスクが立っている風景も特別ではなく、エキゾチックな雰囲気に包まれている。穀物類、たばこ、バラ、ヒマワリなどが多く生産される農業国であり、ヨーロッパ有数の石炭生産国でもある。首都ソフィアは建都が紀元前5世紀にまで遡るという世界でも指折りの歴史都市だ。

国名の由来

主要民族のブルガリア人から。民族名は7世紀頃中央アジアから侵入して定住した遊牧民族「ブルガール人」に由来し、ラテン語で「大河」を意味する「ボルガ」と「人」を意味する「ガリ」に地名接尾語イアが合わさり「ボルガ河あたりから来た人」の意味となる。ボルガの語源はチュルク祖語の「混ぜる」で、これから派生して「反乱を起こす」を意味する。

DATA

人口：約646万5000人
面積：約11万900㎢
首都：ソフィア
言語：おもにブルガリア語
民族：ブルガリア人80%、トルコ人10%、ロマ人4.4%、ほかロシア人、アルメニア人、ヴラフ人など
宗教：ブルガリア正教59.4%、イスラム教7.8%、そのほかカトリック、プロテスタント、アルメニア正教、ユダヤ教など
通貨：レフ
時差：日本より7時間遅れている(サマータイムあり)
GNI：US$1万3350／人

ソフィアのアレクサンダル・ネフスキー寺院

PHRASE ▶ ありがとう／ブラゴダリャ　さようなら／ド ヴィジダネ　こんばんは／ドーバルヴェチェル

COLUMN
トラキアの黄金文明

トラキアとはトルコ、ブルガリア、ギリシアにまたがるエリアの歴史的な地名。紀元前3000年頃からトラキア人と呼ばれる人々が住み着き、この地に黄金の文明を築いた。最盛期は紀元前5世紀～前3世紀。あまり知られていないが、この文明はホメロスの『イーリアス』にも黄金の国として登場し、トロイア戦争にも参戦した。2004年には、カザンラクの谷でこれまで類を見ない黄金のマスクが発掘された。これはオドリュサイ王国のテレス1世の肖像と考えられている。近年さらなる発掘が進み、知られざる古代文明として世界の注目を集めている。

トラキア人の墓に描かれたフレスコ画

COLUMN
世界一のヨーグルト消費国

日本でブルガリアといえばヨーグルト。このイメージを広めた明治ブルガリアヨーグルトはブルガリア政府に公認されている。ヨーグルト消費量は世界一で、スーパーにはさまざまなタイプのものがずらりと並ぶ。そのまま食べるだけではなく料理にもよく使われ、ヨーグルトスープやヨーグルトサラダなどは定番料理だ。

ヨーグルトのスープ

古都ヴェリコ・タルノヴォの町並み

グルメ
バーニッツァ

小麦粉で作った薄く伸ばした生地を、何層にも重ねながら卵やチーズなどの具を挟んで焼き上げたキッシュやパイに似た料理。朝食や間食で食べる。

おみやげ
ケラミカ・トロヤン

北西部の町トロヤンで生産される陶器。目を引く色鮮やかなマーブル模様はすべて手作業で描かれ、ひとつとして同じものはない。古代トラキア人の時代から技術が引き継がれてきたと伝えられている。

明日誰かに教えたくなる **ブルガリアの雑学**

キリル文字はブルガリア生まれ

中央・東ヨーロッパのスラヴ人国家で用いられるキリル文字は、9世紀頃、キリルとその兄メトディウスのふたりの宣教師によって文字をもたなかったスラヴ人のため発明された。

うなずくと「いいえ」、首を振ると「はい」を意味する

日本とは正反対で、うなずく動作は否定を意味し、首を振る動作は肯定を意味する。

ヨーロッパ3番目の遺跡大国

ギリシアとイタリアに次ぐ遺跡の宝庫といわれ、なかでもヴァルナ市近郊の遺跡では世界で最も古い黄金が出土した。

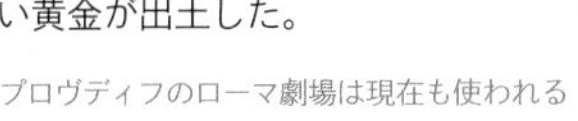

プロヴディフのローマ劇場は現在も使われる

ワールドランキング TOPIC
華やかな香り漂う世界一のバラの谷

ローズペダル（乾燥させたバラの花びら。香料の原料）の生産量が、年によって収穫量は異なるがおよそ1万1800～1万4500トン。これは世界シェアの6～7割を占める。中部の産地一帯はバラの谷と呼ばれ観光地としても人気。
参考：Bulgarian rose association 2021

毎年6月にはバラの谷でバラ祭りが開かれる

芸術と歴史に彩られた中欧のおとぎの国

チェコ共和国

Czech Republic

国旗の意味

ボヘミアの赤白旗にスロヴァキア、モラヴィアの青い三角を合わせたデザイン。チェコスロヴァキア時代と同じ国旗。

CZ/CZE

IOC CZE
FIFA CZE

チェコ語でこんにちは

Dobrý den !

(ドブリーデン)

中欧に位置する内陸国。北海道より高い緯度にあり、夏は日差しが強くて冬の寒さは厳しく、はっきりとした四季がある。国を代表する音楽家スメタナが作曲した管弦楽曲モルダウで有名なボヘミア地方を筆頭に、モラヴィア、シレジアの3つの地方からなる。第2次世界大戦後は社会主義国チェコスロヴァキアとしてソ連の影響下にあったが、1968年のプラハの春と呼ばれた民主化運動の失敗を経て、ソ連崩壊後にスロヴァキアと分離した。中世の町がそのまま残る首都プラハは「百塔の町」と呼ばれるほど尖塔が多く、ヨーロッパで最も美しい都市に挙げられることが多い。チェコビールとボヘミアングラスも世界的に有名。

国名の由来

多数民族チェコ人から。「チェコ」の由来はチェコ語でスラヴ人を示す「チェシ」。その語源は、定住地を探して放浪していたスラヴ人の一族の指導者の名「チェフ」からとされる。ボヘミア(チェコ西部の盆地地域)まで来てジープ山に登ったとき、その風景のすばらしさに感銘を受け定住を決めたという伝説がある。

美しい田園と草原が広がる東部モラヴィア地方

DATA

人口:約1051万人
面積:約7万8866㎢
首都:プラハ
言語:チェコ語
民族:チェコ人83.8%、ほかスロヴァキア人、ウクライナ人、ベトナム人など
宗教:カトリック10%、無宗教68.3%
通貨:チェコ・コルナ
時差:日本より8時間遅れている(サマータイムあり)
GNI:US$2万6100/人

プラハ城とモルダウ川に架かるカレル橋

PHRASE ▶ ありがとう/ジェクイ　がんばれ!/ドトホ　さようなら/ナ スフレダノウ　こんばんは/ドブリーヴェチェル

COLUMN

プラハは町全体が博物館！

「世界で最も美しい町」「百塔の町」「ヨーロッパの魔法の都」。中世ヨーロッパの美しい町並みが残されているチェコの首都プラハをたたえる言葉はさまざまだ。丘にそびえるプラハ城は9世紀に建てられ、ボヘミア王国の最盛期であった14世紀に現在の形になった。そして町に点在する各時代の建築物群。ロマネスク、ルネッサンス、バロック、アールヌーボーなど、あらゆる建築様式の建物が保存され、これが町全体が博物館といわれるゆえんだ。モルダウ川に架かるカレル橋は1357年に着工し、60年かけて造られた。この橋塔は町並みを望む最高の展望スポットだ。

プラハの中心街

COLUMN

アートなチェコのアニメ

世界的に有名なチェコのアニメシーン。シュチェパーネク、ミレル、シュヴァンクマイエルなど名だたる監督が活躍し、世界の映画祭での受賞歴も豊富だ。その歴史は、絵によるアニメで世界を席巻したディズニーに対抗し、オペラ・アニメ（人形劇）によるアニメ製作を始めたところから開始された。

伝統的な人形劇

チェスキー・クルムロフの美しい風景

グルメ

クネドリーキ

世界的にも珍しい、ゆでて作るパン。正確にはダンプリング料理（小麦粉を練ってゆでる団子）の一種でシチューや肉料理に添える。ジャガイモで作ったり、果物を入れたりするものもある。

おみやげ

ボヘミアンガラス（セスケースクロ）

木灰からとれるカリ（炭酸カリウム）を原料として作ったカリガラスを成形し、17世紀に考案された細やかなカットを施す。カラーが豊富で、宝石のように輝くことから世界中にファンが多い。

明日誰かに教えたくなる ▶チェコの雑学

チェコスロヴァキア人と呼ばないで

1993年にチェコスロヴァキアからチェコとスロヴァキアに分離。同じ西スラヴ民族で、同じ言語を使うため、ふたつの民族は兄弟ともいわれる。しかし、時とともに異なる民族意識をもつようになり、摩擦も増加していった。関係は改善されているが発言には注意を。

通貨単位「ドル」はチェコで誕生

16世紀初めに発見された銀で鋳造されるようになった「ヨアヒムスターラー」という銀貨が、省略されて「ターラー」と呼ばれるようになった。質に定評が高く、やがて良質な貨幣の代名詞としてヨーロッパへ、そして世界で使われるようになった。

中世の銀鉱山跡

ワールドランキング TOPIC

ビールは水のごとく飲む

2022年の調査で1人当たりの年間ビール消費量が188.5ℓで世界1位。しかも93年から30年連続だ。チェコの人々は水のようにビールを飲むといわれている。ちなみに2位はオーストリア、3位はポーランド。
参考：キリンホールディングス株式会社 2023

チェコビールで乾杯！

アジア系民族マジャル人の歴史ある国

ハンガリー

Hungary

国旗の意味

赤は強さ、過去の戦いで流された血、白は忠実さ、自由、河川、緑は希望、緑豊かで肥沃な土地を表すといわれている。

HU/HUN

IOC HUN

FIFA HUN

ハンガリー語でこんにちは

Jó napot !

(ヨー ナポト)

現地語での国名はマジャルオルザク、国民は自らをマジャルと呼び、英語名のハンガリーとはいわない。19世紀、影響力を落としていたハプスブルク家と組んでオーストリア＝ハンガリー二重帝国時代を築き、首都ブダペストには資本主義が興りヨーロッパ有数の近代都市として繁栄した。現在も当時の建築物を多く残し、“ドナウの真珠”とたたえられる。この頃の貴族は音楽を愛し、その保護下でハイドン、リスト、ベートーベンなど多くの音楽家を輩出した。第2次世界大戦後は親旧ソ連の社会主義国となったが、1989年の東欧革命でハンガリー共和国となった。温泉大国でもあり、その歴史は古代ローマに遡る。

国名の由来

国民の自称マジャルから「マジャル人の国」の意味。マジャルの語源は7世紀頃の首長の名「オン＝オグル」が訛ったもの。チュルク系オノグル語で「10本の矢」を意味し、当時マジャル人の7部族とハザール人3部族の連合国だったことに由来する。

ハンガリーという呼称は中世ラテン語による他称。9～10世紀にこの地を征服した遊牧民族「フン人」のフンがハンガリーの「ハン」になり、それに「ガリー」が付いたとされ、フンもガリーも「人」を表す。ただしこれは俗説とされる。

DATA

人口：約960万人
面積：約9万3000㎢
首都：ブダペスト
言語：ハンガリー語
民族：ハンガリー人84％、ロマ人2％、ほかドイツ人
宗教：カトリック30.1％、カルヴァン派9.8％、東方カトリック1.8％ほか
通貨：フォリント
時差：日本より8時間遅れている(サマータイムあり)
GNI：US$1万9010／人

ドナウ川沿いに立つ1873年建造の国会議事堂

PHRASE ▶ ありがとう／クスヌム　がんばれ！／ハイラー　さようなら／トラータシュラ

COLUMN
"ドナウの真珠"ブダペスト

建都から1000年を超える歴史があるブダペストは、ハンガリーの旅に外せない見どころにあふれている。ドナウの流れを眺めながらさまざまなスポットを訪れたい。贅を尽くした国会議事堂はネオゴシック様式の傑作。きらびやかな大階段や、950年も受け継がれてきた王冠などが見られる。国立オペラ劇場や聖イシュトヴァーン大聖堂も定番の観光ルートに含まれる。またハンガリーは温泉天国。市内には15の公衆浴場があり、日本とは異なる温泉文化を垣間見るのも楽しい。夜はナイトクルーズでドナウ川の夜景を望み昼間とは違った姿を楽しもう。

1884年に完成したオペラ劇場

COLUMN
国宝に認定された豚

ハンガリーには変わった豚が存在する。毛むくじゃらの風貌が特徴的なマンガリッツァ豚だ。2004年に国会で国宝に認定され、"食べられる国宝"としても有名。脂肪率が最も高い品種のため敬遠され絶滅寸前まで減少したが、うま味が強く、ビタミンやミネラルを多く含むということで再び珍重されるようになっている。扱うレストランを訪れたらぜひ試してみよう。

縮れ毛が特徴

上）人気No.1のセーチェニ温泉
下）トカイワインは世界的に有名

グルメ
グヤーシュ

牛肉のパプリカ煮込み。名は羊飼いの意味で、草原に暮らす農夫たちの料理がルーツ。赤はパプリカパウダーの多用によるものだが辛みはない。ハンガリーの母の味といわれている。

おみやげ
カロチャ・イヒムゼス

首都ブダペストの南、ドナウ川東岸に位置する町カロチャに伝わる刺繍。職人ではなく一般家庭で母から子へと伝えられてきたもの。カラフルな色柄には年齢やステータスを表す文化があった。

明日誰かに教えたくなる ハンガリーの雑学

日本と同じで名字、名前の順

ハンガリー人の名前は、ヨーロッパでは珍しく名字、名前の順になっている。例えばハンガリー国籍をもつ数学者のピーター・フランクルの本名はフランクル・ペーテル（ピーターは英語読み）。

蒙古斑をもつ子供がまれにいる

これもヨーロッパでは珍しく、モンゴロイドの特徴である蒙古斑をもつ子供が生まれる。一説にはモンゴル帝国の最大版図の西端がハンガリーで、モンゴル人の血が混じっているためといわれている。

伝統的な騎馬民族の衣装を着た人々

ワールドランキング TOPIC
あの高級食材の一大産出国

ハンガリーでは年間約2600トンのフォアグラを生産。多くの統計ではフランスが世界シェアの75％近い生産量で世界一だが、実は半分以上がハンガリー産の生のものを加工しており、実質世界一はハンガリーともいえる。　参考：euro foiegras 2022

屋外で放し飼いのガチョウ

敬虔なカトリック教徒の多い農業国

ポーランド共和国

Republic of Poland

国旗の意味

かつてのポーランド王国とリトアニア大公国の紋章の色を踏襲。白はポーランドの紋章に描かれた鷲と、リトアニアの紋章に描かれた馬に乗って疾走する騎士を象徴。

PL/POL

IOC POL
FIFA POL

ポーランド語でこんにちは

Dzień dobry !
(ヂェイン ドブリィ)

10世紀には国家があり、16～17世紀にかけリトアニアとともに共和国を形成し、ヨーロッパ有数の大国となった。ドイツとロシアに挟まれた場所にあるため、その後は戦場となることが多く、第2次世界大戦では人口の5分の1が命を落とした。負の歴史遺産としてアウシュヴィッツ強制収容所は有名。旧東欧諸国では最大、EUでも重要な農業国のひとつ。国土は日本の約5分の4だが、農地面積は約3.2倍もあり、全面積の46％以上。首都ワルシャワは、第2次世界大戦で荒廃した旧市街をれんがのヒビにいたるまで復元し、往時の町並みを回復して世界遺産に登録された。音楽の都、ショパンの町としても有名。

国名の由来

国民は自国を「ポルスカ」と呼ぶ。10世紀に統一される前、ヴィエルコポルスカ地方に定住していた西スラヴ系の「ポラーニェ族」が「ポラン」と自称したことに由来し、その語源は「野原」を意味する「ポーレ」。伝説ではポラン族の最初の首長の名は「レック」といい同じく「野原」が語源。ポルスカとはまさに「野原の国」の意味となる。英語とそこから派生している日本語のポーランドは、中世にラテン語の「ポロニア」に「土地」の「ランド」が付いたもの。

DATA

人口：約3768万人
面積：約31万3900㎢
首都：ワルシャワ
言語：ポーランド語、シレジア語、ドイツ語ほか
民族：ポーランド人96.9％、シレジア人1.1％、ドイツ人0.2％、ウクライナ人0.1％ほか
宗教：カトリック84.6％、東方正教1.3％、プロテスタント0.4％ほか
通貨：スヴィティ
時差：日本より8時間遅れている（サマータイムあり）
GNI：US$1万8900／人

南部の古都クラクフの広場を通る馬車

PHRASE ▶ ありがとう／ジェンクイェン　がんばれ！／ダレイ　さようなら／ドヴィゼニア

ユダヤ人迫害の舞台となったポーランド

第2次世界大戦中、ナチス・ドイツの強制収容所となったアウシュビッツやビルケナウは負の遺産として世界遺産に登録されており、クラクフを拠点に訪れることができる。ここに収容され、強制労働、大量虐殺という悲劇に遭ったのは9割がユダヤ人だった。ナチスの偏狭な人種主義により、ユダヤ人を絶滅させせようとする恐るべきホロコーストが実行された。また、1200人のユダヤ人を自らの工場で庇護し、強制連行から救ったドイツ人実業家オスカー・シンドラーの工場がクラクフに残されている。ポーランドの旅ではさまざまなことを考えさせられる。

シンドラーの工場博物館

ショパンゆかりの地

"ピアノの詩人"と呼ばれるショパン。彼はワルシャワ近郊の村で生まれ、20歳までワルシャワで過ごした。ワジェンキ公園にはその銅像があり、その前では毎年夏にショパンコンサートが開かれる。ここから王宮広場へ続く道は「ショパンの道」と呼ばれ、さまざまなゆかりのスポットが点在しており、ワルシャワを訪れたらぜひ立ち寄りたい。

銅像の立つワジェンキ公園

国際フォークフェスティバルで踊る、ポーランドの伝統衣装を着た女性

グルメ

ピェロギ

小麦粉で作った生地に、ジャガイモ、キャベツ、肉、チーズ、果物などの具材を包んで作る料理。ゆでることが多いが焼くこともある。ポーランド風のピロシキ、あるいは餃子ともいわれる。

おみやげ

ボレスワヴィエツ・ツェラミカ

西部の町ボレスワヴィエツで作られる陶器。青く色づけされた部分に鳥の目を模した白のドット柄が描かれたデザインが有名で、一つひとつ職人によって手作りされている。町の工房では製造過程の見学も可能。

明日誰かに教えたくなる ポーランドの雑学

ドイツに戦争被害の賠償請求

第2次世界大戦時、ポーランドはドイツに占領され大きな被害を受けた。1953年に一度は条約で賠償請求権を放棄しているが、モラウィエツキ首相はこの条約を無効と主張している。これに対し、ポーランド侵攻から80年の2019年、ドイツの大統領が謝罪した。

ベーグルはポーランド生まれ

ニューヨークで人気に火がついたベーグルは、実はポーランドのユダヤ人がアメリカで広めたのがその起源。もともとオブヴァジャネックと呼ばれ、もちろん今でもポーランドで食べられている。

オブヴァジャネック

ワールドランキング TOPIC

田舎町の世界一巨大なキリスト

西部の小さな町シフィエボジンには世界一大きなキリスト像がある。2011年に完成、有名なブラジルのリオデジャネイロのキリスト像を抜いて世界一に。高さは王冠を含めて36m、台座部分を合わせると約52m。約100万ユーロの寄付を集め建設されたという。

地元では無駄遣いとの声も

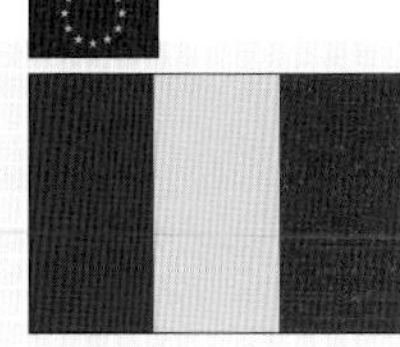

東欧唯一のラテン系民族国家

ルーマニア

Romania

国旗の意味

青は空、黄は鉱物資源、赤は国民の勇気を表す。

RO/ROU

IOC ROU

FIFA ROU

ルーマニア語でこんにちは

Bună ziua !

（ブナ ズィゥア）

日本の本州より少し大きい面積の国。西のセルビアと南のブルガリアとの国境はドナウ川、北のモルドバとの国境はプルト川で、ふたつの川は領土内の東部で合流し黒海に注ぐ。その河口付近は肥沃なドナウデルタを形成し、生物保護区となっている。気候は穏やかで、ドナウ川河畔と南部の平原に牧草地や果樹園が広がる農業国。中央部から北のカルパチア山脈に囲まれた森林地帯のトランシルヴァニアはドラキュラ伯爵の伝説で有名だ。1947年に独立後、社会主義下でのチャウシェスク大統領の独裁政権が続いたが、1989年に大統領夫妻の処刑で世界に衝撃を与えた革命により民主化。以来、経済発展が続いている。

国名の由来

「ローマ人の国」の意味。紀元前1000年頃から現在のルーマニア一帯にはトラキア系の民族が住み「ダキア国」と呼ばれていた。1世紀頃にローマ帝国の支配下に入ると、ダキア人はローマ人と混血。「ロマニア人」と呼ばれた。その名にラテン語の地名接尾語「イア」が付いたのがルーマニアという呼称の原型。現在も国民は自らをローマの末裔と信じている。実際ルーマニア語はイタリア語、フランス語、スペイン語などと姉妹語で、同じラテン語から発展してきたロマンス語に属する。

DATA

人口：約1903万人
面積：約23万8000㎢
首都：ブカレスト
言語：ルーマニア語、ハンガリー語
民族：ルーマニア人83.5％、ハンガリー人6.1％ほか
宗教：ルーマニア正教85.3％ほかプロテスタント、カトリック
通貨：レイ
時差：日本より7時間遅れている（サマータイムあり）
GNI：US$1万5570／人

トランシルヴァニア地方にあるブラン城は『吸血鬼ドラキュラ』に出てくる城のモデル

PHRASE ▶ ありがとう／ムルッメースク　がんばれ！／ノーロック　さようなら／ラレヴェデーレ

COLUMN
流浪の民 ロマ

ルーマニアではロマと呼ばれる人々が人口の約3％を占める。ロマニ語はサンスクリット語から派生したもので、彼らの起源はインドにあるといわれている。ロマが多い国はほかにブルガリア、ハンガリー、セルビア、フランス、スペインなど。差別を受けながらインドから西へ西へと移動していった。現代においても差別は根強く存在し、その貧しさのせいで犯罪に関わる人も多い。彼らの文化でよく注目されるのが音楽。もともと放浪する旅芸人としての一面をもち、彼らの音楽は世界のミュージックシーンに影響を与えている。

伝統的な服装のロマの女性

COLUMN
中世の町並みが残るブラショフ

トランシルヴァニア地方の中心都市、そしてブカレストに次ぐ第2の都市でもあるブラショフ。中世の美しい町並みを残し、ドイツ移民に建設されたことから、「クロンシュタット」というドイツ語名ももつ。ロープウエイでアクセスできるトゥンパ山からは、緑に囲まれたオレンジ一色の町を一望できる。

ブラショフの目抜き通り

ブラショフのスファトゥルイ広場

グルメ
ミティティ

ミティとも呼ばれる皮なしのバルカン風ソーセージ。ひき肉にニンニク、黒コショウ、タイムなどの香辛料を加え俵のような形に整えて焼く。使う肉は豚が一般的で、牛や羊も使われる。

お酒
ツイカ

プラムを原料としたアルコール度数の高い蒸留酒。糖度が高くて甘くプラムの香りが強い。ショットで飲む。厳しいルールが定められており、原料は必ずプラムのみ、発酵は木の樽かステンレスタンクのみ、蒸留は銅のボイラーを使うなど。

明日誰かに教えたくなる ルーマニアの雑学

同じ国旗の国がある？

チャド旗の３色と同じ並び（P.230）。正確にはチャド旗の青がわずかに濃いが判別は困難で、必要な際はルーマニア旗の青をあえて薄くすることが多い。

コマネチはルーマニア出身

ビートたけしのギャグで知られるナディア・コマネチはルーマニア人。世界でも最も有名な体操選手のひとりである。

世界で最も美しいドライブウエイがある

トランシルヴァニア山脈を越える峠道トランスファガラシャンは“世界で最も美しい道路”のひとつといわれている。

美しい峠道トランスファガラシャン

ワールドランキング TOPIC
とにかく重たくてデカい議事堂

首都ブカレストにある「国民の館」と呼ばれる議事堂は、政府系の建築物の大きさとしてはアメリカのペンタゴン、タイ国会議事堂に次いで世界第3位だが、国中から集めた大理石約410万トンが使われ、「世界一重い建築物」としてギネス認定されている。

部屋数はなんと3107室

世界最大の領土をもつ大国

ロシア連邦

Russian Federation

国旗の意味

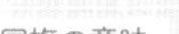

スラヴ諸国の旗にも影響を与えた3色旗。汎スラヴ色として知られている。色には特に意味はないとされる。

RU/RUS

IOC RUS

FIFA RUS

ロシア語でこんにちは

Здравствуйте！

（ズドラーストヴィチェ）

面積では世界一の大国で、日本の約45倍あるが人口はほぼ同じ。東西に最長で約1万km、ウラル山脈を境にヨーロッパとアジアの両方にまたがる。タイムゾーンは11にも分かれ、時差は最大10時間。1997年ルーブルが大暴落し経済危機に陥ったが、プーチン政権下で原油・天然ガスなどの資源輸出をもとに回復を続け、2017年にはヨーロッパで5番目の経済規模となった。根強いプーチン人気はここに起因する。ただし、貧富の差も拡大し富裕層と貧困層の所得差は十数倍と大きな課題。隣国ウクライナで2014年に親ロシア派大統領が失脚して以降、侵攻を始め、2022年開始の大規模な軍事作戦は国際問題となっている。

国名の由来

9世紀にノルマン系ヴァイキングのルーシー人が、現在のロシア北西部とウクライナ、ベラルーシを含んだ地域ノヴゴロドに建国した国の名が原型。彼らの民族名から10世紀に東ローマ帝国の皇帝コンスタンティヌス7世が名づけたとされる。ルーシーは「船こぐ人」の意味。16世紀にルーシーを統合したモスクワ大公国のイワン4世が正式に使い始め、18世紀初めにピョートル1世が自らを「ロシア皇帝」と称して正式な国名となった。ソビエト連邦時代は「ロシア」は非公式な名称だったが、1991年にソビエト連邦が崩壊するとロシア連邦に改名された。

DATA

人口：約1億4615万人
面積：約1709万㎢
首都：モスクワ
言語：ロシア語
民族：ロシア人77.7%、タタール人3.7%、ウクライナ人1.4%、バシキール人1.1%、チュヴァシ人1%、チェチェン人1%ほか
宗教：ロシア正教15～20%、イスラム教10～15%、そのほかキリスト教2%ほか
通貨：ルーブル
時差：日本より6時間遅れている（モスクワ。ほか10のタイムゾーンがある）
GNI：US$1万2750／人

モスクワのクレムリンと赤の広場の景色。右の教会はポクロフスキー大聖堂

PHRASE ▸ ありがとう／スパシィーバ　がんばれ！／ダバイダバイ　さようなら／ダスヴィダーニャ

COLUMN

ロシア正教とタマネギ型の教会

ロシア正教会はギリシア正教（東方正教）会に属する独立正教会のひとつ。キリスト教は1054年に東方教会（正教会）と西方教会（カトリック）に分かれ、東方教会はギリシア、東欧諸国、ロシアへと広がり、正教として各国ごとに教会組織を備えている（ほかにルーマニア正教会、ブルガリア正教会など）。ロシア正教の教会はタマネギ型と呼ばれるが、これはビザンチン建築を模した丸いドームが、時代とともに雪が積もらないように変形していったもの。ドームの色によって意味が異なり、金色は重要な祭日に、青は聖母にささげられていることを意味する。

ブラゴヴェシチェンスキー聖堂

COLUMN

最も近いヨーロッパ ウラジオストク

ウラジオストクは日本から直行便ならわずか2～３時間で行ける最も近いヨーロッパ。1992年までは軍港都市として出入りが制限されており、旅行者にはなじみがなかったが、近年はおしゃれな雑貨、グルメ、ヨーロッパの町並みなどで注目されている。ただし2024年5月現在、国際情勢をかんがみ渡航は控えたい。

金角湾に架かるゴールデンブリッジ

国立図書館にある文豪ドストエフスキーの銅像

おみやげ

マトリョーシカ

中から次々と小さな人形が出てくる木製の民芸品。子孫繁栄や家庭円満の縁起物として、嫁ぐ娘に持たせた。ロシアではポピュラーな女性の名前マトリョーナの愛称が語源となっている。

グルメ

ビフストロガノフ

牛肉、タマネギ、マッシュルームを煮込み、サワークリームを加えた料理。日本でもおなじみだが、名前は実は牛肉のビーフではなく、ロシア語で「～風」を意味する「ビフ」。19世紀にストロガノフ伯爵の料理人が考案した。

明日誰かに教えたくなる ロシアの雑学

つららで人が死ぬ

寒いロシアではつららが巨大。毎年つららの落下による事故で100人近くの人が亡くなっている。

イクラはロシア語

イクラは「魚卵」や「小さくて粒々したもの」を表すロシア語が由来。

美術館で猫が飼われている

ロシア最大のエルミタージュ美術館では、ネズミから作品を守る50匹以上もの猫が飼われている。美術館には猫専門の報道官もいる。

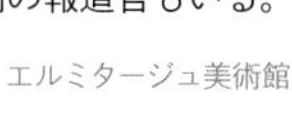

エルミタージュ美術館

ワールドランキング TOPIC

旅人たち憧れの世界最長鉄道

広大なロシアを東西に横断するシベリア鉄道は全長約9000kmもあり、一路線では世界一長い鉄道。ここを走る列車の代表格ロシア号は、モスクワのヤロスラフスキー駅から極東のウラジオストク駅までを6泊7日かけて走り抜ける。

シベリアのバイカル湖畔を走る列車

肥沃な大地に恵まれたひまわりの国

ウクライナ

Ukraine

国旗の意味

青は空、黄は金色の麦畑を象徴する。

UA/UKR

IOC UKR

FIFA UKR

ウクライナ語でこんにちは

Добрий день!

(ドブリィ デン)

大陸性気候で夏は暑く、冬は寒さが厳しい。9世紀にあったキエフ大公国が13世紀にモンゴル帝国に滅ぼされたあとは独自の国家をもたず、特に17世紀頃からの長い期間、ロシアに支配されてきた。旧ソ連時代の1986年にはチョルノービリ原子力発電所の爆発事故があった。1991年のソ連崩壊を受けて独立。国土の95%がなだらかな平原。多くの川が流れ、豊富な作物が育つ肥沃な土地のため、ヨーロッパの穀倉地帯と呼ばれる。鉄鉱石や石炭などの天然資源にも恵まれている。2014年の政変後からはロシアのプーチン政権の内政干渉を受け、一方的なクリミアの併合、ドンバス戦争を経て、2022年には大規模な侵略が始まっている。

国名の由来

ウクライナ語での発音は「ウクライーナ」が近い。ソ連時代には「辺境」を意味する言葉という考え方が強調されてきたが、独立後にナショナリズムが高まるとウクライナの語幹の「クライ」は「切る」や「分ける」を意味し、それを土地に対するものと充て「地方」や「国」を意味する言葉と考えられるようになった。

DATA

人口：約4159万人
面積：約60万3700㎢
首都：キーウ
言語：ウクライナ語、ロシア語など
民族：ウクライナ人77.8%、ロシア人17.3%、ベラルーシ人0.6%、ほかモルドバ人、クリミア・タタール人、ユダヤ人
宗教：ウクライナ正教および東方カトリック、ローマ・カトリック、イスラム教、ユダヤ教など
通貨：フリヴニャ
時差：日本より7時間遅れている(サマータイムあり)
GNI：US$4260／人

キーウのペチェールスカ大修道院とドニプロ川

PHRASE ▶ ありがとう／ジャクーユ　がんばれ！／トリマイシャ､ウダーチ　さようなら／ドポバチェンニヤ

COLUMN
ウクライナ生まれのヘルシースープ ボルシチ

ロシア料理のイメージがあるボルシチだが、実はウクライナ発祥の伝統料理（ポーランドやロシアも自国の料理と主張はしている）。ビーツ（ビートルート）を煮込んだ真っ赤なスープで、世界3大スープのひとつとされることも。ウクライナではおふくろの味として親しまれ、日本の味噌汁のようなもの。中に入れる具は家庭によりさまざまにアレンジして食べられている。近年ビーツは栄養満点の野菜として注目を集めている。動脈硬化の予防、抗酸化作用によるがんの予防、高血圧の予防、ダイエット効果などがあるとされ、"奇跡の野菜"ともいわれている。

ボルシチと伝統的なパン

COLUMN
チョルノービリツアー

史上最悪の原発事故が起こったチョルノービリ（チェルノブイリ）。公共の交通機関はないが、ツアーに参加すれば訪れることができる。事故のあった4号機まで100mの所まで近づくことができるほか、大量の放射性物質で赤い森と化したレッドフォレスト、ゴーストタウンとなったプリピャチなどを訪れる。教訓的な意味で人気観光スポットとなっている。

チョルノービリの放射能標識

ウクライナはひまわりが有名で不朽の名作、映画『ひまわり』も撮影された

グルメ
コトレートィ

カツレツのこと。ボルシチと並ぶウクライナを代表する料理。味付けをしたひき肉をまとめたものにパン粉をまぶして揚げるのが一般的。ほかに牛肉や鶏肉の切り身、魚の切り身なども使われる。

お菓子
ヴァレニキ

小麦粉の生地を薄く伸ばした皮で、さまざまなものを包んでゆでる。肉や野菜を使えば食事となるが、桃やイチゴなどの果物を具にするとデザート菓子になる。サワークリームを付けて食べるのが一般的。

明日誰かに教えたくなる ウクライナの雑学

世界有数の美女大国

ウクライナは美人が多いといわれ、ビートルズの歌詞にも出てくるほど。ハリウッド女優のミラ・ジョボビッチや元首相のユーリヤ・ティモシェンコなどが美人の出身者として有名。

愛のトンネルと呼ばれるロマンティックな場所がある

近年絶景スポットとして人気なのが、北西部のクレーヴェンにある"愛のトンネル"。植物が線路を覆うように生い茂り、なんともロマンティックなトンネルで、カップルが記念撮影をする愛の聖地となっている。ただし緑の季節になると蚊が大量発生するので防虫対策は忘れずに。

愛のトンネル

ワールドランキング TOPIC
破壊されてしまった世界最大の飛行機

世界最大の飛行機「An-225ムリーヤ」。ソ連時代の航空機開発組織が独立後ウクライナ籍企業となって運用。大きさだけでなく「世界一重く」「世界一長い」飛行機でもあったが、2022年2月のロシアのウクライナ侵攻にともなう攻撃で破壊されてしまった。

ウクライナ政府は後継機の建造に強い意欲を表明

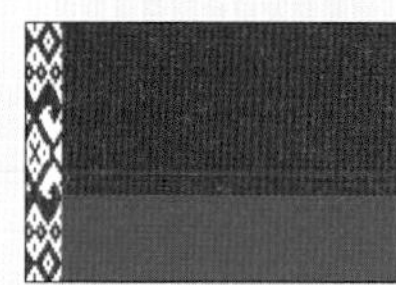

社会主義の親ロシア独裁国家

ベラルーシ共和国

Republic of Belarus

国旗の意味

赤はファシストから土地を解放した赤軍とパルチザン、緑は春、希望、再生、白は国民の精神的な純粋さを象徴している。

BY/BLR

IOC BLR

FIFA BLR

ベラルーシ語でこんにちは

Прыв танне !

（プリヴィターニィェ）

東欧の内陸国で、国土は最高点でも海抜345mと平坦。その約半分を占める森林が天然資源。同時に自動車などの製造業と、ITの分野も盛んで世界有数のソフトウェア開発技術国となっている。旧ソ連では珍しく親ロシアな国民が多く、往時の雰囲気を最も残すとされ、“欧州最後のソビエト”“欧州最後の独裁国”などと呼ばれる。料理や衣装などには独特の歴史的文化も残している。

DATA

人口：約926万人
面積：約20万7600㎢
首都：ミンスク
言語：ベラルーシ語、ロシア語
民族：ベラルーシ人84.9%、ロシア人7.5%、ポーランド人3.1%、ウクライナ人1.7%
宗教：ロシア正教84%、カトリック7%ほか
通貨：ベラルーシ・ルーブル
時差：日本より6時間遅れている
GNI：US$7210／人

国名の由来

国名は主要民族のベラルーシ人から。ベラルーシはスラヴ語で「白い」を意味する「ベラ」と、「ロシア」を意味する「ルーシ」が合わさった言葉で、つまり「白いロシア人」の意味。13世紀にモンゴル人に支配された際にも貢納を一切行わなかったことで「潔癖」を表す「白」と自称するようになったとされる。

グルメ

ドラニキ

ベラルーシ風のポテトパンケーキ。すりつぶしたジャガイモをガーリックなどで味付けして焼いたもの。サワークリームをかけて食べる。

左）ブレストの聖ニコライ教会
右）ドイツの侵攻に対するソ連の抵抗を記念する記念碑

明日誰かに教えたくなる ベラルーシの雑学

ベラルーシはソ連好き？

旧ソ連の国々では唯一、ソ連時代の旗をほとんどそのまま使っている国。首都ミンスクにはレーニンの像も残されている。政策的にも親ロシアで、周囲の国とは一線を画す。

ミンスクの独立広場のレーニン像

ワールドランキング TOPIC

世界最大の放射能被害国

チョルノービリ原発事故で放出された放射性物質は広島の原爆のおよそ400倍、福島原発事故で大気中へ放出された放射性物質の約10倍。その汚染物質の70%以上がウクライナでもロシアでもなくベラルーシに降り注いだ。

いまだに立ち入り禁止区域も多い

PHRASE ▶ ありがとう／ジャークイ　さようなら／ダパバチェンニャ　こんばんは／ドーブルィヴェーチャル

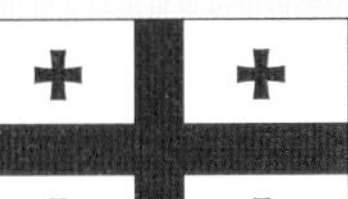

文明の十字路にあるキリスト教国

ジョージア

Georgia

国旗の意味

中世ジョージア王国の旗を採用。中央は聖ゲオルギウス十字で、4つの小さい十字はエルサレム十字。

GE/GEO

IOC GEO

FIFA GEO

ジョージア語でこんにちは

გამარჯობა！

(ガーマルジョバ)

カスピ海と黒海の間にあるコーカサス地方の国。かつてはロシア語読みのグルジアと呼ばれていたが、ロシアとの関係悪化から英語読みのジョージアへ呼称変更を世界に働きかけ、日本も2015年に正式に変えた。コーカサス山脈の素朴な村落の風景や黒海のビーチ、首都トビリシの中世の町並みなどが美しい国で、治安がよく、食文化が豊か、物価も安いことから旅先として注目度が高い。

DATA

人口：約370万人
面積：約6万9700㎢
首都：トビリシ
言語：ジョージア語
民族：ジョージア系86.8％、アゼルバイジャン系6.2％、アルメニア系4.5％、ロシア系0.7％、オセチア系0.4％
宗教：おもにジョージア正教
通貨：ラリ
時差：日本より5時間遅れている(サマータイムあり)
GNI：US$5600／人

国名の由来

国内で使う内名は「サカルトヴェロ」。多数民族のジョージア人を意味する「カルトヴェリ」に「～が住む場所」を意味する「サ～オ（～は民族名）」の接周辞が付いて、「カルトヴェリの国」という意味。カルトヴェリは伝説のジョージア民族王「カルトロス」に由来。カルトロスの語源は「囲まれた場所」と考えられている。

グルメ

シュクメルリ

ニンニクとチーズをふんだんに使ったクリームソースで鶏肉を煮込んだ伝統的な家庭料理。シチューとは似て非なり、ニンニクの味と香りが強いのが特徴。

左）トビリシにあるシオニ大聖堂
右）ジョージアの伝統的な料理の数々

明日誰かに教えたくなる ジョージアの雑学

ワイン発祥の地!?

ワイン発祥の地はジョージア、アルメニア、アゼルバイジャンなどのコーカサス地方の国々というのが定説。それぞれが発祥の地をうたっている。

カズベク山を背景に乾杯

ワールドランキング TOPIC

ビザなしでも暮らすように旅できる

100ヵ国以上の国民に対し最大1年間ビザなし滞在を許している。これは世界でも最長の措置。滞在費が安く安全で過ごしやすい国という口コミがSNSなどで拡散され長期滞在者が増えている。

首都トビリシは近代化も進む

PHRASE ありがとう／マドロバ　がんばれ！／ガマグルディ　さようなら／ナッハヴァンディス

中欧の交通の要衝として栄えてきた

スロヴァキア共和国

Slovak Republic

国旗の意味

国章の3つの丘はカルパチア山脈の3つの峰を表す。ダブルクロスはキリスト教をもたらした聖キリルと聖メトディウスの伝統を象徴している。

SK/SVK

IOC SVK

FIFA SVK

スロヴァキア語でこんにちは

Dobrý deň!

(ドブリー デニュ)

1993年にチェコスロヴァキアがふたつに分かれてできた国。中央ヨーロッパの内陸部に位置し、交通や戦略の要衝にあることから、中世からハンガリー、ハプスブルク、ナチス・ドイツ、そして第2次世界大戦後にはソ連と、古代の一時期以外は他国の支配下や影響下にあった時代が長い。カヌー競技の強豪国として知られ、日本人を含め拠点を移す外国選手も多い。

DATA

人口：約543万人
面積：約4万9037㎢
首都：ブラチスラヴァ
言語：スロヴァキア語
民族：スロヴァキア人83.8%、ハンガリー人7.8%ほか
宗教：カトリック56%、プロテスタント(ルター派)5%ほか
通貨：ユーロ
時差：日本より8時間遅れている(サマータイムあり)
GNI：US$2万2070／人

国名の由来

主要民族の言語スロヴァキア語では、国名を「スロヴェンスコ」と呼ぶ。古くは「スロヴェン」あるいは「スロヴィエニン」と呼ばれていた。4〜6世紀のゲルマン民族の大移動期に勢いをもっていたゴート人の言語で「口数の少ない人々」を意味する「スロヴ」が語源と考えられ、もともとはすべてのスラヴ人を意味したが、次第にスロヴァキア人だけを指すようになった。

グルメ

ハルシュキ

ジャガイモと小麦粉で作ったショートパスタでイタリア料理のニョッキと似ている。ブリンザという濃厚なヤギのチーズと細切りベーコンをトッピングする。

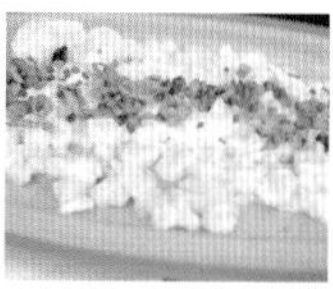

左）紅葉に囲まれるスパニア・ドリナの修道院
右）中欧最大級の城、スピシュ城

明日誰かに教えたくなる スロヴァキアの雑学

ウィーンまでわずか60km

ブラチスラヴァと隣国オーストリアの首都ウィーンはわずか60km、車で約1時間。ヨーロッパで最も首都同士が近いとされ、2都市を同時に訪れる旅人も多い。

ブラチスラヴァの町並み

ワールドランキング TOPIC

魅力は田舎っぽさ

スロヴァキアで世界一あるいは欧州一といわれるのが「退屈な首都」。ブラチスラヴァが小さな町で大きなにぎわいがないためだが、この素朴さこそが魅力。大学や研究施設の多い学園都市でもある。

静かなブラチスラヴァの旧市街

PHRASE ありがとう／ジャクィエム　さようなら／ドヴィジェニア　こんばんは／ドブリーヴェチェル

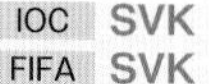

歴史と伝説に彩られた文明の十字路

アルメニア共和国

Republic of Armenia

AM/ARM
IOC ARM FIFA ARM

寺院の遺跡とアララト山

1991年のソ連崩壊により独立。アルメニア高原はメソポタミアの一部であることから、世界最古の文明発祥地のひとつとして知られる。また国家として世界で最初にキリスト教を国教に制定したことでも有名。「ノアの方舟」伝説で有名なアララト山はアルメニア人にとって神聖な存在で、多くの神話や伝説が語り継がれている。ただし古代アルメニアの領地だった山は現在トルコ領。

アルメニア語でこんにちは

Բարև!
(バレーフ)

DATA

人口：約280万人
面積：約2万9800㎢
首都：エレバン
言語：アルメニア語
民族：アルメニア系95.2％ほか
宗教：アルメニア正教92.6％ほか
通貨：ドラム
時差：日本より5時間遅れている(サマータイムあり)
GNI：US$5960／人

明日誰かに教えたくなる アルメニアの雑学

パン小麦が発祥した地

パンに使う小麦はアルメニアが発祥と考えられている。2023年にはパン屋と思われる古代の遺構から3000年前の小麦粉が発見された。

PHRASE ありがとう／シュノラカルトゥン　さようなら／ツテストゥン

世界にワインを輸出する農業国

モルドバ共和国

Republic of Moldova

MD/MDA
IOC MDA FIFA MDA

ワインの国ならではの噴水

ウクライナとルーマニアに挟まれた内陸国。ヨーロッパで最も貧しい国といわれ、訪れる旅行者も一番少ないが、国土の75%が肥沃な黒土で、穀物や野菜、果物などの農業が盛ん。なだらかな丘陵地帯では昔からブドウの栽培も行われており、世界最古のワイン生産地のひとつともいわれている。現在ではテーブルワインからイギリス王室御用達のものまで造られている。

ルーマニア語でこんにちは

Bună ziua!
(ブナ ズィア)

DATA

人口：約259万7000人
面積：約3万3843㎢
首都：キシナウ
言語：ルーマニア語
民族：おもにモルドバ(ルーマニア系)人
宗教：東方正教ほか
通貨：モルドバ・レイ
時差：日本より7時間遅れている(サマータイムあり)
GNI：US$55000／人

明日誰かに教えたくなる モルドバの雑学

世界最大のワインセラー

東欧屈指のワイン大国で、「ミレシティ・ミチ」という世界最大（250km）の地下ワインセラーがある。

PHRASE ありがとう／ムルッメースク　がんばれ！／ノーロック　さようなら／ラレヴェデーレ

America

アメリカ

アメリカ大陸とは、南北アメリカ大陸をあわせた呼称で、語源はアメリカ大陸を探検したイタリア人探検家のアメリゴ・ヴェスプッチ。大陸にまず足を踏み入れたのはアジアから渡ってきたモンゴロイドで、いわゆる北米のインディアン、中南米のインディオと呼ばれる先住民族だ。大航海時代以降、西洋各国が進出した。

地域共同体

OAS ■ Organization of American States

（米州機構）

1951年に発足したアメリカ州における唯一の国際機関。同地域における安全保障、紛争の解決、民主化の確立などに取り組んでいる。

〈加盟国〉アメリカ、カナダ、アルゼンチン、アンティグア・バーブーダ、ウルグアイ、エクアドル、エルサルバドル、ガイアナ、キューバ、グアテマラ、グレナダ、コスタリカ、コロンビア、ジャマイカ、スリナム、セントビンセントおよびグレナディーン諸島、セントクリストファー・ネービス、セントルシア、チリ、ドミニカ国、ドミニカ共和国、トリニダード・トバゴ、ニカラグア、ハイチ、パナマ、バハマ、パラグアイ、バルバドス、ブラジル、ベネズエラ、ベリーズ、ペルー、ボリビア、ホンジュラス、メキシコ

MERCOSUR（メルコスール） ■ Mercado Común del Sur

（南米南部共同市場）

EU（欧州連合）のような自由貿易市場の創設を目的とする南米諸国の関税同盟。アルゼンチン、ウルグアイ、パラグアイ、ブラジルが中心となって1995年に発足した。

〈加盟国〉アルゼンチン、ボリビア、ブラジル、パラグアイ、ウルグアイ、ベネズエラ、チリ、コロンビア、エクアドル、ガイアナ、ペルー、スリナム

Area map

カリブ海拡大図

バハマ (P.174)
タークス・カイコス諸島 (P.183)
キューバ (P.170)
ケイマン諸島 (P.182)
ジャマイカ (P.172)
(P.176)ハイチ
(P.175) ドミニカ共和国
プエルトリコ (P.179)
米領ヴァージン諸島および英領ヴァージン諸島 (P.183)
シント・ユースタティウスおよびサバ島 (P.182)
セント・マーチン島 (P.181)
アンギラ (P.182)
サン・バルテルミー (P.183)
アンティグア・バーブーダ (P.178)
(P.180)セントクリストファー・ネービス
モントセラト (P.183)
グアドループ (P.183)
(P.180)ドミニカ国
(P.181)マルティニーク
(P.180)セントルシア
(P.178) バルバドス
セントビンセントおよびグレナディーン諸島 (P.181)
(P.182)ボネール島
(P.182)キュラソー
アルバ (P.182)
グレナダ (P.179)
トリニダード・トバゴ (P.177)

アメリカ
（P.156）
カナダ
（P.158）
アメリカ
（P.156）
サンピエールおよびミクロン
（P.99）
バミューダ
（P.182）
左図
ベリーズ
（P.164）
メキシコ
（P.160）
キューバ
（P.170）
（P.168）
ホンジュラス
ニカラグア
（P.169）
グアテマラ
（P.167）
エルサルバドル
（P.166）
パナマ
（P.162）
ベネズエラ
（P.194）
スリナム
（P.201）
仏領
ギアナ（P.201）
コスタリカ
（P.165）
コロンビア
（P.190）
ガイアナ
（P.201）
エクアドル
（P.198）
ペルー
（P.192）
ブラジル
（P.186）
ボリビア
（P.196）
パラグアイ
（P.199）
チリ
（P.188）
アルゼンチン
（P.184）
ウルグアイ
（P.200）
フォークランド諸島
（P.201）

世界に強大な影響力をもつ移民大国

アメリカ合衆国

United States of America

国旗の意味

赤と白の横縞は独立時の13の入植地、星は50の州を表す。通称「星条旗」。

US/USA

IOC USA
FIFA USA

英語でこんにちは

Hello !
(ハロー)

日本の約26倍、ロシア、カナダに次ぐ世界第3位の面積の大国。人口も世界第3位で日本の約2.6倍が暮らす。50の州による連邦制国家で、太平洋のハワイや北のアラスカも含まれる。世界の経済をリードし、先進技術で世界に進出する有名企業は数えきれない。そもそも鉄鉱石や石炭、石油や天然ガスなどの資源に恵まれており、工業の発展の盤石な基盤となってきた。一方で国土の40％は農地という農業大国でもあり、牛肉と穀物の輸出では世界一。世界の政治に強大な影響力をもち、冷戦後の唯一の超大国とも呼ばれる。音楽や映画など、エンターテインメントの発信基地として、文化的な面でも世界を牽引する。

国名の由来

イタリア出身の地理学者で探検家の「アメリゴ・ヴェスプッチ」の名前にちなむ。1503年、アメリゴはアメリカが既知の大陸ではなく、新しい大陸の「新世界」であると最初に論文で発表。1507年にドイツの地理学者マルティン・ヴァルトゼーミュラーが、彼の名にちなんで「アメリカ大陸」と名づけたのが始まり。「アメリゴ」のラテン語形の「アメリクス」を、地名に女性形を使う慣習にならって「アメリカ」とした。

DATA

人口：約3億5000万人
面積：約983万3517㎢
首都：ワシントンD.C.
言語：英語、スペイン語、中国語ほか
民族：ヨーロッパ系61.6％、アフリカ系12.4％、アジア系6％、先住民族およびネイティブハワイアンなど太平洋諸島民族0.2％
宗教：プロテスタント46.5％、カトリック20.8％、ユダヤ教1.9％、モルモン教1.6％、イスラム教0.9％、エホバの証人0.8％ほか
通貨：アメリカ・ドル
時差：日本より13時間遅れている(東部。ほか5のタイムゾーンがある。地域によりサマータイムあり)
GNI：US$7万6770／人

自由の女神とニューヨークのマンハッタン島

PHRASE▶ ありがとう／サンキュー　がんばれ！／グッドラック、キープイットアップ　さようなら／グッバイ

COLUMN
ミックスカルチャーによりさまざまな音楽が誕生

人種のるつぼといわれるアメリカ。その音楽もまたさまざまだ。アメリカで生まれた音楽は日本人にもなじみ深く、そのジャンルはブルース、ジャズ、ラグタイム、カントリー、ゴスペル、R&B、ソウル、ロック、ヘビーメタル、パンクなどと挙げればきりがない。その多くは黒人によって生まれたものだ。まずルーツとして黒人奴隷のアフリカ音楽があり、これが黒人霊歌となってブルースへと進化する。そこからジャズ、R&Bなどが生まれ、おもにブルースをもとにしてロックンロールが誕生した。ちなみにファンクやヒップホップも黒人が生み出した音楽だ。

トランペットを吹く黒人男性

COLUMN
全米住みたい町No.1 ポートランド

オレゴン州の最大都市ポートランドは、近年アメリカでなにかと注目されている町。特にこれといった観光地はないが、国内外の旅行者に絶大な人気を誇る。その秘密は居心地のよさ。環境への取り組み、ローカルファーストの町づくりなど、世界的にも先進的な都市の見本として各国で手本とされている。コーヒーがおいしい町としても有名だ。

ポートランドの街角

アメリカを横断するルート66は数多くの映画や音楽、小説の題材となった

グルメ
チリコンカン

牛ひき肉とタマネギのみじん切りを炒め、インゲン豆やトマト、ピーマン、チリパウダーなどを加えた煮込み料理。メキシコ発祥でテキサス州から全土に広まり、ハンバーガーなどと並ぶ国民食となった。

お菓子
キャロットケーキ

砂糖の代わりに糖分が多いニンジンを使って作るイギリスから伝わったケーキ。1783年にイギリス軍がマンハッタンを解放した日、後の初代大統領ジョージ・ワシントンへお祝いに贈られ、現在は国民的なデザートとなっている。

明日誰かに教えたくなる **アメリカの雑学**

アメリカとロシアは3.7kmしか離れていない

ベーリング海峡に浮かぶふたつの島の間が両国の国境で、その距離はわずか3.7kmしか離れていない。

公用語は英語ではない

国としての公用語は特に定められていない。

3人に1人は肥満

体重と身長の比率から算出するBMI（ボディマス指数）ではアメリカ人の3人に1人が肥満で、世界第2位の肥満大国として知られる。食べものからの摂取カロリーが多く、座る時間が長く運動量が少ないことなどが原因。

ファストフードが人気

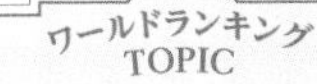
ワールドランキング TOPIC

実は世界一の産油国

原油を最も生産している国は、中東ではなく意外なことにアメリカ。日量2030万バレルで、2位のサウジアラビアの1244万バレルを大きくしのぐ。技術の進歩で難しかったシェール層からの抽出が可能となったのが要因とされる。

出典：Energy Information Administration(EIA) 2023

アメリカの大規模な製油所

世界で2番目に面積が大きな自然の国

カナダ

Canada

国旗の意味

カナダのシンボル、カエデの葉を中央に配置。左右のラインは太平洋と大西洋をイメージしている。

CA/CAN

IOC CAN
FIFA CAN

英語でこんにちは

Hello !
（ハロー）

ロシアに次いで世界第2位の面積を誇る大国。しかし、人口は日本の3分の1ほどしかなく、雄大な自然が多く残されている。それらが重要な観光資源となっており、ナイアガラの滝やカナディアン・ロッキー山脈を擁するバンフなどが有名。植民地時代のふたつの宗主国の言語である英語とフランス語が両方とも公用語となっている。その平等性は徹底しており、例えば飛行機内にフランス語を母語とする乗客が常時5％以上いる定期便は、両方の言語でのサービスが法律で定められている。人権尊重や男女平等の意識がほかの欧米諸国より高いとされ、差別を好まず偏見も少ないのがカナダ人の特徴だ。

国名の由来

1535年にフランスの探検家ジャック・カルティエが、王の命による2度目の航海で現在のケベック州のセントローレンス川流域に達した際、先住民イロコイ族の言葉で「村」または「集落」を意味する「カナタ」を地名と間違えて認識したというのが国名由来の定説。18世紀初めには現在のアメリカ中西部を示す言葉になったが、1867年のカナダ連邦発足の際に連合名として採用された。

DATA

人口：約3699万人
面積：約998万5000㎢
首都：オタワ
言語：英語、フランス語
民族：カナダの出自と自認する人32.3％、イギリス系15.6％、スコットランド系12.1％、アイルランド系12.1％、フランス系11％、ドイツ系8.1％、中国系4.7％、イタリア系4.3％、インディアン1.7％ほか
宗教：キリスト教53.3％、無宗教34.6％ほか
通貨：カナダ・ドル
時差：日本より13時間遅れている（オタワ。ほか5つのタイムゾーンがある。サマータイムあり）
GNI：US$5万3310／人

左）カナダとアメリカ両国にまたがるナイアガラの滝
右）国旗のモチーフでもあるサトウカエデの木

PHRASE ▶ ありがとう／サンキュー　がんばれ！／グッドラック、キープイットアップ　さようなら／グッバイ

COLUMN
大自然の絶景！　カナディアン・ロッキー

ブリティッシュ・コロンビア（BC）州とアルバータ州にまたがるカナディアン・ロッキー。シーズン中は宿の予約が取れないほど絶大な人気を誇る。拠点となるのはおもにバンフとジャスパーという町。いずれも同名の国立公園になっており、切り立つ峰々の合間にレイク・ルイーズなどエメラルド色に輝く数々の湖が広がっている。バンフからジャスパーへのドライブを楽しんだり、山頂へのゴンドラで大迫力の絶景を見たり。あるいは鉄道の建設中に見つかった温泉につかるのもいい。ハイキングやラフティング、カヤックなどの自然を堪能するアクティビティもおすすめだ。

さまざまな動物が生息

COLUMN
赤毛のアンの舞台　プリンス・エドワード島

好奇心旺盛な女の子アン・シャーリーが主人公のモンゴメリの代表作『赤毛のアン』。その舞台となったのは、カナダ東部にあるプリンス・エドワード島。モンゴメリはこの美しい島で暮らしながら、『赤毛のアン』を執筆した。アンが暮らした家グリーンゲイブルズをはじめ、今でも物語の舞台となった風景が保存されている。

アンが育った家のモデル

ターコイズブルーのモレイン湖（カナディアン・ロッキー）

グルメ
クラフトディナー

マカロニをゆでお湯を切り、バター、牛乳、粉チーズを加える。電子レンジだけでも作れるインスタント料理。アメリカでもマカロニ&チーズと呼ばれ定着するが、カナダのほうが50%以上も消費量は多い。

おみやげ
メープルシロップ

国旗や金貨などにも葉がデザインされているサトウカエデの樹液を煮詰めて作るシロップ。世界の生産量の72%以上を占めている。樹液の採取は寒暖の差が大きい2～4月に行われ、カナダ人はその知らせを聞いて春を感じる。

明日誰かに教えたくなる **カナダの雑学**

くまのプーさんの生まれ故郷

くまのプーさんの英名はWinnie-The-Poohといって、Winnieはマニトバ州のウィニペグのこと。プーさんのモデルはWinnieという実在した子熊で、その飼い主がウィニペグ出身。

世界一小さな砂漠がある

雪が降る北緯60度に位置するユニコーン準州のカークロス砂漠は面積3㎢足らずで世界最小。

独立運動をしている州がある

独立運動をしているケベック州はフランス系の住民が多数派でフランス語話者が8割。運動は言語などの平和的手段で行われ、過激化することは少ない。

フランス文化の香るケベック

ワールドランキング TOPIC
女性が社会に大きく貢献

イギリスの出版系リサーチ会社による「G20における女性リーダー指数」で1位に。G20の高い役職に就く女性公務員の割合は平均で29.3%。これに対しカナダは51.1%と半数超え。早くから女性の社会進出が進められてきたためだ。日本はわずか5.3%。
参考：Global Government Forum (UK) 2023

性別や民族に関係なく働ける

マヤ文明の遺跡が残る観光大国

メキシコ合衆国

United Mexican States

国旗の意味

緑は独立、白はカトリック、赤はメキシコ人とスペイン人の団結を表す。ヘビをくわえたワシがサボテンの上に止まっている図は、アステカ人の神話に基づいている。

MX/MEX

IOC MEX
FIFA MEX

スペイン語でこんにちは

¡Buenas tardes!
(ブエナス タルデス)

スペイン語圏では最も人口の多い国。歴史は古く、紀元前からはマヤ帝国、15世紀にはアステカ帝国が築かれ、16世紀にスペイン植民地化、18世紀末に革命を経て独立した。これらの遺産は、ビーチ、山、砂漠、ジャングルといった多様な自然景観、さらには先住インディオの文化とともに観光資源となっている。中南米では最も経済が安定し、賃金が安く、複雑な外交関係がないことから外国企業の進出が続き、日本の自動車関連企業も多い。アメリカとの国境線は3141kmに及び、毎年延べ3億5000万人と世界で最も頻繁に横断されている国境だ。一方でアメリカへの不法越境もたびたび大きな問題となる。

国名の由来

メキシコは英語読みで、自国での呼称はスペイン語読みの「メヒコ」。その意味は14世紀頃栄えた国家アステカで話されていた言葉のひとつナワトル語で、この地域原産の多肉植物から「アガベの地」、あるいは「月のへその地」など諸説ある。ちなみにナワトル語は現在も国内に約120万人の話者がいる。最も広く知られる由来は、アステカで最も信仰された太陽と戦いと狩猟の守護神ウィツィロポチトリの別名「メシトリ」からというもので、「神に選ばれし者」の意味。それに土地を表す接尾辞「コ」が付けられたとされる。

DATA

人口：約1億2601万人
面積：約196万㎢
首都：メキシコ・シティ
言語：スペイン語ほか
民族：ヨーロッパ系(スペイン系など)と先住民の混血62%、先住民21%、そのほか10%
宗教：カトリック78%、ペンテコステ派1.6%、エホバの証人1.4%、そのほかの福音派5%ほか
通貨：メキシコ・ペソ
時差：日本より15時間遅れている(サマータイムあり)
GNI：US$1万820／人

ユカタン半島にあるチチェン・イッツァのピラミッド

PHRASE ▸ ありがとう／グラシアス　がんばれ！／アニモ、バモス　さようなら／アスタルエゴ

COLUMN

アメリカ大陸最多！　世界遺産の宝庫

メキシコにはなんと35件もの世界遺産がある(2024年現在)。マヤやテオティワカン、アステカなどの古代文明の遺跡、コロニアル建築の町並み、自然遺産などバラエティ豊か。なかでも見逃せないのがマヤ文明の遺跡だ。マヤ文明はメキシコ南東部、グアテマラ、ベリーズにわたって栄えた古代文明。紀元前2000年頃から始まり、9世紀頃から徐々に衰退していった。おもな特徴は独自の文字、ピラミッドや舗装道路などの建設技術、暦や天文学などが高度に発展していたこと。パレンケ、チチェン・イッツァ、ウシュマルなどが代表的な遺跡だ。

古代マヤ暦が描かれている

COLUMN

アメリカ大陸屈指のビーチリゾート カンクン

メキシコ南東部、カリブ海に面したカンクンはメキシコ随一のリゾート地。カリビアンブルーの海と成熟したサービスを楽しみながら優雅な休日を体験できる。オールインクルーシブスタイルのホテルが多く、一度支払ってしまえば追加の支払いがほぼないのも魅力。周辺には遺跡などの観光地もあり、ここを拠点にメキシコを楽しむのも定番となっている。

大型リゾートが並ぶ

メキシコ音楽マリアッチのバンド

グルメ

タコス

石灰処理して煮たトウモロコシをすりつぶして作る生地を薄くのばし焼いたトルティーヤに具を盛って、ライム汁やサルサ（ソース全般の意味）をかけて食べる。具材は肉や魚、野菜など実に多種多様。

お酒

テキーラ

アガベ（リュウゼツラン）という植物の汁を発酵させ蒸留した酒。アルコール度数が高く、ストレートのショットを塩とライムを口に含んで飲むのが定番。ジン、ウォツカ、ラムとともに世界4大スピリッツに数えられる。

明日誰かに教えたくなる　**メキシコの雑学**

テキーラとタバスコはメキシコの地名

テキーラがメキシコの地名だというのは有名だが、タバスコも実はメキシコ31州のひとつタバスコ州に由来する。

さまざまな作物の原産地

メキシコ原産の作物はトマト、トウモロコシ、バニラ、トウガラシなどさまざま。

世界一大きなピラミッドはメキシコにある

チョルーラという町にある地下に埋もれるピラミッドはなんと世界最大。底辺の長さでいうとエジプトのクフ王のピラミッドの約2倍。

チョルーラのピラミッド

ワールドランキング TOPIC

東京都と同じ広さの塩田

カリフォルニア半島のほぼ中央、西海岸に位置する町ゲレロネグロには、面積約500㎢という「世界最大の天日を利用した塩田」がある。砂漠地帯にあって年間降水量が100mm以下という極端に雨が少ない気候を利用し、年間約750万トンが生産されている。

日本へも輸出されている

太平洋と大西洋をつなぐ運河がある豊かな国

パナマ共和国

Republic of Panama

国旗の意味

赤は独立当時の2大政党の自由党、青は保守党、白は両者間の平和を象徴。青い星は純粋さと誠実さ、赤い星は権威と法を表す。

PA/PAN

IOC PAN
FIFA PAN

スペイン語でこんにちは

¡Buenas tardes!

(ブエナス タルデス)

平均気温は約27℃、年間雨量は3000mmに達することもある。狭い地峡に掘られたパナマ運河は、大西洋と太平洋を結ぶ重要な輸送ルート。人類の大偉業とされるが、国の歴史はこの運河に翻弄されてきた。1903年、運河の莫大な利権を狙ったアメリカに後押しされ独立。その承認と引き換えにフランスと条約を調印し、頓挫していた運河建設を始め、国土を二分した。1914年に開通しても運河地帯はアメリカの領土のままでパナマ国民に何の還元もせず、これにより反米運動が起こり、1977年に返還条約調印、1999年に返還された。現在は運河収入とともに、中南米の金融センターとして発展し、中米随一の豊かさを誇る。

国名の由来

最初のスペイン人が上陸した地が、インディオ民族クエバ人の言葉で「魚が豊富」を意味する「パナマ」という名の小さな漁村だったという説が有名。その具体的な場所は不明だが、実際、当時の航海者の日記に同様の記述が残る。このほか、この地域でよく見られる樹木「パナマの木」から、入植者が訪れた地に蝶がたくさん飛んでおり「たくさんの蝶」を意味する当地住民の言葉、パナマの先住民クナ族のことばで「遠い」を意味する言葉がスペイン語化したなど諸説ある。

DATA

人口：約440万人
面積：約7万5517㎢
首都：パナマ・シティ
言語：スペイン語、クナ語などの少数民族の言葉
民族：メスティソ(インディアンと白人の混血)65%、ネイティブアメリカン12.3%、アフリカ系9.2%、ムラート6.8%、白人6.7%
宗教：福音派55%、カトリック33.4%、そのほか11.6%など
通貨：バルボア(硬貨のみ)、アメリカ・ドル
時差：日本より14時間遅れている
GNI：US$1万6960／人

パナマ運河の太平洋側の最初の閘門(こうもん)ミラフローレスゲート

PHRASE ▶ ありがとう／グラシアス　がんばれ！／アニモ、バモス　さようなら／アスタルエゴ

COLUMN
運河と独立の歴史

運河とともに歴史を歩んできたパナマ。運河による収入は国家予算の約8%を占め、付随する産業も国の主要産業を担っている。工事を最初に行ったのはフランスで、その後アメリカに引き継がれた。パナマの独立後にパナマ政府と条約を結び、運河の建設・管理権や運河地帯の永久租借権を得て運河を完成させた。第2次世界大戦後は民族主義が高まり、運河の返還を求める声が強くなっていく。20年間ほどの共同経営を経て、1999年ついにアメリカは完全撤退し、これはパナマの“3度目の独立”と呼ばれている。

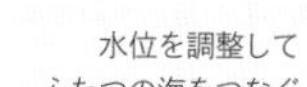
水位を調整して
ふたつの海をつなぐ

COLUMN
ターコイズブルーの海とカラフルな民族衣装

本土の北、カリブ海に浮かぶ350の島々からなるサン・ブラス諸島。手つかずの美しい海が広がり、クナ族の人々が伝統的な暮らしを送っている。モラと呼ばれる独特の刺繍が入ったカラフルな民族衣装など、独自の文化を保持しており、一帯は特別自治区にも指定されている。

はっとするほど美しい海

パナマ・シティには近代的な高層ビルが立ち並ぶ

グルメ
サンコーチョ

芋と鶏を煮込んだ濃厚なスープ。具材をほぐしながらブイヨンで炊いたご飯と一緒に食べる。近隣諸国にも同様の料理があり、牛や豚、魚も使われるがパナマでは必ず鶏肉なのが特徴。

おみやげ
モラ

もともとはクナ族の女性がおなかと背中の部分に付けていた民族衣装の飾りで、現在は観光用に盛んに作られる。色の異なる布を重ねて縫って、切り抜きながら作るキルトのようなもの。模様の形にはそれぞれに意味がある。

明日誰かに教えたくなる **パナマの雑学**

同じ日に太平洋と大西洋で泳ぐことができる

太平洋とカリブ海（大西洋の一部）の間にあるパナマ地峡は最も狭いところで約62kmしかない。車なら約1時間で太平洋から大西洋へ移動できる。

パナマ運河でスクーバダイビングができる

パナマ運河の一部になっているガトゥン湖ではスクーバダイビングが楽しめる。ガトゥン湖はチャグレス川をせき止めてできた人造湖。水の中ではダム建設の際に沈められたかつての町や線路跡、運河をつくるために使った機器などを見ることができる。

ガトゥン湖近辺は降雨量が膨大

ワールドランキング TOPIC
コーヒーの最高級品種ゲイシャ

土壌、気候、水などの条件が揃い、品質のよいコーヒーが生産され、世界の品評会で何度も1位を獲得しているアラビカ種のゲイシャコーヒーは有名。パナマから世界に生産が広がった。ゲイシャはエチオピアの原産地名で日本の芸者とは関係はない。

主要産地ボケテにあるコーヒーのオブジェ

美しい海と歴史遺産がある小国

ベリーズ

Belize

国旗の意味

青は海を表しており、紋章にはこの国で働く住民や帆船、道具類、マホガニーなどが描かれている。

BZ/BLZ

IOC BIZ

FIFA BIZ

ベリーズ・クレオール語でこんにちは

Weh di go aan ?

(ウェディゴ アアン) ※How are you ? の意味

17世紀以降イギリス植民地だったため、中南米で唯一公用語が英語の国。ユカタン半島の付け根に位置し、東はカリブ海、西は密生したジャングル。海岸線に沿ってキーという約450の小島があり、広大な珊瑚礁保護区は海洋生物の宝庫で“カリブ海の宝石”と呼ばれている。内陸のジャングルにはピラミッドなどマヤ文明の遺跡が残されており、これらの観光資源を生かした経済発展が最重要課題。

DATA

人口：約40万5000人
面積：約2万2970㎢
首都：ベルモパン
言語：英語、スペイン語、ベリーズ・クレオール語など
民族：メスティソ(混血)48.7％ほか
宗教：カトリック40.1％ほか
通貨：ベリーズ・ドル
時差：日本より15時間遅れている
GNI：US$6630／人

国名の由来

ベリーズの語源は明確にはなっていない。有名な説のひとつは17世紀にドミニコ会の司祭が通訳から聞いて日記に記した「ヴァリス」という地名で、マヤの言葉の「泥だらけの」を意味する「ベリックス」を語源とするものだが、実際には存在しない言葉。マヤの聖地「イッツァへの道」の意味の「ベル・イッツァ」由来説もある。

グルメ

ゼビチェ

魚介類のマリネ。ひと口大に切った魚やエビ、貝などを、タマネギ、コリアンダーとともに柑橘系果実（特にライム）の果汁でマリネし、ハバネロなどの香辛料、塩コショウ、ニンニクで味を調える。

左）最大の都市ベリーズシティは港湾都市
右）ラマナイ考古学保護区のマヤ遺跡

明日誰かに教えたくなる ベリーズの雑学

最初の入植者はカリブの海賊

17世紀中頃、カリブの島々を拠点にスペインの財宝を狙うイギリス系の「バッカニア」と呼ばれる海賊がまず入植し、その後イギリス人がやってきた。

かつて海賊が行き交った海

ワールドランキング TOPIC

悪魔が潜む珊瑚礁の青い穴

ベリーズ沖にはグレートバリアリーフに次ぐ世界第2位の規模の珊瑚礁があるが、その中にぽっかりと口を開けたブルーホールは、直径313m、深さ120mの巨大な海中陥没孔で世界最大級といわれる。

海の怪物の寝床とも呼ばれる

PHRASE ありがとう／メーシ　がんばれ！／レスゴー　さようなら／リモコー

豊かな自然に抱かれた幸せの国

コスタリカ共和国

Republic of Costa Rica

国旗の意味

赤は自由のために流された先人の血、白は平和、青は空を表す。

CR/CRI

IOC CRC
FIFA CRC

スペイン語でこんにちは

¡Buenas tardes!
(ブエナス タルデス)

民主主義の伝統を誇り、政治的安定と良好な経済状態が続く中米の優等生。自然保護と観光を両立させるエコツーリズム発祥の地としても有名。美しい海、高山や活火山、熱帯雨林と自然が多様で「地球のたった0.03%に約5%の生物が生息する」といわれる。手塚治虫の『火の鳥』のモデルとされ、世界一美しいといわれるケツァール（→P.167）は、見られたら幸せになるという伝説の鳥。

DATA

人口：約515万人
面積：約5万1100㎢
首都：サン・ホセ
言語：スペイン語
民族：メスティソ（混血）83.6％、ムラート6.7％、先住民2.4％ほか
宗教：カトリック47.5％ほか
通貨：コスタリカ・コロン
時差：日本より15時間遅れている
GNI：US$1万2920／人

国名の由来

有名なイタリアの探検家コロンブスが、1502年に上陸した際に見た先住民族の黄金の装飾品がきらびやかだったため、スペイン語で「海岸」を意味する「コスタ」と、「豊か」を意味する「リカ」を合わせ「コスタリカ」と呼んだという。1522年に上陸したスペインの探検家ジル・ゴンサレスが、先住民から奪った黄金に由来する説もある。

グルメ

カサード

コスタリカ式の定食のこと。ソーダと呼ばれる食堂で提供される。ワンプレートにご飯と、日替わりの肉や野菜料理を通常は2〜3種類選んで盛りつける。

左）アレナル火山国立公園の美しい景色
右）熱帯雨林に生息するアカメツリーフロッグ

明日誰かに教えたくなる **コスタリカの雑学**

通貨コロンはコロンブスが由来

コスタリカの通貨コロンはクリストファー・コロンブス（スペイン語でクリストバル・コロン）が由来。1896年、コスタリカ・ペソに代わって導入された。

コスタリカの紙幣

ワールドランキング TOPIC

安全性で需要を得た作物

パイナップル生産量でインドネシア、フィリピンとトップを競う。2022年には約294万トンで1位となった。栽培から出荷まで厳しい安全基準を設けており信頼性が高い。

参考：国連食糧農業機関(FAO) 2021

大規模なプランテーション

PHRASE ▶ ありがとう／グラシアス　がんばれ！／アニモ、バモス　さようなら／アスタルエゴ

若き大統領が改革を進める

エルサルバドル共和国

Republic of El Salvador

国旗の意味

青は太平洋とカリブ海、白は平和を象徴。中央の国章は中米独立5カ国を意味する5山5旗に3権を表す正三角形、周囲に国内14県を表す月桂樹を配置している。

SV/SLV

IOC ESA

FIFA SLV

スペイン語でこんにちは

¡Buenas tardes!

(ブエナス タルデス)

島国を除いた南北アメリカでは面積が最小の国だが、歴史的に国土の開発が進んでいたため、人口密度は米州で最も高い。環太平洋火山帯の上にある火山国で地震が多いこと、国民の勤勉さが似ていることなどから中米の日本と呼ばれることもある。1980〜92年に和平が合意するまで続いた政府と社会主義勢力の内戦の際、移住したエルサルバドル人がアメリカに200万人以上いる。

DATA

人口：約649万人
面積：約2万1040㎢
首都：サン・サルバドル
言語：スペイン語
民族：メスティソ（混血）84％ほか
宗教：カトリック43.9％、プロテスタント39.6％、無宗教16.3％ほか
通貨：アメリカ・ドル、ビットコイン
時差：日本より15時間遅れている
GNI：US$4720／人

国名の由来

スペイン語で「救世主」の意味。16世紀、この地に侵入し征服を試みたスペイン軍が、拠点の砦を築いた際、神への感謝と加護を求め「聖なる救世主」を意味する「サン・サルバドル」と名づけたのが由来。後に国名とするときに語頭のサンを冠詞エルに変更した。

グルメ

ププサ

トウモロコシ粉で作った生地に具を包んで平たくし焼いた料理。具は肉やチーズ、つぶしたゆで赤インゲンにタマネギやクミンを混ぜたペーストを使う。

左）マーケットでトルティーヤを焼く女性
右）サンタ・アナ火山のカルデラ湖

明日誰かに教えたくなる エルサルバドルの雑学

自称「世界一クールな独裁者」の大統領

2019年6月わずか37歳で就任し、2024年再選されたブケレ大統領の支持率はなんと90％。権威主義的な手法ながら国内の犯罪率を劇的に低下させ、国民からは救世主と呼ばれる。

首都にある大統領宮殿

ワールドランキング TOPIC

世界一殺人の多い国から脱却

2014〜2018年の5年間、人口10万人当たりの殺人事件発生件数が武力紛争当事国を除いて世界最多だった。政府は原因の犯罪集団の取締りを強化し大幅に改善された。
参考：外務省（海外安全情報）

町には活気が戻る

PHRASE ありがとう／グラシアス　がんばれ！／アニモ、バモス　さようなら／アスタルエゴ

マヤ文明の末裔が暮らす火山の国

グアテマラ共和国

Republic of Guatemala

国旗の意味

両側の青は太平洋と大西洋（カリブ海）を表しており、中央は国鳥ケツァールが描かれている。

GT/GEM

IOC GUA
FIFA GUA

スペイン語でこんにちは

¡Buenas tardes!
（ブエナス タルデス）

日本同様、火山が多く温泉が各地で湧く国。周囲に名産のコーヒー園が広がるアティトラン湖も火口湖。古代マヤ文明が繁栄した地で、現在でもマヤ系先住民族が国民の半数を占め、伝統文化を色濃く残し遺産も多い。密林に5つのピラミッドがあるティカルはマヤ文明最大の都市遺跡。また、植民地時代の古都アンティグアはスペイン語学校の町としても有名で日本人も多く通う。

DATA

人口：約1735万人
面積：約10万8889㎢
首都：グアテマラ・シティ
言語：スペイン語、ほかマヤ系語
民族：マヤ系先住民41.7％、メスティソ（混血）・ヨーロッパ系56％ほか
宗教：カトリック、プロテスタントほか
通貨：ケツァール
時差：日本より15時間遅れている
GNI：US$5350／人

国名の由来

諸説あるが有力なのは、中米の先住民族ナワトル人の言葉で「多くの木の場所」を意味する「クアウテメラン」がスペイン語化した説。もともとは1470～1524年の間、カクチケル族のマヤ王国の首都だった中央高地のイクシムチェ（イシンチェ）を指して先住メキシコ人が呼んでいた名で、スペイン植民地時代に国全体の名前に使われるようになった。

グルメ

セビーチェ

新鮮な魚介類を生のまま切って、野菜とともにライム果汁、オリーブオイルなどでマリネしたもの。白身魚を中心に貝やエビ、タコ、イカと幅広く使う。

左）古代マヤ文明の大都市ティカル遺跡
右）世界遺産に登録されているアンティグアの町並み

明日誰かに教えたくなる グアテマラの雑学

中米にある富士山

グアテマラ・シティの南西に位置する標高3766mのアグア火山は、日本の富士山にそっくりなことから、日系人に「グアテマラ富士」と呼ばれ親しまれてきた。

裾野を広げる姿がそっくり

ワールドランキング TOPIC

世界で一番美しいといわれる鳥

「世界で一番美しい鳥」「幻の鳥」などと呼ばれる国鳥ケツァール。名は先住民のナワトル語で「大きく輝いた尾羽」の意味で通貨単位でもあり、自由の象徴として国旗に描かれる。

中米に広く生息

PHRASE ありがとう／グラシアス　がんばれ！／アニモ、バモス　さようなら／アスタルエゴ

協調性を重んじる国民性で知られる

ホンジュラス共和国

Republic of Honduras

国旗の意味

上下の紺は大西洋と太平洋、白は平和を象徴。中央のホンジュラスを示す星の周りを4つの星(グアテマラ、エルサルバドル、ニカラグア、コスタリカ)が囲む。

HN/HND

IOC HON

FIFA HON

スペイン語でこんにちは

¡Buenas tardes!

(ブエナス タルデス)

古代マヤ文明の遺跡が眠る熱帯雨林や、カリブ海の巨大珊瑚礁など魅力的な自然を誇る。人口の7割が農業に従事、バナナやコーヒーを栽培しているが、近年はエルニーニョや豪雨などの異常気象で食料不足が慢性化。国民の約6割が貧困状態にある。国民性は保守的で、2009年に軍事クーデターは経験したが、周辺諸国のような激しい内戦は起こっていない。

DATA

人口：約1043万人
面積：約11万2490㎢
首都：テグシガルパ
言語：スペイン語
民族：メスティソ(混血)91%、先住民6%、アフリカ系2%、ヨーロッパ系1%
宗教：カトリック
通貨：レンピラ
時差：日本より15時間遅れている
GNI：US$2750／人

国名の由来

現地ではスペイン語読みで「オンドゥラス」と自称する。「ホンジュラス」は英語読み。スペインの探検家コロンブスが1502年に4回目の来航をした際、海が深くて船のいかりが海底まで届かなかった。このできごとをきっかけにスペイン語で「深さ」を意味する「オンドゥラ」と当地を名づけた説が有力な由来となっている。

グルメ

ピンチョ

串焼きのこと。ホンジュラス風バーベキューと呼ばれることもある。おもに肉を刺すが魚を使うことも。ピラフや豆のペーストなどと一緒に食べる。

左）テグシガルパのイグレシア・ロス・ドローレス教会
右）世界遺産に登録されているコパンの古代マヤ遺跡

明日誰かに教えたくなる ホンジュラスの雑学

海賊の子孫が住んでいる島がある

バイア諸島にはブロンドヘアに青い目の人々が住んでいる。彼らは約500年前にやってきてこの海域で略奪を行ったイギリスの海賊の子孫といわれている。

美しい海が広がるバイア諸島

ワールドランキング TOPIC

世界で最もダイビングに適した海

カリブ海に浮かぶホンジュラス領の小島ウティラは、水質や生態系への影響などのデータから、国連が世界で最もダイビングに適した場所のひとつとして挙げたことがある。

参考：駐日ホンジュラス大使館Facebook

透明度の高い海。治安が改善されたらぜひ行ってみたい

PHRASE ありがとう／グラシアス　がんばれ！／アニモ、バモス　さようなら／アスタルエゴ

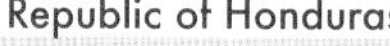
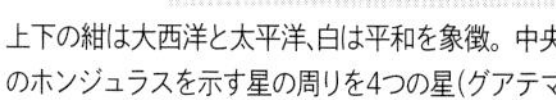
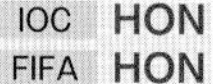

自然豊かな湖と火山の国

ニカラグア共和国

Republic of Nicaragua

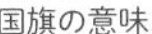
国旗の意味

青はカリブ海と太平洋、ニカラグアのふたつの湖、正義、忠誠心など、白は純粋さ、平和などを象徴。中央の三角形は国章。

NI/NIC

IOC NCA
FIFA NCA

スペイン語でこんにちは

¡ Buenas tardes !
（ブエナス タルデス）

国民の70％以上がメスティーソと呼ばれる混血で、中米のなかでは先住民の比率が低い。1979〜90年にかけて米ソ代理戦争でもある内戦が続き、自然環境やインフラが破壊され経済は破綻。現在は民主主義を実現し、中南米で最も安全な国ともいわれる。湖と活火山が多く、マサヤ山では火口縁でマグマをのぞける。中米最大のニカラグア湖に浮かぶ島も火山でできている。

DATA

人口：約662万人
面積：約13万370㎢
首都：マナグア
言語：スペイン語
民族：メスティーソ(混血)70%、ヨーロッパ系17%、アフリカ系9%、先住民4%
宗教：カトリック、福音派ほか
通貨：コルドバ
時差：日本より15時間遅れている
GNI：US$2090／人

国名の由来

いくつかの説がある。ひとつは先住ナワ族の言葉ナワトル語で「ナワ人がやってきた最果ての地」を意味する「ニカナウアック」からというもの。また、1522年にスペインの征服者がやってきたとき、徹底的な抵抗運動を起こしたナワ族の一族ニカラウの族長「ニカラオ」の名を使い、スペイン人入植者が地域名に変化させたというもの。

グルメ

ナカタマル

トウモロコシの粉、豚肉、米、ジャガイモとその他の野菜を混ぜ合わせ、バナナの葉で包んだ蒸し煮料理。日曜日の朝に家族揃って食べる習慣がある。

左）マサヤ火山国立公園の火山噴火口
右）スペイン・コロニアル建築が残るグラナダ

明日誰かに教えたくなる ニカラグアの雑学

人食いザメが生息する湖がある

中米最大の湖であるニカラグア湖には、人間を襲う危険性のあるオオメジロザメが生息している。オオメジロザメは海水、淡水どちらでも生きることができるサメだ。

ニカラグア湖とコンセプシオン火山

ワールドランキング TOPIC

女性閣僚の割合は約59%

女性の社会進出が進んでおり、「世界のジェンダー・ギャップ指数ランキング」では上位のヨーロッパの先進国と並び7位につけ、ラテンアメリカ諸国ではトップ。 出典：世界経済フォーラム(WEF) 2023

伝統衣装を着た女性

PHRASE ▶ ありがとう／グラシアス　がんばれ！／アニモ、バモス　さようなら／アスタルエゴ

独自の道を歩む陽気な社会主義国

キューバ共和国

Republic of Cuba

国旗の意味

青は独立時の3州、白は独立の理想の純粋さ、三角形は自由、平等、友愛、赤は独立闘争で流された血、白い星は自由を象徴している。

CU/CUB

IOC CUB
FIFA CUB

スペイン語でこんにちは

¡Buenas tardes!
(ブエナス タルデス)

東西に細長いカリブ海最大の島である本島と、1600余りの島や岩礁からなる。1492年のコロンブスの第1次航海でヨーロッパが確認。以降、スペインの植民地となった。1902年にアメリカの後押しで独立。アメリカ資本が数多く進出し栄華を極めたが、それは同時に搾取でもあった。その不満から後に議長となるカストロ、チェ・ゲバラらが中心となって武装解放闘争を起こし、1959年にキューバ革命が起こる。社会主義国となり、2015年の54年ぶりの国交回復までアメリカは厳しい経済封鎖を行ってきた。音楽とラム酒、それに経済制裁が残したクラシカルな町並みや車など、魅力的な観光資源に期待がかかる。

国名の由来

キューバは英語読み、現地の人々はスペイン語読みで「クバ」と自称する（日本語では「クーバ」と表記されることもある）。国名は主島キューバ島に由来。先住インディオのタイノ族が、スペインがやってくる以前、東部に位置する現在のオルギンの町近辺に定住をしており、「中心地」という意味の「クバナカン」と呼んでいたことからという説が有名。クバナカンの語源には「肥沃な土地が多い」「すばらしい地」など諸説ある。また、コロンブスの上陸地に住んでいたバヤティキル族の集落の名「コルバ」からという説もある。

DATA

人口：約1121万人
面積：約10万9884㎢
首都：ハバナ（ラアバナ）
言語：スペイン語
民族：ヨーロッパ系25%、混血50%、アフリカ系25%
宗教：キリスト教58.9%、伝統宗教（アフリカ起源のものやカトリック、プロテスタント由来のものなど）17.6%、無宗教23.2%ほか
通貨：キューバ・ペソ
時差：日本より14時間遅れている（サマータイムあり）
GNI：US$1万2931／人

アメリカ産のクラシックカーと首都ハバナのコロニアル建築の町並み

PHRASE ▶ ありがとう／グラシアス　がんばれ！／アニモ、バモス　さようなら／アスタルエゴ

COLUMN

医療、教育、食料がほぼ無料

医療費、大学までの教育費は無料で、食料は配給制でこれもほとんど無料に近い。どんな人でも最低限の人間的な暮らしが保証されている。また国民のほとんどは公務員で、弁護士の月給が3000円程度と、過度に裕福にならないようなシステムを採用。それでも近年はもう少し贅沢がしたいとサイドビジネスをする人も多く、2019年4月に私有財産を承認する新憲法が発布された。社会主義と資本主義のバランスをいかにとるか。今は少数派となってしまった社会主義国家としてキューバは独自の道を歩んでいる。

街角のストリートミュージシャン

COLUMN

キューバ名物 クラシックカー

1962年のキューバ危機以来、アメリカと半世紀以上にわたって対立してきたが、それ以前はアメリカ資本が数多く進出していた。このときアメリカ産の車が大量にキューバに輸入された。そして両国が国交断絶をした1961年以降、輸入は断たれ、2011年まで新車の販売も禁止されていた。人々は修理を重ねて大切に乗り、多くのクラシックカーが残された。

カリブ海によく似合う

キューバ名物の葉巻を楽しむ女性

グルメ

コングリス

黒インゲン豆の炊き込みご飯。スペイン植民地支配時代に広まった米を日本と同様に主食とする国で、見た目は赤飯に似ているがチリやクミン、コリアンダーなどが入っていてスパイシーな味。

お酒

クーバンラム(ラム酒)

カリブ海を代表する蒸留酒。キューバ産は品質が高く、ハバナクラブやバカルディなど世界的に有名なブランドがある。カクテルのクーバリブレ(ラムコーク)は、キューバ産ラムとコーラを使用するのが正式といわれる。

明日誰かに教えたくなる ▶ キューバの雑学

識字率が世界トップクラス

「すべての人々に教育を」というカストロの理念から、社会主義政策のなかで教育が重視され、識字率向上プロジェクトにより世界トップクラスの識字率99%を誇っている。決して高くはないGDPから考えるとこれは驚くべき数字。

二重通貨システムがあった

キューバには通貨がふたつあった。おもに地元の人が使うキューバ・ペソ(CUP)と、外貨から両替される兌換ペソ(CUC)。複雑な為替制度はときに混乱を招いたが、2021年に兌換ペソは廃止された。

兌換ペソ

ワールドランキング TOPIC

ドクターXも学んだ医療先進国

知られざる医療大国。1959年の革命以降、積極的に医療の充実に取り組んでおり、現地のメディアによれば国内には約10万人の医師がいて人口1000人当たり9人となり世界一。日本の人気ドラマ『ドクターX』の大門未知子はキューバの医科大学卒の設定。

ハバナの病院。規模が大きい

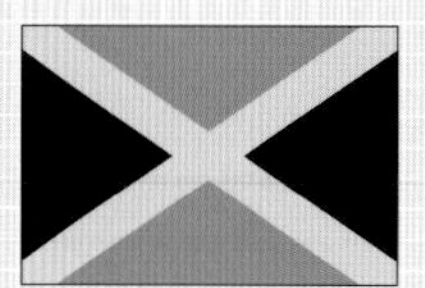

世界無形文化遺産のレゲエが発祥した島

ジャマイカ

Jamaica

国旗の意味

黒は国民の強さと創造力、金（黄）は陽光と富、緑は希望と農業を象徴している。

JM/JAM

IOC JAM

FIFA JAM

パトワ語でこんにちは

Wa Gwan?

（ワー グワン）※How are you ? の意味

美しいビーチリゾートとして知られるカリブ海の島国。岐阜県より少し広く、中央部には濃密な熱帯雨林に覆われた山脈が連なり、そこから流れ出る河川は120にも及び、豊かな森と水が国名の由来にもなる。2256mの最高峰ブルー・マウンテン山は、上質なコーヒーの産地として有名で、海からの湿った空気が山肌とぶつかり、霧を生み雨が多いことが豆の品質を高めるとされる。レゲエの生まれた島であり、レゲエの神様と呼ばれるボブ・マーリーの故郷。冬のないこの国からカルガリーオリンピックにボブスレー代表が参加した経緯を描いた1993年公開のコメディ映画『クール・ランニング』は世界的な大ヒット作となった。

国名の由来

先住インディアンのアラワク人の言葉で「森と水の湧き出る大地」を意味する「ザイマカ」が由来。スペイン統治時代に「ハイマカ」と変化し、それが後のイギリス植民地に英語読みとなって「ジェメイカ」と呼ばれるようになった。

首都キングストンのダウンタウン

DATA

人口：約282万7000人
面積：約1万990㎢
首都：キングストン
言語：英語、パトワ語（ジャマイカ・クレオール語）
民族：アフリカ系92.1％、混血6.1％ほか
宗教：プロテスタント64.8％、カトリック2.2％、エホバの証人1.9％、ラスタファリズム1.1％ほか
通貨：ジャマイカン・ドル
時差：日本より14時間遅れている
GNI：US$5760／人

ビーチリゾートとして人気のモンテゴ・ベイ

PHRASE ▶ ありがとう／ビゴップ、リスペクト　がんばれ！／アレーヅ　さようなら／リコモ

COLUMN

さまざまな音楽が生まれた国

労働力として多くの黒人が連れてこられたカリブの国々では、黒人の間でさまざまな音楽が生まれた。フォーク音楽のメント、トリニダード・トバゴで発達したカリプソ。ほかにアメリカのR&B、ジャズ、ブルースなどが人々に楽しまれていた。1959年の独立以降、アイデンティティを模索していたジャマイカのミュージシャンが、既存の音楽から創りあげたのがスカやロックステディと呼ばれる音楽だった。そして1968年頃、ジャマイカ音楽の代名詞ともいえるレゲエが生まれ、ボブ・マーリーによって世界に広がる。2018年、レゲエは世界無形文化遺産に登録された。

キングストンの路上で踊る人々

COLUMN

独自のスラング パトワ（ジャマイカ・クレオール語）

パトワとはジャマイカ訛りの英語。といっても黒人奴隷たちが主人である白人にわからないように、さまざまなスラングを織り交ぜて成立した経緯があり、本来の英語とはかけ離れた表現も多い。これがジャマイカの音楽にはちりばめられているため、例えばレゲエを学ぶ人はまずこのパトワを勉強するという。

ドレッドヘアはポピュラー

切手にも登場する英雄ボブ・マーリー

グルメ

ジャークチキン

数種類の香辛料を合わせたシーズニングに漬け込んだ鶏肉を、ドラム缶を改造した炭火グリルで焼いた料理。音楽に関わる商売をする店先で売っていることが多く、まさしくジャマイカのソウルフード。

おみやげ

ブルーマウンテン・コーヒー

ジャマイカ最高峰のブルー・マウンテン山を含む世界遺産にも登録された山脈で生産されるコーヒー。標高800〜1200mのごく限られた地域で栽培され希少価値が高く高価。香りが高く繊細な味わいが特徴。

明日誰かに教えたくなる ジャマイカの雑学

カリブ海で唯一自国の車がある

エクセルモータース社製のアイランドクルーザーと呼ばれる自国の車がある。

ラムバーの数が世界一

町には特産のラム酒を飲ませるバーが多く、1人当たりのラムバー数は世界一といわれる。

ラスタファリズムの神はエチオピア皇帝

レゲエミュージシャン、ボブ・マーリーによって世界的に知られるようになったアフリカ回帰をうたう宗教的な思想運動ラスタファリズムは、神の化身としてエチオピアの皇帝ハイレ・セラシエをあがめている。

ハイレ・セラシエ

ワールドランキング TOPIC

世界一高価なラム酒

ラムはカリブの多くの国で生産されるが、サトウキビの搾り汁をパンチョンと呼ばれる大樽で発酵させるジャマイカ産は甘味があり、石灰を含む水によるまろやかさも特徴。数十年熟成される高級品には1ボトル600万円近い値が付いたこともある。

オーク樽で熟成中のラム

金融と観光で栄えるカリブの島国

バハマ国

Commonwealth of the Bahamas

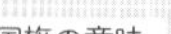

国旗の意味

黒は団結した人々の力、金（黄）は太陽、アクアマリンは海、三角形は豊富な資源を開発し所有する人々の決意を表す。

BS/BHS

IOC BAH

FIFA BAH

バハマ・クレオール語でこんにちは

What da wybe is ?

（ワッダ ワイブ イズ）※What's going on ? の意味

フロリダ半島の東沖88kmほどから、南東方面へ約800kmの海域に点在する珊瑚礁の小さな島々からなる。その数は島が700、岩礁が2400にものぼるが、95％は無人島で人の住む島は30ほどしかない。資源もほとんどなく、観光業とタックスヘイブン（租税回避地）などの金融業が経済を支える。大型クルーズ船の周航地として有名なほか、無人の小島には世界のセレブが別荘を構える。

DATA

人口：約41万人
面積：約1万3880㎢
首都：ナッソー
言語：英語、バハマ・クレオール語
民族：アフリカ系90.6％ほか
宗教：プロテスタント69.9％ほか
通貨：バハマ・ドル
時差：日本より14時間遅れている（サマータイムあり）
GNI：US$3万1520／人

国名の由来

「バハマール」という言葉が語源で、観光的にはカリブ・インディオ語で「浅い環礁」を意味するとアピールされることが多いが、スペイン語で「引き潮」を意味するという説が有力。正式名称には冠詞「the」が付き、これは世界で2ヵ国だけ（もうひとつは西アフリカのガンビア）。国土を構成する「島」が定冠詞を必要とする単語だからとされる。

グルメ

コンク

厚い殻をもつ巻貝で、バハマの象徴的な食材。サラダや刺身、フライ、スープなどさまざまに調理されて食べられる。媚薬効果があるという説もある。

左）ナッソーにある超豪華リゾート、アトランティス
右）ナッソーのパステルカラーの家々

明日誰かに教えたくなる バハマの雑学

豚と泳げるビーチがある

ビッグ・メジャー・キーという島にあるビーチには豚がすみ着いており、一緒に泳げるビーチとして世界的に有名。首都ナッソーからスピードボートで約3時間。

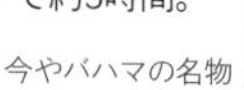

今やバハマの名物

ワールドランキングTOPIC

1位から3位になってしまった穴

ディーン・ブルーホールは深さ約200mで世界一とされてきたが、研究が進み南シナ海のドラゴンホールが約301m、さらに2024年にメキシコのタアム・ジャ・ブルーホールが約420mと判明し3位になってしまった。

海中の美しさは変わらない

PHRASE ▶ ありがとう／メシ、アンピール　こんばんは／スラマッマラム

カリブ海有数の歴史ある首都をもつ野球大国

ドミニカ共和国

Dominican Republic

国旗の意味

赤は独立戦争で流された血、青は空、白は平和と団結を表す。真ん中には聖書や十字架などを描いた国章。

DO/DOM

IOC DOM

FIFA DOM

スペイン語ドミニカ方言でこんにちは

Saludo !

(サルード)

西インド諸島の大アンティル諸島に位置する共和制国家。大アンティル諸島では2番目に大きな島であり、同島西部にあるハイチ共和国と島を分けている。アメリカ州で最初にヨーロッパ人が定住した土地で、その後のスペインの侵略拠点となった。首都サント・ドミンゴはアメリカ州で最も早い1496年に建設された植民都市であり、同州初の大学、大聖堂、要塞が建設された。

DATA

人口：約1095万人
面積：約4万8442㎢
首都：サント・ドミンゴ
言語：スペイン語
民族：混血73％など
宗教：福音派50.2％、ローマカトリック30.1％、無宗教18.5％ほか
通貨：ドミニカ・ペソ
時差：日本より13時間遅れている
GNI：US$9050／人

国名の由来

首都のサント・ドミンゴに由来。サント・ドミンゴはカトリックの修道会であるドミニコ会の守護聖人ドミニコのことで、「聖」を意味する「サント」の部分を外して国名にしたもの。

おみやげ

ラリマール

通常は白やピンク、黄色などの色の鉱物ペクトライトのうち、ブルーのものだけがラリマール。産出はドミニカ共和国のみ。パワーストーンといわれている。

左）国内最大のリゾート地、プン・タカナ
右）サント・ドミンゴ中心部の通り

明日誰かに教えたくなる ドミニカ共和国の雑学

ひとつの島を2国で分ける苦悩

イスパニョーラ島をハイチと分けているドミニカ共和国。貧しいハイチから国境を越え麻薬密輸、人身売買が横行。ハイチとの国境に全長400kmのフェンスの建設が行われることとなった。

国境に広がる山々

ワールドランキング TOPIC

メジャーリーグを支える国

今やアメリカ・メジャーリーガーの約3分の1はアメリカ以外の出身。その外国人選手の約4割近くを占めるのがドミニカ共和国出身の選手。メジャーリーガー製造工場の異名をもつ野球大国。

アメリカにはドミニカ移民が多い

PHRASE ▶ ありがとう／グラシアス　がんばれ！／アニモ、バモス　さようなら／アスタルエゴ

世界初の黒人による共和制国家

ハイチ共和国

Republic of Haiti

国旗の意味

青は黒人、赤は白人と黒人の混血であるムラートを表す。中央はヤシの木や大砲などが描かれた国章。

HT/HTI

IOC HAI

FIFA HAI

ハイチ・クレオール語でこんにちは

Alo !
(アロ)

カリブ海のイスパニョーラ島の西部を、東のドミニカ共和国と分け合う。1804年に独立し、世界初の黒人による共和国となったが、独裁政治とそれに対する経済制裁の影響で荒廃し、経済は破綻。加えて2010年に死者30万人以上を出した大地震が起き、いまだ復旧途上。ただ19世紀の貴重な建築の多くは無傷で、美しい海もあり、70年代にはカリブ随一だった観光国復活が期待される。

DATA

人口：約1158万人
面積：約2万7750㎢
首都：ポルトー・プランス
言語：フランス語、ハイチ・クレオール語
民族：アフリカ系95％ほか
宗教：カトリック55％、プロテスタント29％、ブードゥー教2.1％ほか
通貨：グルド
時差：日本より14時間遅れている（サマータイムあり）
GNI：US$1610／人

国名の由来

ハイチと呼ぶのは日本語だけで、正式名称はハイチ語で「レピブリク・ダイチ」、通常は「アイティ」と呼ぶ。英語でも「ヘイティ」と読みハイチとはいわない。先住カリブ・インディアンのタイノ族が「山だらけの地」を意味する「アイツィ」と呼んでいたのが由来。

グルメ

グリオ

柑橘類でマリネし一晩寝かせてから揚げた豚肉料理。フランス語読みで「グリコ」とも呼ばれる。ピクリーズという野菜のピクルスが添えられる。

左）ラバディーのプライベートビーチ
右）ポルトー・プランスの町並み

明日誰かに教えたくなる ハイチの雑学

徒労に終わった悲劇の要塞

ハイチ北部の巨大要塞「シタデル」は、独立後すぐにフランスの攻撃を恐れた当時の大統領の命で造られた。しかし、フランスはやって来ず、多大な労力と資金が無駄になって国民の不満を買い自死してしまった。

現在はハイチ唯一の世界遺産に登録されている

ワールドランキング TOPIC

誇り高きアフリカ系黒人の国

ハイチはフランス革命に端を発した蜂起で、15年近い戦いの末、1804年に黒人奴隷が自らの力で独立を勝ち取った世界で最初の国。アメリカ地域でも1776年のアメリカ合衆国に次いで2番目の独立。

偉業を果たした末裔が暮らす

PHRASE ▶ ありがとう／メシアンピール　さようなら／オゲヴァ　こんばんは／ボンスヮ

リオ、ヴェネツィアと並ぶ世界3大カーニバルで知られる

トリニダード・トバゴ共和国

Republic of Trinidad and Tobago

国旗の意味

黒は強い絆でつながれた国民、赤は国土と人の活力や太陽、白は熱望の純粋さや太陽の下の平等を表す。

TT/TTO

IOC TTO
FIFA TRI

トリニダード・クレオール語でこんにちは

Wuz de scene ?

（ワズ ディ シーン）※What's up？の意味

南米とはかつて陸続きでアマゾンの生態系が残るトリニダードと、珊瑚礁でできたトバゴのふたつの島からなる。住民は34%がアフリカ系、35%がインド系、残りが混血で、カレーが日常的に食され、ヒンドゥー教の行事なども行われる。イギリス植民地時代、奴隷制廃止後にインドから多くの移民が入ったためだ。石油と天然ガスの資源に恵まれ、政治的にも安定している。

DATA

人口：約153万人
面積：約5130㎢
首都：ポート・オブ・スペイン
言語：英語、ヒンディー語、トリニダート・クレオール語ほか
民族：インド系35.4％、アフリカ系34.2％ほか
宗教：キリスト教、ヒンドゥー教ほか
通貨：トリニダード・トバゴ・ドル
時差：日本より13時間遅れている
GNI：US$6190／人

国名の由来

ふたつの主島トリニダード島とトバゴ島から。トリニダードは探検家コロンブスが、1498年の3度目の航海で島を見つけ、島の3つの峰を見てキリスト教の教義から「三位一体」を意味する「トリニダード」と名づけたもの。トバゴは先住インディオたちの言葉で「丘陵地」、あるいは嗜好品だった「タバコ」がなまったものとされる。

おみやげ

スティールパン

ドラム缶を使った音階のあるアコースティックな打楽器。ハンマーでドラム缶をへこませて音階をつくる。トリニダード・トバゴ共和国で発明された。

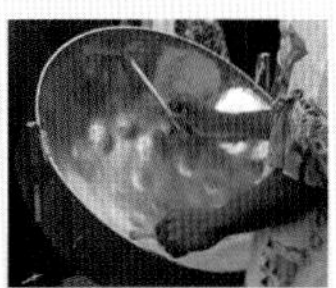

左）カーニバルの時期は世界中から観光客が訪れる
右）ポート・オブ・スペインの聖三位一体教会

明日誰かに教えたくなる トリニダード・トバゴの雑学

リンボーダンス発祥の地

ひざを曲げて尻をつかずに棒をくぐるリンボーダンスはトリニダード島で生まれた。カリブ海のリゾートでは、ゲスト同士の触れ合いのためにリンボーダンスが催されることもある。

リンボーダンサー

ワールドランキング TOPIC

次世代燃料として注目のアンモニア

トリニダード・トバゴは世界一のアンモニア輸出国。豊かな石油と天然ガス資源を使って製造している。アンモニアは現在の用途はほぼ肥料としてだが、新たなエネルギー源として研究が進みつつある。

地下資源が豊富な国

PHRASE ありがとう／サァン(グ)キュゥ　さようなら／マーマヤウリット

クルーズ船の寄港地として有名な島々

アンティグア・バーブーダ

Antigua and Barbuda

AG/ATG

IOC ANT FIFA ATG

英連邦に属する独立国のひとつ。アンティグア島、バーブーダ島、レドンダ島という3つの火山島からなり、多くのビーチを有する熱帯の楽園だ。首都セントジョンズはカリブ海を巡るクルーズ船の寄港地として有名で、免税店の入ったおしゃれなショッピングモールが立ち並ぶ。世界的ギタリストのエリック・クラプトンが、自らの体験をもとに薬物依存症の更生施設を建てたことでも知られる。

DATA

人口：約9万4000人
面積：約440㎢
首都：セントジョンズ
言語：英語、アンティグア・クレオール語
民族：アフリカ系87.3%ほか
宗教：キリスト教ほか
通貨：東カリブ・ドル
時差：日本より13時間遅れている
GNI：US$9050／人

緑豊かなアンティグア島

アンティグア・クレオール語でこんにちは

Ah wha g'wan?

(アー ワグワーン) ※What's going on？の意味

明日誰かに教えたくなる アンティグア・バーブーダの雑学

すべてはあいさつからという国民性

例えばバーに入るとき、あいさつをしないとサービスが悪くなることも。あいさつはじっくり時間をかけて行おう。

PHRASE ▶ **(英語)**ありがとう／サンキュー　がんばれ！／グッドラック　さようなら／グッバイ

民主主義の優等生と呼ばれる島国

バルバドス

Barbados

BB/BRB

IOC BAR FIFA BRB

珊瑚礁でできた種子島ほどの島。1500年にはスペイン人が全先住民を奴隷として移住させ無人化。1625年にイギリス支配下となり、1650年代にカリブ初のサトウキビのプランテーションが導入され、現在の国民の先祖となる黒人奴隷が入った。1966年の独立は混乱もなく行われ、議会制民主主義が定着し“カリブの優等生”と呼ばれる。観光業が経済を支え、カリブでは最も裕福。

DATA

人口：約28万1000人
面積：約430㎢
首都：ブリッジタウン
言語：英語
民族：アフリカ系91%、混血5%ほか
宗教：キリスト教ほか
通貨：バルバドス・ドル
時差：日本より13時間遅れている
GNI：US$9490／人

ラム酒のテイスティング

バヤン・クレオール語でこんにちは

Wa gine on ?

(ワガイノン) ※What's going on？の意味

明日誰かに教えたくなる バルバドスの雑学

ラム酒発祥の地

ラム酒といえばカリブ海だが、この小さな島こそが発祥の地として知られ、重要な観光資源にもなっている。

PHRASE ▶ **(英語)**ありがとう／サンキュー　がんばれ！／グッドラック　さようなら／グッバイ

グレナダ侵攻で知られる香辛料の島

グレナダ
Grenada

GD/GRD
IOC GRN FIFA GRN

19世紀のフランス、イギリスの植民地時代から、カカオ、綿花、コーヒー、サトウキビなどが栽培され、特にスパイスが有名。海の美しさでも知られ、カリブで最も美しいといわれる港もある。冷戦下の1979年に親ソ政権が樹立、1983年に政権内でクーデターが起こると、自国民保護を口実にアメリカと一部の親米国の軍が介入したグレナダ侵攻が起き、親米政権となった。

国旗にも描かれているナツメグ

グレナダ・クレオール語でこんにちは

Wah go/Wah say?
（ワゴー/ワセイ）※How are you？の意味

DATA

人口：約11万3000人
面積：約340㎢
首都：セントジョージズ
言語：英語、グレナダ・クレオール語
民族：アフリカ系82.4％ほか
宗教：キリスト教ほか
通貨：東カリブ・ドル
時差：日本より13時間遅れている
GNI：US$9070／人

明日誰かに教えたくなる グレナダの雑学

国名の由来はグラナダ

スペインの町グラナダが国名の由来だが、混同しやすく、実際に間違ったフライトに乗ってしまった人もいるという。

PHRASE （英語）ありがとう／サンキュー　がんばれ！／グッドラック　さようなら／グッバイ

メジャーリーガーを多数輩出

プエルトリコ 〈アメリカ自治領〉
Commonwealth of Puerto Rico

PR/PRI
IOC PUR FIFA PUR

アメリカの領土ではあるが、内政を自ら行う自治領。住民はアメリカ国籍をもつが、納税義務はなく、大統領選挙の投票権もない。1508年から約400年間はスペイン統治下にあり、多くの住民は英語ではなくスペイン語で生活をする。観光が主産業で、アメリカに移住した人々からの送金も大きな収入源。しかし2017年に連邦地裁に破産申請し、債務整理を進めている。

サン・ファンの町並み

スペイン語プエルトリコ方言でこんにちは

Kes-Lah-Keh ?
（ケセラケ）※What's going on？の意味

DATA

人口：約322万1789人
面積：約9104㎢
主都：サン・ファン
言語：スペイン語、英語
民族：白人75.8％、アフリカ系12.4％、混血3.3％ほか
宗教：カトリック56％、プロテスタントほか33％
通貨：アメリカ・ドル
時差：日本より13時間遅れている
GNI：US$2万4560／人

明日誰かに教えたくなる プエルトリコの雑学

ピニャコラーダ発祥の地

世界的に有名なパイナップルジュースのカクテル、ピニャコラーダはプエルトリコのバーで初めて出された。

PHRASE （スペイン語）ありがとう／グラシアス　がんばれ！／アニモ　さようなら／アスタルエゴ

先住カリブ族が暮らす島

ドミニカ国

Commonwealth of Dominica

DM/DMA

IOC DMA FIFA DMA

同じカリブ海のドミニカ共和国と同名だがまったく別の国。こちらのほうがかなり小さい。カリブの先住民カリブ族の系譜が残る貴重な島で、政府とは別に島の北東の海岸にテリトリーをもち、1903年から自治政府が設けられている。バナナ栽培が主産業。観光開発は進んでいない。

DATA

人口：約7万2000人
面積：約750㎢
首都：ロゾー
言語：英語、クレオール語
民族：アフリカ系84.5%、カリブ族3.8%ほか
宗教：キリスト教
通貨：東カリブ・ドル
時差：日本より13時間遅れている
GNI：US$8430／人

ボイリングレイク

ドミニカ・クレオール語でこんにちは

Bon jou !
（ボンジュ）

PHRASE ▶ (英語)ありがとう／サンキュー　がんばれ！／グッドラック　さようなら／グッバイ

西インド諸島で最初のイギリス植民地

セントクリストファー（セントキッツ）・ネービス

Saint Christopher (Kitts) and Nevis

KN/KNA

IOC SKN FIFA SKN

セントクリストファーとネービスのふたつの火山島からなり、面積と人口は南北アメリカで最小。名の由来は守護聖人クリストファーで、コロンブスが命名。1967年にイギリス自治領化、1980年に隣国アンギラが分離、1983年に独立した。熱帯雨林やビーチなど自然豊かで観光が主産業。

DATA

人口：約5万3000人
面積：約260㎢
首都：バセテール
言語：英語
民族：アフリカ系92.5％ほか
宗教：キリスト教
通貨：東カリブ・ドル
時差：日本より13時間遅れている
GNI：US$2万20／人

バセテールの港

セントキッツ・クレオール語でこんにちは

Wha gine on ?
（ワガイノン）※What's going on?の意味

PHRASE ▶ (英語)ありがとう／サンキュー　がんばれ！／グッドラック　さようなら／グッバイ

キリスト教聖人の名を冠する島

セントルシア

Saint Lucia

LC/LCA

IOC LCA FIFA LCA

双子の山と呼ばれ、絵本のように尖った峰があるふたつのピトン山がシンボル。コロンブスが訪れたのが聖ルチアの祝日だったのが名前の由来。火山島で平地は少なく、いくつもの滝が流れる豊かな熱帯雨林がほとんど。農業が主産業でバナナが中心。観光開発も期待されている。

DATA

人口：約18万3000人
面積：約620㎢
首都：カストリーズ
言語：英語、クレオール語
民族：アフリカ系85.3％ほか
宗教：キリスト教
通貨：東カリブ・ドル
時差：日本より13時間遅れている
GNI：US$1万2400／人

急峻なピトン山

セントルシア・クレオール語でこんにちは

Bonjou !
（ボンジュ）

PHRASE ▶ (英語)ありがとう／サンキュー　がんばれ！／グッドラック　さようなら／グッバイ

『パイレーツ・オブ・カリビアン』の撮影が行われた

セントビンセントおよびグレナディーン諸島 VT/VCT

Saint Vincent and the Grenadines

IOC VIN FIFA VIN

国名のとおりセントビンセント島とグレナディーン諸島からなる。音楽のたいへん盛んな島で、カリプソ音楽に合わせて仮装した人々がダンスを踊る12日間のカーニバル「ヴィンシー・マス」やR&Bフェスティバルなどが有名。カリブの海賊を描いた映画『パイレーツ・オブ・カリビアン』の撮影地としても知られる。

ワリラボウにある映画の撮影地

DATA

人口：約11万2000人
面積：約390㎢
首都：キングスタウン
言語：英語、セントビンセント・クレオール語
民族：アフリカ系72.8％、混血20％、カリブ族3.6％ほか
宗教：プロテスタント75％、カトリック6.3％、ラスタファリズム1.1％ほか
通貨：東カリブ・ドル
時差：日本より13時間遅れている
GNI：US$9110／人

セントビンセント・クレオール語でこんにちは

What's up man ?
（ワッツアップマン）※What's up の意味

明日誰かに教えたくなる セントビンセントの雑学

古代の岩面彫刻が残る

島には西洋人の侵入で数が激減したカリブの先住民族アラワク人によるペトログリフ（岩面彫刻）が残されている。

PHRASE ▶ （英語）ありがとう／サンキュー　がんばれ！／グッドラック　さようなら／グッバイ

〈フランス海外県〉

リゾート開発の進むフレンチカリブ

マルティニーク

Martinique

マルティニーク・クレオール語でこんにちは

Bonjou !
（ボンジュー）

MQ/MTQ
IOC なし
FIFA MTQ

カリブ族の言葉「マディニーナMadinina（花の島）」が国名の由来。熱帯ならではのさまざまな花が咲き乱れ、数百種もの花が見られるバラタ植物園は旅行者に人気の観光地となっている。ナポレオンの最初の妻ジョセフィーヌはこの島出身で、彼女の生家跡がラ・パジュリ記念館として保存されていて、こちらにも多くの人が訪れる。

DATA

人口：約36万700人
面積：約1128㎢
主都：フォール・ド・フランス
言語：フランス語、クレオール語
民族：おもにアフリカ系
宗教：キリスト教90％ほか
通貨：ユーロ
時差：日本より13時間遅れている

〈オランダ自治領／フランス海外準県〉

南北でふたつに分かれる

セント・マーチン島

Saint Martin

セントマーチン・クレオール語でこんにちは

Good Day/Bonjou !
（グッデイ／ボンジュー）

MF※/MAF※
IOC なし
FIFA SMN※

多国籍の人々が仲よく暮らす“フレンドリーアイランド”。島の中央を境界線が走り、北部がフランス領でサン・マルタン、南部がオランダ領でシント・マールテンと呼び分けられている。空港に隣接するマホ・ベイ・ビーチは、頭上スレスレを飛行機が通る「世界一危険なビーチ」として有名。

※フランス領。オランダ領はSX/SXM IOC なし FIFA SMA

DATA 途中／で区切っている場合、オランダ領、フランス領の順

人口：約7万2200人
面積：約88㎢
主都：フィリップスバーグ／マリゴ
言語：フランス語、英語、オランダ語、クレオール語
民族：おもにアフリカ系
宗教：キリスト教、ヒンドゥー教ほか
通貨：オランダ領アンティルギルダー／ユーロ
時差：日本より13時間遅れている

〈オランダ構成国〉

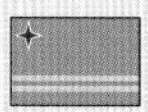

カリブのダイビングパラダイス

アルバ

Aruba

AW/ABW IOC ARU FIFA ARU

オランダ王国を構成する国のひとつ。美しいビーチやカジノが点在するリゾート地で“カリブ海のラスベガス”と呼ばれることも。オランダ語をベースにさまざまな言語が混ざったパピアメント語が話される。

DATA

人口：約12万5063人
面積：約180㎢
主都：オラニエスタッド
言語：パピアメント語ほか
民族：アルバ人66％ほか
宗教：キリスト教80.2%ほか
通貨：アルバ・フロリン
時差：日本より13時間遅い

〈イギリス海外領土〉

世界のセレブの隠れ家

アンギラ

Anguilla

AI/AIA IOC なし FIFA AIA

セントクリストファー・ネービス(→P.180)から分離し、単独でイギリス自治領となった。カリブで最も美しいビーチともいわれるショールベイ・ビーチをはじめ、きれいな海が世界のセレブをひきつけている。

DATA

人口：約1万9416人
面積：約91㎢
主都：バレー
言語：英語
民族：アフリカ系85.3%ほか
宗教：キリスト教90.9%ほか
通貨：東カリブ・ドル
時差：日本より13時間遅い

〈イギリス海外領土〉

隔絶された大西洋に浮かぶ島

バミューダ

Bermuda

BM/BMU IOC BER FIFA BER

政治・経済の面で自立した権限をもつイギリス領の島。金融や観光産業が盛んで、1人当たりGDPは先進国並み。赤いサンゴが混じったピンク色のビーチや、主都ハミルトンのパステルカラーの歴史的町並みが人気。

DATA

人口：約7万2000人
面積：約54㎢
主都：ハミルトン
言語：英語、ポルトガル語
民族：アフリカ系ほか
宗教：キリスト教ほか
通貨：バミューダ・ドル
時差：日本より13時間遅い

〈オランダ構成国〉

オランダの一部である3つの島

ボネール、シント・ユースタティウスおよびサバ

Bonaire, Sint Eustatius and Saba

BQ/BES IOC なし FIFA なし

ベネズエラの北に浮かぶボネール島と、約650km離れたシント・ユースタティウス島とサバ島からなり、オランダ王国の一部という位置づけ。シント・ユースタティウスの自治権は2018年に失われている。

DATA

人口：約2万5987人
面積：約322㎢
言語：オランダ語
民族：アフリカ系ほか
宗教：おもにキリスト教
通貨：アメリカ・ドル
時差：日本より13時間遅い

〈イギリス海外領土〉

高いGDPを誇るタックスヘイブンの島

ケイマン諸島

Cayman Islands

KY/CYM IOC CAY FIFA CAY

キューバの南に位置する3つの島からなる。タックスヘイブン（租税回避地）であり、金融、観光の2大産業によりカリブ唯一の先進地域といわれる。スクーバダイビングの聖地としても世界的に有名。

DATA

人口：約6万6653人
面積：約259㎢
主都：ジョージタウン
言語：英語
民族：ケイマン諸島人ほか
宗教：プロテスタント60.8%ほか
通貨：ケイマン・ドル
時差：日本より14時間遅い

〈オランダ構成国〉

カラフルな町並みの主都は世界遺産

キュラソー

Curacao

CW/CUW IOC なし FIFA CUW

ベネズエラの北にあるオランダの構成国。主都ウィレムスタードには、17～18世紀に建てられたパステルカラーの建物が並び、世界遺産に登録されている。ラム酒とオレンジの果皮で作ったキュラソー酒が有名。

DATA

人口：約15万3289人
面積：約444㎢
主都：ウィレムスタード
言語：パピアメント語ほか
民族：おもにアフリカ系
宗教：おもにキリスト教
通貨：アンティル・ギルダー
時差：日本より13時間遅い

〈フランス海外県〉

移民の多いフレンチカリブ

グアドループ

Guadeloupe

GP/GLP IOC なし FIFA GPE

6つの有人島からなるフランス海外県の島々。混血であるクレオールがほとんどで、さまざまな文化が混ざり合いズークという独自の音楽が生まれた。また、著名な黒人クラシック音楽家サン・ジョルジュも出身。

DATA

人口：約39万5752人
面積：約1705㎢
主都：バステール
言語：フランス語、クレオール語
民族：アフリカ系ほか
宗教：おもにキリスト教
通貨：ユーロ
時差：日本より13時間遅い

〈イギリス海外領土〉

火山の噴火により遷都した

モントセラト

Montserrat

MS/MSR IOC なし FIFA MSR

リーワード諸島に属するイギリス領の小さな島。活火山のスフリエール・ヒルズが1995年、1997年、2003年と噴火し主都のプリマスが壊滅。ブレイズを臨時主都とし、新主都はリトルベイに決まっている。

DATA

人口：約5440人
面積：約102㎢
主都：リトルベイ
言語：英語
民族：おもにアフリカ系
宗教：おもにキリスト教
通貨：東カリブ・ドル
時差：日本より13時間遅い

〈フランス海外準県〉

セレブがお忍びで訪れる楽園

サン・バルテルミー

Saint Barthelemy

BL/BLM IOC なし FIFA なし

コロンブスの弟バーソロミューが名前の由来。フランスの海外準県だけあり、おしゃれなブティックやグルメが充実。セブンマイル・ビーチなど絶景ビーチが島を取り囲み、“小さな熱帯の楽園”ともいわれる。

DATA

人口：約7086人
面積：約25㎢
主都：グスタビア
言語：フランス語、英語
民族：アフリカ系、混血など
宗教：おもにキリスト教
通貨：ユーロ
時差：日本より13時間遅い

〈イギリス海外領土〉

アメリカ人に人気のリゾート

タークス・カイコス諸島

Turks and Caicos Islands

TC/TCA IOC なし FIFA TCA

キューバやドミニカ共和国などと同じ大アンティル諸島に属する、カリビアンブルーの美しい海が魅力の島々。アメリカでは非常にポピュラーなリゾート地で、アマンなど洗練された5つ星ホテルが揃う。

DATA

人口：約5万5000人
面積：約948㎢
主都：コックバーン・タウン
言語：英語
民族：おもにアフリカ系
宗教：おもにキリスト教
通貨：アメリカ・ドル
時差：日本より13時間遅い

〈アメリカ保護領〉

アメリカ屈指のリゾートアイランド

米領ヴァージン諸島

United States Virgin Islands

VI/VIR IOC SIV FIFA VIR

“アメリカのパラダイス”と呼ばれ、年間150隻ものクルーズ船が停泊する寄港地として知られる。パナマ運河を守るため、1917年にアメリカがデンマークからUS$2500万で購入したという歴史をもつ。

DATA

人口：約10万4377人
面積：約346㎢
主都：シャーロット・アマリー
言語：英語、スペイン語
民族：おもにアフリカ系
宗教：キリスト教
通貨：アメリカ・ドル
時差：日本より13時間遅い

〈イギリス海外領土〉

海外投資の集まるタックスヘイブン

英領ヴァージン諸島

British Virgin Islands

VG/VGB IOC IVB FIFA VGB

米領ヴァージン諸島とのつながりが強く、通貨は米ドル。米領に比べ、こちらは比較的静かな雰囲気。観光が主要産業ではあるが、タックスヘイブンとしても有名で、世界有数の金融センターの顔をもつ。

DATA

人口：約4万102人
面積：約153㎢
主都：ロードタウン
言語：英語ほか
民族：おもにアフリカ系
宗教：おもにキリスト教
通貨：アメリカ・ドル
時差：日本より13時間遅い

ヨーロッパの香り漂うタンゴ発祥の国

アルゼンチン共和国

Argentine Republic

国旗の意味

空と海の色、自由や正義を表すブルーと白のストライプ。中央の太陽はスペインからの独立を表す自由のシンボル。

AR/ARG

IOC ARG
FIFA ARG

スペイン語でこんにちは

¡Buenas tardes!
(ブエナス タルデス)

南米ではブラジルに次ぐ面積をもつ大国。アンデス山脈、大草原パンパ、氷河地帯など変化に富んだ自然が広がる。とりわけ大陸の最南端、南緯40度付近を流れるコロラド川より南のチリとまたがる地域のパタゴニアは、険しい山岳地に氷河があり、その活動で生まれた青い氷河湖など、壮大な自然景観で知られる。希少な動植物の宝庫でもあり、世界で最も南に位置する町ウシュアイアもある。一方、首都ブエノスアイレスは南米のパリとも呼ばれ、コロニアルな町並みが美しい南米有数の大都会。タンゴ発祥の地といわれており、芸術・文化の都となっている。サッカー強豪国であり、世界的プレイヤーのメッシは英雄。

国名の由来

スペイン語での自称は「アルヘンティーナ」。英語読みでは「アージェンティーナ」。アルゼンチンは日本での呼称。独立当初の自称は「リオ・デ・ラ・プラタ」で「銀の川」の意味。16世紀にスペイン人征服者が、パラグアイ川沿いの村で銀の装飾品を身につけた先住民と出会う。それを見て、当時うわさで広がり探検家を駆り立てていた山奥に存在するという「シエラデ・ラ・プラタ」と呼ばれる先住民の「銀の山」伝説が重なり名づけたとされる。ここからイタリア語(スペイン語ではなく)で「銀の」を意味するラテン語語源の「アルゲントゥム」に地名を表す「ティーナ」を加えたというのが由来。

DATA

人口：約4623万人
面積：約278万㎢
首都：ブエノスアイレス
言語：スペイン語ほか、イタリア語、英語、ドイツ語、フランス語、先住民族の言葉(マプチェ語、ケチュア語など)
民族：スペイン、イタリアなどヨーロッパ系97%、先住民3%
宗教：カトリック62.9%、プロテスタント2%、ユダヤ教2%ほか
通貨：アルゼンチン・ペソ
時差：日本より12時間遅れている
GNI：US$1万1590／人

左）巨大なオベリスクがそびえるブエノスアイレス
右）街角でタンゴを踊る男女

PHRASE ▶ ありがとう／グラシアス　がんばれ！／アニモ、バモス　さようなら／アスタルエゴ

スケールは世界No.1！　イグアスの滝

　ブラジルとアルゼンチンの国境にまたがるイグアスの滝（グアラニー族の言葉で「大いなる水」の意）。ブラジル、アルゼンチンからアクセスするのが一般的だが、パラグアイからも行くことができる。最大落差は80m、毎秒6万5000トンもの水流を誇り、そのスケールは、同じく3大瀑布に数えられるヴィクトリア、ナイアガラの滝をしのぐ。両国とも滝周辺は国立公園に指定されており、さまざまなトレイル、展望スポットが整備されている。予算が許せば豊かな自然の中でクルーズやヘリツアーなどのアクティビティに挑戦するのもおすすめ。

展望台から「悪魔ののど笛」を望む

氷河を越えて世界最南端の町へ

　パタゴニアとは南緯40度以南のチリとアルゼンチンに広がるエリアのこと。氷河や国立公園など、壮大な自然の景観を楽しみに多くの旅行者が訪れる場所だ。世界遺産の国立公園、ロス・グラシアレス内にあるペリト・モレノ氷河はパタゴニアのハイライト。南極の目と鼻の先、世界最南端のウシュアイアの町も見逃せない。

海から見たウシュアイアの町

上）パタゴニアのハイライト、ペリト・モレノ氷河
下）ロス・グラシアレス国立公園にそびえるフィッツロイ山

グルメ

アサード

牛肉を岩塩だけで味付けし、弱めの炭火でじっくり焼いたもの。アルゼンチンでは国民食とされ人が集まればアサードを食べるといわれ、交流の大事な習慣でもある。アサードとは「焼かれたもの」の意味。

お菓子

ドゥルセ・デ・レチェ

牛乳や生クリームと砂糖をゆっくりと煮詰めて作るキャラメルのような菓子。アルフォルというクッキーで挟んだり、ケーキ作りに使ったり、アイスクリームにかけたりして食べる。政府が厳しい製造規定を定めている。

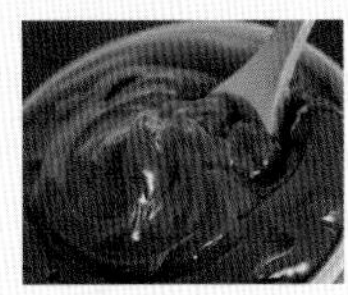

明日誰かに教えたくなる アルゼンチンの雑学

毎月29日にニョッキを食べる

　月末の29日になると、人々はニョッキを食べる。もともとイタリア移民によって持ち込まれた習慣だが、安価で給料日前の食卓に適していることも習慣になった要因だとか。

南米で最大の映画製作国

　国民は映画が大好き。世界的に有名な監督も多く、数々の国際映画祭も開催されている。

LGBTQ+に寛容な国

　LGBTQ+に寛容な国であり、2010年、ラテンアメリカで初めて同性婚を合法とした。

カフェで楽しむカップル

ワールドランキング TOPIC

世界の穀物倉庫のひとつ

　大豆と大豆製品の一大産出国。大豆自体の生産量は世界第3位だが、家畜の飼料となる大豆粕や食用大豆油の輸出量は世界一。世界の食糧事情を左右する重要な作物のため需要が高く著しい成長を遂げるが、森林破壊などの問題も生じている。
参考：米国農務省

生産は大規模農業で行われる

人種と文化のるつぼといわれる新興産業国

ブラジル連邦共和国

Federative Republic of Brazil

国旗の意味

緑は森、黄色は鉱物、青い丸は空を表している。空の中の27個の星は、26州と首都ブラジリアを意味している。

BR/BRA

IOC BRA

FIFA BRA

ブラジル・ポルトガル語でこんにちは

Boa tarde !
（ボア タルジ）

国土は南米大陸の約半分を占め、世界でも第5位。人口は世界第7位の大国だ。26の州と連邦直轄区である首都ブラジリアで構成される連邦制。アマゾンがある赤道直下の北部の熱帯から、亜熱帯を経て、壮大なイグアスの滝がある温帯の南部まで、気候は幅広い。国民は先住民と欧州系・アフリカ系が混血を重ね、日本を含む多くの国からの移民もいて多様性を極め、人種や文化のるつぼといわれる。砂糖やコーヒー、トウモロコシなどの農業が盛ん。航空機製造や石油関係の産業などの工業国でもあり、新興産業国BRICSの一員。サッカー強豪国で、国民の人気も高く大きな試合がある日は町から人が消えるといわれる。

国名の由来

自国での自称はブラジル・ポルトガル語で「ブラズィウ」。英語では「ブラズィル」と発音し、日本での呼称ブラジルはポルトガルで使われているイベリア・ポルトガル語での発音がもと。ポルトガル人が赤色の染料が作られる木を見つけ「炎のように赤い木」を意味する「パウ・ブラジル」と名づけた。16世紀にはこれが特産品として盛んにヨーロッパに輸出され、地名もブラジルが使われるようになった。

DATA

人口：約2億1531万人
面積：約851万2000㎢
首都：ブラジリア
言語：ポルトガル語
民族：ヨーロッパ系48％、アフリカ系8％、アジア系1.1％、混　血43％、先住民0.4％
宗教：カトリック52.8％、プロテスタント26.7％、無宗教13.6％ほか
通貨：ブラジル・レアル
時差：日本より12時間遅れている（ブラジリアの場合。ほか3つのタイムゾーンがある）
GNI：US$8140／人

最大の都市リオ・デ・ジャネイロにあるコルコバードの丘のキリスト像

PHRASE ▶ ありがとう／オブリガード（男性）オブリガーダ（女性）　がんばれ！／ボアソルチ

世界有数のサッカー王国になるまで

ブラジルといえば世界に名だたるサッカー王国。サッカー・ワールドカップでは5回も優勝し、これは最多記録（2位は4回のドイツとイタリア）。この国にサッカーをもち込んだのは、イギリス系ブラジル人のチャールズ・ウイリアム・ミラー。イングランドに留学した際にサッカーのとりこになり、「サンパウロ・アスレチック・クラブ」を創設してその普及に励んだ。黒人や混血の人々もプレイするようになり、1901年にはブラジル初のプロサッカーリーグが誕生。その後、“サッカーの神様”と呼ばれるペレなど、さまざまなスター選手を輩出している。

ブラジル代表のサポーター

キリスト教と黒人文化の融合

世界3大カーニバルのひとつに数えられるリオのカーニバル。派手な山車とダンサーが練り歩き、毎年100万人以上が訪れる大規模な祭りだ。これはもともとキリスト教において四旬節（食事を制限する期間）の前に食べ納めをする祭り。これが黒人奴隷によって生み出されたサンバと組み合わさって、18世紀頃に始められたものとされる。

カラフルな衣装のダンサー

熱帯雨林に囲まれたアマゾン川を進むボート

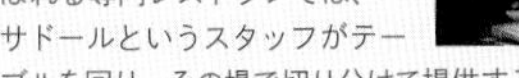

グルメ

シュラスコ

長い大串に刺したブロック肉に岩塩をふり、炭火で焼くシンプルな料理。シュハスカリアと呼ばれる専門レストランでは、パサドールというスタッフがテーブルを回り、その場で切り分けて提供する。

おみやげ

ボンフィン

サルバドール地区を発祥とする「願いがかなうリボン」。手首や足首に2回巻いて、3つの願い事を込めて3回目を結ぶ。サッカー選手たちがけが防止を願って巻いて有名になった。自然に切れると願いがかなうとされる。

明日誰かに教えたくなる ブラジルの雑学

リオはかつてポルトガルの首都だった

1808年にナポレオンに本国領土を奪われてからブラジルが独立する1822年まで、リオ・デ・ジャネイロはポルトガルの首都で、王室もリオに移っていた。

世界最大の日系人コミュニティ

1907（明治40）年に最初の移民船「笠戸丸」が出港してからの約100年間で約26万人の日本人がブラジルに渡った。彼らは大変な苦労をしながら現地に根づき子孫を増やした。現在はブラジルの総人口の1%前後となる200万人以上の日系人が暮らす。

サンパウロにある日本式庭園

ワールドランキング TOPIC

消費国としても世界第2位のコーヒー大国

コーヒー生産量は約320万トンで世界一。世界シェアの約30％を占め、2位のベトナムが約200万トンでシェア約18％なのでダントツのトップ。生産地の標高がほかの国々より低めなことで酸味が少なくまろやかな味になることが特徴。

参考：国際連合食糧農業機関（FAO）2024

大規模なコーヒー農園が広がる

ワイン生産で知られる南北に細長い国

チリ共和国

Republic of Chile

国旗の意味

白はアンデス山脈に積もる雪、赤は国花コピウエの花とスペイン軍と戦って流した戦士の血、青地の白い星はチリの統一を表す。

CL/CHL

IOC CHI

FIFA CHI

スペイン語でこんにちは

¡Buenas tardes!

（ブエナス タルデス）

南北には4329kmもあるが、東西は最長445kmで最も狭いところは約90kmと世界で最も細長い国といわれる。このため気候も多様で、国土の北3分の1を占める北部のアタカマ砂漠から、中央部の地中海性気候、ツンドラ気候の最南部パタゴニア地方まである。モアイ像で有名な南太平洋の孤島イースター島も領土で、こちらは亜熱帯だ。経済は輸出で成り立ち、世界一の生産量がある銅などの鉱業をはじめ、農業や漁業も盛ん。雨が少なく日照時間の長い気候を利用したブドウは熟度が高く、それで作られるワインは世界的に人気。地震の多さや、控えめで真面目な国民性など多方面から日本と似ている国といわれる。

国名の由来

スペイン語での自称は「チーレ」。チリは英語読み。由来には定説がない。有力説は先住民アイマラの言葉で「大地の終わる所」を意味する「チリ」から。このほか先住民ピクンチェ族の首長「ティリ」から名づけられた南米最高峰アコンカグアにある渓谷名、先住アラウコ語族の言葉で「世界の果て」を意味する「チレ」、先住ケチュア族がアンデス山脈の雪から「寒い」を意味する「チレ」と呼んだことからなど諸説ある。

DATA

人口：約1949万人
面積：約75万6000㎢
首都：サンティアゴ
言語：スペイン語
民族：ヨーロッパ系87％、先住民系13％
宗教：カトリック70％、福音派13％、ほかプロテスタントエホバの証人など
通貨：チリ・ペソ
時差：日本より13時間遅れている（ほかふたつのタイムゾーンがある。エリアによりサマータイムあり）
GNI：US$1万4670／人

左）パタゴニア地方のトーレス・デル・パイネ国立公園
右）バルパライソのカラフルな町並み

PHRASE ▶ ありがとう／グラシアス　がんばれ！／アニモ、バモス　さようなら／アスタルエゴ

COLUMN

神秘に包まれたモアイの島 イースター島

巨大なモアイ像があるイースター島はチリ本土から約3500km以上離れている絶海の孤島。島の名前は、1722年のイースター（復活祭）の日にこの島に上陸したオランダ人がつけたもの。島民は「ラパヌイ（大きな島）」あるいは「テ・ピト・オ・テ・ヘヌア（地球のへそ）」と呼ぶ。1888年にチリ領になり、スペイン語のイスラ・デ・パスクアが正式名称となっている。この島を世界的に有名にしたのは1000体ものモアイ像。誰が何のために造ったのか謎に包まれたままだ。42％の面積がラパヌイ国立公園に指定されている。

ポリネシアの伝統衣装でダンスを踊る島民

COLUMN

チリのワインは輸入量No.1

日本ではワインといえば長くフランスやイタリアなどのヨーロッパが輸入先として主流だった。しかし2007年頃から急速に輸入量が増加し、2015年から他国を抑え日本での輸入No.1の座に君臨し続けているのがチリ。経済連携協定を結んでいるので関税が抑えられ、低価格ながらも質のよいワインとして認知されている。

ワイナリーでのテイスティング

南太平洋に浮かぶイースター島のモアイ像

グルメ

カスエラ

肉と野菜を煮込んだ料理で、カスエラは調理に使う鍋の名前。肉は鶏肉か牛肉が多いが、豚肉や七面鳥を使うこともある。野菜はジャガイモ、カボチャが多い。スパイスのオレガノで香りと深みを出す。

おみやげ

ラピスラズリ

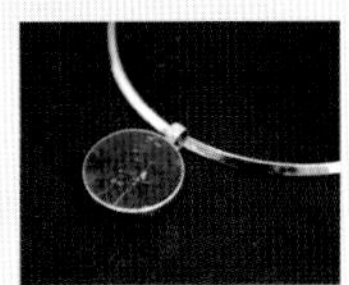

深い青の美しさから聖なる宝石として世界的に人気。日本では瑠璃と呼ぶ。アフガニスタン、ロシアとともに世界3大産地となっており、チリ産は金箔をまぶしたようなパイライトが入っていて貴重とされる。

明日誰かに教えたくなる ▶チリの雑学

政府が公式にUFOを研究している

チリは政府が公式にUFO研究をしている数少ない国。チリでは多くのUFO目撃例があり、チリ政府認定のUFO映像も公開されている。

最古のミイラ文化をもつ

カマロネス渓谷で発見されたチンチョーロ族のミイラは約7000年前のもので、ミイラ文化としてはエジプトを超える世界最古のものだ。

ギネス認定の東大の天文台

アタカマ砂漠の標高5640mに整備されたギネス認定の「世界一高い天文台」は東京大学が運営。

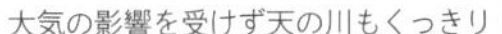

大気の影響を受けず天の川もくっきり

ワールドランキング TOPIC

40年以上も雨が降らなかった地域もある

中部アンデス山脈の西側に広がるアカタマ砂漠の降水量は年間約15 mmで、場所によっては1～3mmのこともあり、特殊な環境である南極の一部を除き世界で最も乾燥した地といわれる。その極端な環境に適応した植物が約500種も確認されている。

参考：University of California Museum 2024

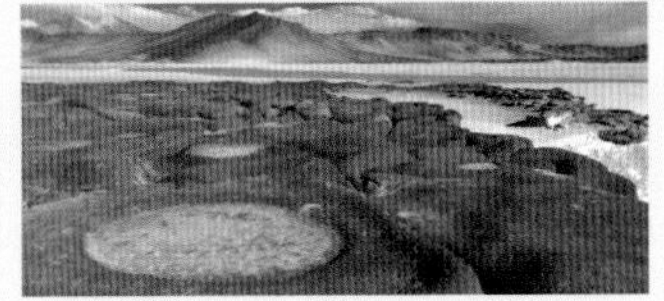

まるで火星のような風景

治安が改善されつつあるコーヒー生産大国

コロンビア共和国

Republic of Colombia

国旗の意味

黄は富、青は太平洋と大西洋、赤は英雄が流した血を表している。

CO/COL

IOC	COL
FIFA	COL

スペイン語でこんにちは

¡Buenas tardes!

(ブエナス タルデス)

キューバ革命を機に活発化した左翼活動組織が、戦闘行為やテロ活動を行い、さらには右翼的な民兵組織とも対立、その資金源としていずれもが麻薬を使うなど、悲惨な内戦が50年も続き危険な国のイメージが強いが、2017年にファン・マヌエル・サントス大統領が内戦終結を宣言。少しずつ和平に歩み始め、経済発展もしている。もともと自然が豊かな美しい国で、カリブ海と太平洋の両方に面し、アンデス高地、アマゾンのジャングルと多様性もある。スペイン統治時代の美しい建築物群、謎の古代遺跡サン・アグスティンなど魅力的な観光資源も多く、長く眠っていたぶん、世界中の旅好きの注目を集めている国だ。

国名の由来

世界的に有名なイタリアの航海者クリストファー・コロンブスに由来。出身地イタリアでは「コロンボ」と呼ぶが、ラテン語読みがコロンブス。もともとはスペインのグラナダから取ってヌエバ・グラナダ（新しいグラダナ）と呼んでいたが、ベネズエラの独立指導者フランシスコ・デ・ミランダが新大陸全体を示す言葉として「コロンビア」を使い、やがてコロンビアとベネズエラの連合国家名となる。1831年にヌエバ・グラナダ共和国として独立したコロンビアは、グラナダ連合、コロンビア合衆国と名を変え、1886年に現在のコロンビア共和国となった。

DATA

人口：約5187万人
面積：約113万9000㎢
首都：ボゴタ
言語：スペイン語
民族：メスティソ(混血)とヨーロッパ系87.6%、アフリカ系6.8%、先住民族4.3%ほか
宗教：カトリック63.6%、プロテスタント17.2%(ペンテコステ派16.7%、メインライン(主流派)・プロテスタント0.3%、そのほか0.2%を含む)ほか
通貨：コロンビア・ペソ
時差：日本より14時間遅れている
GNI：US$6500／人

行政機関が集まるボリーバル広場に立つ大聖堂（ボゴタ）

PHRASE ▶ ありがとう／グラシアス　がんばれ！／アニモ　さようなら／アスタルエゴ

COLUMN
世界遺産の港湾都市 カルタヘナ

スペイン統治時代のノスタルジックな町並みが残るカルタヘナ。旧市街に残る堅牢な要塞跡、スペイン風の建造物群など、町全体が世界遺産に登録されている。町の始まりは、金や香辛料を送り出すためにスペインが作った港。これが南米の一大貿易拠点に成長し、町は栄華を極める。それに目をつけたイギリスやフランス、そしてフランシス・ドレークなどの海賊たちから町を守るため、スペインは強固な城壁を建設した。近代的なビル群、カリブ海のビーチなど、旧市街以外にもバラエティに富んだ見どころが多く、ぜひ訪れてみたい都市だ。

旧市街のカラフルな町並み

COLUMN
世界屈指の美人の国

コロンビアは美人が多いと世界的にいわれている。南米ではコスタリカ、チリとともに3大美女大国とも呼ばれる。美人が多い理由は、歴史的にヨーロッパ、先住民、ラテン、アフリカなどの人々が混血してきたからといわれている。なかでも第2の都市メデジンは特に美人の多い町として知られる。国内でのコンテストも毎年開催されている。

コロンビアの女性たち

上）サン・アグスティンのミステリアスな石像
下）観光客に人気のシパキラの塩の教会

グルメ
アレパ

トウモロコシをすり潰して作った粉に、水と塩、ときにバターなどと練ってハンバーガーのパテのような形にして焼いた伝統的なパン。チーズや調理した肉を挟んだり、ハチミツを塗ったりして食べる。

おみやげ
モチラ

北部で今も自給自足農業で暮らす先住民族アルアコ族が手作りするバケツ型の手織りバッグ。アルアコの女性だけが織ることができ、母から子へと技術が引き継がれる。コロンビアの先住民文化のシンボル的存在。

明日誰かに教えたくなる コロンビアの雑学

ソフトバンクも出資する宅配アプリが大普及

2015年に創業したコロンビア企業が運営するRappi（ラッピ）は、食事のデリバリー、ショッピング、ATMでの預金引き出しまで代行し急速に普及。ほかの中南米諸国にも進出し、日本のソフトバンクからの投資もある。

ユリやマリーゴールドを贈ってはいけない

花の栽培が盛んだが、ユリやマリーゴールドは死者にささげるための花で、プレゼントすると侮辱と受け取られる。

毎日定刻に国歌を流す

政府の方針で公共放送は毎日6:00、18:00に国歌を流さなければならない。

首都ボゴタ

ワールドランキング TOPIC
日本の母の日を支えている？

コーヒー輸出国のイメージが強いが2023年の世界ランクは4位。一方、切り花の輸出はオランダに次ぐ世界2位。年間6億5000万本もの切り花が世界各国に送られている。日本でもカーネーションの７割がコロンビアからの輸入。

参考：International Trade Centre（ITC）

花の祭りも多い国

インカ文明の栄えた魅力あふれる国

ペルー共和国

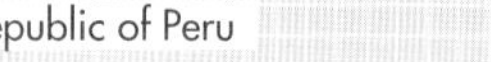

Republic of Peru

国旗の意味

中央の紋章の左上には水色の地に右を向いたビクーニャ、右上には白地にキーナの木、下には赤地に山羊の角からこぼれている金貨が描かれており、豊かな自然と資源を表している。

PE/PER

IOC　PER

FIFA　PER

ケチュア語でこんにちは

Allianchu ?

（アリランチュ）※How are you ? の意味

大きく3つの地域に分かれる。西側はコスタと呼ばれる海岸地方で、古くから栄え首都リマを筆頭に都市が形成されてきた。内陸部はシエラというアンデスの山岳地で標高6000mを超える山もある。東側はアマゾンの熱帯雨林でセルバと呼ばれる。古代インカ都市のマチュピチュ遺跡やナスカの地上絵などが有名なため高地のイメージが強いが、実はアマゾン川流域の低地が約60％と最も広い。紀元前からナスカ文化など歴代のアンデス文明が繁栄し、13世紀の成立から16世紀の滅亡までインカ帝国の中心地だった。1899年、南米で最初に日本人移民が行われ、現在も結びつきが深く日本が最大の援助国。

国名の由来

由来には諸説ある。有力説はパナマの先住民の首長の名「ビルー」からというもの。当時、スペイン人たちはパナマ地峡あたりを新世界の最南端と思っていたが、そのさらに先にもっと豊かな国があると先住民から伝え聞いて目指すようになる。やがてたどり着いたとき、その一帯を「ビルー」、さらに転じて「ピルー」からペルーと呼ぶようになり、インカ帝国そのものの名となった。このほか、インディオの言葉で「川」を意味するペルーからという説などがある。

DATA

人口：約3297万人
面積：約129万㎢
首都：リマ
言語：スペイン語ほか先住民の言語
民族：混血60.2％、先住民25.8％、ヨーロッパ系5.9％、アフリカ系3.6％、日本・中国系4.5％ほか
宗教：カトリック66.4％、そのほかのキリスト教22.4％など
通貨：ソル
時差：日本より14時間遅れている
GNI：US$6740／人

ペルーに来たら見逃せない“天空都市”マチュピチュ

PHRASE ▸ ありがとう／スルパイキ　さようなら／テゥパナンチスカマ　こんばんは／アリントゥタ

COLUMN
設計に隠されたマチュピチュのすごさ

15世紀、インカ帝国の要塞都市として建設されたマチュピチュ。1983年に世界複合遺産に登録されている。石造りの建造物が尾根に広がる壮大な景色で知られるが、実はその建築こそ注目すべきポイント。漆喰を使わずに建てられたにもかかわらず、石はカミソリの刃も通らないほど精巧に組まれている。「地震が起こると建物が踊りだす」といわれ、揺れると石が衝突し合い、最終的に元の位置に収まるという。また、土台を地下深くまで掘り下げ、粉砕した石を敷いて水はけをよくしてある。設計にインカ帝国がもっていた高度な技術が隠されている。

精巧に組み合わさった石組

COLUMN
“天空の湖”で先住民族の文化に触れる

ペルーとボリビアにまたがるティティカカ（チチカカ）湖は、標高3810mに位置し“天空の湖”とも呼ばれる世界的にも珍しい古代湖のひとつ。トトラと呼ばれる葦科の植物でできた浮島ウロス島では、伝統衣装を着たウル族という先住民が暮らしており、彼らと民泊をすることもできる。

ウロス島のウル族

伝統衣装を着た女性とアルパカ

グルメ
セビーチェ

生の魚介類を切ってタマネギとともに柑橘類の果汁でマリネした料理。インカ帝国時代以前、2000年以上前からペルーで作られてきたといわれる。2023年にはユネスコ無形文化遺産に登録された。

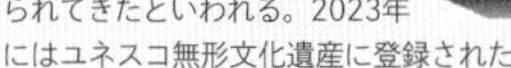

おみやげ
ポンチョ

長方形の厚い布地の真ん中に頭を出す穴が開いたアンデス文明の頃を発祥とする民族衣装。毛織物で作られ、通常の服の上から防寒のために着る。色にはそれぞれ意味があり、また形状や大きさは地域によって異なる。

明日誰かに教えたくなる ペルーの雑学

絵に描いたようなオアシスの村がある

砂丘に囲まれながらもそこだけ緑豊かなワカチナという村は、まさに絵に描いたようなオアシスの村。観光地として人気でレストランやカフェ、ホテルもある。サンドバギーや湖でのカヤックなど、アクティビティも豊富。

ペルー料理は世界的に注目されている

2019年、旅行業界のアカデミー賞ともいわれるワールド・トラベル・アワードにおいて、ペルーは「世界をリードする食のデスティネーション」に選ばれ、8年連続の選出となった。さまざまな文化が融合した多彩な料理の数々を楽しみたい。

シーフードのセビーチェ

ワールドランキング TOPIC
日本では知られざる美食大国

ペルーは美食の国といわれ、ワールド・トラベル・アワードの美食部門では2012～2023年の間で1回だけ（2020年イタリア）を除き世界1位を獲得。世界の美食家たちが選ぶ「ベストフィフティ」では2023年首都リマのレストランが世界一に選ばれた。

日本人の口にも合う料理が多い

世界一の埋蔵量を誇る石油に依存

ベネズエラ・ボリバル共和国

Bolivarian Republic of Venezuela

国旗の意味

黄は豊かな資源、青はカリブ海、赤は独立闘争で流された血と勇気、7個の星は1811年に大コロンビアとして独立した際の7州を表す。2006年の法改正で8つ目の星が加えられた。

VE/VEN

IOC VEN
FIFA VEN

スペイン語でこんにちは

¡Buenas tardes!
(ブエナス タルデス)

大西洋とカリブ海に面し、ギアナ高地と、そこから流れ落ちる世界最大の落差を誇るエンジェル・フォールなど、日本の2.4倍ほどの国土の半分が豊かで美しい森林。かつては貧しい農業国だったが、1914年に北西にある南米最大の湖マラカイボ湖近辺で石油を発見。確認埋蔵量は中東サウジアラビアを超える世界第1位。これをきっかけに、当時のゴメス大統領の独裁政権下、近代化が一気に進むが、同時に貧富の差も生む。1999年就任したチャベス大統領は企業を接収して国営化し社会主義化。裕福層を凋落させ、貧困層にばらまきを行って平等化したが、そのためインフレになり経済的混乱が続いている。

国名の由来

ベネズエラは略称で、正式名称から共和国を除いた呼称は「ボリバリアーナ・デ・ベネスエラ」。ベネズエラの由来は、15世紀にイタリアの航海士が訪れた際、マラカイボ湖周辺の高床式の水上家屋がヴェネツィアを彷彿させたので「小さなヴェネツィア」を意味する「ヴェネツィオラ」と名づけたという説が有名。スペイン語読みするとベネズエラになる。また、このときに別の乗組員が「ベネシエラ」と自称する先住民族と出会ったとする説もある。ボリバリアーナはベネズエラ生まれのバスク人で、南米開放の英雄「シモン・ボリバル」の名から。

DATA

人口：約2795万人
面積：約91万2050㎢
首都：カラカス
言語：スペイン語、各先住民族語
民族：混血、ヨーロッパ系(スペイン、イタリア、ポルトガル、ドイツなど)、アフリカ系ほか
宗教：カトリック48.1%、プロテスタント31.6%ほか
通貨：ボリバル
時差：日本より13時間遅れている
GNI：US$3981／人

左）首都カラカスのボリバル広場。シモン・ボリバルの銅像が立つ
右）炎を上げる石油精製工場

PHRASE ▶ ありがとう／グラシアス　がんばれ！／アニモ　さようなら／アスタルエゴ

COLUMN

解放者 シモン・ボリバル

正式名称のベネズエラ・ボリバル共和国は、ベネズエラ、コロンビア、ペルー、ボリビア、エクアドルの独立を実現した革命家シモン・ボリバルの名からきている。ボリバルはカラカスのクリオーリョ（スペイン領植民地でスペイン人を親として現地で生まれた人々）の名家出身。欧州留学後にベネズエラの独立運動に身を投じ、コロンビア共和国（いわゆる大コロンビアで、現在のベネズエラ、コロンビア、エクアドル、パナマ。後に各国に分離）の初代大統領となる。その後ペルー、ボリビアの解放も成し遂げ、両国の大統領も務めた。その功績により“南アメリカ解放の父”と呼ばれている。

通貨の単位にもなっている

COLUMN

最後の秘境 ギアナ高地

いまだ未開拓のため“今世紀最後の秘境”などと呼ばれるギアナ高地。ベネズエラ、ガイアナ、仏領ギアナなど南米6つの国と地域にまたがる。カナイマ国立公園は世界遺産に登録され、世界一の落差をもつエンジェル・フォール（→下記）、コナン・ドイルが書いたSF小説『失われた世界』の舞台となったロライマ山など見どころが多い。

切り立つロライマ山

珊瑚礁の楽園もある。北西部カリブ海のモロコイ国立公園

グルメ

アジャカ

トウモロコシ粉を練った生地に、肉、タマネギ、オリーブなどの具を入れ、葉に包んで蒸したちまきのような料理。具や味付けは地方によって違いがある。クリスマスによく食べられる。

お菓子

ベネズエラ・チョコレート

カカオの生産量は2022年時点で世界13位だが、品質のよさで定評がある。おもにクリオロ系カカオ豆を生産し、いわゆる「ナッティ」と呼ばれる香ばしい香りとコクが特徴。みやげ物店やスーパーなどで手に入る。

明日誰かに教えたくなる **ベネズエラの雑学**

世界一ガソリンの安い国

ベネズエラの石油埋蔵量は世界一。当然ガソリンも安く、リットル当たり3〜4円などというただ同然の価格で手に入る。

ピンク色のイルカがすむ

オリノコ川にすむアマゾンカワイルカは体がピンク色。長い鼻先がユニークな姿。

カラカスは世界屈指の危険な都市

首都カラカスは2022年の統計で、人口10万人当たりの殺人発生率が世界で3番目に多い都市。ちなみに7位もベネズエラの都市シウダード・グアヤナ。

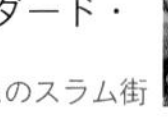

カラカスのスラム街

ワールドランキング TOPIC

落差が大きすぎて滝つぼがない

ベネズエラの世界一といえばギアナ高地のエンジェル・フォール。世界一の落差979mは東京タワー3本分で、高すぎて水が途中で霧になってしまうため滝つぼがない。現地名のケレパクパイ・ベナは先住民の言葉で最も高くから落ちる滝という意味。

テーブルマウンテンから流れ落ちる姿は圧巻

アンデスに抱かれたティワナク文化発祥の地

ボリビア多民族国

Plurinational State of Bolivia

国旗の意味

赤は独立闘争で流された血、黄は豊かな鉱物資源、緑は森林資源を表す。紋章はポトシの銀山やコンドルが描かれている。

BO/BOL

IOC BOL
FIFA BOL

ケチュア語でこんにちは

Imaynalla !
（イマイナリャ）

色彩豊かな伝統衣装やフォルクローレ音楽など、民族文化の宝庫。4000m以上の山々が連なるアンデス、“死への道”と恐れられた標高約2000mの高地にある砂漠アタカマ、アマゾン流域の熱帯雨林などと自然環境も多様。1533年にインカ帝国が滅亡し、スペイン植民地時代にはポトシ鉱山から送られた膨大な銀が当時のヨーロッパ経済に大きな影響を与えた。それ以前にはアンデス文明の一段階とされるティワナク文化があったが、文字をもたず謎が多い。ラパスは世界最高所の首都（事実上）とされ、標高は富士山より少しだけ低い3640m、空港はなんと4061mにある。ペルーとの国境にはティティカカ（チチカカ）湖が広がる。

国名の由来

「ボリバルの国」という意味で、独立の功労者シモン・ボリバルにちなんだもの。スペイン植民地時代はペルーの一部として扱われ、ペルーが独立したあとは「高地のペルー」の意味をもつ「アルト・ペルー」と呼ばれていた。スペインバスク地方から移住した資産家の家庭に、両親ともスペイン人のクリオーリョとしてベネズエラで生まれたシモン・ボリバルは、将軍としてアントニオ・ホセ・デ・スクレ将軍とともに独立戦争を戦いアルト・ペルーを解放、英雄として独立国名にその名を使われた。もうひとりのスクレ将軍の名は、首都スクレの名となっている。

DATA

人口：約1222万人
面積：約110万㎢
首都：スクレ(事実上はラパス)
言語：スペイン語、ほかケチュア語やアイマラ語など36言語
民族：メスティソ(混血)68%、先住民20%、ヨーロッパ系5%ほか
宗教：カトリック65%、プロテスタント19.6%、無宗教1.7%ほか
通貨：ボリビアーノス
時差：日本より13時間遅れている
GNI：US$3490／人

“天空の鏡”とも呼ばれる雨季のウユニ塩湖

PHRASE ▶ ありがとう／スルパイキ　さようなら／テゥパナンチスカマ　こんばんは／アリントゥタ

COLUMN
1日遊べるウユニ塩湖

アンデス山脈が隆起したときに海底が海水ごと持ち上げられ、1万㎢もの広大な塩原ができた。雨季になると見渡す限りの平原に水が張った状態になり、風のない状態だと天然の水鏡ともいえる状態になる。ここで写真を撮るのが近年大流行し、さまざまな写真がSNSに投稿されている。一面塩の結晶で埋め尽くされる乾季も人気がある。また、幻想的な夕暮れ時、満天の星空が反射される夜もとってもフォトジェニック。1日中遊べる観光地だといえるだろう。ちなみに塩湖の標高はなんと3700m。高山病になる恐れもあるので注意しよう。

水鏡に映る天の川

COLUMN
価格革命を起こした銀の山

1545年、標高約4000mのアンデス山脈にあるポトシで、リャマを追ったインディオにより銀が発見され、町は劇的な変貌を遂げる。支配者だったスペインは銀山の採掘権を得て、インディオに強制労働を科し採掘を進めた。ヨーロッパに送られた銀は価格革命を引き起こし、ポトシの人口はなんと16万人にまで膨れ上がったという。

ポトシにある銀山のセロ・リコ山

南米3大カーニバル、オルーロのカーニバル

グルメ

サルテーニャ

パイ生地の中に、具の入ったスパイシーなスープを入れてオーブンで焼いたスナック。朝食で食べるのが定番となっている。名前は料理を広めたアルゼンチンから亡命した作家の出身地からついている。

おみやげ

ウユニ塩湖の塩

ウユニ塩湖の塩はみやげとしても手に入る。天然のままのもののほか、食用塩としてボトルに詰めたものやバスソルトなどもある。ミネラル分が豊富で健康によいとされる。また塩の固まりを置物や小物入れにしたものも。

明日誰かに教えたくなる ボリビアの雑学

ウユニ塩湖には宝が眠っている

絶景スポットとして人気のウユニ塩湖だが、その地下には世界最大規模といわれるほどのリチウムを埋蔵する。リチウムはコンピューターや携帯電話など、電子機器の電池になくてはならない素材。南米で最も貧しい国のひとつだが、リチウムに経済発展の期待がかけられている。

ラパスは世界で一番標高が高い首都？

大都市ながら3640mという驚きの標高に位置するラパス。世界で一番標高の高い首都とよく紹介されているが、正確には世界で一番標高の高い「事実上の」首都。憲法上の首都はスクレのため。

ラパスでは高山病に注意

ワールドランキングTOPIC

気候変動で消えた世界一のスキー場

ラパス市の郊外にあったチャカルタヤ・スキーリゾートは標高約5300mに位置し、世界で一番高い所にあるスキー場として知られていた。2000年代まで通年営業していたが、2万年近く存在していた氷河が温暖化で消滅し地面があらわになり、閉鎖されてしまった。

施設は廃墟となって残る

秘境ガラパゴスを擁する“赤道”の国

エクアドル共和国

Republic of Ecuador

国旗の意味

黄は富と太陽と田園、青は空と海、赤は独立で流された血を表す。紋章にはコンドル、チンボラソ山、商船、太陽と黄道などが描かれている。

EC/ECU

IOC ECU
FIFA ECU

ケチュア語でこんにちは

Alli puncha !
（アジ プンチャ）

国名が意味するように赤道直下に位置する国。熱帯にありながら首都キトは中央部を走るアンデス山中の標高約2850mにあって平均気温が14℃程度と過ごしやすい。ダーウィンの「進化論」構築のきっかけとなったガラパゴス諸島も領土に含まれる。1822年のピチンチャの戦いの後、スペインの植民地支配から独立。シモン・ボリバルの統率する大コロンビアに併合された。1830年に大コロンビアは解体し再び独立した。

DATA

人口：約1776万人
面積：約25万6000㎢
首都：キト
言語：スペイン語、ケチュア語、シュアール語ほか
民族：ヨーロッパ系と先住民の混血72％
宗教：おもにカトリック
通貨：アメリカ・ドル
時差：日本より14時間遅れている
GNI：US$6300／人

国名の由来

スペイン語で「赤道」の意味。国土が赤道直下にあることから。コロンビアから分離独立する際、首都の名を冠したキト共和国とする案もあったが、他の都市の反発を恐れ妥協案として考え出されたという説もある。キトは赤道から約40㎞ほど南に位置する。

グルメ

エンセボジャード

魚とキャッサバ、タマネギ、シアントロ、チリやクミンなどを煮たスープ。魚はマグロがよく使われる。遅めの朝食としてブランチ的に食べることが多い。

左）クエンカの歴史的な町並みを走るトラム
右）ガラパゴス島に生息する海イグアナ

明日誰かに教えたくなる エクアドルの雑学

作って売って自らも食べるバナナ大国

生産量こそ世界第6位だが、輸出量は世界一（2022年）。さらに生食のほか、揚げたり焼いたりスープにしたり、エクアドル人の1人当たり年間消費量は800本近い。

バナナの揚げ物パタコン

ワールドランキング TOPIC

実はエベレストより高い山がある

エクアドルの最高峰で標高6310mのチンボラソ山。実はこの山が世界一高いという説がある。地球が赤道を中心に楕円形のため、赤道に近いこの山は地球の中心から最も距離が離れているという理屈。

富士山に似た姿も美しい

PHRASE ▶ ありがとう／スルパイキ　さようなら／テゥパナンチスカマ　こんばんは／アリントゥタ

日系人が農業発展に貢献してきた

パラグアイ共和国

Republic of Paraguay

国旗の意味

赤は独立戦争で流れた兵士の血、白は平和、青は自由と秩序を表す。紋章の星は独立の星。

PY/PRY

IOC PAR

FIFA PAR

グアラニー語でこんにちは

Mba´éichapa nde ka´aru !

（バエイシャパ デ カアル）

中央を流れるパラグアイ川が地域を分け、西は不毛な土地で人口も少なく、チャコ（平原）と丘陵地帯からなる肥沃な東に人口の97%近くが暮らす。パラナ川には、発電用では世界最大のブラジルと共有するイタイプー・ダムと、アルゼンチンと共有するジャスレタ・ダムがあり、世界一の電力輸出国。1936年からの移民の歴史があり、日本人および日系人約7000人が住んでいる。

DATA

人口：約678万人　面積：約40万6752㎢
首都：アスンシオン
言語：スペイン語とグアラニー語が公用語
民族：混血（ヨーロッパ系と先住民）95％、先住民2％、ヨーロッパ系2％ほか
宗教：おもにカトリック
通貨：グアラニー
時差：日本より13時間遅れている（サマータイムあり）
GNI：US$5920／人

国名の由来

先住民のグアラニー族の「優しい水」を意味する言葉のスペイン語化だが、語源には「パパガーリョというオウムがすむ谷の川」を意味する言葉の転化とか、パラナ川を示す「大きな川」を意味する言葉が由来、「豊かな水量」の意味をもつパラグアイ川の名からなど諸説ある。

グルメ

チパ

トウモロコシ粉あるいはキャッサバ粉に、チーズ、卵、牛乳、ラードを加えて練った生地を窯で焼いたパン。ベーコンやひき肉を加えることもある。

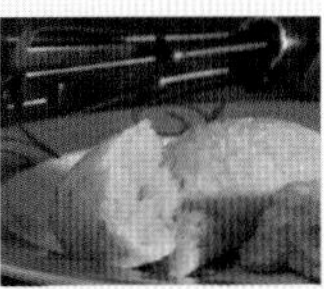

左）アスンシオンの古い町並みが残るエリア
右）牛肉料理のアサード

明日誰かに教えたくなる　パラグアイの雑学

国旗は表と裏が異なる

国旗には表と裏があり、中央の紋章の柄が違う。表は国章、裏は自由の帽子とライオンが描かれる。ほかにはサウジアラビアも表と裏が異なる。

パラグアイ国旗の裏

ワールドランキング TOPIC

小さなことは気にしない国民性

アメリカの調査会社が発表した「国民がポジティブな国」ランキングでインドネシア、メキシコ、フィリピン、ベトナムと同率１位に。典型的なラテン系の楽観主義的な人が多いため。

出典：Gallup 2023

明るい人々が暮らす

PHRASE ▶ ありがとう／アグイジェ　さようなら／ジャジョエシャペベ　こんばんは／バエシャパデピハレ

安定した経済成長を見せる南米で2番目に小さな国

ウルグアイ東方共和国

Oriental Republic of Uruguay

国旗の意味

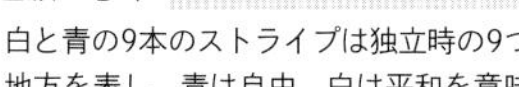

白と青の9本のストライプは独立時の9つの地方を表し、青は自由、白は平和を意味している。太陽は先住民の独立のシンボル。

UY/URY

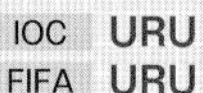

IOC URU
FIFA URU

スペイン語でこんにちは

¡Buenas tardes!
(ブエナス タルデス)

南米ではスリナムに続いて2番目に小さい国。比較的生活水準は安定し、政治の自由度ではこの地域で最高水準を誇る。山はほとんどなく、広がる草原地帯での牧畜業が盛ん。国土の90%以上が牧場で、1人当たりの牛肉消費量は世界トップクラス。多くの河川が流れ、世界有数の地下水脈グアラニー帯水層もあることから水資源に恵まれている。ただし、近年は水質汚染が問題になっている。

DATA

人口：約349万人
面積：約17万6000㎢
首都：モンテビデオ
言語：スペイン語
民族：ヨーロッパ系87.8％ほか
宗教：カトリック36.5％、そのほかのキリスト教7.7%ほか
通貨：ウルグアイ・ペソ
時差：日本より12時間遅れている
GNI：US$1万8000／人

国名の由来

正式国名では「ウルグアイ東方共和国」というが、この東方（スペイン語でオリエンタル）はウルグアイ川の東岸に位置することから。ウルグアイは先住グアラニー族の言葉「ウル」と川を意味する「グア」を語源とする説が有力だが、ウルには「曲がりくねった」あるいは「巻貝」、「まだら色の鳥」などの説がある。

グルメ

アサード

アルゼンチンのアサードと同様の牛肉のバーベキュー。ウルグアイでは炭火ではなく薪で焼くのと、あばら肉を骨に沿ってではなく縦に切るのが特徴。

左）歴史的な町並みが残るコロニア・デル・サクラメント
右）独立広場から見る歴史的建造物サルボ宮殿

明日誰かに教えたくなる ウルグアイの雑学

南米随一の自由な国

同性婚が法的に認められているLGBTQ+に寛容な国であり、世界で初めて大麻を合法化した国としても知られている。開放的なビーチタウンも点在する。

プンタ・デル・エステのビーチ

ワールドランキング TOPIC

世界一貧しいと呼ばれた大統領

前大統領ホセ・ムヒカは国連の「持続可能な開発会議」でのスピーチで注目され、質素な暮らしぶりが話題となった。大統領職にありながら農場で菊栽培をしながら月10万円ほどで暮らしていた。

大統領宮殿に住むことも拒否したという

PHRASE ▶ ありがとう／グラシアス　がんばれ！／アニモ　さようなら／アスタルエゴ

インド系が4割を占める

ガイアナ共和国

Republic of Guyana

ガイアナ・クレオール語でこんにちは

How yuh do ?
(ハウユードゥ)※How are you ?

GY/GUY
IOC GUY
FIFA GUY

南米の秘境といわれるギアナ3国のひとつ。同じイギリス植民地から移民としてやってきたインド系の人々が人口の4割を占める。南米最貧国のひとつだったが、2015年に大規模な油田が発見され、高い経済成長率が続き、2022年は前年比63.4％という驚くべき数字に。ベネズエラ国境に広がるギアナ高地など自然の見どころが多い。

DATA

人口：約79万人
面積：約21万5000㎢
首都：ジョージタウン
言語：英語、クレオール語
民族：インド系、アフリカ系ほか
宗教：キリスト教、ヒンドゥー教ほか
通貨：ガイアナ・ドル
時差：日本より13時間遅い
GNI：US$1万4920／人

南米の人種のるつぼ

スリナム共和国

Republic of Suriname

スラナン語でこんにちは

Odi !
(オディ)

SR/SUR
IOC SUR
FIFA SUR

1975年の独立までの約300年間オランダの植民地で、公用語もオランダ語。ガイアナと同様インド系住民が多いが、インドネシア系も多く、世界でも屈指の複雑な民族構成をもつ。豊かな天然資源をもちながらも政情が安定しないのはこのため。中央スリナム自然保護区と首都パラマリボの歴史的町並みは世界遺産に登録されている。

DATA

人口：約59.2万人
面積：約16.3万㎢
首都：パラマリボ
言語：オランダ語、スラナン語ほか
民族：インド系、マルーン系ほか
宗教：キリスト教、ヒンドゥー教ほか
通貨：スリナム・ドル
時差：日本より12時間遅い
GNI：US$4970／人

〈イギリス海外領土〉

アルゼンチンとイギリスが領有権を争う

フォークランド諸島

Falkland Islands

英語でこんにちは

Hello !
(ハロー)

FK/FLK
IOC なし
FIFA なし

アルゼンチンの東に浮かぶイギリス領の島々。1982年、領有権をめぐって両国の間にフォークランド紛争が起き、いまだに決着はついていない。ちなみにアルゼンチン側の呼称はマルビナス諸島。新潟県より少し大きい領土にわずか3600人ほどが暮らしている。5種のペンギンを含む63種（うち16は固有種）もの鳥類が生息し海生哺乳動物も多い。

DATA

人口：約3662人
面積：約1万2173㎢
主都：スタンリー
言語：英語、スペイン語
民族：フォークランド諸島人ほか、イギリス系
宗教：キリスト教57.1％ほか
通貨：フォークランド・ポンド
時差：日本より12時間遅い

〈フランス海外県〉

流刑の地として使われた

仏領ギアナ

French Guiana

フランス語でこんにちは

Bonjour !
(ボンジュール)

GF/GUF
IOC なし
FIFA GYF

19～20世紀にはフランス本国から政治犯などの囚人が送られ、国土の9割がアマゾンの森林を占めることから“緑の地獄”などと呼ばれていた。手つかずの自然が残され、6ヵ所が自然保護区に指定されている。一方で、赤道に近く、静止軌道の打ち上げに適しているため宇宙センターがおかれ、関連産業がGDPの25%を占める。

DATA

人口：約29.41万人
面積：約8万3534㎢
主都：カイエンヌ
言語：フランス語、クレオール語
民族：アフリカ系とフランス系の混血など
宗教：カトリック54％ほか
通貨：ユーロ
時差：日本より12時間遅い

Africa

アフリカ

地域共同体

AU ■ African Union

エーユー

（アフリカ連合）

アフリカ55の国と地域が加盟する地域共同体。2002年、アフリカ統一機構（OAU）を発展させる形で発足した。アフリカ諸国の国際社会での地位向上、統一通貨「アフロ」の導入、紛争や独裁政治の根絶などを具体的な目標にしている。本部はエチオピアのアディスアベバ。

〈参加国〉アルジェリア、アンゴラ、ウガンダ、エジプト、エスワティニ、エチオピア、エリトリア、ガーナ、カーボベルデ、ガボン、カメルーン、ガンビア、ギニア、ギニアビサウ、ケニア、コートジボワール、コモロ、コンゴ共和国、コンゴ民主共和国、サントメ・プリンシペ、ザンビア、シエラレオネ、ジブチ、ジンバブエ、スーダン、セイシェル、赤道ギニア、セネガル、ソマリア、タンザニア、チャド、中央アフリカ、チュニジア、トーゴ、ナイジェリア、ナミビア、ニジェール、ブルキナファソ、ブルンジ、ベナン、ボツワナ、マダガスカル、マラウイ、マリ、南アフリカ、南スーダン、モザンビーク、モーリシャス、モーリタニア、モロッコ、リビア、リベリア、ルワンダ、レソト、西サハラ

SADC ■ Southern African Development Community

（南部アフリカ開発共同体）

南部アフリカ域内の開発、平和・安全保障、経済成長の達成を目的とする。

〈参加国〉タンザニア、ザンビア、ボツワナ、モザンビーク、アンゴラ、ジンバブエ、レソト、エスワティニ、マラウイ、ナミビア、南アフリカ、モーリシャス、コンゴ民主共和国、マダガスカル、セイシェル、コモロ

ECOWAS ■ Economic Community of West African States

（西アフリカ諸国経済共同体）

西アフリカの域内経済統合を推進する準地域機関として設立。

〈参加国〉ベナン*、ブルキナファソ*、カーボベルデ、コートジボワール*、ガンビア、ガーナ、ギニア、ギニアビサウ*、リベリア、マリ*、ニジェール*、ナイジェリア、セネガル*、シエラレオネ、トーゴ*

※*のついた上記8ヵ国は新通貨ECOの導入を2027年に予定している。

ECCAS ■ Economic Community of Central African States

（中部アフリカ諸国経済共同体）

1983年に発足した、域内の紛争の予防・解決を目的とした経済共同体。

〈参加国〉アンゴラ、ガボン、カメルーン、コンゴ共和国、コンゴ民主共和国、サントメ・プリンシペ、赤道ギニア、チャド、中央アフリカ、ブルンジ

AMU ■ Arab Maghreb Union

（アラブ・マグレブ連合）

北アフリカの、マグレブと呼ばれる５ヵ国による経済協力機構。

〈参加国〉リビア、チュニジア、アルジェリア、モロッコ、モーリタニア

Area map

アフリカはアフリカ大陸と周辺の島々を指すエリア。人類発祥の地として知られ、南部アフリカや東アフリカなど、具体的な発祥の地をめぐる論争が起きている。最古の文明は約3300年前のエジプト文明。19世紀後半から西洋列強による分割が行われたが、1960年のいわゆる「アフリカの年」以降に多くの国が独立した。

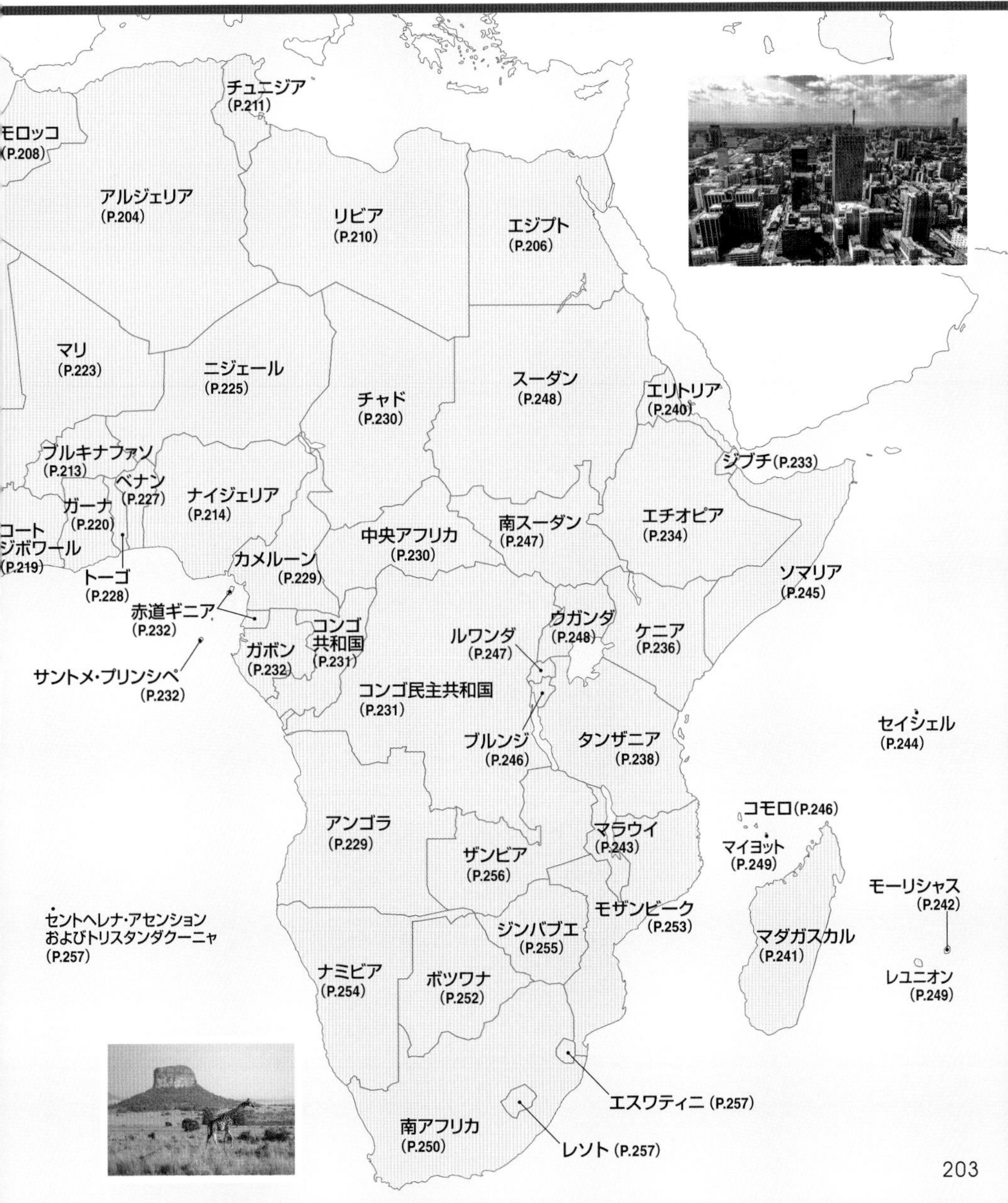

アフリカで最大の領土をもつイスラム教国

アルジェリア民主人民共和国

People's Democratic Republic of Algeria

国旗の意味

新月と星はイスラム教と幸運のシンボル。緑はイスラム教、白は純粋さと平和、赤は自由を表す。

DZ/DZA

IOC ALG

FIFA ALG

アラビア語でこんにちは

السلام عليكم !

(アッサラーム アレイクム)

アフリカ大陸では最大、世界でも第9位の面積がある大国。紀元前のカルタゴから、先住ベルベル人の王国、ローマ帝国、オスマン帝国と支配を受けてきたことで、多種多様な民族と文化が融合してきた。中世オアシス都市が点在するムザブの谷、タッシリ・ナジェールの古代の岩絵、ティムガッドのローマ遺跡など、訪れてみたい遺産は数多い。また、フランスの植民地下で発展をした町は、旧市街の入り組んだ独特な町並みで人気が高い。例えば首都アルジェは名画『望郷』、第2の都市オランはカミュの小説『ペスト』の舞台になるなど、ロマンにあふれた雰囲気は芸術家のみならず多くの人々をひきつけてきた。

国名の由来

アラビア語での呼称は「アル＝ジャザヤイリア」。アルジェリアは英語名でフランス語の綴りに地名語尾「-ia」が付いたもの。オスマン帝国時代に首都アルジェの都市名が広域地名化したのが起源。アルジェはアラビア語で「島々」を意味する「アル・ジャザール」が由来。都市の沖に浮かぶ4つの島に建設されたのがアルジェの起源だからという説、地中海からアルジェのある本土側を見ると入江や川に区切られて島々のように見えたからなどの説がある。

DATA

人口：約4490万人
面積：約238万㎢
首都：アルジェ
言語：アラビア語、ベルベル語。フランス語も広く通じる
民族：アラブ人74％、ベルベル人25％ほか
宗教：イスラム教(スンニ派)
通貨：アルジェリアン・ディナール
時差：日本より8時間遅れている
GNI：US$3920／人

歴史的な建物として保存されているアルジェの商工会議所

PHRASE▶ ありがとう／シュクラン　さようなら／マアッサラーマ　こんばんは／マサーアルカイルヤ

COLUMN

名画の舞台となったアルジェ

首都アルジェの旧市街にあるカスバ（アラビア語で城壁の意）。中世の町並みが現在でも残され、世界遺産にも登録されている。エキゾチックな香り漂うカスバの町並みは、これまで数々の映画の舞台になってきた。1937年のフランス映画『望郷』では、パリで銀行強盗をして逃げてきた主人公ペペ・ル・モコの潜伏先としてその密集した町並みが効果的に使われている。これを見てカスバに憧れを抱いた人も多いだろう。1966年のイタリア映画『アルジェの戦い』では、カスバでの抵抗運動の様子など、フランスからの独立戦争の様子をすさまじくリアルに描き、ヴェネツィア映画祭で金獅子賞に輝いている。

カスバは複雑に入り組んでいる

COLUMN

埋もれていたローマ遺跡 ティムガッド

第3の都市コンスタンティーヌの南に位置するティムガッドのローマ遺跡は、紀元前100年頃にトラヤヌス帝により建設された植民都市跡だ。8世紀に大地震に見舞われ、砂に埋もれてしまうが、そのおかげで保存状態がよく、“アフリカのポンペイ”とも呼ばれている。

ティムガッドのローマ遺跡

上）ムザブの谷にあるベルベル人の集落
下）タッシリ・ナジェールの岩絵

グルメ

クスクス

デュラム小麦から作る粒をゆでたもので、煮込んだ肉と野菜と、そのスープをかけて食べる。北アフリカで広く一般的な料理だが、アルジェリアでは国民食的に常食されており、羊肉をよく使う。

おみやげ

アルジェリア陶器

陶器作りには古代からの歴史がある。すべて職人の手作りで、絵付けも筆で行うため色も形も豊富。作られるものは皿などの食器類のみならず、小物入れから飾り絵、さらに照明器具や時計まで実にさまざま。

明日誰かに教えたくなる アルジェリアの雑学

サッカー選手のジダンはアルジェリア人

数々の個人タイトルを獲得したジネディーヌ・ジダンはフランス生まれだが、両親はアルジェリア出身のカビール人（アルジェリア国有のベルベル系民族）。

カミュはアルジェリア出身

ノーベル賞を受賞した作家アルベール・カミュは1913年にフランス統治時代のアルジェリアで生まれた。代表作の『異邦人』や『ペスト』はアルジェリアが舞台となっている。アルジェリア大学のサッカーチームではゴールキーパーをしていた。

考古学公園に建てられたカミュの石碑

ワールドランキング TOPIC

国土は広いがほとんどが砂漠

面積がアフリカで最も広い。2011年まではスーダンがアフリカ一だったが、南スーダンの分離によって第1位となった。日本の約6.4倍もの広さがあるが、80％以上に及ぶ約200万㎢が不毛のサハラ砂漠。

南部には広大な砂漠が広がる

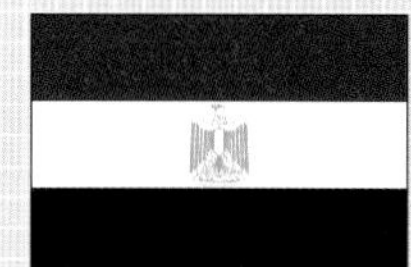

5000年の歴史をもつアラブの先導国

エジプト・アラブ共和国

Arab Republic of Egypt

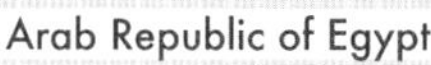

国旗の意味

赤はイギリス植民地だった王政時代、白は王制を終わらせた無血革命、黒は王制と植民地から解放を意味する。中央の鷲は「サラディンの鷲」と呼ばれる。

EG/EGY

IOC EGY

FIFA EGY

アラビア語でこんにちは

! السلام عليكم

(アッサラーム アレイクム)

アフリカ大陸の北東端にあり、古くから中東とヨーロッパを結ぶ要衝だった。現在はヨーロッパとアジアを結ぶスエズ運河をもつ国として重要な位置にある。5000年以上前には世界最長のナイル川に沿ってエジプト文明が生まれ、ピラミッドやスフィンクスなどの世界的に有名な遺産が数多いことはよく知られている。古代遺跡ばかりではなく、世界有数の美しい海中世界で知られ優雅なビーチリゾートがたくさんある紅海沿岸、太古は海底だったことを示すクジラの化石が出る砂漠ワディ・イル・ヒタン、モーセが十戒を授かった旧約聖書の舞台シナイ山など、多種多様な魅力の観光スポットがある。

国名の由来

アラビア語標準語での呼称は「ミスル」、エジプト方言の口語で「マスル」。方舟伝説のノアの子セムの子孫と伝わるセム族の言葉で古代からこの地を指した名称。7世紀にイスラム教徒が中東各地に建設したミスルと呼んだ軍営都市が、もともとあった町の郊外にフスタートの名で造られたが、やがて一体化し町全体の名がミスルとなったと考える学者もいる。英語のエジプトは、古王国時代の首都の古代名（現在のメンフィス遺跡）で「創造神プターの宿る地」を意味する「フウト・カァ・プタハ」をギリシア人が「アエギュプトス」と呼んだことに由来。

DATA

人口：約1億926万人
面積：約100万㎢
首都：カイロ
言語：アラビア語。英語、フランス語も広く通じる
民族：おもにアラブ人。ほかにヌビア人、アルメニア人、ギリシア人など
宗教：イスラム教（おもにスンニ派）90％、キリスト教（コプト正教、アルメニア正教、カトリック、マロン派、東方正教、英国国教）10％
通貨：エジプト・ポンド
時差：日本より7時間遅れている
GNI：US$4100／人

ギザの3大ピラミッド

PHRASE▶ ありがとう／シュクラン　さようなら／マアッサラーマ　こんばんは／マサーアルカイルヤ

COLUMN
アラブのリーダー

長い歴史をもつエジプト。アラブ諸国に対し、政治、経済など、さまざまな面で影響力をもち、アラブのリーダーとして認識されている。首都カイロにはアラブ連盟の本部がおかれ、中東和平やアラブ諸国の外交に大きな役割を果たしている。人口も1億人を超え、BRICSの次に経済発展が期待されるNEXT11にも数えられている。政治の面では、近代、ナセルやサダトなどがリーダーシップを発揮した。また、文学や映画、テレビドラマなどの文化も広くアラブ諸国で受け入れられている。周辺国を旅していても、人々が楽しんでいるのは多くがエジプトのテレビ番組や音楽などだ。

ナイル川の流れるカイロの町並み

COLUMN
ピラミッドを初めて見た日本人

ギザのピラミッドを初めて見た日本人は、1864年に江戸幕府が派遣した遣欧使節団だといわれている。上海やインドなどを経由し、スエズからは陸路でカイロに向かい、ピラミッドを見学し、再び船で地中海を通ってフランスのマルセイユに到着している。ちなみにピラミッドはかつて日本では中国名から「金字塔」と呼ばれていた。

侍が訪れた頃のスフィンクス

アラビアンブルーの紅海は世界的に有名なダイビングスポット

グルメ
コシャリ

米にパスタ、マカロニ、豆を加え、揚げたタマネギとトマトソースをかけた料理。カル（酢）とシャッタ（ソース）をかけ混ぜて食べる。シンプルだが味は家庭や店によってさまざま。

お菓子
コナーファ

小麦粉の生地を細い麺状にし、チーズやナッツ、カイマクと呼ばれる乳脂肪分の高い濃厚なクリームなどを挟んだり包んだりして焼き、さらにシロップをかけた菓子。強烈な甘さが特徴。麺状の生地は天使の髪とも呼ばれる。

明日誰かに教えたくなる **エジプトの雑学**

クレオパトラはエジプト人ではない？

クレオパトラはプトレマイオス朝最後のファラオ。プトレマイオス朝はギリシア系の王朝で、クレオパトラは人種的にはギリシア系となる。ただし混血はしており、近親にアフリカ人もいた。

Facebookが大人気

エジプトは中東やアフリカで最大の約4000万人のFacebookユーザーがおり、2011年のジャスミン革命でもFacebookは重要な役割を果たした。しかし、2018年に規制が厳しくなり、フォロワーの多いユーザーは報道機関として扱われ監督対象になっている。

携帯普及率も高い

ワールドランキング TOPIC
世界的人気のスーパーフード

栄養価の高いスーパーフードとして世界的ブームのデーツ。ナツメヤシの実を乾燥させたドライフルーツで、2022年の生産量は約174万トンで、競うサウジアラビアに僅差で上回り世界1位に。エジプト人も好物でいたるところで買える。
Food and Agriculture Organization(FAO)2023

市場で売られているデーツ

若さみなぎる観光大国

モロッコ王国

Kingdom of Morocco

国旗の意味

赤は預言者ムハンマドを象徴し、五芒星は「スレイマンの印章」を表す。

MA/MAR

IOC **MAR**

FIFA **MAR**

アラビア語でこんにちは

السلام عليكم !

（アッサラーム アレイクム）

ジブラルタル海峡を挟みスペインと向き合う。チュニジア、アルジェリアとでマグレブ3国と呼ばれ、サハラ以南のアフリカ諸国とは文化や民族が異なるため、ともに広い意味での中東に含められる。国民はアラブ人が65％、先住ベルベル人が30％で、ほとんどがイスラム教徒。ベルベル人は先史から暮らしていたとされ、その後、カルタゴ、ローマが支配、ウマイヤ王朝でイスラム化し、いくつもの王朝の時代を経て、イベリア半島をも支配したことがある。20世紀初めにフランスの保護領となり、1956年に独立。これらの歴史からベルベル、アラブ、ヨーロッパの文化が融合し、多様な自然とともに旅人を魅了する。

国名の由来

現地アラビア語での呼称は「アル・マグリビーヤ」で、一般的には通称の「アル・マグレブ」と呼ばれる。マグレブはアラビア語で「日没の地」、つまり「西の地」の意味。古代ギリシアや古代ローマ、オスマン帝国などから見て夕日の沈む方向であったことから代々使われ続けてきた。

英語をはじめ多くの言語で使われるモロッコの名は、マグレブ最初の統一王国であるムラービト朝が11世紀に建設した王都「マラケシュ」の名が転じたもので、語源は要塞や砦。

DATA

人口：約3746万人
面積：約44万6000㎢
首都：ラバト
言語：アラビア語、ベルベル語のほかフランス語
民族：アラブ人65％、ベルベル人30％ほか
宗教：イスラム教スンニ派がほとんど
通貨：モロッコ・ディルハム
時差：日本より8時間遅れている
GNI：US$3670／人

日が暮れるとにぎわい始めるマラケシュのジャマ・エル・フナ広場

PHRASE ありがとう／シュクラン　さようなら／マアッサラーマ　こんばんは／マサーアルカイルヤ

COLUMN

神秘的な青の町シャウエン

数年前から旅行者に絶大な人気を誇るのがシャウエンという山あいの町。地中海沿岸地方の山岳地帯にあり、ティスーカとメッグのふたつの峰に抱かれる秘境だ。人々をひきつけているのがその青い町並み。迷路のように入り組んだ旧市街すべてが真っ青に塗られているのだ。メルヘンチックとも形容される町には、昔ながらの伝統衣装を着た人々が暮らし、まるで童話の世界に迷い込んだかのよう。今ではパッケージツアーにも必ず含まれるほど定番の観光地となっている。点在するリヤドと呼ばれる邸宅ホテルでは、モロッコ人の伝統とホスピタリティに包まれた滞在ができる。

真っ青な町並みが続く

COLUMN

アフリカ初の高速鉄道が走る！

2018年、経済の中心地カサブランカと、地中海に面した港町タンジェを結ぶアフリカ初の高速鉄道が開通した。かつて4時間以上かかっていた同区間が2時間に短縮され便利になった。最終的に北はスペインを抜けフランスまで、南はマラケシュを経由してアガディールまで延長予定。ジブラルタル海峡にトンネルを掘り、マドリードやパリと直通させる構想もある。

乗り心地も快適

上）香料に使うバラの花ダマスクローズの産地としても知られる
下）古都フェズのタンネリ（皮なめし場）

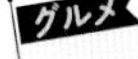

グルメ

タジン

タジンは平たい鍋に円錐形をしたふたをかぶせる土鍋。一般的にはこの鍋を使った料理全般をタジンと呼ぶ。肉や野菜などの食材に含まれる水分を利用して蒸し焼きにする。具の種類は無数にある。

おみやげ

バブーシュ

伝統的な履物で動物の革や布を手作業で縫合したもの。多くは鮮やかな染色や刺繍・装飾が施されている。スリッポンのようだが、かかとをつぶしてスリッパやサンダルのようにも履く。名の由来はペルシャ語で「足を覆うもの」。

明日誰かに教えたくなる **モロッコの雑学**

NGテーマに気をつけよう

モロッコでタブーとされるのがイスラム教の批判、王室の批判、西サハラ（→P.212）問題だ。特に西サハラ問題はかなりセンシティブなテーマ。軽はずみに発言するのは控えよう。

伝統的な豪華邸宅に泊まれる「リヤド」

庭園に立つ、あるいは中庭をもつ伝統的な住居をリヤドと呼び、近年は宿泊設備に利用され、モロッコ独自の体験ができると人気を呼んでいる。都市での居住形式なので古都の旧市街の中にありロケーションは抜群。植物や噴水のある優雅な空間が広がっている。

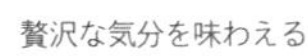

贅沢な気分を味わえる

ワールドランキング TOPIC

ユネスコとギネスが認めた最古の大学

古都フェズにあるカラウィン・モスクは859年建造。マドラサ（学校）を併設しており、歴史上初めて学位授与を行った教育機関、現存する世界最古の大学として知られる。フェズ旧市街の真ん中にあるが、ムスリム以外は中に入ることはできない。

現在は近代国立大学となっている

カダフィ亡きあと混乱が続く資源豊かな国

リビア

Libya

国旗の意味

カダフィ以前に使われていた王政時代の旗を再び採用。19世紀以降リビアを拠点としたサヌーシー教団を率いるサヌーシー家の旗を基にしたもの。

LY/LBY

IOC LBA

FIFA LBA

アラビア語でこんにちは

السلام عليكم !

(アッサラーム アレイクム)

古代より周辺諸国の支配を受け、7世紀のウマイヤ朝がイスラム教を広めた。オスマン帝国の支配の後、1911年にイタリア植民地化。1969年のクーデターでカダフィ大佐が政権を取り、反帝国主義のもと欧米と対立。“アラブの狂犬”とも呼ばれたカダフィだが、石油収入を国民に分配、生活水準はアフリカ屈指だった。2011年の内戦で反政府勢力に殺害され、その後は不安定な状態が続いている。

DATA

人口：約681万人
面積：約176万㎢
首都：トリポリ
言語：アラビア語
民族：アラブ人、ベルベル人
宗教：イスラム教(スンニ派)96.6％、キリスト教2.7％、仏教0.3％ほか
通貨：リビア・ディナール
時差：日本より7時間遅れている
GNI：US$7260／人

国名の由来

ギリシア神話に登場する海と地震の神ポセイドンの妻「リビュエー」に由来。リビュエーは北アフリカの土地が擬人化された女性で、北アフリカ民族の祖とも伝えられる。このため古代ギリシアでは北アフリカのエジプトより西の地中海沿岸地域をまとめて「リビヤ」と呼んでいた。一時期はアフリカ大陸全体を指す名だったこともある。

グルメ

キスカース

キスカースは北アフリカで広く食べられているクスクスのリビアでの呼び方。主要民族ベルベル人が受け継いできた料理で、国民食として認識されている。

左）オアシスのほとりに腰を下ろすトゥアレグ族の男性
右）巨大ローマ遺跡レプティス・マグナに残るメデューサの彫刻

明日誰かに教えたくなる リビアの雑学

飲み物といえばエスプレッソ

さまざまな場面で旧宗主国イタリアの影響が見られるが、なかでもリビア人の自慢となっているのがコーヒー文化。どんな田舎に行ってもエスプレッソマシーンが設置され、その洗練度は周辺国をしのぐ。

日本人には少し濃い

ワールドランキング TOPIC

世界一長い国名？

正式名称はアラビア語で「アル＝ジャマーヒリーヤ・アル＝アラビーヤ・アッ＝リービーヤ・アッ＝シャアビーヤ・アル＝イシュティラーキーヤ・アル＝ウズマー」で世界一長い国名ではといわれている。

首都トリポリの風景

PHRASE ありがとう／シュクラン　さようなら／マアッサラーマ　こんばんは／マサーアルカイルヤ

アラブの春の優等生

チュニジア共和国

Republic of Tunisia

国旗の意味

三日月と星はイスラム教のシンボル。デザインはオスマン帝国時代のものが基になっている。赤は殉教者の血、白は平和を表す。

TN/TUN

IOC TUN
FIFA TUN

アラビア語マグレブ方言でこんにちは

! عسلامة
(アスレマ)

アフリカ最北端に位置し、北は地中海、南はサハラ砂漠に面している。日本の5分の2ほどの国土だが、紀元前814年頃にはカルタゴが貿易で繁栄し、地中海を制覇してからの長い歴史をもつ。その遺産や風光明媚な自然、穏健なイスラム国家という要因で多くの観光客を集めている。ジャスミン革命は2011年にここで始まり、周辺国に波及、いわゆるアラブの春につながった。

DATA

人口：約1236万人
面積：約16万3610㎢
首都：チュニス
言語：アラビア語のほかフランス語
民族：アラブ人
宗教：おもにイスラム教スンニ派。ほかイスラム教シーア派など
通貨：チュニジア・ディナール
時差：日本より8時間遅れている
GNI：US$3830／人

国名の由来

現地アラビア語での呼称は「トゥーニス」。首都チュニスのアラビア語名が国名になったもの。語源は、チュニスに祀られていたカルタゴの女神「タニト」、あるいは紀元前4世紀にチュニスの場所にあった古代都市「タインズ」、あるいはベルベル語で「野に横たわる」を意味する言葉などの説がある。

グルメ

マルスーカ

小麦粉に水と塩を加え薄く伸ばしたクレープのような生地のこと。これに卵、パセリ、ツナ、イモなどの具を巻いて揚げた料理を「ブリック」と呼ぶ。

左）カルタゴのローマ遺跡にあるアントニヌスの大浴場
右）ラクダ乗りはサハラ砂漠での人気アクティビティ

明日誰かに教えたくなる ▶ チュニジアの雑学

アルコールが堂々と飲める

チュニジアはアルコールに関してはとても寛容な国。レストランやバーで簡単に飲むことができるし、スーパーでも販売されており、イスラム教の国では珍しい。

開放的な雰囲気のシディ・ブ・サイド

ワールドランキング TOPIC

世界に誇るバルドー博物館

首都チュニスにある考古学博物館。ローマと初期キリスト教時代のモザイクコレクションが有名で、この手のランキングは存在しないものの世界最大規模なのは間違いないといわれている。

ギリシア神話の英雄オデュッセウスを描いたモザイク

PHRASE ▶ ありがとう／シュクラン　さようなら／マアッサラーマ　こんばんは／マサーアルカイルヤ

〈非自治地域〉

※サハラ・アラブ民主共和国の旗

アルジェリアで亡命政府を設立

西サハラ

Western Sahara

旗の意味

もとはポリサリオ戦線の旗。黒、白、緑、赤は汎アラブ色で、真ん中にはイスラムの象徴である三日月と星。

EH/ESH

IOC　なし
FIFA　なし

السلام عليكم !

(アッサラーム アレイクム)

モロッコが大部分を実効支配する一方、亡命政権サハラ・アラブ民主共和国も領有主張する。国連加盟国ではないが、アフリカ連合には加盟する、いわゆる国際係争地。モロッコ軍は南の国境に沿って防壁を築き地雷を敷設、砂の壁と呼ばれている。ほぼ全土が砂漠で住民の多くは遊牧民だが、豊富なリン鉱床が見つかっており、石油、天然ガス、鉄鉱石も存在するとみられている。

DATA

人口：約61.2万人
面積：約26万6000㎢
主都：ラーユーン(主張)、ティンドゥフ(事実上)
言語：アラビア語ハッサニア方言ほか
民族：アラブ人、ベルベル人
宗教：イスラム教スンニ派
通貨：サハラ・ペセタ(モロッコ実効支配地ではモロッコ・ディルハム)
時差：日本より8時間遅れている

国名の由来

日本は国家承認をしておらず便宜上「西サハラ」と呼び、意味はそのまま「西にあるサハラ」。亡命政府は日本語訳で「サハラ・アラブ民主共和国」となる名称を使っている。サハラはアラビア語で「荒れた土地」を意味する「サフラー」が語源で、ずばり「砂漠」を意味する。サハラ砂漠は「砂漠砂漠」になるので正確には誤用。

グルメ

アタイ

ミントティーのこと。もてなされたら３杯飲み「１杯は人生のごとく渋く、２杯は恋のごとく甘く、３杯目は死のごとく優しく」という言い伝えがある。

左）ラーユーンの町並み
右）サギア・エル・ハムラ川と砂漠

明日誰かに教えたくなる 西サハラの雑学

難民キャンプで映画祭が開かれる

アルジェリア国境近くに位置する、サハラ・アラブ民主共和国の難民キャンプのひとつでは、毎年サハラ国際映画祭というイベントが開催される。難民キャンプで行われる世界で唯一の映画祭だ。

アルジェリアで亡命政府を設立

ワールドランキング TOPIC

和名オシャグジタケの寄生植物

サハラに生えるシノモリウムコシネウムは「地球上で最も生命力の強い植物」のひとつ。ベドウィンは古くから生薬に使い、血流改善、HIV阻害、ED治療など薬効の可能性が研究されている。

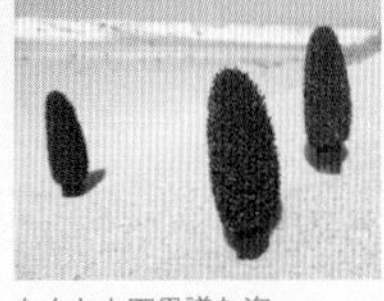

なんとも不思議な姿

PHRASE ありがとう／シュクラン　さようなら／マアッサラーマ　こんばんは／マサールカイルヤ

清廉潔白な人々の国

ブルキナファソ

Burkina Faso

国旗の意味

赤は独立闘争、緑は希望と豊かさ、黄色の星は鉱物資源を表す。

BF/BFA

IOC BUR
FIFA BFA

モシ(モレ)語でこんにちは

Ne y windiga !
(ネウ ウィンディガ)

歴史は古く11世紀頃にはモシという連合王国があり、19世紀まで存在していた。1960年にオートボルタの名で独立し、1983年のクーデターで就任した社会主義路線を推進するサンカラ大統領が現国名に改称した。サンカラにはカリスマ性があり、アフリカのチェ・ゲバラと呼ばれ、今でもアフリカの若者に人気がある。2015年には民政が復帰したが、2022年のクーデターで軍が実権を掌握した。

DATA

人口：約2267万人
面積：約27万4200㎢
首都：ワガドゥグ
言語：フランス語
民族：モシ族53.7％、フラニ族6.8％ほか
宗教：イスラム教63.8％、キリスト教26.3％ほか
通貨：CFAフラン(新通貨→P.202)
時差：日本より9時間遅れている
GNI：US$850／人

国名の由来

ふたつの言語で構成され、「ブルキナ」はモシ族の言語モレ語で「高潔な人」、「ファソ」はマンデ族の言語ジュラ語で「祖国」を表し、「高潔な人々の国」という意味。1984年にフランス人によって名づけられた「ヴォルタ川の上流」を意味するオート・ヴォルタから国名を変更した。

おみやげ

ファソダンファニ

伝統的な綿の布。綿花栽培は国の代表的な産業でもある。色とりどりの糸で織られており、反物以外にみやげ用のバッグや人形なども作られている。

左）首都ワガドゥグの町並み
右）ボボ・ディウラッソの泥のモスク

明日誰かに教えたくなる ▶ブルキナファソの雑学

“アフリカのチェ・ゲバラ”と呼ばれる革命家がいた

1983年に大統領となったサンカラは、帝国主義、新植民地主義の打倒を掲げ、さまざまな革新的政策を断行。その革命的な理念から絶大な人気を得たが1987年に暗殺された。

チェ・ゲバラとともに描かれるサンカラ（真ん中）

ワールドランキング TOPIC

映画祭も開かれる映画の国

ユネスコの映画入場者数ランキングでは93ヵ国中92位だが、秀作映画を作る国として知られ、2年に1度、首都ワガドゥグで映画祭も開催される。そもそも映画館の数が少ないのが要因。参照：UNESCO 2017

首都にある映画を記念したオブジェ

PHRASE ▶ ありがとう／バラカ　さようなら(またね)／ベヨゴ　こんばんは／ネザーブレ

エネルギーに満ちあふれたアフリカの巨人

ナイジェリア連邦共和国

Federal Republic of Nigeria

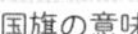

国旗の意味

緑は豊かな植生と農業、白は統一と平和、ニジェール川を象徴。1958年の公募でこのデザインが選ばれた。

NG/NGA

IOC NGR
FIFA NGA

ハウサ語／ヨルバ語でこんにちは

Sànnu/Bawo ni !
（サンヌ／バウォニ）

アフリカ一の人口を誇り、GDPや海外からの投資件数、投資額もアフリカでトップ。経済規模は世界第20位であり、南アフリカを上回る経済大国で、“アフリカの巨人”と呼ばれる。石油生産量、輸出量ともに世界有数の産油国だが、政府の腐敗により国民に還元されず、石油収入の3分の2が使途不明で消えるとされる。1960年の独立後はクーデターで民政と軍政が何度も入れ替わり、1999年には民主化が行われたが安定にはいたっていない。日本の約2.4倍の国土は多様。南部は熱帯雨林が広がり多様な動植物の宝庫で、ドリルというサルの唯一の生息域。北部はサヘル（半砂漠）、それ以外にはサバンナが広がる。

国名の由来

国内を流れる大河「ニジェール」の名を英語読みしたもの。1897年にイギリス人ジャーナリストが考案したといわれる。隣国のニジェールも同じ川の名なので、国名に同じ意味をもつ国が並んでいることになる。ニジェールの由来は不明だが、この地域に古くからいた遊牧民ベルベルが使うトゥアレグ語で川に名づけていた言葉ではないかと考えられている。

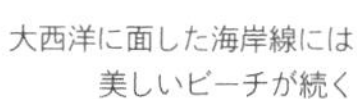

大西洋に面した海岸線には美しいビーチが続く

DATA

人口：約2億1854万人
面積：約92万3773㎢
首都：アブジャ
言語：英語(公用語)、ハウサ語、ヨルバ語、イボ語など
民族：ハウサ族30％、ヨルバ族15.5％、イボ族15.2％など250以上の部族
宗教：イスラム教53.3％、キリスト教45.9％ほか
通貨：ナイラ
時差：日本より8時間遅れている
GNI：US$2160／人

慢性的な渋滞が問題となっている都市ラゴス

PHRASE ▶ ありがとう／ナゴデ　さようなら／サイワニルカチ　おいしい／ツアーレ

COLUMN

独自のアフリカンアート、ミュージックシーンに注目！

アフリカの大国ナイジェリアは、芸術、文化の面でもやはりアフリカを牽引している。大都市アブジャ、ラゴスではファッションウイークやアートフェアなどの国際的なイベントが開催されている。最近ではビヨンセのPVに起用されて話題になった、ラオル・センバンジョのボディペインティングが有名。語り継がれてきたヨルバ族の神話の世界を描き、一大センセーションを巻き起こした。

音楽では、まず60年代にアフロビートというジャンルを生み出したフェラ・クティ。"ブラックプレジデント"ともいわれ世界の音楽シーンにも大きな影響を与えた。世界の民族音楽のなかでもナイジェリア音楽は注目されることが多く、次々に新しいアーティストが現れている。

ところで、上記のラオル、フェラ・クティはどちらもヨルバ族。ヨルバ族はアフリカ有数の芸術民族と呼ばれ、染色工芸や陶芸など芸術全般の世界で活躍している。染色では藍染めが美しく、ぜひおみやげに持ち帰りたい一品だ。

ライブでボンゴをたたくミュージシャン

ヨルバの伝統的な布アディレで作った服を広げる男性

グルメ

ペペスープ

ペペはペッパーの省略形だが、一般的なコショウではなくメレゲータペッパーという辛みと香りの強いショウガ科の香辛料のことを指す。具は牛テールやヤギ肉、レバーなどの内臓系や鶏肉、魚も使う。

おみやげ

民族工芸品

250以上の民族で構成される国なので工芸品の宝庫。木彫り製品や染め織りなど種類豊富で、近年はそれらがモダンにアレンジもされている。大都市ラゴスにあるレッキマーケットには露天に工芸品を売る小さな店が並ぶ。

明日誰かに教えたくなる ナイジェリアの雑学

感情表現の激しさにびっくり

一般的にナイジェリア人は感情表現が豊か、あるいは激しいといわれる。反対にあまり感情を表に出さない日本人からすれば、怒ったり叫んだりしているように見えるかもしれない。

「ナイジェリアがくしゃみをするとアフリカが風邪を引く」

アフリカいちの経済規模をもち、その影響力からこのように表現されることがある。

オカダに乗って通勤!?

ナイジェリアでは渋滞が問題になっており、バイクタクシー「オカダ」が大活躍している。その名前の由来はかつて存在した現地の航空会社。信頼を失いすぐに倒産したが、バイクタクシーも同様の問題を抱えていることからこう呼ばれるようになった。

バイクタクシーのオカダ

ワールドランキング TOPIC

いずれ世界有数の大国になる？

2023年に人口世界一になったインドが話題だが緩やかに出生率は低下している。それとは逆にひたすら人口増加を続けているのがナイジェリア。2050年代には世界第3位になると予想されている。医療水準の向上と大家族を好む文化が後押しをしている。

新市場として世界が注目

平和なテランガ（おもてなし）の国

セネガル共和国

Republic of Senegal

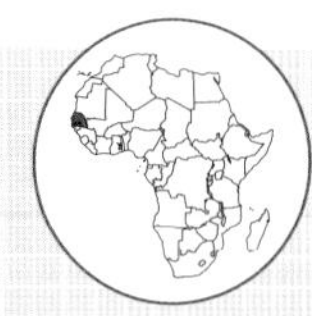

国旗の意味

緑はイスラム、豊かさ、希望、黄は富、赤は国のために流された血を表す。星はアフリカのシンボル。

SE/SEN

IOC SEN
FIFA SEN

ウォロフ語でこんにちは

Salaamaalekum !
（サラーマレークム）

15世紀にポルトガル艦隊が訪れ、アフリカで最初にヨーロッパが接触した国で、首都ダカールの沖に浮かぶゴレ島は奴隷貿易の拠点だった。1815年にフランス植民地化、1960年に独立した。初代大統領サンゴールは黒人のアイデンティティを促す文学運動ネグリチュードを発展させたひとり。その精神が受け継がれたアフリカンカルチャーの中心的存在の国で、人々のファッションセンスのよさで知られる。民主化により政情は安定し、これまでクーデターや内戦はない。主要言語ウォロフ語で、もてなしを意味する「テランガ」という言葉は有名。2008年まではモーターレースのパリ・ダカールラリーのゴールだった。

国名の由来

国土を流れるセネガル川にちなんで国名がつけられた。セネガルの語源には諸説ある。かつてアフリカ北部の巨大なベルベル人の連合の名であった「サンハジャ」のポルトガル語化、そのサンハジャの一部族でイスラム教をもたらした「ゼナガ」が変化、セネガル川の旧呼称「ゼネガ川」のポルトガル語化、この地域に暮らすセレル族の最高神「ログ・セネ」の名とセレル語の「水域」が合わさった言葉、同じくこの地域の民族ウォロフ族の言葉で「私たちのカヌー」を意味する「スヌウ・ガール」からなどさまざま。

DATA

人口：約1732万人
面積：約19万7161㎢
首都：ダカール
言語：フランス語ほか各民族語
民族：ウォロフ族39.7％、プル族27.5％、セレール族16％、マンディンカ族4.9％、ヨラ族4.2％、ソニンケ族2.4％ほか
宗教：イスラム教97.2％、キリスト教2.7％ほか
通貨：CFAフラン（新通貨→P.202）
時差：日本より9時間遅れている
GNI：US$1620／人

アフリカ最大のモスクのひとつトゥバの大モスク

PHRASE ▶ ありがとう／シュクラン　さようなら／マアッサラーマ　こんばんは／マサーアルカイルヤ

COLUMN

奴隷貿易の拠点からアートの島へ

ダカールからフェリーで20分の所に、かつて西アフリカ奴隷貿易の拠点として機能していたゴレ島がある。16〜19世紀にかけて、周辺各国から集められた1500万人もの奴隷がここから新大陸へ連れていかれた。セネガルにはジョロフ王国というウォロフ族の王国があったが、そこには厳格な社会カーストが存在し、その最下層の人々が奴隷として差し出されたというケースもあり、そのすべてが西洋人により強制的に連れ出されたわけではなかった。現在は負の遺産としてユネスコの世界遺産に登録されているほか、アートの島としても知られている。

ゴレ島にある"奴隷の家"

島で売られている絵画

COLUMN

いわくつきの巨大な銅像

2010年、ダカールに「アフリカ・ルネッサンスの像」と呼ばれる巨大な像が建てられた。高さは約50m。この像の建設を受注したのは北朝鮮の国営企業。施工にあたったのも北朝鮮の労働者だ。政治腐敗と経済不振のなかで建てられたことや、像が半裸であることなどから、国内ではさまざまな論争が巻き起こった。

アフリカ一巨大な銅像

巨大なバオバブが各地で見られる

グルメ

チェブジェン

魚の煮汁で米を炊いたピラフのような料理。チェブは米、ジェンは魚の意味。使われるのはチョフと呼ばれるハタの一種か、ヤボーイというニシンの仲間が多い。家庭料理の代表で国民食とも言われる。

おみやげ

パニエ

セネガルのバスケット。ガマと呼ばれる日本では畳などに使われる湿地や浅い水中に生えるイグサを自然乾燥した後に天然の染料を使って着色し、コイル状に巻いて編む。色の鮮やかさはセネガルならでは。

明日誰かに教えたくなる セネガルの雑学

ジャズフェスティバルが開催される

文化・芸術面において西アフリカをリードするセネガル。音楽も盛んでサン・ルイ島で毎年5月に開催されるジャズフェスティバルはアフリカで最も重要なジャズフェスティバル。世界中からジャズの巨人が集まる。

ヤギの毛で作ったしっぽを付けたタクシーがある

ヤギの毛で作ったしっぽを車に付けると幸運が訪れると信じられており、車の後部にしっぽを付けたタクシーが走っている。タクシーに乗ることがあったら、乗り込む前に車の後部を確認してみよう。

サン・ルイ島の町並み

フレンドリーな人が多い

ワールドランキング TOPIC

名だけが残った過酷レース

首都ダカールの名で思い出すのは、走行距離が1万km以上、完走率は50%未満の「世界一過酷なモータースポーツ競技」の「ダカールラリー」。1992年にパリ・ダカールラリーの名からダカールだけが残り、2009年からは名はそのまま南米で開催されている。

美しい町にレースが戻る日は来るか

モルナが響く大西洋の島国

カーボベルデ共和国

Republic of Cabo Verde

国旗の意味

青は空と海、白は平和、赤は国民の努力、星は10の主要な島を象徴。

CV/CPV

IOC CPV
FIFA CPV

カーボベルデ・クレオール語でこんにちは

Boa tarde !
(ボア タルジ)

18の島々で構成される大西洋の島国。15世紀から支配をしていたポルトガル人とアフリカ人の混血が人口の7割を占め、両方のカルチャーが混ざり合ったクレオール文化が育まれた。奴隷貿易や植民地支配に対する悲しみなどを歌ったモルナと呼ばれる民族歌謡は有名。紙幣に描かれている国民的シンガー、セザリア・エヴォラはその代表で、世界的アーティストだ。

DATA

人口：約56.2万人
面積：約4033㎢
首都：プライア
言語：ポルトガル語ほかクレオール語
民族：ポルトガルとアフリカの混血が70%
宗教：キリスト教(カトリック)
通貨：エスクード
時差：日本より10時間遅れている
GNI：US$3950／人

国名の由来

現地ポルトガル語では「カーブヴェルドゥ」と呼称。アフリカ大陸の最西端に位置するベルデ岬に由来する。ポルトガル語で「岬」の意味の「カーブ」と、「緑」の意味の「ヴェルドゥ」が合わさったもの。カーボベルデは英語読み。ベルデ岬はセネガルにあるが、その沖の島々を指している。

カチューパ

トウモロコシと豆に、キャッサバ、サツマイモ、魚か肉類、さらにモルセラと呼ばれるブラッドソーセージを煮込んだシチューで、島ごとに味が違う。

左）毎年2月に行われるカーニバル
右）美しいビーチが点在する

明日誰かに教えたくなる カーボベルデの雑学

国の英雄は女性シンガー

国民的シンガーのセザリア・エヴォラは紙幣に描かれているほか、生地サン・ヴィンセンテ島の国際空港の名前にもなっている。空港には銅像も建てられ、彼女がいかに国民に愛されているかわかる。

紙幣に描かれたセザリア・エヴォラ

ワールドランキング TOPIC

史上最小国としてFIBA出場

2023年にバスケットボールワールドカップに初出場。国際バスケットボール連盟史上、最も小さな出場国と伝えられた。17-32位決定戦の最終戦では男子日本代表と対戦し、80-71で日本の勝利に終わった。

スポーツではサーフィンも盛ん

PHRASE ありがとう／オブリガドゥ　さようなら／ヌタオジャ　こんばんは／ボンノイト

近代化に成功したカカオの国

コートジボワール共和国

Republic of Cote d'Ivoire

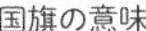

国旗の意味

オレンジは北部サバンナ、緑は南部処女林、白は平和と統合を表す。

CI/CIV

IOC CIV

FIFA CIV

ジュラ語でこんにちは

I ni tilé !

（イニティレ）

国名はフランス語で「象牙海岸」の意味。60以上の民族が暮らし、伝統文化は豊か。1960年のフランスからの独立以来率いてきたボワニー大統領が93年に死亡すると後継者争いが激化し9年間の内戦があった。経済的には西アフリカの優等生と呼ばれ、サハラ以南のアフリカでは第3位の経済大国で、周辺諸国からの労働者も多い。農作物ではカカオで世界をリードしている。

DATA

人口：約2816万人
面積：約32万2436㎢
首都：ヤムスクロ(実質的にはアビジャン)
言語：フランス語、ジュラ語ほか
民族：アカン系、クル系60以上の民族
宗教：イスラム教42.5％、キリスト教39.8％ほか
通貨：CFAフラン(新通貨→P.202)
時差：日本より9時間遅れている
GNI：US$2620／人

国名の由来

現地フランス語では「コットディヴワール」と呼ぶ。英語では「アイボリーコースト」で、コートジボワールは日本語。いずれも「象牙海岸」の意味。15世紀にヨーロッパの貿易船が奴隷と象牙の売買を盛んに行ったことから名づけられた。当初は象牙海岸を意味する各国の言葉で呼ばれていたが、19世紀中にフランスの支配下に入りフランス語での呼び名が正式名称となった。

おみやげ

チョコレート

世界一の生産量のカカオはおもに輸出用だが、国内製のチョコレートも作られている。スーパーなどでは手頃な値段で売られている。

左）アビジャンのバス乗り場でバスを待つ人々
右）今は観光客が訪れる美しいビーチが、かつての被支配の舞台だった

明日誰かに教えたくなる コートジボワールの雑学

多民族なのでマナーには寛容

60以上の民族からなる多民族国家のため、寛容な精神をもつ人が多い。ただし、北部はイスラム教徒が多く、男性は女性に不用意に近づかない、握手や食事を左手で行わない、人前でアルコールを飲まないなどの注意が必要。

アビジャンのビル群

ワールドランキング TOPIC

世界のカカオ市場を左右する

カカオ豆の生産で世界シェアの40％近くを占め、生産量は2位のガーナの2倍以上。だがさまざまな要因が重なり減少傾向にあり、世界のチョコレート市場に影響を与えている。

出典：Food and Agriculture Organization(FAO)2022

減少要因はカカオへのウイルス蔓延

PHRASE ▶ ありがとう／イヤィタィケレ　さようなら／アンベン　こんばんは／サマガデビュバラトゥワリ

かつて黄金海岸と呼ばれたチョコレートの国

ガーナ共和国

Republic of Ghana

汎アフリカ色である赤、黄、緑を取り入れている。黒い星はアフリカの統一と解放を表す。

GH/GHA

IOC GHA

FIFA GHA

Maaha !

（マーハ）

日本でガーナといえばチョコレート。実際に日本の輸入カカオは8割近くがガーナ産。黄熱病研究で知られる野口英世が最期を迎えた国でもあり、日本とのゆかりは深い。イギリス植民地時代はゴールド・コースト（黄金海岸）と呼ばれ、金の輸出で栄えたと同時に、奴隷貿易の拠点でもあった。初代大統領を務めたクワーメ・エンクルマは、その被支配から独立を勝ち取った英雄。

DATA

人口：約3283万人
面積：約23万8537㎢
首都：アクラ
言語：英語が公用語。ほか各民族語
民族：アカン族、ガ族、エベ族、ダゴンバ族、マンプルシ族ほか
宗教：キリスト教、イスラム教ほか
通貨：セディ
時差：日本より9時間遅れている
GNI：US$2380／人

国名の由来

8～11世紀にサハラ砂漠の南縁にあった黒人王国「ガーナ」に由来。豊かな金銀を産出し交易で繁栄した。古代王国は内陸にあり、大西洋岸の現在の位置とは違うが、自分たちは王国の人々の末裔という伝説をもっており、独立時にその名を採用した。ガーナの語源は「最高の戦士王」を意味するソンニケ族の言葉からとされる。

グルメ

ジョロフライス

米をタマネギやスパイスなどと一緒に炒めたあと、スープで炊いた料理。味付けはトマトで、スパイスがよく効いている。アフリカのパエリアとたとえられる。

左）第2の都市クマシのセントラルマーケット
右）16世紀にポルトガル人によって建てられた世界遺産のサンティアゴ城塞

明日誰かに教えたくなる **ガーナの雑学**

世界最大の人造湖がある

ヴォルタ川をアコソンボダムで堰き止めてできたヴォルタ湖は世界最大の人造湖。カカオ栽培のモノカルチャーからの脱却として造られた。国の電力の多くを賄い、輸出もされる。

ヴォルタ湖で漁をするガーナ人

ワールドランキング TOPIC

日本では国名が商品名にも

生産量は世界第2位だが、日本が輸入しているカカオでは第1位で、3万3000トン以上と、約76.5%を占める。政府が一括して買い上げて輸出するのでリスクが少なく、高品質なのも輸入量が多い理由。

たわわに実るカカオの実

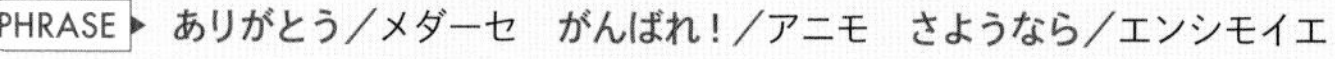

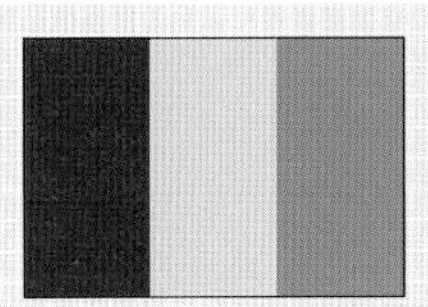

貧困ながらも自由を選んだジャンベ発祥の地

ギニア共和国

Republic of Guinea

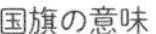

国旗の意味

3色は汎アフリカ色で、赤は犠牲者の血や人々の汗、黄は鉱物資源や太陽、緑は豊かな国土と繁栄を表す。

GN/GIN

IOC GUI

FIFA GUI

スースー語でこんにちは

※主要な土着言語のひとつ

I fenyen!

（イ フェニェン）

工芸文化や伝統音楽が盛んで、世界的に人気がある打楽器ジャンベの発祥地として有名。隣国ギニアビサウとの混同を避けるため、現地では首都名をつけてギニア・コナクリと呼ばれることが多い。周辺国で最も早く1958年に完全独立を果たし、その際に初代大統領セク・トゥーレは「隷属の下での豊かさよりも、自由の下での貧困を選ぶ」と語ったが、その道は困難を極めている。

DATA

人口：約1350万人
面積：約24万5857㎢
首都：コナクリ
言語：フランス語、各民族語など
民族：プル族、マリンケ族、スースー族など約20部族
宗教：イスラム教85.2％ほか
通貨：ギニア・フラン
時差：日本より9時間遅れている
GNI：US$1190／人

国名の由来

現地のフランス語では「ギニ」と呼ぶ。英語では「ギニー」で、ギニアは日本での呼称。13世紀頃にギニア湾からサハラ砂漠手前のサヘルと呼ばれる一帯までにつけられた地域名。ギニの語源には諸説あり、かつて栄えた王国の名、ベルベル人の言葉で「皮膚の黒い人」を意味する「アグナウ」が短くなったものなどの説がある。

おみやげ

パーニュ

アフリカ布、アフリカンワックスプリントとも呼ばれ世界的ブームのカラフルなデザインの布。植民地時代にアジアの更紗を参考に生まれ独自に進化した。

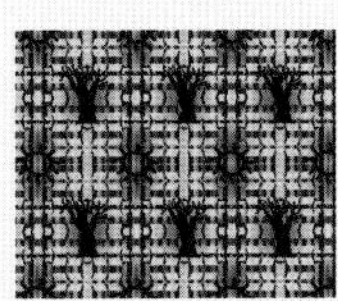

左）首都コナクリの港
右）多くの外国人がジャンベを習いに訪れる

明日誰かに教えたくなる ギニアの雑学

アフリカには「ギニア」がつく国が3つある

ギニアはギニア湾沿いのアフリカを表す伝統的な地域名で、ベルベル語で「黒人たちの土地」を意味する。この地域に含まれていたギニア、ギニアビサウ、赤道ギニアは現在でも国名に「ギニア」を残している。

コナクリの通学風景

ワールドランキング TOPIC

インフラの整備と汚職一掃が課題

鉱物資源に恵まれており、アルミニウムの原料ボーキサイトの埋蔵量は約400億トンで世界1位。鉄鉱石の埋蔵量も40億トンを超えると推定されているほか、ダイヤモンド、金、ウランなども採れる。

ボーキサイトを積載する船

PHRASE ありがとう／イヌワリ　さようなら／ウォーウォーアラガウォンギヘリ　こんばんは／イフェニェン

アメリカの解放奴隷により建国

リベリア共和国

Republic of Liberia

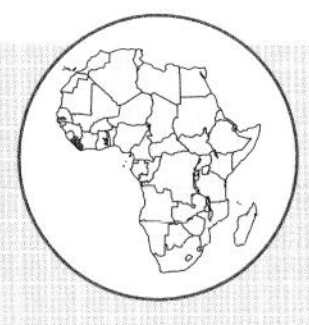

国旗の意味

青は自由、正義、忠誠、白は純潔、清潔、正直さ、赤は不動、勇気、熱情、星は元奴隷に与えられた自由を象徴。

LR/LBR

IOC LBR
FIFA LBR

リベリア英語でこんにちは

Ya-Helloo-oo ?
(ヤ ハロー オォ)

1847年にアメリカで解放された黒人奴隷が建国し、アフリカではエチオピアに次いで古い独立国。国名は英語のLiberty（自由）から。しかし、アメリコ・ライベリアンと呼ばれる解放奴隷の子孫は国民の2.5%ほどにすぎず、多くは先住民で16の部族がいる。政情は安定せず、内戦が続く世界でも最貧国のひとつ。安価に船舶国籍をおける便宜置籍国として登録数はパナマに次ぐ。

DATA

人口：約530万人
面積：約11万1370㎢
首都：モンロビア
言語：英語ほか各部族語
民族：クペレ族、バサ族、グレボ族など
宗教：キリスト教85％、イスラム教12％ほか
通貨：リベリア・ドル
時差：日本より9時間遅れている
GNI：US$680／人

国名の由来

現地の英語での呼称は「ライビリア」。ラテン語の「自由な」を意味する「リベル」に地名接尾語イアを付け「自由の国」の意味。アメリカから戻った解放奴隷が帰還して建国したことに由来している。

グルメ

リベリアン・ドライライス

白米にキテリーと呼ばれるアフリカナスやオクラなどの野菜、肉類や魚とさまざまなスパイスを合わせて炊いたもの。他の料理と合わせて一緒に食べる。

左）生きた化石と呼ばれるコビトカバがすむ
右）第2の都市バルンガのマーケット

明日誰かに教えたくなる リベリアの雑学

初心者には難しい!?　リベリアの握手

握手がちょっと特殊。握り直して何度か握手を繰り返したあと、互いに中指で音を立てる独特の作法がある。これは奴隷から解放された自由の象徴として始めたもの。

リベリア人男性

ワールドランキング TOPIC

書類上だけでやってはこない船

パナマやマーシャル諸島と並ぶ安価な手数料で船舶国籍証書の発行を行う「便宜置籍国」として有名。保有船の船腹量（載貨重量）の合計ランキングは世界一。　出典：国際連合貿易開発会議(UNCTAD) 2023

籍はあっても寄港することはない

PHRASE ▶ （英語）ありがとう／サンキュー　がんばれ！／グッドラック　さようなら／グッバイ

かつて黄金の都と呼ばれたトゥンブクトゥの町が残る

マリ共和国

Republic of Mali

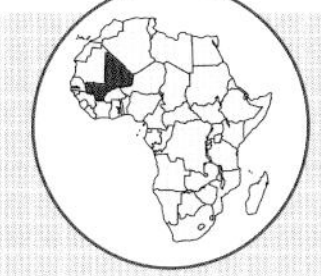

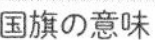

国旗の意味

旧宗主国フランスの国旗をモデルに汎アフリカ色を使用。緑は自然と農業、黄は鉱物資源、赤は独立のために流された血を表す。

ML/MLI

IOC MLI
FIFA MLI

バンバラ語でこんにちは

I ni tile !
（イニティレ）

北はサハラ砂漠、南はサバンナ、緑豊かなニジェール川が中央を流れ、国土は変化に富む。中世にはマリ王国が興り、金や岩塩の交易で繁栄、現在もある町トゥンブクトゥは“黄金の都”と呼ばれ16世紀前半には西アフリカ最大のイスラム都市となった。多くの歴史遺産と多民族国家ゆえの豊かな民俗文化で、旅人に人気がある。労働力が国内需要より多いため海外への出稼ぎが盛ん。

DATA

人口：約2259万人
面積：約124万㎢
首都：バマコ
言語：フランス語ほかバンバラ語など
民族：バンバラ族、プル族、マリンケ族、トゥアレグ族など
宗教：イスラム教ほか
通貨：CFAフラン（新通貨→P.202）
時差：日本より9時間遅れている
GNI：US$850／人

国名の由来

13～16世紀にこの地で栄華を極めたマリ帝国にちなむ。語源は最多民族バンバラ人の言葉で動物の「カバ」。14世紀のベルベル人の旅人イブン・バットゥータは、マリ帝国の直系民族マンディンカの伝承として、初代皇帝がサンカラニ川で死んでカバに姿を変えたと記している。後に「王の居所」という意味に転じたという説もある。

グルメ

ミントティー

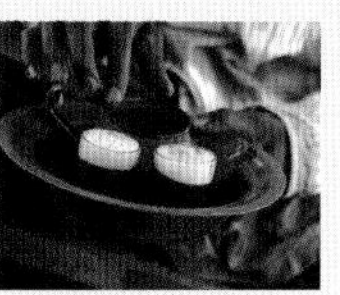

お茶を飲むことが習慣として深く根づいている。休憩やもてなしなど生活のあらゆる場面で飲む。ほとんどのマリ人はほぼ毎日お茶を飲んでいるといわれる。

左）トゥンブクトゥ近郊にあるジェンネの大モスク
右）マスクをかぶったドゴン族のダンサーたち

明日誰かに教えたくなる **マリの雑学**

独特の泥文化をもつ

主要都市はニジェール川沿いにあり、人々は乾季に川底からとれる泥を生活のさまざまな場面で利用してきた。住居はもちろん、モスクも泥で建てられ、発酵した泥で色をつけるバンバラ族のボゴランという名の伝統的な染め物もある。

ドゴン族の古代の村

ワールドランキング TOPIC

西アフリカ随一の文化大国

貧困や犯罪など悪い方面でランキング上位にあることが多いが、実は西アフリカで最も豊かな文化をもつ国といわれる。音楽、絵画、舞踏などで世界的に活躍しているマリ人芸術家は多い。

祭りでのドゴン族の踊り

PHRASE ▸ ありがとう／イニチェ　がんばれ！／ベバマナンカンカラン　さようなら／カンベン

砂漠に覆われたモール（ムーア）人の国

モーリタニア・イスラム共和国

Islamic Republic of Mauritania

国旗の意味

星と三日月はイスラム教のシンボル。緑は明るい未来への希望、黄はサハラ砂漠、赤は独立までに流した血を表す。

MR/MRT

IOC MTN
FIFA MTN

アラビア語ハッサニア方言でこんにちは

السلام عليكم !

（アッサラーム アレイクム）

国土は日本の約2.7倍あるが、90%以上が砂漠で、乾燥していないのは点在するオアシスと、南部のセネガル国境を流れるセネガル川流域だけ。主産業は鉱業で、北部のズエラットで採掘される鉄鉱石が経済を支える。2000年代に海上油田が発見されるが、生産量は伸び悩み国内需要も満たせていない。魚介類の輸出が盛んで、日本で食べられているタコは6割強が輸入物だが、うち約4割を担っている。

DATA

人口：約465万人
面積：103万㎢
首都：ヌアクショット
言語：アラビア語、プラール語、ソニンケ語、ウォロフ語ほか
民族：モール人70％ほか、少数民族など30％
宗教：イスラム教
通貨：ウギア
時差：日本より9時間遅れている
GNI：US$2080／人

国名の由来

現地アラビア語での呼称は「ムリーターニーヤ」。由来には諸説あり、古代ギリシア語で「皮膚の黒い人」を意味しムーア人を指した「マウロス」から、古代ローマ帝国の北アフリカ属州で「マウリ人（ムーア人のこと）の国」を意味する「マウレタニア」からなどがある。

グルメ

ボナヴァ

ラム肉とジャガイモを使ったシチューのような料理。タマネギ、ローレル、ピーナッツ油やチリパウダーなども加えられ、スパイシーな味付けが特徴。

左）国土の90％がサハラ砂漠という砂の国
右）ヌアクショットの町並みとグランド・モスク

明日誰かに教えたくなる モーリタニアの雑学

女性は結婚前に太らなければならない

モーリタニアには結婚式前の女性を強制的に太らせる「ガバージュ」という習慣がある。太った女性が美しいとされているため（特にモール系の遊牧民の間で）、あるいは経済的に豊かなことを示すためで、これが現代でも続けられている。

民族衣装を着た女性

ワールドランキング TOPIC

日本人が開拓したタコ漁

多くの人がスーパーなどで目にしているように、日本に輸入されるタコの約4割はモーリタニア産で第1位。1970年代に豊かなタコ漁場だと気づいた日本人がタコ漁技術を伝えた。 参考：財務省貿易統計2020

海岸に積まれたタコつぼ

PHRASE ▶ ありがとう／シュクロン　がんばれ！／ビタウフィーク、ヤッラー　さようなら／マアッサラァマ

サハラ砂漠が国土の75%を占める

ニジェール共和国

Republic of Niger

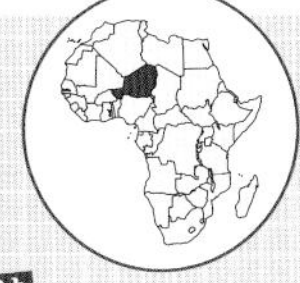

国旗の意味

オレンジは北部のサハラ砂漠、緑は南・西部の肥沃で生産的な大地と希望、そしてニジェール川、白は純粋さと無垢、オレンジの丸は太陽と人々の犠牲を象徴。

NE/NER
IOC NIG
FIFA NIG

ザルマ・ソンガイ語でこんにちは

※主要な土着言語のひとつ

Fofo !
(フォーフォー)

サハラ砂漠の南の半乾燥地帯サヘルに位置するが、本格的な砂漠化が深刻で、国土の75%を占める。隣国のナイジェリアと国名の語源は同じで、本来は同じ地域を指す。世界で一番高いとされる砂丘があり、隕石が多く見つかっている。多くが敬虔なイスラム教徒の国民は穏やかな気質で、周辺国と比べ治安もよい。農民が80％を占めるが耕作可能地は10％足らずと食糧不足が問題。

DATA

人口：約2621万人
面積：約126万7000㎢
首都：ニアメ
言語：フランス語、ハウサ語ほか
民族：ハウサ族53.1％、ジェルマ・ソンガイ族21.2％、トゥアレグ族11％ほか
宗教：イスラム教95.5％ほか
通貨：CFAフラン（新通貨→P.202）
時差：日本より8時間遅れている
GNI：US$580／人

国名の由来

国土を流れるニジェール川の名から。川の名をベルベル人民族の子孫でこの地域で生活していた半遊牧民トゥアレグ族が「ニエジーレン」と呼んでいたのを聞いたフランス人が、ラテン語で「黒」を意味する「ニジェール」と変化させたとされる。ニエジーレンの語源は明らかになっていないが、トゥアレグ語の「川の川」を意味する言葉という説がある。

おみやげ

トゥアレグ・ジュエリー

トゥアレグ族は金属工芸の高度な技術をもち、アクセサリーの美しさが世界的に有名。金製品を嫌い、銀を珍重したのでシルバーのジュエリーが多い。

左）アガデスにある土で作られたモスク
右）ニジェール川に架かるJ.F.ケネディ橋（ニアメ）

明日誰かに教えたくなる ニジェールの雑学

砂漠の美男子コンテストがある

遊牧民であるウォダベ（ボロロ）の人々は、9月半ばに「最も美しい男」を選ぶ祭り、ゲレウォールを開催する。伝統的な衣装を身にまとい、化粧をして、男たちはヤーケと呼ばれるダンスを何時間も踊り続ける。

化粧したウォダベ族の男たち

ワールドランキング TOPIC

「世界一豊かになれるはず」といわれる国

石油を含む地下資源に恵まれ、特にウランの埋蔵量は多く、原子力発電が盛んなフランスの燃料ウランの22％がニジェール産。しかし政治が不安定で、資源を生かした経済発展ができていない。

ニジェール川の水資源も豊富

PHRASE ありがとう／アイサーブ　さようなら／パアラム　こんばんは／イニチコイ

ダイヤモンド内戦後、国の立て直しを図る

シエラレオネ共和国

Republic of Sierra Leone

国旗の意味

緑は農業と山岳、白は正義と統一、青は首都フリータウンのハーバーを表す。

SL/SLE

IOC SLE

FIFA SLE

クリオ語でこんにちは

Kushɛ!

(クシェ)

奴隷解放された黒人たちの移住地として建国。1808年にはイギリスの植民地保護下で奴隷貿易が取り締まられ、1961年に独立。ダイヤモンドの産出国で、利権をめぐり、政府軍と反政府軍が1991年から2002年終結まで10年以上も内戦を続け、約7万人の市民が犠牲になり、インフラが破壊しつくされた。美しい海岸線やチンパンジー保護区などの観光資源に期待が集まる。

DATA

人口：約814万人
面積：約7万1740㎢
首都：フリータウン
言語：英語ほか各民族の言語
民族：テムネ人、メンデ人、リンパ人、クレオール(黒人と白人との混血)など
宗教：イスラム教60％ほか
通貨：レオン
時差：日本より9時間遅れている
GNI：US$600／人

国名の由来

現地での英語では「スィエラリオウン」。元は「ライオンの山」を意味するポルトガル語の「セラリョア」で、後にスペイン語化したのが現在の呼称。15世紀にやってきたポルトガル人が、現在の首都フリータウン周辺の山を形がライオンに似ていると思ったところから、この地域に多い雷の雷鳴がライオンの吠える声に似ていたからなどの説がある。

グルメ

ジョロフライス

セネガルのウォロフ族から発祥し西アフリカに広まった、鶏肉や牛肉と米を炊くピラフ料理。シエラレオネでは誕生日や結婚式など特別な行事での食事。

左）首都フリータウンの町並み
右）サッカーをして遊ぶ元気な子供たち

明日誰かに教えたくなる シエラレオネの雑学

食事は黙って食べる

食事の際におしゃべりをすると、食べ物への敬意が足りないとみなされ無礼だと思われる。アフリカでは一般的な習慣。皿の上を通り越して手を伸ばすのもかなり行儀が悪いとされている。

フリータウンの市場

ワールドランキング TOPIC

対策が急がれる子供の健康対策

子供が5歳に到達する前に死んでしまう1000人当たりの確率「5歳未満児死亡率」が100人を超え世界一高い。出産が専門家なしで行われることやマラリアなどの感染症が原因。
参照：国際連合開発計画(UNDP)

首都のスラム。貧困や衛生も問題

PHRASE ありがとう／テンキ　がんばれ！／ジペモヨ　さようなら／アデゴナドゥン

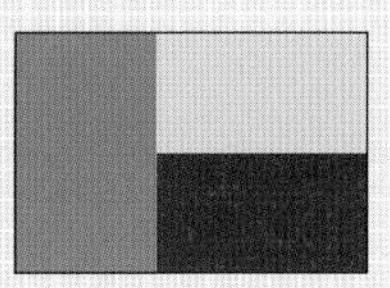

奴隷貿易の拠点があったブードゥー教発祥の地

ベナン共和国

Republic of Benin

BJ/BEN
IOC BEN FIFA BEN

1960年のフランスからの独立当初はダホメ共和国、その後ベニン湾にちなんで1975年ベニン人民共和国へ。1990年社会主義政策の放棄にともない現在の国名になる。かつては日本でもベニンと表記されていたが現地発音に近いベナンに変更された。ブードゥー教発祥の地としても有名。ブードゥーとはフォン族の言葉で「精霊」を意味し、奴隷貿易とともにアメリカ大陸に伝わった。

DATA

人口：約1335万人
面積：約11万2622㎢
首都：ポルトノボ
言語：フランス語
民族：フォン族など46部族
宗教：キリスト教48.5％、イスラム教27.7％など
通貨：CFAフラン（新通貨→P.202）
時差：日本より8時間遅れている
GNI：US$1400／人

ブードゥー教のフェスティバル

フォン語でこんにちは

A fon ganjia !
（ア フォン ガンジーヤ）

明日誰かに教えたくなる ベナンの雑学

わき毛が美人の条件

ベナンでは、美人の条件のひとつがなんとわき毛。わき毛がふさふさであればあるほどセクシーだと思われるのだという。

PHRASE ▶ さようなら／エダボー、エイザーンデ　こんばんは／グドバダ

アフリカ大陸で最も小さな国

ガンビア共和国

Republic of The Gambia

GM/GMB
IOC GAM FIFA GAM

大西洋に面し、国土をセネガルに囲まれたアフリカの大陸部分では一番小さな国。中央部を流れるガンビア川はマングローブ林が生い茂り、豊かな自然が育まれている。周辺には400～500種の鳥類が生息していてバードウオッチングも盛ん。大西洋岸には高級リゾートホテルや観光客向けのレストランが立ち並び、多くの欧米人が休暇を楽しんでいる。世界遺産はふたつある。

DATA

人口：約264万人
面積：約1万1300㎢
首都：バンジュール
言語：英語、マンディンゴ語、ウォロフ語など
民族：マンディンゴ族、ウォロフ族、フラニ族など
宗教：イスラム教90％、キリスト教など10％
通貨：ダラシ
時差：日本より9時間遅れている
GNI：US$800／人

フラニ族の女性

ウォロフ語でこんにちは ※主要な土着言語のひとつ

Na'nga def ?
（ナンガデフ）※How are you ?

明日誰かに教えたくなる ガンビアの雑学

あいさつをしっかり！

あいさつもなしにいきなり本題に入るのは失礼だとみなされる。まずは軽く世間話をするぐらいが一般的とか。

PHRASE ▶ ありがとう／ジェリジェフ　がんばれ！／ジャムアクジャム　さようなら／マンギデム

政情不安のなかでも陽気に踊る人々

ギニアビサウ共和国

Republic of Guinea-Bissau

GW/GNB

IOC GBS　FIFA GNB

伝統的なカーニバル

15世紀にポルトガルが来航した後、奴隷貿易の中継地として栄え、19世紀後半にはポルトガルの植民地に。その後1973年に独立。国内には30以上の民族が共存し、現在でも奥地では貨幣が存在せず物々交換が行われている。おもな産業は農林水産業で、特にカシューナッツに関しては世界6位の生産量を誇り、国家収入の半分以上を占める。工業や鉱業は存在せず、産業の乏しさが課題。

DATA

人口：約211万人
面積：約3万6125㎢
首都：ビサウ
言語：ポルトガル語、クレオール語
民族：フラニ族、バランタ族ほか
宗教：イスラム教46.1％、キリスト教18.9％ほか
通貨：CFAフラン（新通貨→P.202）
時差：日本より9時間遅れている
GNI：US$820／人

ギニアビサウ・クレオール語でこんにちは

Bo tarde !
（ボ タルディ）

明日誰かに教えたくなる ギニアビサウの雑学

村を訪れるなら手みやげを

地方の伝統的な村を訪問する際には、必ず村の長にたばこや酒などの手みやげを持参するのが重要な礼儀とされる。

PHRASE ▶ ありがとう／オブリガード　さようなら／チャウ

経済成長率の高い笑顔の国

トーゴ共和国

Republic of Togo

TG/TGO

IOC TOG　FIFA TOG

呪術に使う人形

南北約550km、東西約70kmの南北に細長い国土をもつ小国。トーゴ山脈以外の場所は平地が続く。南北地域においては民族構成、文化や習慣が異なり、明確に二分化されている。北部はカビエ族がおもでイスラム教徒が多く、南部はキリスト教を信仰するエヴェ族が暮らしている。旧宗主国は西アフリカでは珍しいドイツ。その名残でビールやソーセージがおいしい。

DATA

人口：約855万人
面積：約5万4390㎢
首都：ロメ
言語：フランス語、エヴェ語など
民族：エヴェ族42.4％、カビエ族25.9％ほか
宗教：伝統宗教67％、キリスト教23％ほか
通貨：CFAフラン（新通貨→P.202）
時差：日本より9時間遅れている
GNI：US$1010／人

エヴェ語でこんにちは

Efoa !
（エフォア）※How are you ?

明日誰かに教えたくなる トーゴの雑学

呪術が生きている

ブードゥー教が根づき、呪術に使う動物の頭などを売る、少しおどろおどろしいマーケットがある。

PHRASE ▶ ありがとう／アクペナオ　さようなら／メデアフェメニュイ　こんばんは／フィエ

サハラ以南で最大の産油国

アンゴラ共和国

Republic of Angola

AO/AGO
IOC ANG FIFA ANG

アフリカ大陸で7番目に大きな国で18の州をもつ。北に位置するカビンダ州はコンゴ民主共和国の領土を挟んで飛地となっている。石油や天然ガス、ダイヤモンドなど多くの鉱物資源に恵まれ、外国企業の進出も盛ん。また観光立国として力を入れようと、2018年以降観光を目的とした旅行者の査証発給を緩和した。日本のパスポートでも30日間のビザなし渡航が認められている。

ルアンダの近代的な町並み

ウンブンドゥ語でこんにちは

Ekumbi liwa !
(エクンビ リワ)

DATA

人口：約3558万人
面積：約124万7000㎢
首都：ルアンダ
言語：ポルトガル語、ウンブンドゥ語ほか
民族：オヴィンブンド族37％、キンブンドゥ族25％ほか
宗教：キリスト教81％ほか
通貨：クワンザ
時差：日本より8時間遅れている
GNI：US$1880／人

明日誰かに教えたくなる アンゴラの雑学

世界一物価が高い

首都ルアンダは物価が高く、物価の高い世界の都市ランキングでたびたび1位になっている。特に家賃が高い。

PHRASE ありがとう／トワパンデュラ　さようなら／ソダンダ　元気ですか？／ワコラポ

アフリカ屈指の多様性をもつ

カメルーン共和国

Republic of Cameroon

CM/CMR
IOC CMR FIFA CMR

アフリカ中部、ギニア湾に面した国。約270もの部族が暮らし、アフリカ大陸のほとんどの気候、海や山、川など地勢が揃っていることから“アフリカの縮図”とも呼ばれている。各地方によって、気候や文化、習慣などが多岐にわたりバラエティに富んだ観光名所が多い。政府は「Vision2035」を掲げ、2035年までに新興国入りを目指している。アフリカのサッカー大国としても知られる存在。

さまざまな部族が暮らす

ピジン語でこんにちは

How na ?
(ハウナ) ※How are you？の意味

DATA

人口：約2791万人
面積：約47万5440㎢
首都：ヤウンデ
言語：フランス語、英語
民族：バミレケ族、ファン族など約270部族
宗教：キリスト教、イスラム教ほか
通貨：CFAフラン
時差：日本より8時間遅れている
GNI：US＄1640／人

明日誰かに教えたくなる カメルーンの雑学

フランス語と英語がごちゃ混ぜ

北西部では英語、それ以外の地域ではフランス語が話され、新聞などでは両語が混ざり合っていることも。

PHRASE (英語)ありがとう／サンキュー　がんばれ！／グッドラック　さようなら／グッバイ

見過ごされてきた人道危機

中央アフリカ共和国

Central African Republic

CF/CAF

IOC CAF FIFA CTA

調理をする女性

アフリカ中央部の内陸に位置する。地下には金やダイヤモンドなどの資源、広大な未開の地にはアフリカゾウやライオン、サイやカバなどさまざまな野生動物が暮らす豊かな国だが、独立以来クーデターを繰り返し政情は常に不安定に。2019年AU（アフリカ連合）主導のもと、政府と14の武装勢力との交渉が行われ和平合意署名にいたったが、今なお混乱は続いている。

サンゴ語でこんにちは

Balaô !

（バラオ）

DATA

人口：約556万人
面積：約62万3000㎢
首都：バンギ
言語：フランス語、サンゴ語など
民族：バヤ族、バンダ族、ピグミー族など
宗教：キリスト教、ほかイスラム教など
通貨：CFAフラン
時差：日本より8時間遅れている
GNI：US$480／人

明日誰かに教えたくなる 中央アフリカの雑学

世界有数の磁気異常

中央アフリカは地球上で磁気が異常な数値を示す場所のひとつで、首都の名をとって「バンギ磁気異常」と呼ばれている。

PHRASE ありがとう／シンギラ　元気ですか？／トンガナニェ

大陸北部の中央にありアフリカの心臓と呼ばれる

チャド共和国

Republic of Chad

TO/TCD

IOC CHA FIFA CHA

サハラ砂漠を渡る

アフリカの中央部に位置する内陸国で3分の2を砂漠地帯が占める。国名の由来にもなっているチャド湖は、雨季になると多様な動植物が生息し、湿地帯では農業が行われているが、近年干ばつや農業用水への利用などにより、60年の間に95%の面積を失った。今世紀には消滅が危惧されており、湖を再生させるための国際機関のプロジェクトが動いている。

アラビア語チャド方言でこんにちは

Al-salâm alêk !

（アッサラーマレク）

DATA

人口：約1718万人
面積：約128万4000㎢
首都：ンジャメナ
言語：フランス語、アラビア語ほか130以上の部族語
民族：サラ族、チャド・アラブ語族ほか
宗教：イスラム教52％、キリスト教44％ほか
通貨：CFAフラン
時差：日本より8時間遅れている
GNI：US$690／人

明日誰かに教えたくなる チャドの雑学

子供に卵を与えないで

子供に卵を与えると大人になってその子供が泥棒になると信じられている。アフリカではよくみられるタブーのひとつ。

PHRASE ありがとう／シュクラン　さようなら／マアッサラーマ　こんばんは／マサーアルカイルヤ

珍獣ボノボが暮らす国

コンゴ民主共和国

Democratic Republic of the Congo

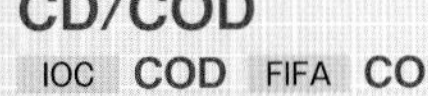

CD/COD
IOC COD FIFA COD

かつてはザイールと呼ばれていたアフリカ中部に位置する共和制国家。アフリカ第2位の面積を誇りアフリカでは影響力のある国のひとつ。自然豊かな国土には国立公園や自然保護区が多く点在し、国内最大のサロンガ国立公園には固有種のボノボ（ピグミーチンパンジーとも呼ばれる）をはじめ、オカピ、ミズジャコウネコなど貴重な動物が生息している。

コンゴにしか生息しない猿ボノボ

リンガラ語でこんにちは

Mbote !
（ムボテ）

DATA

人口：約9901万人
面積：約234万5000㎢
首都：キンシャサ
言語：フランス語、リンガラ語ほか
民族：過半数のバントゥー語族のほか200を超える部族
宗教：キリスト教80％ほか
通貨：コンゴ・フラン
時差：日本より8時間遅れている
GNI：US$610／人

明日誰かに教えたくなる コンゴ民主共和国の雑学

服装に注意！

コンゴ人は身なりにとても気を遣うので、だらしない格好をしていると反感を買い、襲撃を受ける危険性すらある。

PHRASE ありがとう／ディリェン　さようなら／ドコモナナ、ティケラマラム　こんばんは／ムボテ

アフリカで最もファッショナブルといわれる

コンゴ共和国

Republic of Congo

CG/COG
IOC CGO FIFA CGO

隣国コンゴ民主共和国と区別するため「コンゴ・ブラザビル」とも呼ばれる。国土の中央を赤道が走り、約50%がコンゴ盆地になっている。“地上最後の楽園”とも呼ばれる北部ヌアバレ・ンドキ国立公園は、人類の影響がまったく及んでいない特別な場所として世界自然遺産に登録され、マルミミゾウやニシローランドゴリラなど絶滅の危機に瀕する野生動物が生息している。

ブラザビルの教会

リンガラ語でこんにちは

Mbote !
（ムボテ）

DATA

人口：約597万人
面積：約34万2000㎢
首都：ブラザビル
言語：フランス語、リンガラ語
民族：コンゴ族40.5％、テケ族16.9％ほか
宗教：キリスト教75.3％ほか
通貨：CFAフラン
時差：日本より8時間遅れている
GNI：US$2290／人

明日誰かに教えたくなる コンゴ共和国の雑学

世界一おしゃれな男たち

貧しいながらも平和の象徴として年収の約4割を高級ブランドのスーツにつぎ込む「サプール」と呼ばれるファッショナブルな男たちがいる。

PHRASE ありがとう／ディリェン　さようなら／ドコモナナ、ティケラマラム　こんばんは／ムボテ

中央アフリカでは比較的豊かな産油国

ガボン共和国

Gabonese Republic

GA/GAB

IOC GAB　FIFA GAB

世界有数の石油埋蔵量を誇る産油国だが、国土の約9割が森林で人口密度が低いため、アフリカでは国民所得が比較的高く、新興国という位置づけ。周辺国から出稼ぎにきた外国人が多く暮らすのはこのためだ。ドイツ人医師で神学者のアルベルト・シュバイツァーが医療と伝道に生涯をささげた地としても知られる。

DATA

人口：約239万人
面積：約26万7667㎢
首都：リーブルビル
言語：フランス語
民族：ファン族、プヌ族ほか
宗教：キリスト教ほか
通貨：CFAフラン
時差：日本より8時間遅い
GNI：US$7530／人

石油省の建物

ファン語でこんにちは

M'bolo !
（ウンボロ）

PHRASE▶ ありがとう／アキバ　ごきげんいかが／オネラウラヤ　さようなら／カンガワリ

熱帯の小さな独裁国家

赤道ギニア共和国

Republic of Equatorial Guinea

GQ/GNQ

IOC GEQ　FIFA EQG

中央アフリカに位置し、沖に浮かぶ島々も領有。首都がおかれているのは、本土ではなく隣国カメルーンのほうが近いビオコ島という小さな島だ。1992年に油田が発見され、急激な経済成長を遂げているが、大統領一族による独裁が40年以上続き、石油に関わる富も彼らが独占している。

DATA

人口：約167万人
面積：約2万8051㎢
首都：マラボ
言語：スペイン語、フランス語、ポルトガル語
民族：ファン族、ブビ族ほか
宗教：キリスト教がほとんど
通貨：CFAフラン
時差：日本より8時間遅い
GNI：US$5240／人

バタ大聖堂

ファン語でこんにちは

M'bolo !
（ウンボロ）

PHRASE▶ ありがとう／アキバ　ごきげんいかが／オネラウラヤ　さようなら／カンガワリ

旧ポルトガル植民地の島嶼国

サントメ・プリンシペ民主共和国

Democratic Republic of Sao Tome and Principe

ST/STP

IOC STP　FIFA STP

サントメ島とプリンシペ島からなる旧ポルトガル領の独立国。石油の埋蔵が期待されるギニア湾にあるものの開発は停滞し、カカオ豆の生産・輸出に依存したアフリカ最貧国のひとつとなっている。サントメ島のオボ国立公園内にそびえる尖ったカオ・グランデ峰は国のシンボル。

DATA

人口：約22.7万人
面積：約1001㎢
首都：サントメ
言語：ポルトガル語
民族：バントゥー系及びポルトガル人との混血
宗教：キリスト教
通貨：ドブラ
時差：日本より9時間遅い
GNI：US$2400／人

カオ・グランデ峰

ポルトガル語でこんにちは

Boa tarde !
（ボア タルジ）

PHRASE▶ ありがとう／オブリガード　がんばれ！／ボアソルチ、フォルサ　さようなら／アデウス

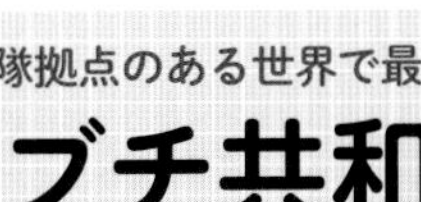
自衛隊拠点のある世界で最も暑い国

ジブチ共和国

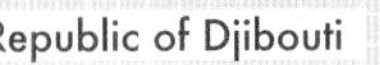
Republic of Djibouti

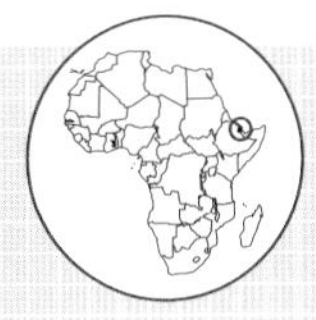

国旗の意味

白は平和、青は海と空、緑は地球、赤い星は統一を表す。

DJ/DJI

IOC DJI
FIFA DJI

ソマリ語でこんにちは

Galab wanaagsan !
（ガラブ ワナークサン）

アラビア海の紅海入口に位置する小国。年間平均気温が約30℃、夏は50℃以上で湿度は80％以上になり、世界一暑い国と呼ばれる。世界で最も塩分濃度が高いアサル湖は、酷暑による蒸発で海抜はなんとマイナス157m。豊かな国ではないが、海洋的要衝の立地を生かした交易立国として港湾施設は充実。2016年には中国企業により、エチオピアのアディスアベバとの間に鉄道が開通した。

DATA

人口：約100万2000人
面積：約2万3200㎢
首都：ジブチ
言語：アラビア語、フランス語ほか
民族：ソマリア系イッサ族50％、エチオピア系アファール族37％ほか
宗教：イスラム教94％、キリスト教6％
通貨：ジブチ・フラン
時差：日本より6時間遅れている
GNI：US$3310／人

国名の由来

現地アラビア語での呼称は「ジーブーティー」。由来に定説はない。多数派民族イッサ族の言葉で「ダウ船（アラビア特有の帆船）の停泊地」を意味する「ジエブート」がアラビア語に転じたもの、この地域に住むアファール族の言葉で「板」あるいは「高原」を意味する言葉などがある。

グルメ

ラホ

小麦粉から作られたパンケーキ状のパンでジブチの主食。隣国エチオピアの主食インジェラに似るが、それより小さく薄いのが特徴。スープと一緒に食べる。

左）火星を思わせるアッベ湖の風景
右）ラクダに交易品をのせて運ぶ男性

明日誰かに教えたくなる ジブチの雑学

雨が降るといい天気？

かつて71.5℃という信じがたい温度を記録したジブチ。昼間はほとんど人通りがなく、日が暮れるとようやく町はにぎわいだす。ほとんど雨が降らず、降ると人々はとても喜ぶ。

暑いのでスイカが人気

ワールドランキング TOPIC

世界唯一の自衛隊海外拠点

日本の自衛隊の海外拠点がある。当時、近海で頻発していた海賊被害の対応のため2011年に開所された。約400名の自衛官の派遣駐留は唯一ゆえにもちろん最多。ジブチにとっても重要な外貨獲得。

拠点がおかれる国際空港

PHRASE ▶ ありがとう／マハドサニド　がんばれ！／コロント　さようなら／ナバドゲルヨ　こんばんは／ハベーンワナークサン

世界最古の独立国のひとつ

エチオピア連邦民主共和国

Federal Democratic Republic of Ethiopia

国旗の意味

緑は土地の希望と大地の豊かさ、黄色は正義と調和、赤は犠牲と英雄、青い円は平和、五芒星は国民の統一と平等を表す。

ET/ETH

IOC ETH
FIFA ETH

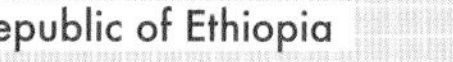

アムハラ語でこんにちは

ጤና ይስጥልኝ!
（テナ イストゥリン）

アフリカ大陸東端近くに位置する内陸国。国土の大部分が高地で、年平均気温は13℃と冷涼な気候。国のほぼ中央にある首都アディスアベバは標高2355mにある。さらには雨が多いため台地が激しく浸食され、深い谷や崖が多い。アフリカのほぼ全域がヨーロッパに支配された時代も、唯一独立を維持してきた国で、黒人の希望とも呼ばれたが、こうした地形が外国からの防衛に適し、植民地化されなかった理由のひとつとされる。古代から栄えてきた場所でもあり、多くの遺跡も残っている。周辺の多くはムスリム国だが、キリスト教が62.7%と最も多い。西暦の9月が新年で1年を13ヵ月とする暦が使われている。

国名の由来

エチオピアで話されている言葉のひとつアムハラ語では「イティオピア」。ギリシア語で「赤茶色」や「自分が燃える」を意味する「アイト」と、「顔」を意味する「オプス」が複合した「アエオティプス」が地名化し、「日に焼けた人の国」の意味の「アイトスオプシア」となったものが転じたと考えられている。古代ギリシアの学者ヘロドトスがサハラ以南のアフリカを指して使ったとされる。

DATA

人口：約1億1787万人
面積：約109万7000㎢
首都：アディスアベバ
言語：アムハラ語、オロモ語、英語、ソマリ語、ティグリニャ語ほか
民族：オロモ人35.8%、アムハラ人24.1%、ソマリ人7.2%、ティグリニャ人5.7%、シダマ族4.1%ほか約80民族
宗教：エチオピア正教43.8%、イスラム教31.3%、プロテスタント22.8%、カトリック0.7%、伝統宗教0.6%ほか
通貨：ブル
時差：日本より6時間遅れている
GNI：US$1020／人

左）世界遺産に登録されているラリベラの聖ギオルギス教会
右）エチオピア正教の僧侶

PHRASE ▶ ありがとう／アムスキナロー　さようなら／チャオ　こんばんは／ウンダミン アマシュフ(男性)・ウンダミン アマシャシ(女性)

COLUMN
茶道とも通じるコーヒーセレモニー

エチオピアは世界に名だたるコーヒーの名産地。現地では、茶道にも通じるコーヒーセレモニーという儀式が伝統的に行われている。通常女性が行うもので、母親から作法と一緒に茶道具も受け継ぐという。まずは豆を洗い、焙煎し、専用の器具ですりつぶす。次に粉をお湯の入った特殊なポットに入れて火にかける。コーヒーができあがると、取っ手のない小さなカップに注ぐ。これを同じコーヒー豆を使って3回繰り返すため、1～2時間かかるのが普通だ。会場を清めるために乳香がたかれ、ポップコーンやアンバシャというお菓子が供される。洗練された一連の作法には目を見張るばかり。

コーヒーを入れる女性

COLUMN
失われたアークはエチオピアにある？

伝説によるとモーセの十戒が納められたといわれるアーク（契約の箱）は、エチオピアのアクスムにあるシオンの聖マリア教会にあるといわれている。エチオピアの口承伝説をまとめた『ケブレ・ナガスト』には、シバの女王とソロモン王の子供、メネリク1世がイスラエルより持ち帰ったと書かれているという。

シオンの聖マリア教会

発展著しい首都アディスアベバ

ワット

アムハラ語で総菜を意味する、肉や野菜、豆を煮込んだ料理。主食のパン、インジェラと食べる。さまざまな種類があり素材を意味する言葉をつけて呼ぶ。鶏肉とゆで卵を使ったドロ・ワットが有名。

お酒

タジ

ハチミツに酵母を加えて発酵させた酒。エチオピア皇帝が愛飲したことで知られ、1920年代まで皇室しか造ることが許されず、兵士の激励や宮廷の宴会などで振る舞われてきた。長期間寝かせるほどアルコール度数が高くなる。

明日誰かに教えたくなる エチオピアの雑学

コーヒーには砂糖ではなく塩

コーヒーセレモニーという独特の文化が残されているが、その飲み方もいっぷう変わっていて、コーヒーになんと塩を入れる。ひとつまみ入れると苦味と酸味がやわらいで、まろやかになり、おいしさが引き立つのだという。

高山病に注意

標高2355mにあるアディスアベバをはじめ、主要な町は高地にある。軽度の高山病にかかることもあるので、ゆっくりと高地に体を慣らす必要がある。一般的に高山病は高度2500mで25％の人に現れるといわれている。

アディスアベバにある教会

ワールドランキング TOPIC

世界一低い火山がある世界一過酷な砂漠

過酷さを数値にしたランキングはないが、自他ともに「人類が住む世界で最も過酷な地」といわれるのが北東部のダナキル砂漠。世界有数の酷暑の砂漠に極彩色の泉、標高613mながら活発に活動する世界一低い活火山エルタ・アレ山などが見られる。

まるでSF映画の世界

東アフリカ最大都市を擁する動物王国

ケニア共和国

Republic of Kenya

国旗の意味

黒は国民、赤は独立闘争、緑は農業、白は平和と統一を表す。中央のマークはマサイ族の盾と槍。

KE/KEN

IOC KEN

FIFA KEN

スワヒリ語でこんにちは

Mambo !

(マンボ)

赤道に近いため暑いイメージがあるが、中央部はほとんどが標高1700m前後の高地で平均気温は10〜28℃、首都ナイロビなどは1年中過ごしやすい気候だ。古くからアジアとアフリカの交易路として栄え、さまざまな文化が融合してきた。そのため、音楽やダンス、芸術などが伝統的に盛ん。約42の民族が暮らし、約60以上の言語や方言がある。国内には16の主要な動物生態系があり、約60の国立公園や保護区として管理されている。野生動物で有名なマサイマラ国立保護区や、広大なツァボ国立公園などが有名。一方で、実は手つかずの原生林はわずか2%しかなく、不毛な砂漠地帯は国土の約20%もある。

国名の由来

国のシンボルであるケニア山の名からとったもの。ケニアの語源には諸説あり、19世紀にドイツの探検家がこの地域のサバンナに暮らすカンバ族の酋長に山の名を尋ねたところ「キーニヤ」と答えたことからという説が有力。頂上付近の雪と黒い岩のまだら模様が、雄のダチョウの羽、あるいはダチョウの頭を彷彿させるのが語源とされる。また、ケニア山を「神の山」を意味する「キリニャガ」と呼んでいた民族の言葉からヨーロッパ人が名づけたという説もある。

DATA

人口：約5403万人
面積：約58万3000㎢
首都：ナイロビ
言語：スワヒリ語、英語
民族：キクユ族17.1%、ルヒヤ族14.3%、カレンジン族13.4%、ルオ族10.7%、カンバ族9.8%、ソマリ族5.8%、キシイ族5.7%ほか
宗教：キリスト教85.5%、イスラム教10.9%ほか
通貨：ケニア・シリング
時差：日本より6時間遅れている
GNI：US$2170／人

サファリでキリンに遭遇。背景はアフリカ最高峰キリマンジャロ（タンザニア）

PHRASE ▶ ありがとう／アサンテ　がんばれ！／ジペモヨ　また会いましょう／トゥタオナナテーナ

COLUMN

誇り高い“草原の貴族”マサイは今

ケニアの民族といえば必ず思い浮かぶのがマサイ族。高く跳ぶことができる男ほど尊いとされ、“マサイジャンプ”は世界的に有名。もともと牛やヤギを放牧する遊牧民だったが、彼らも近代化と伝統保存の間で板挟みになり、さまざまな問題を抱えている。ケニア、タンザニア両政府から定住化政策が進められているが、かたくなに拒否し、両国のサバンナを自由に行き来する権利を要求し続けている。しかし時代の流れには逆らえず、村に定住し観光ガイドなどの職に就くものも増えている。大都市ナイロビから伝統的なマサイの村に“通勤”する人も多いのだとか。また、伝統衣装を着ないで、ジーパンにTシャツという若者も多く、携帯電話の普及率も年々上がっている。

COLUMN

ビル群をバックにサファリが楽しめる国立公園

ナイロビ中心部から8kmしか離れていないナイロビ国立公園。アクセスが簡単で、首都ナイロビのビル群を背景にサファリが楽しめると人気がある。2〜3時間で1周できる手軽さも魅力だ。ライオン、チーター、ヒョウ、シマウマ、キリンなど、人気の動物はゾウ以外ほとんど見られる。空港も近く、機上から動物が見えることも。

ナイロビのビル群とシマウマ

“マサイジャンプ”を見せてくれるマサイ族の男性

グルメ

ウガリ

穀物やイモの粉を湯で練った主食。トウモロコシやキャッサバなどが原料。片手でひと口大にちぎり、手のひらでこねてしっとりさせ、肉や野菜の料理と食べる。地方によってさまざまなバリエーションがある。

おみやげ

ビーズのアクセサリー

マサイ族やサンブル族の民族衣装として身につけるものがみやげ用に売られている。女性たちの手作りで、鮮やかでカラフルな色には、すべてそれぞれに意味がある。首飾りから手頃なバングルまで種類も豊富。

明日誰かに教えたくなる ケニアの雑学

相手の手につばをかけるあいさつがある

最大民族のキクユ族の風習で、あいさつの際に相手の手につばをかけるというものがある。つばによって悪いものから守られる、いわば魔除けとして考えられている。

人を指さすのは絶対禁止

人を指さす行為はわいせつな意味を表し、かなり侮辱的に受け取られる。

料理は少し残したほうがよい

自宅での食事に招かれたときは、少しだけ残すのが作法とされている。また、誘われたら空腹でなくともひと口は食べるのが礼儀。

ケニアの食卓風景

ワールドランキング TOPIC

世界一厳しいポリ袋対策

2017年に施行されたポリ袋の製造、販売、使用を禁止する法律は、環境保護対策に関わるこの手の法律では世界で最も厳しいといわれる。違反した場合は最大４年間の禁錮刑か日本円で500万円近い罰金が科される。　参考：ケニア国家環境管理局2023

買い物には布バッグが使われる

タンガニーカとザンジバルの連合国

タンザニア連合共和国

United Republic of Tanzania

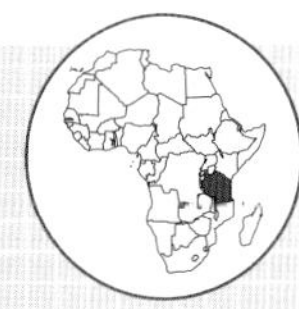

国旗の意味

タンガニーカとザンジバルが合併した際、両国の旗を組み合わせた。緑は国土と農業、黒は国民、青はインド洋の海、黄は豊かな資源を表している。

TZ/TZA

IOC TAN

FIFA TAN

スワヒリ語でこんにちは

Mambo！

（マンボ）

アフリカ大陸東部のタンガニーカと、強い自治権をもつインド洋の島々ザンジバルで構成される。日本の2.5倍もの広大な大地には、北東部にアフリカ最高峰のキリマンジャロ、北部にアフリカ最大のビクトリア湖、西部にアフリカ最深のタンガニーカ湖がある。国土の大半がサバンナで、ゾウ、ライオン、ヒョウ、バッファロー、サイをはじめとする野生動物が暮らす貴重な保護区が多い。これを生かした観光業が成長を続け、金の輸出に次ぐ外貨獲得産業となっている。人口は日本の3分の1ほどだが、平均年齢は17～18歳ととても若く将来が期待されている。スワヒリ語が国語で、在来の言語が指定されたアフリカでは貴重な国。

国名の由来

1964年にアフリカ大陸東部のタンガニーカ共和国とインド洋に浮かぶ島国ザンジバル人民共和国が統合する際、2国の名前の最初のアルファベット3文字、「Tan（タン）」と「Zan（ザン）」に地名を表す接尾語「-ia（イア）」を付けて国名とした。

タンガニーカはスワヒリ語のタンガ「帆」とニーカ「荒野」が合わさり「荒野の帆」、ザンジバルは「黒」を意味する地元の民族の名「ザンジ」にアラビア語で「海岸」を意味する「バール」が合わさったのが有力な語源。

DATA

人口：約6100万人
面積：約94万5000㎢
首都：ドドマ（法律上の首都。事実上の首都はダルエスサラーム）
言語：スワヒリ語、英語ほか
民族：スクマ族、ニャキューサ族など約130部族
宗教：イスラム教40％、キリスト教40％、土着宗教20％
通貨：タンザニア・シリング
時差：日本より6時間遅れている
GNI：US$1200／人

ンゴロンゴロ保全地域のクレーターに集まるヌー

PHRASE▸ ありがとう／アサンテ　がんばれ！／ジペモヨ　また会いましょう／トゥタオナナテーナ

COLUMN

独自の歴史を歩んできたザンジバル

タンザニアは連合共和国であり、大陸部のタンガニーカとザンジバルから成り立つ。ザンジバル島は17〜19世紀に海洋国家オマーンの支配下で栄えた歴史をもち、アラビアの香り漂うノスタルジックな雰囲気が魅力だ。今でもアラブ人の砦跡や、スルタン（イスラム王）の宮殿などが残されており、主都ストーンタウンは世界遺産に登録されている。ちなみに日本ともゆかりがあり、「からゆきさん」が住んでいた家が今でも保存されている。当時は船員が集まる人気のバーもあったという。現在はアフリカ屈指のビーチリゾートとしてヨーロピアンに人気が高い。

美しい海が広がる

COLUMN

アフリカ大陸最高峰 キリマンジャロ

ケニアとの国境近くにあるキリマンジャロは標高5895m。7大陸最高峰のなかでは、傾斜も緩く、ルートがよく整備され、比較的容易に登ることができる山として知られる。キリマンジャロコーヒーは、山の南に住む勤勉な民族チャガ人が1900年頃から栽培を始め、協同組合を組織するなどしてブランド化に成功した。

カランガ・キャンプに立つテント

アラビア風の立派な扉が残るザンジバルのストーンタウン

グルメ

ムシカキ

牛肉、ヤギ肉、羊肉などをマリネして串刺しにし、豪快に炭火で焼いた屋台料理。味付けは塩コショウのシンプルなものから、さまざまなスパイスを合わせた複雑なものまであり、店や料理人によって違う。

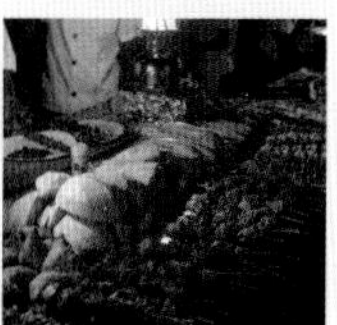

おみやげ

ティンガティンガ

アフリカのポップアート。20世紀後半にダルエスサラームで画家エドワード・サイド・ティンガティンガが生み出した絵画手法。マソナイトという硬い繊維の板に動物や植物などの自然が鮮やかな色で描かれる。

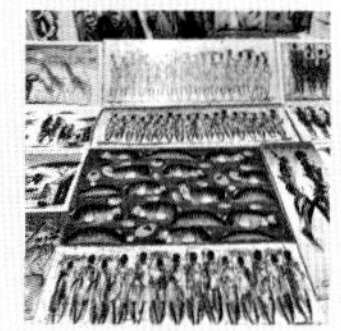

明日誰かに教えたくなる **タンザニアの雑学**

コーヒーはあまり飲まない

タンザニアといえばキリマンジャロコーヒー。誰もが聞いたことのあるコーヒーの名産地だ。しかし現地ではコーヒーよりも甘い紅茶のほうがポピュラー。

飛行機も鳥もンデゲ

スワヒリ語で鳥はンデゲ。そしてなんと飛行機もンデゲ。ンデゲオチェロで「鳥のように自由」の意味。

「サファリ」という言葉はタンザニア発祥

サファリはスワヒリ語。さらに遡ると「長い旅」を意味するアラビア語が語源。

東アフリカ有数のサファリ大国

ワールドランキング TOPIC

40分足らずで終わった戦争

1896年のイギリス・ザンジバル戦争は、ザンジバル島で反英派のスルタン（イスラム王）が即位し退位要求を拒否し、イギリス艦隊に艦砲射撃され、わずか37分23秒で対岸のタンガニーカに亡命。「史上最短の戦争」としてギネスブックに掲載される。

ザンジバルのスルタンの宮殿

エチオピアから分離した独裁国家

エリトリア国

State of Eritrea

国旗の意味

緑は農業や牧畜による富、青は海洋資源、赤は独立戦争で流された血、黄色いオリーブの枝は鉱物資源を表す。

ER/ERI

IOC ERI
FIFA ERI

ティグリニャ語でこんにちは

ሰላም！
（サラム）

アフリカ大陸北東部、インド洋に突き出たアフリカの角と呼ばれる半島の北側にある。1993年の独立以来、国の議会選挙は開かれていない独裁国家。国づくりはシンガポールが手本と主張するが、周辺諸国との紛争や兵役、抑圧的な政治により多くの難民を生み、“アフリカの北朝鮮”と揶揄されることも。紀元前2～3世紀に隣国エチオピア一帯とともに謎の王国アクスムが存在した。

DATA

人口：約550万人
面積：約11万7600㎢
首都：アスマラ
言語：ティグリニャ語、アラビア語、ほか諸民族語
民族：ティグライ族、アファール族など9民族
宗教：キリスト教、イスラム教ほか
通貨：ナクファ
時差：日本より6時間遅れている
GDP：US$647／人

国名の由来

最多民族の言葉ティグリニャ語では「エリトラ」、アラビア語では「イリトゥリーヤ」。エリトリアの名は、19世紀にイタリアが植民地支配するにあたり、地域が面する紅海にちなみ、ラテン語で「紅」を意味する「エーリトゥリウム」からつけたとされる。紅海の「紅」は方角の南を意味するギリシア語の「エリトゥラー」が語源。

グルメ

インジェラ

テフと呼ばれるあわ科の穀物をひいた粉を発酵させて薄く焼いた主食。冷ましてからジギニという鶏肉や羊肉をスパイスで煮込んだシチューをのせて食べる。

左）モスクや教会が点在する首都アスマラ
右）ケレンで開かれる月曜マーケット

明日誰かに教えたくなる エリトリアの雑学

名字の概念がない

エリトリアには名字の概念がない。生まれたときにファーストネームだけがつけられる。ほかの同名の人と区別するため、父、祖父の名前がそれに加えられる。

第2の都市ケレンのムスリム男性

ワールドランキング TOPIC

最も報道の自由がない国

「世界報道自由度ランキング」で2024年は最下位。北朝鮮、トルクメニスタンと最下位争いが続く。1998年にエチオピアとの国境紛争が始まると厳しいメディア統制が布かれた。
参考：国境なき記者団(RSF) 2024

独裁国家で謎が多い

PHRASE ▶ ありがとう／ヤハニエレイ　がんばれ！／エザハトアレカ　さようなら／アカラエレクブナ

特異な生態系をもつ第7の大陸

マダガスカル共和国

Republic of Madagascar

国旗の意味

メリナ王朝時代の旗に由来し、赤は情熱、白は純粋、緑は希望を表す。

MG/MDG

IOC MAD
FIFA MAD

マダガスカル語でこんにちは

Salama !
(サラーマ)

世界で4番目に大きな島。先史時代にゴンドワナ大陸から分裂したとされ、大陸からの孤立で野生生物種の90％が固有種という生態系が残った。先住民は紀元前にボルネオ島から渡ったとされ、稲作生活や言語などはアフリカよりアジアに近い。19世紀にフランス植民地化、1960年に独立。2009年には憲法に基づかない政権交代が政治危機となり、観光業などに影響が続く。

DATA

人口：約2843万人
面積：約58万7295㎢
首都：アンタナナリボ
言語：マダガスカル語、フランス語
民族：メリナ、ベツィレウなど全18部族
宗教：キリスト教、伝統宗教、イスラム教
通貨：アリアリ
時差：日本より6時間遅れている
GNI：US$510／人

国名の由来

マダガスカル語では「マダガシカラ」、一般的には「マラガシー」。13世紀にマルコ・ポーロが『東方見聞録』に現ソマリアの港町モガディシュを「マルガシュ」と記してあったのを、16世紀に初めてマダガスカルを訪れた船員の報告を聞いたポルトガル国王が、そここそマルガシュだと勘違いして島名とし、後に変化したといわれる。

グルメ

ラヴィトゥトゥ

マニオクと呼ばれるキャッサバの葉を臼に入れ、ペースト状になるまで杵でついたもの。そのまま煮て食べることもあるが、豚肉と煮込むのが一般的。

左）西部の町ムルンダヴァにあるバオバブの並木道
右）固有のキツネザルの一種ワオキツネザル

明日誰かに教えたくなる マダガスカルの雑学

バオバブの実はスーパーフード

現地では神聖な木としてあがめられているバオバブ。近年、その実がアンチエイジング効果のあるスーパーフードとして注目を集めている。日本でも流通しているので試してみたい。

バオバブの実

ワールドランキング TOPIC

とにかくカメレオン！

世界で発見されたカメレオンの3分の2がマダガスカルの固有種で世界一。世界最小と世界最大のものも生息、カメレオンの聖地と呼ばれている。近年は世界的にペットとして人気で乱獲が問題に。

驚くほど鮮やかな色の種もいる

PHRASE ありがとう／ミサォトラ　さようなら／フェルマトプコ　こんばんは／マナオアナ

インド洋の貴婦人と呼ばれるリゾート国

モーリシャス共和国

Republic of Mauritius

国旗の意味

赤は独立闘争、青はインド洋、黄は自由への光、緑は農業を表す。

MU/MUS

IOC MRI

FIFA MRI

モーリシャス・クレオール語でこんにちは

Bonzour！

（ボンズール）

インド洋に浮かぶ島国。その存在は10世紀以前からアラブ人には知られていたが、長らく無人だった。17世紀にオランダ、18世紀にはフランス、19世紀にはイギリスの植民地になり、1968年に独立した。絵本でおなじみの固有種の飛べない鳥ドードーが絶滅したのはオランダ時代。現在は世界有数のビーチリゾートとして知られ、観光は輸出型工業とともに経済を潤しGDPはアフリカで第2位。

DATA

人口：約126.2万人
面積：約2040㎢
首都：ポートルイス
言語：英語、フランス語、クレオール語
民族：インド系、クレオール系ほか
宗教：ヒンドゥー教52％、キリスト教30％、イスラム教17％ほか
通貨：モーリシャス・ルピー
時差：日本より5時間遅れている
GNI：US$1万360／人

国名の由来

モーリシャスは英語で、フランス語では「モーリス」、現地のクレオール語では「モリス」。1638年にオランダが入植を始めたとき、当時の皇太子マウリッツにちなみ、ラテン語で「マウリティウス」と名づけたのが由来。1810年にイギリスが占領し、1814年に正式にイギリス領となった際に英語表記でモーリシャスとなった。

おみやげ

モデルシップ

かつてインド洋を航海していた世界の帆船を、当時の図面どおりスケールを小さくして手作業で精巧に作る。世界中にコレクターが多くいる。

左）クレオールの人々の伝統的なセガダンス
右）海中の滝と呼ばれる絶景

明日誰かに教えたくなる モーリシャスの雑学

1泊100万円の客室がある

世界のセレブリティが訪れるリゾートアイランドだけあって、ゴージャスな高級リゾートが勢揃い。なかには1泊100万円のスイートをもつリゾートもある。バカンス好きのヨーロピアンにとっても憧れの地。

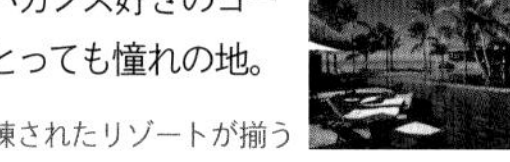

洗練されたリゾートが揃う

ワールドランキング TOPIC

国技でもある歴史ある競馬

首都ポートルイスの中心にあるシャン・ド・マルス競馬場は南半球で最も古い近代競馬場。世界でも2番目に古い。イギリスが征服した際、すでにいたフランス人入植者との和解のために作られた。

国民の自慢でもある

PHRASE ▶ ありがとう／メルシ　さようなら／オルヴォワ　こんばんは／ボンソワ

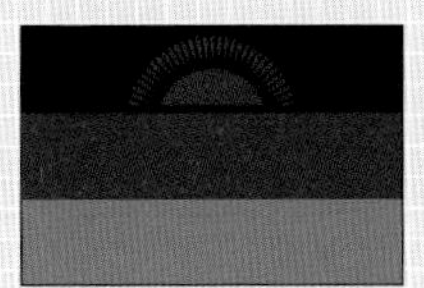

“アフリカのあたたかい心”と呼ばれる国

マラウイ共和国

Republic of Malawi

国旗の意味

黒は国民、赤は独立運動で流された血、緑は国土、赤い太陽は自由と希望の新しい夜明けを表す。

MW/MWI

IOC MAW

FIFA MWI

チェワ語でこんにちは

Moni !

（モニ）

マラウイ湖が国土の20%以上を占め、陸地は湖の西岸を縦断する大地溝帯の谷上の高地がほとんど。南北900km、東西90～161kmと細長い。湖には固有の動植物が数多くが生息し漁業が盛んだが、主要産業は農業で人口の85%近くが従事する。1964年にイギリスから独立以降、アフリカでは数少ない争いのない国で、“アフリカのあたたかい心”と呼ばれる。

DATA

人口：約2041万人
面積：約11.8k㎡
首都：リロングウェ
言語：チェワ語、英語ほか各民族語
民族：チェワ族、トゥンブーカ族など
宗教：キリスト教75%、ほかイスラム教、伝統宗教
通貨：マラウイ・クワチャ
時差：日本より7時間遅れている
GNI：US$640／人

国名の由来

16～17世紀にマラウイ湖畔を拠点に繁栄したバントゥー族の国家マラヴィ王国にちなむ。1964年のイギリスからの独立の際、初代大統領カムズ・バンダによって選ばれたとされる。マラウイは公用語のひとつチェワ語で「炎」や「もや」を意味する「マラヴィ」に由来し、湖の水面に立ち上がるかげろうを表していると考えられている。

グルメ

ペリペリチキン

鶏の手羽肉やもも肉をスパイスでピリ辛な味付けにして焼いたもの。動物性たんぱく源としてはマラウイ湖の魚が中心で、肉で人気の鶏肉は高価な食材。

左）マラウイ湖に浮かぶ小さな島
右）マラウイ湖畔は野生動物の宝庫

明日誰かに教えたくなる マラウイの雑学

小学校で聖書を学ぶ

キリスト教徒が多く、公立学校では小学校3年生から聖書の授業がある。異教徒の子供も学ぶが、布教の目的ではなく日本でいうところの「道徳」や「倫理」の教科のようなもので、隣人を大切にすることを学び、穏やかといわれる国民性にもつながる。

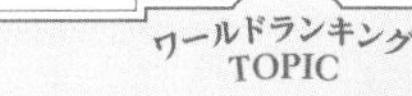

ワールドランキング TOPIC

国のシンボルの豊かな湖

淡水の湖として初めて世界遺産に登録されたマラウイ湖。湖のガラパゴスと呼ばれるほど固有種が多く、特に口の中で卵を孵化し稚魚を育てるシクリッドという魚は800種以上確認され世界一。

広さは世界で9番目

PHRASE ありがとう／ジコモ　がんばれ！／ジペモヨ　さようなら／ピタニビウィノ、シネマナ

世界のセレブに愛されるインド洋の楽園

セイシェル共和国

Republic of Seychelles

国旗の意味

青はインド洋と空、黄は太陽、赤は友愛と情熱、白は正義と調和、緑は国土を表す。

SC/SYC

IOC SEY

FIFA SEY

セイシェル・クレオール語でこんにちは

Bonzour !

（ボンズール）

東アフリカ沖のインド洋に浮かぶ115の島からなる。6800～6500万年前に孤島となったとされ、ほかからの生物の流入が少なく、アルダブラゾウガメのような希少な固有種が多く存在する。1977～1991年まではソ連型社会主義に基づく一党独裁が布かれ、インド洋の赤い星とも呼ばれていた。現在はリゾートとして開発が進み、とりわけ欧米のセレブに人気のバカンス地となっている。

DATA

人口：約11万9878人
面積：約460㎢
首都：ビクトリア
言語：英語、フランス語、クレオール語
民族：クレオール系が多数
宗教：キリスト教90％ほか
通貨：セイシェル・ルピー
時差：日本より5時間遅れている
GNI：US$1万2010／人

国名の由来

セイシェルは英語で、セイシェル・クレオール語では「セゼル」、現地フランス語では「セシェル」。18世紀に入り無人島だった島々にフランスが香料植物採取のため上陸、依頼主であった当時のフランス財務相セシェルの名前を記念として命名したとされる。1814年にイギリス領になった際に英語に転化しセイシェルとなった。

グルメ

ゾリテカリー

タコのカレー。ゾリテはタコのこと。世界でも少数派のタコをよく食べる国で、ヨーロッパとインドなどの食文化が融合したクレオール流に調理される。

左）固有種のアルダブラゾウガメ
右）プララン島の美しいビーチ

明日誰かに教えたくなる セイシェルの雑学

世界最大の種子をもつヤシの木がある

世界でもセイシェルのプララン島にしか生えない双子ヤシというヤシの木があり、その実は女性の腰のような独特の形をしており、世界最大の種子とされている。ヴァレ・ド・メ自然保護区に多く自生する。

双子ヤシのココ・ド・メール

ワールドランキングTOPIC

世界一飲んべえの国

世界のアルコール消費量ランキングで年間1人当たり20.05Lと1位。もともとラム酒などを生産するが、近年は新たなビール市場として世界的大手メーカーが進出。　出典：WHO (World Health Orgnization) 2018

ビーチにカクテルは似合うが飲み過ぎは注意

PHRASE ありがとう／メシ　さようなら／オレヴワ　こんばんは／ボンスワ

ソマリア連邦共和国

Federal Republic of Somalia

国旗の意味

独立の際、国連の貢献が大きかったため、国連旗の青を取り入れている。白い星は民族と国土の統一を表す。

SO/SOM

IOC SOM
FIFA SOM

ソマリ語でこんにちは

(ガラブ ワナークサン)

インド洋に鋭く突き出た形の半島、通称“アフリカの角”の先端にある国。1991年に政権が崩壊して以降、政府が存在しない無法地帯となっている。一応、暫定政権は発足しておりソマリア連邦共和国を名乗るが統治は中南部に限られ、北部は別に選挙も行われる民主主義が実現し実質的にソマリランドとして独立国化、南部はイスラム急進派アッシャバーブが支配しており、3つに分断されている。

DATA

人口：約1706万人
面積：約63万8000㎢
首都：モガディシュ
言語：ソマリ語、アラビア語
民族：ソマリ族
宗教：イスラム教
通貨：ソマリア・シリング
時差：日本より6時間遅れている
GNI：US$600／人

国名の由来

ソマリア語での呼称は「ソーマーリヤ」、アラビア語で「アルスゥマール」。「ソマリ人の土地」の意味。語源には諸説あり、ソマリア民族の最初の祖先「サマーレ」の名から、あるいは家畜の乳に関する言葉（意味が地域で異なる）の「ソーマール」から、スーダンのヌビア人の言葉で「黒い」の意味の「ソマリ」からなど。

ムーフォ

小麦やトウモロコシの粉で作られたパンが主食。いくつか種類があり、焼けた生地が膨らんだものがムーフォで、クレープ状のものはアンジェーロなどと呼ぶ。

左）ソマリアの首都モガディシュの港
右）ソマリランドの首都ハルゲイサの町並み

明日誰かに教えたくなる ソマリアの雑学

寿司店の社長が海賊撲滅に貢献

近年ソマリア沖では、内戦で国を失った者たちが海賊となり、沖を通る船を襲撃するという事件が多発していた。もともとマグロがよく取れる漁場だったため、困った日本の寿司店の社長はソマリアに乗り込み、彼らにマグロ漁を教えることで海賊行為をやめさせ、自立の手助けをした。

ワールドランキング TOPIC

人口と変わらないラクダの頭数

国民の約3人に2人が遊牧民で、ラクダの飼養頭数は60万頭を超え、全人口とほぼ同じ。統計にもよるが世界一といわれる。ただし、野生では逃げ出したものが増えたオーストラリアの約100万頭が世界一。

ソマリアの暮らしにラクダは欠かせない

PHRASE ▶ ありがとう／マハドサニド　がんばれ／アナァメエイトゥ　さようなら／ナバドゲルヨ

2006年に内戦が終了し復興を続ける

ブルンジ共和国

Republic of Burundi

BI/BDI

IOC BDI FIFA BDI

国名は民族名の「ルンディ族」に由来。「ブ」は「国」、「ルンディ」は「ふくらはぎの人々」の意味をもつ。国旗の3つの星はフツ族、トゥワ族、ツチ族の3部族の「団結、努力、進歩」を表している。王家の冠婚葬祭時にカリェンダと呼ばれる伝統的な太鼓をたたきながら踊る伝統儀式が有名だが2014年にユネスコの世界無形文化遺産に登録された。

伝統的な太鼓をたたく人々

ルンディ語でこんにちは

Bite !

（ビテ） ※How are you ?の意味

DATA

人口：約1153万人
面積：約2万7800㎢
首都：ブジュンブラ
言語：フランス語、キルンディ語
民族：フツ族、ツチ族、トゥワ族など
宗教：キリスト教
通貨：ブルンジ・フラン
時差：日本より7時間遅れている
GNI：US$240／人

明日誰かに教えたくなる ブルンジの雑学

ナイル川の源流がある

ブルンジのルヴィロンザ川は白ナイルの最南端で最上流とされ、河口から最も遠い源流のひとつといわれている。

PHRASE ありがとう／ウラコゼ さようなら／ナガサガ こんばんは／イキニホロンゴ

南半球の知られざるイスラム教の島国

コモロ連合

Union of Comoros

KM/COM

IOC COM FIFA COM

モザンビークとマダガスカルに挟まれたインド洋上に位置する島国でンジャジジャ島、ンズワニ島、ムワリ島の3島で構成されている（フランスの行政管理下にあるマイヨット島を含めるとコモロ諸島となる）。名物は“生きた化石”シーラカンス。コモロ近海ではシーラカンスの現生が確認されている。首都モロニの国立博物館では剥製を見ることができる。

グランド・コモロ島のビーチ

コモロ語でこんにちは

Salama !

（サラマ）

DATA

人口：約89万人
面積：約2236㎢
首都：モロニ
言語：フランス語、アラビア語、コモロ語
民族：おもにバントゥー系黒人
宗教：イスラム教
通貨：コモロ・フラン
時差：日本より6時間遅れている
GNI：US$1610／人

明日誰かに教えたくなる コモロの雑学

南半球唯一のアラブ連盟加盟国

サウジアラビアやレバノンなど、アラブ人が支配をする21ヵ国が加盟するアラブ連盟で唯一南半球に位置する国。

PHRASE ありがとう／マラハバ さようなら／コイヘリ こんばんは／ベッサーオルハイル

ゴリラの研究所がある

ルワンダ共和国

Republic of Rwanda

RW/RWA
IOC RWA FIFA RWA

ヴォルカン国立公園のゴリラ

丘の多い地形から“千の丘の国”と呼ばれ、首都キガリは海抜1500mの高地にある。貴重なマウンテンゴリラの生息地としても有名で、5000ルワンダ・フランにはマウンテンゴリラが描かれている。また、政府は観光と国際会議誘致に力を入れており、2018年にはイギリスのサッカークラブと巨額のスポンサー契約を結びユニホームに「VISIT RWANDA」のロゴを入れ話題となった。

ルワンダ語でこんにちは

Muraho !
（ムラホー）

DATA

人口：約1378万人
面積：約2万6300㎢
首都：キガリ
言語：ルワンダ語、英語、フランス語、スワヒリ語
民族：フツ族、ツチ族、トゥワ族ほか
宗教：キリスト教95.9％、イスラム教2.1％ほか
通貨：ルワンダ・フラン
時差：日本より7時間遅れている
GNI：US$930／人

明日誰かに教えたくなる ルワンダの雑学

男同士でも手をつなぐ

たとえ恋愛関係になくとも、男同士で仲よく手をつないで歩くことが多い。逆に異性が手をつなぐことのほうがまれ。

PHRASE ありがとう／ムラコーゼ　さようなら／ミリグェ、ムラヘボ　おいしい／ビラリョーシェ

2011年に独立した新しい国

南スーダン共和国

The Republic of South Sudan

SS/SSD
IOC SSD FIFA SSD

ジュバの難民キャンプ

アフリカ東部に位置する南スーダンは、2011年に独立した世界一新しい独立国であり193番目の国連加盟国。長きに及ぶ内戦の影響で保健や教育、水や電力、道路などの基礎的なインフラが不足している。2018年には国際通貨基金（IMF）が公表した世界で最も貧しい国トップになった。2024年現在も約226万人以上が難民、約230万人が国内避難民になっている。

ジュバ・アラビア語でこんにちは

Salaam taki !
（サラーム タキ）

DATA

人口：約1106万人
面積：約64万㎢
首都：ジュバ
言語：英語、アラビア語ほか部族語
民族：ディンカ族、ヌエル族、シルク族、ムルレ族ほか
宗教：キリスト教、イスラム教、伝統宗教
通貨：南スーダン・ポンド
時差：日本より7時間遅れている
GNI：US$410／人

明日誰かに教えたくなる 南スーダンの雑学

アフリカ最大の湿地帯

スッドと呼ばれる白ナイル流域に広がる湿地帯はアフリカ最大。世界ではブラジルのパンタナールに次いで2位。

PHRASE ありがとう／シュクラン　さようなら／マアッサラーマ　こんばんは／マサーアルカイルヤ

ナイルが育む豊かな国土をもつ

スーダン共和国

The Republic of the Sudan

SD/SDN
IOC SUD FIFA SDN

メロエのピラミッド

国名の語源は古代エジプト人が「黒人の国」と呼んだことに由来する。ナイル川はアフリカ最長級の大河で、首都ハルツームでビクトリア湖を水源とする白ナイルと、エチオピアのタナ湖を水源とする青ナイルが合流。合流地点では青と白にはっきりと色が分かれているのが見てとれる。また、広大な領土の地下には多くの鉱物資源があり金の世界3大産出国のひとつ。

アラビア語スーダン方言でこんにちは

سلام عليكم !

（サラーム アレイクム）

DATA

人口：約4281万人
面積：約188万㎢
首都：ハルツーム
言語：アラビア語、英語ほか部族語
民族：アラブ人70％。ほか200以上の部族
宗教：イスラム教が多数、ほかキリスト教
通貨：スーダン・ポンド
時差：日本より7時間遅れている
GNI：US$760／人

明日誰かに教えたくなる スーダンの雑学

エジプトよりもピラミッドの数が多い

エジプトのピラミッドの数は約140だが、スーダンには少なくとも200以上のピラミッドがあるとされる。

PHRASE ありがとう／シュクラン　さようなら／マアッサラーマ　こんばんは／マサーアルカイルヤ

緑豊かな“アフリカの真珠”

ウガンダ共和国

Republic of Uganda

UG/UGA
IOC UGA FIFA UGA

マウンテンゴリラが生息

アフリカ大陸最大級のビクトリア湖をはじめとする多くの湖水群が国土のおよそ18%も占めるが大半は緑豊かな丘陵地帯。イギリスのチャーチル首相がウガンダを訪問した際、その美しさから「アフリカの真珠」と呼んだ。赤道直下に位置しているが平均気温が24℃と過ごしやすい気候。マウンテンゴリラが生息しているブウィンディ原生国立公園など3件が世界遺産に登録されている。

ガンダ語でこんにちは

Gyebale ko !

（ジェバレ コ）

DATA

人口：約4427万人
面積：約24万1000㎢
首都：カンパラ
言語：英語、スワヒリ語、ルガンダ語
民族：ガンダ族、ランゴ族など
宗教：キリスト教60％、伝統宗教30％、イスラム教10％
通貨：ウガンダ・シリング
時差：日本より6時間遅れている
GNI：US$930／人

明日誰かに教えたくなる ウガンダの雑学

自国で車を生産している

アフリカで自国産の車をもつ数少ない国。政府と大学が共同で電気自動車やハイブリッド車を開発している。

PHRASE ありがとう／ウェバレ　元気ですか？／オリオチャ　さようなら／ウェラバ

〈イギリス領インド洋地域〉

住民を追い出し米軍基地を設置

チャゴス諸島

Chagos Archipelago

なし/なし

IOC なし FIFA なし

ホワイトサンドのビーチ

18世紀後半に仏領モーリシャスの一部として最大の島ディエゴ・ガルシア島への入植が始まり、“夢の島”といわれるほど豊かな島だった。しかし1966年に住民を追い出し、イギリスからアメリカに貸し出され米軍基地を設置。撤退を求める2019年の国連決議にイギリスは2024年現在でも応じていない。

DATA

人口：約3000人
面積：約1972㎢
主都：イクリプス・ポイント・タウン
言語：英語
民族：イギリス政府職員、アメリカ軍関係者
通貨：アメリカ・ドル
時差：日本より3時間遅れている

Hello !
（ハロー）

PHRASE ▶ ありがとう／サンキュー　がんばれ！／グッドラック、チアーアップ　さようなら／グッ バイ

〈フランス海外県〉

コモロと領有権を係争中

マイヨット島

Mayotte Island

YT/MYT

IOC なし FIFA なし

ザウジという町がある小島

マダガスカルの北に浮かぶコモロ諸島のひとつ。1974年にコモロ全域においてフランスからの独立を問う住民投票が実施されたが、マイヨットだけは反対多数で、最終的にフランスの海外県となった。香水の原料となるイランイランや、バニラをはじめとするスパイス類が名産。

DATA

人口：約31万6013人
面積：約374㎢
主都：マムーズ
言語：フランス語、マオレ語
民族：おもにコモロ人
宗教：イスラム教がほとんど
通貨：ユーロ
時差：日本より6時間遅れている

マオレ語でこんにちは

Habari za mtsana !
（ハバリ ザ ムツァナ）

PHRASE ▶ ありがとう／マラババ　おはよう／ジェジェ　元気です／ンジェマ

〈フランス海外県〉

独特の自然が世界遺産に登録されている

レユニオン

Réunion

RE/REU

IOC なし FIFA REY

保護区に指定されているマファト

ピトン・デ・ネージュ、ピトン・ドゥ・ラ・フルネーズというふたつの火山と大量の雨が独自の地形を造り出し、2010年に島の40%が世界遺産に登録。さまざまなハイキングコースが整備され、本国から多くのハイカーが訪れる。希少なブルボン種コーヒーの原産地としても有名。

DATA

人口：約87万1200人
面積：約2511㎢
主都：サン・ドニ
言語：フランス語、クレオール語
民族：クレオール系、インド系ほか
宗教：カトリックが約90％
通貨：ユーロ
時差：日本より5時間遅れている

レユニオン・クレオール語でこんにちは

Bonzour !
（ボンズール）

PHRASE ▶ ありがとう／メルシ　元気ですか？／コマンイレ　さようなら／ノウアルトロウヴ

アパルトヘイト後も格差に悩むアフリカ屈指の経済大国

南アフリカ共和国

Republic of South Africa

国旗の意味

歴史的に使用されてきた旗のデザインやカラーを取り入れており、6色の意味は各民族によって異なる。

ZA/ZAF

IOC RSA

FIFA RSA

アフリカーンス語でこんにちは

Goeie middag !

（フーイエ ミダッハ）

アフリカ大陸最南端にある。四季のある温暖な地域がほとんどで、年間を通じて晴天が多く“太陽の国”と呼ばれる。その気候を生かしたワイン造りは有名。国土は山岳地から高原や平野、砂漠まで多様で、自然豊かな野生動植物の宝庫。17世紀半ばにオランダ、19世紀前半からイギリスの植民地となり、1910年に独立。白人の国として黒人のあらゆる権利を剥奪するアパルトヘイト（人種隔離政策）を推し進めた。1991年に撤廃、1994年に黒人初の大統領マンデラ率いる民主政権が発足し、アフリカの平和の象徴的国家となった。金、クロム、プラチナ、バナジウムなどの豊富な天然資源を有するアフリカの経済大国。

国名の由来

アフリカ大陸の南端に位置することに由来。11の公用語ごとに国名表記が異なる。例えば白人系の人々が話すことが多いアフリカーンス語では「スイド・アフリカ」、話者が最も多いズールー語では「ニンギジム・アフリカ」、2番目に多いコーサ語で「ウンムザンシ・アフリカ」などとなる。いずれもアフリカ以外の部分が「南」を意味する。コーサ語のウンムザンシのカジュアルな省略形「ムザンシ」は一般的な会話で国の呼称としてよく使われる。

DATA

人口：約6004万人
面積：約122万㎢
首都：プレトリア（行政府）、ケープタウン（立法府）、ブルームフォンテン（司法府）
言語：英語、アフリカーンス語など11の公用語があるが、英語が最も通じる
民族：アフリカ先住民80.9％、ヨーロッパ系7.8％、カラード（混血）8.8％、アジア系2.5％
宗教：キリスト教が80％。ほかイスラム教、ヒンドゥー教、ユダヤ教など
通貨：ランド
時差：日本より7時間遅れている
GNI：US$6780／人

左）ケープタウンのウオーターフロントとテーブル・マウンテン
右）プレトリアのジャカランダ並木

PHRASE ▶ ありがとう／ダンキー　がんばれ！／ハウ ムード　さようなら／トツィーンス　こんばんは／フエナァン

COLUMN
アパルトヘイトと戦った英雄 ネルソン・マンデラ

ノーベル平和賞を受賞したネルソン・マンデラ。コーサ族の首長の子供として生まれたマンデラは、学生時代から反アパルトヘイト運動に関わり、1944年にはアフリカ民族会議（ANC）に入党。武力闘争に踏み切ったことで1962年に逮捕される。以後27年間、ロベン島などの監獄に収監。2007年の映画『マンデラの名もなき看守』では、投獄されてからのマンデラと、彼の担当となった白人看守の交流が描かれている。1990年、ついに釈放され、1994年には黒人初の大統領に就任。アパルトヘイトも完全に撤廃された。

紙幣に描かれたマンデラ

COLUMN
ゴージャスなロッジでサファリ体験

アフリカといえば、動物を求めてサバンナをドライブするサファリが有名。アフリカ随一の豊かさをもつ南アフリカでは、自然に溶け込むゴージャスなロッジに泊まり、サファリを楽しめる。また、国立公園のキャンプも公営とは思えないほど設備が充実している。快適にサファリがしたい人には南アフリカがおすすめ。

大自然を優雅に楽しむ

上）クルーガー国立公園で出合ったライオン
下）アフリカ大陸南端近くの喜望峰

グルメ
ブラーイ

国民食ともいわれる南アフリカ式のバーベキューのこと。食材は肉が中心。魚の場合はスヌックと呼ばれるブラーイ専用の白身魚を焼く。町なかには店の外で焼いてテイクアウトで売る肉屋も多い。

お酒
南アフリカワイン

17世紀にオランダがワイン造りを始め、その後フランスの技術がもたらされた。今日では世界トップ10に入る生産量を誇る。リーズナブルで高品質なため日本でも人気が高い。西ケープ州の産地はワインランドと呼ばれる。

明日誰かに教えたくなる 南アフリカの雑学

裏返しのピースサインはNG

裏返しのピースサインは侮辱と受け取られるので注意。

家畜の数は財産に等しい

家畜の数を聞くことは預金額を聞くことと同じなので、特に地方では気をつけたい。

都市の中心部ほど危険!?

ヨハネスブルクなどの大都市は、日本とは逆で、中央駅のある中心部ほど治安が悪い（昼間でも犯罪に遭う確率が高い）。観光客が歩けるのは郊外にある富裕層向けの商業エリアという場合が多い。

ヨハネスブルクの中心部

ワールドランキング TOPIC
都会のど真ん中に開いた大穴

北ケープ州の州都キンバリーには「世界最大の人力で掘った穴」とされる「ビッグ・ホール」がある。1周約1.6km、直径465m、深さ1097mのダイヤモンド採掘場跡。南アフリカは地下資源が豊富で、ダイヤモンドをはじめプラチナなどの産出が世界有数。

現在は水がたまっている

鉱物資源でアフリカ随一の経済力をもつ

ボツワナ共和国

Republic of Botswana

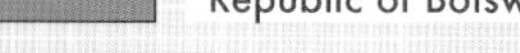

国旗の意味

青は空と水、黒白の縞は人種を超えて平等な社会を築くという決意を表す。

BW/BWA

IOC BOT

FIFA BOT

ツワナ語でこんにちは

Dumala !

（ドュメラ）

国土の17％は国立公園や保護区、20％が野生動物の管理地域で、砂漠やデルタ地帯など自然は変化に富んでいる。20以上もの部族が暮らし、文化も多様で豊か。ダイヤモンドなど鉱物資源が豊富で、アフリカ有数の経済力がある。世界最大の内陸性デルタのオカバンゴ湿地、世界一の塩湖マカディカディ・パン、それに世界一短いザンビアとの国境線の3つの世界一が有名。

DATA

人口：約263万人
面積：約56万7000㎢
首都：ハボロネ
言語：英語、ツワナ語
民族：ツワナ族79％、カランガ族11％、バサルワ族3％ほか
宗教：キリスト教、伝統宗教
通貨：プラ
時差：日本より7時間遅れている
GNI：US$7430／人

国名の由来

ツワナ語で「ボオゥ・ツワナ」、現地の英語では「ボツワーナ」。多数派民族ツワナ族の名にツワナ語で「～の土地」を意味する「ボオゥ」をつけたもので「ツワナ族の国」。ツワナはバントゥー語群の言葉で「切り離されている人」を意味するとされる。

グルメ

セスワ

牛肉かヤギ肉のあまり使わない足、首、背中などの硬い部位を軟らかくなるまで煮てからたたいて調理したもの。トウモロコシ粉を練ったパパなどと食べる。

左）世界最大の内陸デルタ、オカバンゴ湿地帯
右）首都ハボロネ中心部の近代的なビル

明日誰かに教えたくなる ボツワナの雑学

世界最大のダイヤモンド生産国

1967年にダイヤモンドが発見されて以来、取引額では世界最大の生産国で、国の歳入の約半分を占めている。この恩恵により世界でも有数の高度経済成長を遂げた。

ダイヤモンド鉱山

ワールドランキング TOPIC

たった150mの国境線

内陸国のボツワナは4ヵ国と国境を接するが、うちザンビアとの国境線は約150mで世界で一番短い。ジンバブエ、ナミビアとの国境も近接し行き来は多く、渡し舟に加え2021年にカズングラ橋が完成。

建設中だった頃のカズングラ橋

PHRASE ▶ ありがとう／ケアレボーハ　さようなら／サラセールル、ツサマヤセーレ　こんばんは／ドュメラ

インド洋を望むポルトガル風の町並みが美しい

モザンビーク共和国

Republic of Mozambique

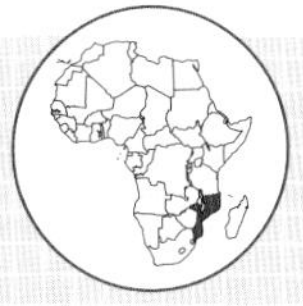

国旗の意味

赤は反植民地闘争、緑は大地の豊かさ、黒はアフリカ大陸、黄は鉱物資源、白は平和を象徴。

MZ/MOZ

IOC MOZ

FIFA MOZ

マクア語でこんにちは

※主要な土着言語のひとつ

Salama !

（サラーマ）

紀元前にはすでにギリシアやローマとの交易があり、以降、インド洋各国の交易拠点として栄え、6世紀にポルトガル植民地化。生活や文化にはそれらの影響が混在する。公用語はポルトガル語だが、40以上の言語がある。1975年の独立後、1992年の和平協定まで20年近く内戦が続いた。終結以降、政治は安定し経済成長率も高くなっているが、まだまだ貧困を脱し切れていない。

DATA

人口：約3296万人
面積：約79万9000㎢
首都：マプト
言語：ポルトガル語、バントゥー語ほか
民族：マクア、ロムウェ族など約40部族
宗教：キリスト教60％、イスラム教19％、ほか伝統宗教
通貨：メティカル
時差：日本より7時間遅れている
GNI：US$440／人

国名の由来

現地ポルトガル語で「ムサンビーケ」、英語では「モウザンビーク」と呼称。ポルトガル植民地時代の首都だったモザンビーク島の名が国名となった。モザンビークの由来には諸説あり、島一帯の交易を支配していたイスラムの王スルタンの名前から、あるいは「船の集まる場所」を意味する先住民族の言葉からなどがある。

グルメ

フランゴ・ペリペリ

英語ではピリピリ・チキン。発祥はモザンビークで、周辺諸国やポルトガルにも伝わった。トウガラシでマリネし焼いたもので、現在は市販ソースもある。

左）世界遺産に登録されているモザンビーク島
右）伝統的な帆船（バザルート諸島）

明日誰かに教えたくなる モザンビークの雑学

信長の家来はモザンビーク人!?

戦国武将の織田信長の家臣には何と黒人がいた。彼は日本に渡来したイタリア人宣教師が奴隷として連れていたモザンビーク人。弥助と名づけられ、信長によって召し抱えられた。

ペンバの町で自転車に乗る男性

ワールドランキング TOPIC

世界的企業の意外な世界一

在モザンビーク日本国大使館によると、国によって味が異なるコカコーラは研究家によれば世界一おいしく、運送の未発達で店内でさばくためケンタッキーのチキンも世界一おいしい説があるという。

首都マプトには都会の様相がある

PHRASE ▶ ありがとう／チェーズーティンバーテー　がんばれ！／キアカハ　さようなら／パアラム

オレンジ色に輝くナミブ砂漠が広がる

ナミビア共和国

Republic of Namibia

国旗の意味

太陽は生命とエネルギー、ナミブ砂漠、青は空、大西洋や海洋資源、赤は国民、勇気、未来を築く決意、白は平和と統一、緑は植生と農業資源を象徴。

NA/NAM

IOC NAM

FIFA NAM

オシワンボ語でこんにちは

Uhalapo !

（ウハラポ）

1966年から独立戦争を続け1990年にようやく独立を果たした若い国。国名は主要民族であるサン人の言葉で「隠れ家」を意味する。世界で2番目に人口密度が低いのは自然環境の厳しさゆえとされ、都市部以外をドライブしていてすれ違う車はほとんどないほど。世界最古のナミブ砂漠が有名で、年間晴天日が300日を超え、澄み切った青空や星空が旅のフロンティアとして注目される。

DATA

人口：約257万8000人
面積：約82万4000㎢
首都：ウィントフック
言語：英語、アフリカーンス語ほか部族語
民族：オバンボ族、カバンゴ族、ダマラ族、ヘレロ族、白人など
宗教：キリスト教、伝統宗教
通貨：ナミビア・ドル
時差：日本より7時間遅れている
GNI：US$5010／人

国名の由来

ナミブ砂漠の名に由来。1968年に国連が独立支援のためにつけた国名。ナミブの語源には諸説あり、有名なのは先住民族サン人の「何もない」という意味の言葉からというもの。同じくサン人の言葉で「隠れ家」、ナマ人あるいはベルグダマ人の言葉で「広い場所」などの語源説もある。

グルメ

ポジエコス

粗挽きトウガラシが入ったピリ辛のシチュー。羊肉や牛肉をメインに使い、野菜、香草とともにじっくり煮込む。ドイツ領時代のドイツ料理の影響が残る。

左）立ち枯れた木が点在するデッドフレイ（ナミブ砂漠）
右）南部の港町リューデリッツに立つ教会

明日誰かに教えたくなる ナミビアの雑学

ヒンバ族は一生風呂に入らない

ヒンバ族には水を使って体を洗う習慣がない。香草をたいて香りをつけたり、赤い岩石をつぶした粉末とバターで作ったオーカと呼ばれるものを塗って肌の清潔を保っている。

ヒンバ族の親子

ワールドランキング TOPIC

砂漠に暮らす最古の人類

カラハリ砂漠に暮らす狩猟採集民族のサン人は「地球最古の人類」と呼ばれ、近年の遺伝子解析で全人類の祖先のような存在ではないかと考えられ、多くの生態人類学者の研究対象となっている。

たき火を囲むサン人たち

PHRASE ありがとう／ナパンドゥラ、タンギ　さようなら／オシフェテ　こんばんは／ワトケワポ

ビクトリアの滝があるショナ族の国

ジンバブエ共和国

Republic of Zimbabwe

国旗の意味

左に描かれた鳥はグレート・ジンバブエ遺跡で発掘された彫像。

ZW/ZMB

IOC ZAM

FIFA ZAM

ショナ語でこんにちは

Masikati !

（マスカティ）

野生動物が暮らす森や乾燥地帯、ビクトリアの滝など雄大な自然を残す。アフリカが植民地化していくなか19世紀まで領地を守ったことでも知られる。2017年に失脚するまで独裁したムガベ大統領により、2008年には600%というハイパーインフレが起こった。それまで「アフリカの穀物庫」とも呼ばれた豊かな農業国で、鉱物資源にも恵まれ安定していた。現在は再生への改革中。

DATA

人口：約1509万人
面積：約38万6000㎢
首都：ハラレ
言語：英語、ショナ語、ンデベレ語
民族：アフリカ人（ショナ族、ンデベレ族など）99.6％
宗教：キリスト教、土着の宗教
通貨：ジンバブエ・ドル
時差：日本より7時間遅れている
GNI：US$1710／人

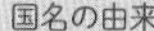

国名の由来

11～15世紀頃に存在していた現在の多数派民族ショナ人の祖先が築いたモノモタパ王国が残したグレート・ジンバブエ遺跡に由来。ショナ人はサハラ地域の砂漠化から逃れてやってきたと考えられている。ジンバブエは彼らの言葉で「家々」の意味の「ジンバ」と、「多くの石」を意味する「バブエ」が合わさったもの。

グルメ

サザ

メイズと呼ばれるトウモロコシの粉を湯で練り合わせたシンプルなもので主食。野菜を煮た料理や、焼いた牛肉や鶏肉などのおかずと一緒に食べる。

左）ジンバブエとザンビアの国境にあるビクトリアの滝
右）グレート・ジンバブエ遺跡

明日誰かに教えたくなる ジンバブエの雑学

とんでもない高額紙幣にびっくり！

2008年からハイパーインフレに陥り、2009年には100兆円紙幣なるものも登場。この古いジンバブエ・ドルは価値をなくし、現在は現地でおみやげとして売られている。

旧ジンバブエ・ドル紙幣

ワールドランキングTOPIC

眠る希少資源がたくさんある

ジンバブエは資源大国で、推定埋蔵量ではダイヤモンドが世界2位、プラチナが3位。トップになるものはないが、産出される鉱物は約40種で、理論上60種以上の鉱種が潜在的に存在している。

石炭も盛んに産出

PHRASE ▶ ありがとう／タテンダ　さようなら／サラシェ　こんばんは／マスキタチアカナカ

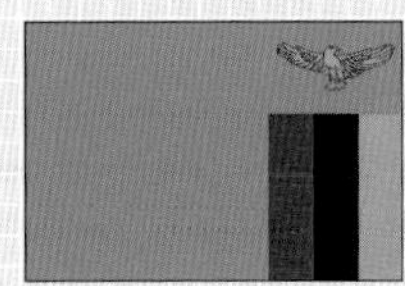

銅を産出する政情の安定した国

ザンビア共和国

Republic of Zambia

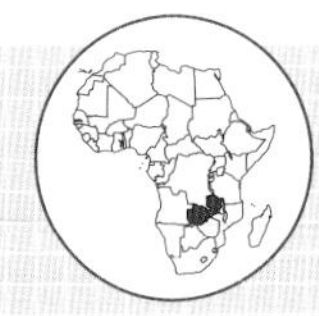

国旗の意味

緑は農業、赤は独立闘争、黒はアフリカ人、オレンジは特産の銅、鷲は自由と困難に打ち勝つ能力を象徴。

ZM/ZMB

IOC ZAM
FIFA ZAM

ニャンジャ語でこんにちは

Mwachoma Bwanji ?
（ムワスエラ ブヮンジ）

国土の大部分は高原で岩場が多く、いくつもの河川が谷を刻む。大自然がよく残され野生動物も多くすむ。隣国ジンバブエとの国境には、巨大なビクトリアの滝がある。国内には73もの部族が暮らすが、独立以来、争いは一度もなく、アフリカで最も平和な国のひとつといわれている。1964年の東京オリンピック開催中に独立したため、開会式と閉会式で国旗が変わった。

DATA

人口：約2001万人
面積：約75万2610㎢
首都：ルサカ
言語：英語、ベンバ語、ニャンジャ語ほか
民族：トンガ系、ニャンジャ系、ベンバ系、ルンダ系など73部族
宗教：8割近くのキリスト教ほか
通貨：クワチャ
時差：日本より7時間遅れている
GNI：US$1240／人

国名の由来

国内を流れるザンベジ川にちなんでつけられ、「ザンベジ川の国」を意味する。ザンベジはアフリカ先住民のバンツー語の「大きな水路」を表す言葉が語源とされる。

グルメ

モパネワーム

モパネの木に付くヤママユガ科のガの幼虫で、重要なたんぱく源。乾燥させて食べたり、揚げたり炒めたりする。将来の昆虫食として世界も注目する。

左）伝統的な家が並ぶ昔ながらの村
右）ビクトリアの滝のザンビア側の景色

明日誰かに教えたくなる ザンビアの雑学

4ヵ国の国境が集まる場所がある

カズングラと呼ばれる地区は国境の町として知られるが、なんと川を隔ててザンビア、ジンバブエ、ナミビア、ボツワナの4ヵ国の国境が集まっている。

国境を渡る船

ワールドランキング TOPIC

世界最大の貯水量のダム湖

ザンベジ川に作られたカリバダムによって誕生したカリバ湖は、長さ約220km、幅約40kmで、面積ではガーナのヴォルタ湖に次ぎ世界第2位の人造湖だが、貯水量では185㎢で世界最大。　参考：理科年表2024

カリバ湖を造ったカリバダム

PHRASE ▶ ありがとう／ゼコモ　また今度／ティオナナ　さようなら／ナダピタ

サファリが人気の古王国

エスワティニ王国

Kingdom of Eswatini

SZ/SWZ

IOC SWZ　FIFA SWZ

南アフリカに囲まれながらもスワジ族の世襲君主による伝統的政治が行われてきた。国王は絶大な権力を握り“アフリカ最後の古王国”と呼ばれる。その象徴として、未婚女性が集まってダンスを踊り、そのなかから王が妻を選ぶ「リードダンス」と呼ばれる儀式がよく知られている。手つかずの自然が残る国立公園が点在し、サファリスポットとしても注目されている。

リード（葦）ダンスの様子

スワティ語でこんにちは

Sawubona !
（サウボーナ）

DATA

人口：約120万人
面積：約1万7000㎢
首都：ムババーネ
言語：英語、スワティ語
民族：スワティ族、ズールー族、ツォンガ族、シャンガーン族
宗教：キリスト教、伝統宗教
通貨：リランゲーニ
時差：日本より7時間遅れている
GNI：US$3750／人

明日誰かに教えたくなる　エスワティニの雑学

古い慣習が残っている

牛が神聖視され、女性が牛の頭や舌、足を食べると男性と並ぶ力をもつといわれ禁止されている。

PHRASE　ありがとう／ンギアボンガ　元気ですか？／ウンジャニウェ　さようなら／サラカーレ

南アフリカに囲まれた“天空の王国”

レソト王国

Kingdom of Lesotho

ソト語でこんにちは

Dumela !
（ドゥメラ）

LE/LSO

IOC LES
FIFA LES

国名は「ソト族の国」という意味。南アフリカとの国境に立ちはだかるドラケンスバーグ山脈に囲まれ“天空の王国”ともいわれる。アフリカとは思えない、山と谷の壮大な風景が広がり、自然を楽しむポニートレッキングが人気だ。3000m級の山が連なる高地のため、冬には降雪もあり、バソトブランケットという毛布が伝統衣装。

DATA

人口：約231万人
面積：約3万㎢
首都：マセル
言語：英語とソト語が公用語
民族：おもにソト族
宗教：大部分がキリスト教
通貨：ロチ
時差：日本より7時間遅れている
GNI：US$1230／人

〈イギリス海外領土〉

アフリカの西に浮かぶ絶海の孤島群

セントヘレナ・アセンションおよびトリスタンダクーニャ

Saint Helena, Ascension and Tristan da Cunha

※セントヘレナの旗

英語でこんにちは

Hello !
（ハロー）

SH/SHN

IOC なし
FIFA なし

大西洋の絶海のふたつの孤島と、小さな諸島群でなる。セントヘレナ島はナポレオンが最期を過ごした地で、2017年に空港ができるまでは、南アフリカのケープタウンから3週間に一度の船で5日かかった。トリスタンダクーニャ島は現在も世界で一番孤立した有人島としてギネス認定されている。

DATA

人口：約5705人
面積：約420㎢
主都：ジェームズタウン
言語：英語
民族：アフリカ系50％、白人25％、中国系25％
宗教：おもにキリスト教
通貨：イギリス・ポンド、セントヘレナ・ポンド
時差：日本より9時間遅れている

Oceania

大洋州

16カ国
Area
12地域

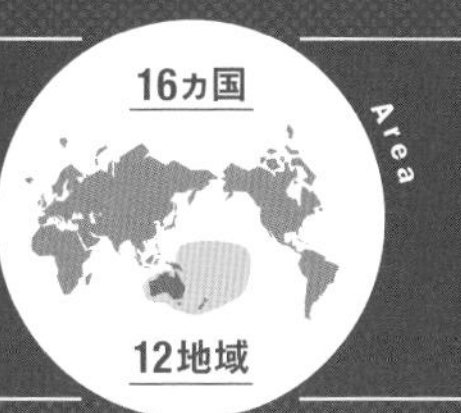

オーストラリア、ニュージーランド、そして南太平洋に散らばる島々からなる。オーストラリア以外の島々は、文化的に北マリアナ諸島やマーシャル諸島などのミクロネシア、フィジー、パプアニューギニアなどのメラネシア、ニュージーランドをはじめサモアやトンガ、仏領ポリネシアなどのポリネシアに分類される。

地域共同体

APEC（エイペック） ■ Asia Pacific Economic Cooperation

（アジア太平洋経済協力）

21の国と地域が参加する経済協力の枠組み。より開放的な自由貿易圏を作ることを目指す。日本の呼びかけ、オーストラリアの提唱で発足した。

〈参加国〉オーストラリア、日本、フィリピン、ブルネイ、アメリカ、シンガポール、カナダ、マレーシア、タイ、インドネシア、ニュージーランド、韓国、台湾、中国、香港、メキシコ、パプアニューギニア、チリ、ペルー、ロシア、ベトナム

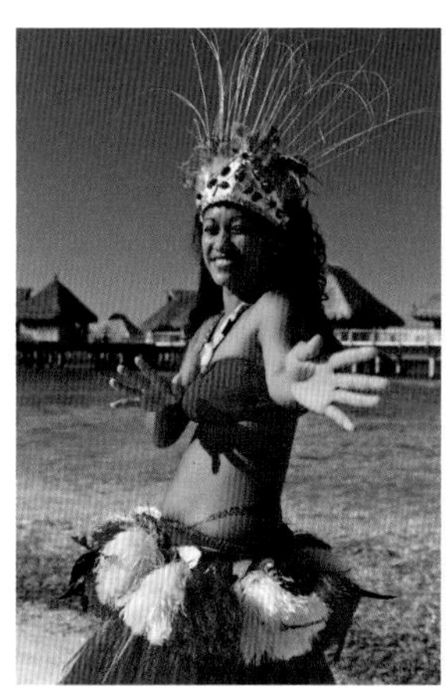

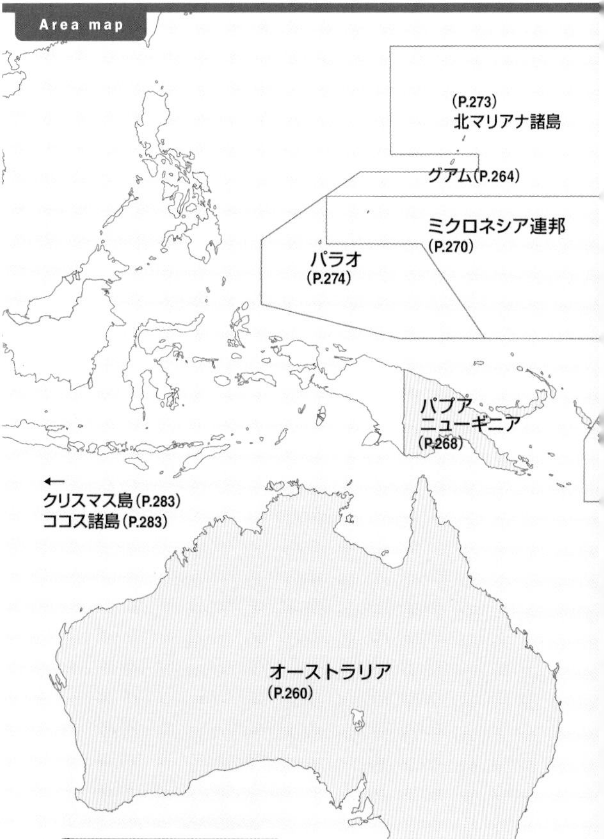
Area map
(P.273)
北マリアナ諸島
グアム(P.264)
ミクロネシア連邦
(P.270)
パラオ
(P.274)
パプア
ニューギニア
(P.268)
←
クリスマス島(P.283)
ココス諸島(P.283)
オーストラリア
(P.260)

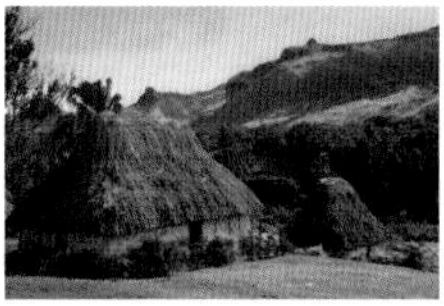

地域共同体

PIF ■ Pacific Island Forum
(太平洋諸島フォーラム)

太平洋にあるほとんどすべての国と地域が参加(16ヵ国、2地域)。もともとフランスの核実験などに反対して結成されたもの。旧宗主国主導の南太平洋委員会SPC(→右記)に対して、主体性の堅持と結束強化を目的としている。

〈参加国〉オーストラリア、ニュージーランド、パプアニューギニア、フィジー、サモア、ソロモン諸島、バヌアツ、トンガ、ナウル、キリバス、ツバル、ミクロネシア連邦、マーシャル諸島、パラオ、クック諸島、ニウエ、仏領ポリネシア、ニューカレドニア
※2021年2月に、パラオ、ミクロネシア連邦、ナウル、マーシャル諸島、キリバスが脱退の意向を表明している。

SPC ■ Pacific Community
(太平洋共同体)

南太平洋に植民地をもつイギリス、フランス、オランダ、オーストラリア、ニュージーランド、アメリカが、1947年に創設した南太平洋委員会を拡大。科学、技術分野で主導的な役割を果たしている。本部はニューカレドニアのヌメア。

〈参加国〉アメリカ、イギリス、フランス、オーストラリア、ニュージーランド、ミクロネシア連邦、マーシャル諸島、パラオ、グアム、北マリアナ諸島、ナウル、キリバス、ツバル、パプアニューギニア、ソロモン諸島、バヌアツ、ニューカレドニア、フィジー、トンガ、ウォリス&フトゥナ、トケラウ、サモア、米領サモア、ニウエ、クック諸島、仏領ポリネシア、ピトケアン諸島

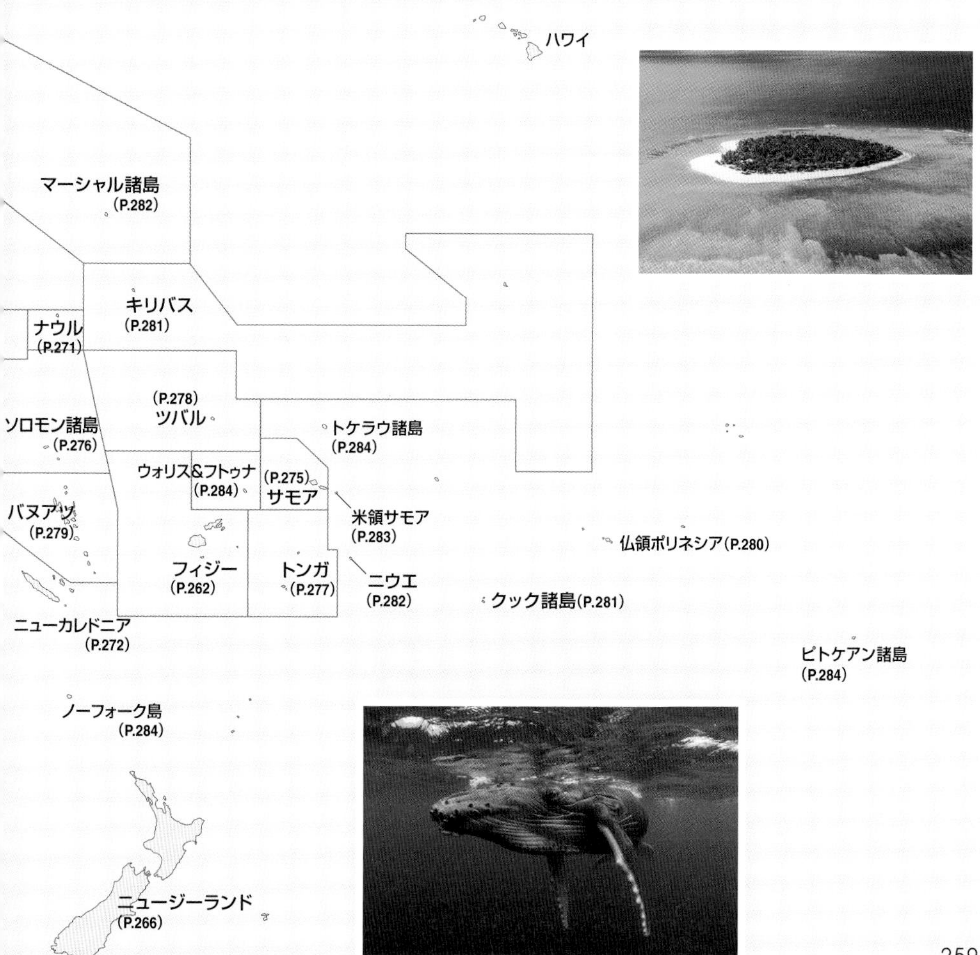

世界6大陸のひとつ

オーストラリア連邦

Australia

国旗の意味

左上はユニオンジャック。白い星は左が「連邦の星」、右は南十字星。

AU/AUS

IOC AUS

FIFA AUS

オーストラリア英語でこんにちは

G'day!
(グダイ)

日本の約20倍もの面積をもつ大陸を中心に構成される国。広大ゆえ、過ごしやすい温帯や亜熱帯もあれば、熱帯や砂漠までもあって気候は変化に富み、自然もそれぞれに異なる。早くに分離した大陸のため特有の生態系をもち、コアラやカンガルーなどは有名。南半球なので季節は日本とは逆。クリスマスに真夏の海をサンタクロースがサーフィンで現れるビジュアルは目にしたことのある人も多いはず。200以上の国籍の人々が暮らしているとされ、多様な文化が共存する国でもある。19世紀後半から20世紀半ばまでの白人最優先の白豪主義により、先住民アボリジナルや有色人種への迫害もあったが、現在は移民も多い。

国名の由来

オーストラリア英語では「オストゥレィリャ」が近い。18世紀に入ってイギリスの探検家ジェームズ・クック、通称キャプテン・クックが実際に航海するまで、南半球の大部分は大陸という仮説が信じられていた。その大陸の名が「テラ・アウストラリス・インコグニタ」で、「知られざる南の地」の意味で、このうちアウストラリスが英語化したもの。

DATA

人口：約2626万人
面積：約769万2024㎢
首都：キャンベラ
言語：英語
民族：オーストラリア人25.4%、イギリス系25.9%、アイルランド系7.5%、スコットランド系6.4%、イタリア系3.3%、ドイツ系3.2%、中国系3.1%、インド系1.4%、ギリシア系1.4%、オランダ系1.2%、原住民0.5%
宗教：キリスト教43%、無宗教38%
通貨：オーストラリア・ドル
時差：日本より1時間進んでいる(キャンベラ。ほか3つのタイムゾーンがあり、エリアによってはサマータイムも導入されている)
GNI：US$6万840／人

2019年に登山禁止となった先住民アボリジナルの聖地ウルル

PHRASE ▶ ありがとう／タァ、テンキュータャー　がんばれ！／ブレークアレグ　さようなら／シーユーレイター

COLUMN

独自の世界観をもつ先住民 アボリジナル

4万年以上も前からオーストラリアで暮らしていたという先住民アボリジナルの人々。多くの部族に分かれ、それぞれ一定の範囲内で狩猟、採集をしながら洞窟で暮らしていた。「ドリーミング」と呼ばれる独自の世界観をもち、神話の時代から存在する精霊が自然界のすべてを創造し、生きるものすべての祖先であるという信仰をもっている。歌や踊り、絵画などを通してそれを表現するが、これは現在のアートシーンにおいても世界的に注目されている。18世紀後半にイギリスの植民地支配が本格化すると、白人によりひどい迫害を受け、人口も激減。1967年にようやく国民として認められた。

先住民アボリジナルによるアート

COLUMN

希少種の宝庫 タスマニア島

オーストラリアの州のひとつであるタスマニア島は独特の自然や動植物が魅力。世界遺産に登録されている「タスマニア原生地域」には、タスマニアンデビルやウォンバット、カモノハシなどの希少動物が生息している。ほかにも19世紀に国内最大の流刑植民地があったポート・アーサーや美しい砂浜ワイングラス・ベイなど見どころが多い。

かわいらしいカモノハシ

シドニーのシンボル、オペラハウス

グルメ

オーストラリアン・ミートパイ

角切りやミンチ状の肉とグレービーソースで焼くパイ。肉は牛肉を定番にラム肉や鶏肉も使われ、きのこやタマネギ、チーズなどを入れることも。イギリス人開拓者が食べていて定着したとされる。

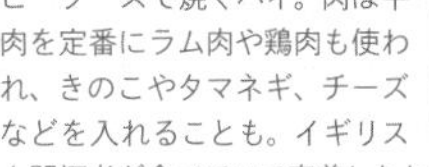

おみやげ

オパール

10月の誕生石でもある宝石。世界で産出される95%を占める。太古、内陸部にあった内海の植物プランクトンが起源で、1cm生成されるまで500〜600万年もかかるとされる。アクセサリーなどに加工したものが比較的安価で手に入る。

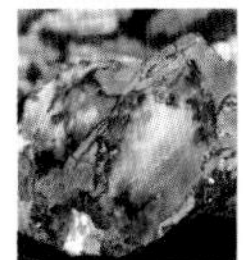

明日誰かに教えたくなる オーストラリアの雑学

大陸が毎年北へ7cm移動している

地球のプレートは常にわずかに動いているものだが、オーストラリアプレートは最も動きが速いといわれ、1994年から22年間で北方向へ1.5mも移動した。

水道水にフッ素が入っている

オーストラリアではほとんどの地域の水道にフッ素が添加されている。虫歯予防のために水道業者がフッ素を添加することを認めているのだという。フッ素は歯にはいいといわれているが、大量に摂取すると人体に悪影響を及ぼすことでも知られている。

水道水を避ける人もいる

ワールドランキング TOPIC

ふたつの世界一の岩

ウルルはよく世界最大級の岩と紹介されるが、あくまで「級」であり、本当の世界最大は底面積で約2.5倍の大きさがある同じくオーストラリアのマウントオーガスタス。ただし、さまざまな種類の岩石が含まれるので世界最大の「一枚岩」としてはウルル。

迫力あるマウントオーガスタス

素朴で幸せな人々が暮らす笑顔の楽園

フィジー共和国

Republic of Fiji

国旗の意味

左上はユニオンジャック。右の紋章はイギリス王室を示すライオンの下にフィジー諸島を象徴するヤシの木、サトウキビ、バナナ、オリーブをくわえたハトが配されている。

FJ/FJI

IOC FJI
FIFA FJI

フィジー語でこんにちは

Bula !
(ブラ)

約330もの島々で構成される国。南太平洋のほぼど真ん中に位置し、メラネシアに属するがポリネシア文化の影響も強く見られる。空と海の交通の要衝であること、周辺島嶼諸国の政治的、経済的なリーダーでもあることから"南太平洋の十字路"と呼ばれる。先住民フィジー人と、イギリス植民地時代に渡ったインド系が主要民族。その軋轢からクーデターも経験しているが、少しずつ融和が進んでいる。19世紀からサトウキビ栽培が行われており、今も労働力の4分の1を創出している。近年は美しい海を生かした観光業が盛ん。ラグビーの強豪国であり、特に7人制では世界でもトップレベルをキープし続けている。

国名の由来

フィジー語では「ヴィティ」で、インド系のヒンディー語では「フィジ」と呼ぶ。由来には諸説あり、最大の島ヴィティレブのヴィティをヨーロッパ人宣教師が「フィジー」と発音した、18世紀にイギリスの探検家キャプテン・クックがトンガを訪れた際耳にした隣国の名を英語で「フィージー」と記したなど。どちらにしても起源はフィジー語のヴィティ。その語源には、ふたつの主島ビチレブとバヌアレブを指し「母と子」の意味、「東」あるいは「日の出」の意味、「藪を広げて前を見る」という意味など。

DATA

人口：約92万4610人
面積：約1万8270㎢
首都：スバ
言語：英語(公用語)、フィジー語、ヒンディー語
民族：フィジー系57％、インド系38％ほか
宗教：キリスト教52.9％、ヒンドゥー教38.2％、イスラム教7.8％
通貨：フィジー・ドル
時差：日本より3時間進んでいる(サマータイムあり)
GNI：US$5390／人

本島沖に浮かぶママヌザ諸島のリゾート

PHRASE ▸ ありがとう／ビナカ　さようなら／モゼ　おいしい／カナビナカ　元気ですか？／サクザ

COLUMN
世界有数のリゾート大国

フィジーといえば、やはりリゾート。美しい珊瑚礁に囲まれた島々に、個性豊かなリゾートが点在している。欧米系ホテルグループの大規模なものから小さな隠れ家リゾート、さらにはゲストハウスまで。世界広しといえども、ここまでバリエーション豊富に揃っているのはフィジーだけだ。なかには1泊60万円という超高級リゾートもある。成熟したリゾートパラダイスで最高の休日を過ごしたい。また、ホテルで楽しそうに働くフィジアンとの触れ合いも旅の楽しみ。“世界で一番幸福な国”に暮らす彼らと過ごして、幸福になるためのヒントを探してみよう。

離島のほうが海はきれい

COLUMN
フィジー人とインド人

フィジーに来てまず驚くのがインド人の多さ。その数は全人口の38%にも上る。彼らが来島したのはサトウキビプランテーションで働くため。労働力として同じイギリス植民地のインドから多くの人々が来島したのが始まりだ。今では政治・経済実権も握る者も出て、フィジーに根をおろす。

ナンディにあるヒンドゥー教寺院で

フィジーの人々はいつも笑顔で迎えてくれる

グルメ
ココンダ

生の白身魚の切り身をライムなどの柑橘類でマリネし、ココナッツミルク、みじん切りのタマネギなどの野菜、青トウガラシなどとあえたフィジー人の伝統料理。レストランでは前菜としてよく出される。

おみやげ
スル

民族衣装の腰巻。縫い合わせしていない一枚布を巻く。一見スカートのようだが男女とも着用。正装として官公庁や学校、警察官の制服にもなっている。普段着用の南国風のカラフルなプリントがされたものはみやげにも人気。

明日誰かに教えたくなる ▶ **フィジーの雑学**

独特の共有文化「ケレケレ」

フィジーのキーワードのひとつにケレケレという言葉がある。「分け合う、共有する」などの意味で、要は助け合いの精神。日用品はもちろん、なんと家族まで共有するというから驚き。別の家族の子供を面倒みることもごく一般的。

村に入るときは帽子を脱いで

伝統的な村におじゃますするとき、帽子は必ず脱がなければならない。フィジーの習慣では村の長だけが帽子をかぶることを許されている。昔ながらの村を訪れるときは注意しよう。

伝統的なフィジー人の村

ワールドランキング TOPIC
自分は幸せだと感じている人が多い

世界幸福度調査にはさまざまな指標によるものがあり、結果は調査機関によりバラバラ。そのなかで複数の調査で1位になっていることで世界的に注目されるフィジー。共通しているのは「自分は幸せか？」という主観的意見をもとにした調査であること。

幸福は物質的豊かさだけではない

日本から一番近いアメリカ

グアム

〈アメリカ海外領土、合衆国未編入の準州〉

Guam

旗の意味

米海軍の将校夫人であるヘレン・ポールのスケッチを元にデザインされたもの。恋人岬と海を背景にヤシの木、カヌーが描かれている。

GU/GUM

IOC GUM

FIFA GUM

チャモロ語でこんにちは

Hafa Adai !

(ハファ ダイ)

太平洋にあるアメリカの海外領土。米軍の島として知られ、基地が土地の約34％も占める。人口の半数はミクロネシア系先住民のチャモロ人。独自の言語チャモロ語を話すが、単語の多くは植民地時代のスペイン語由来。一時日本軍が占領統治したため、白菜をナッパと呼ぶなど日本語由来の単語もある。飛行機で3〜4時間で行ける海外として、1960年代から多くの日本人が訪れていたが、1990年代をピークに減少。韓国、台湾、中国からの観光客が増えた。しかし、海の美しさや近さで再注目されている。観光施設はタモン地区に集中し、ホテル、レストラン、免税店やショップがコンパクトにまとまっているのも魅力。

国名の由来

先住民族チャモロ族の古代の言葉で「われわれがもっているもの」を意味する「グゥァハン」が変化したもの。歴史的にはグアハンと呼ばれてきた時期が長く、一部には復活を望む声もある。伝統ある誇り高き呼称として、店名や企業名にグアハンが使われていることも多い。

チャモロ文化を代表する巨石遺跡ラッテストーン

DATA

人口：約16万9532人
面積：約549㎢
主都：ハガニア
言語：英語、チャモロ語
民族：チャモロ人など太平洋諸島系49.3％、フィリピン系26.3、白人7.1％ほか

宗教：カトリック85％ほか
通貨：アメリカ・ドル
時差：日本より1時間進んでいる

美しい海岸が広がるタモン湾

PHRASE ▶ ありがとう／シジュウスマアセ　さようなら／アディオス　こんばんは／ブエナスチェス

COLUMN
フィリピン人が多いのはなぜ？

グアムの人口の約4分の1はフィリピン人。町ではさまざまなフィリピン文化に出合うことになる。なぜグアムにフィリピン人がいるのか？その歴史は戦前にまで遡る。グアムとフィリピンはかつて同じスペインの統治下で宗教や風習などを共有し、この頃からすでにフィリピン人の移住者がいたという。1899年の米西戦争で両国の支配権はスペインからアメリカへと移り、フィリピンで反米運動が起こると、アメリカは忠誠を誓わないフィリピン人をグアム島に送り込んだ。町にはフィリピン料理レストランも多く、いわゆるチャモロ料理と呼ばれるもののなかにはフィリピン料理の影響を受けたものもある。2019年にはフィリピンで絶大なる人気を誇るファストフード「ジョリビー」が初出店し、大きな話題となった。

COLUMN
暮らしながら楽しむ旅

グアムで楽しめることといえば、きれいなビーチで遊ぶ、モールやアウトレットでのショッピング、アメリカングルメを味わうなどがあるが、近年は、キッチン、洗濯機、ジムなどを完備した高級コンドミニアムを借りて、暮らすように滞在するスタイルも人気。大人数でシェアすればお得に利用できる。

暮らすように旅したい

カラバオ（水牛）とチャモロ人の男性

グルメ
チャモロBBQ

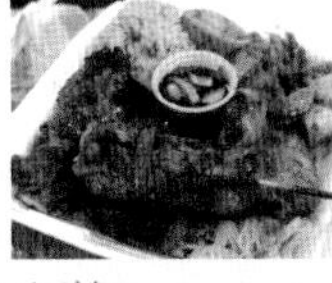
チャモロ人はBBQが大好き。フィナデニソースという甘辛いたれに漬け込んだ豚のリブやチキンがメインで、魚介類なども焼く。アチョーテという木の実と炊いて赤く染めたライスと食べることが多い。

お菓子
チャモロドーナツ

ドーナツは甘いもの好きなグアムの人々にポピュラーなスイーツ。なかでも伝統的なチャモロドーナツは、生地にココナッツミルクを練り込んで揚げた素朴な味で一番人気。台風時の保存食にもするため別名「タイフーンドーナツ」とも呼ばれる。

明日誰かに教えたくなる ▶グアムの雑学

ニホンウナギはグアム生まれ

ニホンウナギの産卵場所は長らく謎だったが、長年の研究でグアムやマリアナ諸島の西側沖であることが判明した。ニホンウナギは絶滅危惧種に指定されている。

終戦を知らずに28年間ジャングルに潜伏

1972年、グアムから帰国した横井庄一さんの姿に日本は騒然となった。終戦を知らず、なんと28年間もジャングルに潜伏していたという。帰国時の発言をもとに生まれた「恥ずかしながら帰って参りました」はその年の流行語となり、特別報道番組は高視聴率を記録した。

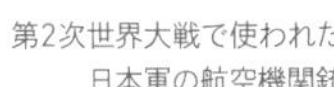

第2次世界大戦で使われた日本軍の航空機関銃

ワールドランキングTOPIC
島は世界最大の弾薬庫

多くの米軍基地や施設があり面積の約3分の1を占める。観光業と並び経済に大きく貢献する収入源だ。明確な数字や場所は公開されないが、弾薬の保管量では世界最大、総額で約13億米ドルと推定される。日本を含む東アジア防衛の重要な供給拠点だ。

海軍基地前にある旧日本軍潜水艇

先住民マオリが暮らす自然保護先進国

ニュージーランド

New Zealand

国旗の意味

左上は英連邦加盟国であることを示すユニオンジャック。4つの星は南十字星。

NZ/NZL

IOC NZL
FIFA NZL

マオリ語でこんにちは

Kia ora !

(キアオラ)

南太平洋に浮かぶ北島と南島のふたつの主島と、周辺の小さな島々で構成される。原生林が豊かな山々や活火山、深いフィヨルドなどの変化に富んだ海岸線など、多様な大自然で知られ14もの国立公園がある。約1000年前に他のポリネシアの島々から、マオリ族がカヌーで渡って来て最初に定住したとされ、その後1769年にイギリス人探検家ジェームズ・クックが訪れたのをきっかけに、西洋人が移り住むようになった。1907年にイギリス連邦内自治領として独立。国民はキウイと自称し、マイペースに暮らしを楽しむ傾向がある。自己主義的でありながら、キウイ・ホスピタリティと呼ばれるもてなしを大切にする。

国名の由来

初めてニュージーランドを訪れたヨーロッパ人であるオランダ人探検家アベル・タスマンは、すでに確認されていた南米大陸南端沖の島々スターテアイランドの一部と考えたが、後に間違いが証明され、オランダの地図製作者によってオランダのゼーランド地方にちなみ「新しいゼーランド」を意味する「ノヴァ・ゼーランディア」と改名された。それが英語化されて現在の名になった経緯は不明だが、一説にはイギリスの探検家ジェームズ・クックによるものだとされる。近年は先住民族マオリの呼び名「アオテアロア」への改名を望む声も出ている。

DATA

人口：約504万人
面積：約27万534㎢
首都：ウェリントン
言語：英語、マオリ語、ニュージーランド手話
民族：ヨーロッパ系70.2%、マオリ系16.5%、太平洋島嶼国系8.1%、アジア系15.1%ほか
宗教：キリスト教36.5%、無宗教48.2%ほか
通貨：ニュージーランド・ドル
時差：日本より3時間進んでいる(サマータイムあり。チャタム島は本土+45分)
GNI：US$4万9090／人

人間よりも羊の数のほうが多い

PHRASE ▶ ありがとう／キアオラ　がんばれ！／キアカハ　さようなら／ハエレラ　こんばんは／ポーマーリエ

COLUMN

世界遺産の絶景 ミルフォード・サウンド

南島の南端近くに位置するミルフォード・サウンドは、気の遠くなるような時間をかけ、氷河の活動が大地を削って生まれたフィヨルドだ。15kmもの奥行きがあり、両岸は1200mを超える断崖。波静かな海面に映し出されるその緑の岩肌はとても美しい。1年の3分の2は雨が降り、それによって出現する海に落ちる幾筋もの滝はカスケードと呼ばれ、なかには1000mを超えるものもある。岩肌を脆くし、木々を巻き込んで海へと崩れる光景は日常のもの。それでも緑が失われないのは、一般的な森の再生速度の何倍も早いためだという。

ミルフォード・サウンドのフィヨルド

COLUMN

ラグビーのニュージーランド代表チーム

ニュージーランド代表チームは“オールブラックス”の異名をもつ世界ランキング第3位（2024）の強豪。ワールドカップでは世界最多タイの3度の優勝を経験し、試合前に踊るマオリの伝統舞踊「ハカ」の力強いダンスが有名だ。ハカを先導するリードの役は伝統的にマオリ族の血筋を引く選手が行っている。

マオリ族のハカ

ニュージーランドの国鳥に定められているキウイ

グルメ

ラムシャンク料理

仔羊の骨付きすね肉のこと。さまざまな食べ方があるが、赤ワインとトマトソース、野菜や香草などと煮込むブレイズドラムシャンクは、特有の臭みが抜けた肉が軟らかく食べやすくて旅行者にも人気。

おみやげ

マヌカハニー

ニュージーランドに自生するマオリ語で「癒やしの木」を意味するマヌカの花のハチミツ。強い殺菌力をもちピロリ菌の駆除にも用いられる。整腸や美肌によく、免疫力アップを期待できるスーパーフードとして世界的に有名。

明日誰かに教えたくなる ニュージーランドの雑学

全85文字の長い地名がある

北島にある丘はギネスブックにも載る世界で一番長い地名をもつ。その名も「Taumatawhakatangihangakoauauotamateaturipukakapikimaungahoronukupokaiwhenuakitanatahu」。略して「タウマタ」と呼ばれている。マオリ語で「タマテアという、大きなひざをもち、山々を登り、陸地を飲み込むように旅して歩く男が、愛する者のために鼻笛を吹いた頂き」という意味。

川に人格を認める法案を可決

2017年、ニュージーランド議会はマオリ族が崇拝するワンガヌイ（ファンガヌイ）川に人と同じ法的権利を付与した。マオリ族は1870年代から川をめぐる権利を主張していた。

ワールドランキング TOPIC

世界で最初に手話を公用語に

2006年、世界に先がけ手話を法令により公用語とした。話者たちは法的な手続きや行政サービスが手話を通じて受けられる。先住マオリを筆頭にヨーロッパ系、ポリネシア系、アジア系などさまざまな民族が暮らし、多様性の価値観が根付いているからこそ。

多くの民族が共生する

伝統的な部族社会が残る多民族国家

パプアニューギニア独立国

Independent State of Papua New Guinea

国旗の意味

赤と黒は伝統的に使用されてきた色。左下には南十字星、右上には国鳥の極楽鳥が描かれている。

PG/PNG

IOC PNG
FIFA PNG

トク・ピシン語でこんにちは

Apinun !
(アピヌン)

ニューギニア島の東半分（西はインドネシア領）と、周辺の大小700の島からなる。住民はメラネシア系がほとんどだが、本島内は標高4000mを超える山脈が東西に縦断しており、長い間交流もなかった。そのため各地で独自の文化をもち、部族の言語は800もあるとされる。開発が困難な地形は豊かな生態系も残し、熱帯雨林の中にはおよそ9000種の植物、250種の動物、700種の鳥が暮らす。海の自然もほぼ手つかずで、2000種もの魚や海洋動物がいるとされている。第2次世界大戦の日本軍の激戦地のひとつ。原油・天然ガス生産には日本も開発にたずさわり、経済力の押し上げが図られている。

国名の由来

パプアは「縮れ毛」、ニューギニアは「新しいギニア(西アフリカの地域名および国名)」の意味。1526年にポルトガル人航海家ドン・メネセスが島々を確認し、先住民の髪を見てマレー語で縮れ毛を意味する言葉から名づけた。1545年にはスペインの航海家イニゴ・レステが現ニューギニア島の北岸にやってきて、先住民の容貌が西アフリカのギニア沿岸の黒人と似ていたことからスペイン語で「ヌエバギニア」と名づけ、後に英語化してニューギニアとなったのが始まり。第2次世界大戦の連合国の勝利で2地域が統合され「パプアニューギニア」となった。

DATA

人口：約994万9437人
面積：約46万㎢
首都：ポートモレスビー
言語：英語、ピシン語、モツ語など
民族：メラネシア系、パプア系、ネグリト系、ミクロネシア系、ポリネシア系など
宗教：プロテスタント64.3%、カトリック26%、そのほかのキリスト教5.3%、キリスト教以外1.4%ほか
通貨：キナ
時差：日本より1時間進んでいる
GNI：US$2700／人

左）マウントハーゲンで行われる祭りハーゲンショー　右）マッドマンと呼ばれるゴロカ族の祭り

PHRASE ▸ ありがとう／テンキュ　さようなら／グトバイ、バイナウ　こんばんは／アピヌン

COLUMN 奇妙で魅力的な少数部族

各地に残る少数部族の数は800以上にのぼるといわれているが、ひときわユニークな民族文化がマッドマン。独特のマスクはアサロ渓谷に住む部族が泥を塗って別の部族に戦いを挑んだ際、相手が亡霊と間違えて逃げたことが起源。また、ニューブリテン島のトーライ族は、トゥブアンと呼ばれる奇妙な姿をした精霊のかぶり物で知られる。彼らの伝統文化に触れたいなら祭りに参加するのがおすすめ。マウントハーゲンで行われるハーゲンショー、イーストニューブリテン島のマスク文化が見られるマスクフェスティバルなどが有名。

カラフルなペイントをするフリ族の男性

COLUMN 知る人ぞ知るダイビング天国

パプアニューギニアは知る人ぞ知るダイビング天国。500種以上のサンゴが生息する“コーラルトライアングル”の中心に位置している。サンゴが生きいきしており、バラエティ豊かな海洋生物が見られるのが特徴だ。拠点となる町はマダンやトゥフィ、キンベ、ポートモレスビー、ラバウルなど。世界中のダイバーから熱い視線を浴びている。

スクーバダイビングの聖地

ヒクイドリはカラフルで美しいが攻撃性があり、世界一危険な鳥と呼ばれる

グルメ

ムームー

英語では地球の窯を意味するアースオーブンと総称される南太平洋に広く分布する調理法。地面に掘った穴で石を焼き、バナナなどの葉で包んだイモ、肉、野菜をのせ、土をかぶせて蒸し焼きにする。

おみやげ

パプアニューギニア・コーヒー

ニューギニア島の山岳地東部の中心ゴロカ一帯で生産されるハイランド・コーヒーは質が高いことで知られる。1930年代にジャマイカからブルーマウンテンの苗木が持ち込まれ、栽培が始まった。約85％が小規模農家で収穫も手づみのため希少。

明日誰かに教えたくなる パプアニューギニアの雑学

貝の貨幣が今でも流通する

ニューブリテン島に暮らすトーライ族は、世界最古とされる貝の伝統通貨を現在も日常的に使っている。貝は長さ 1㎝にも満たない小さな巻貝で、多額のときは何重にも束ねた輪にして使い、村には取り扱う銀行もある。もちろん他民族とは国の通貨を使う。

魔女狩りが横行!?

隔絶された部族社会には黒魔術の風習が残っており、さまざまな事件を魔女の黒魔術のせいにして、女性が暴行を受けるという事件が多発している。2013年までは、黒魔術を理由とした暴力や殺人の場合は刑を軽減するという「黒魔術法」なるものもあった。

ワタム村で出会った親子

ワールドランキング TOPIC

地球上で初めて農耕が生まれた地

ニューギニア島南部の高地湿地帯にあるクックの初期農業遺跡は、地球が氷河期だった1万年前からの人類が農耕を行っていた世界最古の農耕の跡。当時もこのあたりは暖かかった。灌漑水路や作物を植えた穴の跡、作業用の石器などが発掘されている。

今でも小規模農業がほとんど

アメリカと自由連合協定を結ぶ

ミクロネシア連邦

Federated States of Micronesia

国旗の意味

星は4つの州と南十字座を表す。青は太平洋の海と信託統治領だった国際連合旗の青を表している。

FM/FSM

IOC FM

FIFA なし

チューク語でこんにちは

Ran allim !

(ララニム)

赤道に沿った広大な海域に散らばる607の島々と環礁からなる。西から東へヤップ、チューク、ポンペイ、コスラエと、独自の自治権をもつ4つの州がある。それぞれに独特の自然環境、固有の文化があり、8つの言語が使われている。1986年にアメリカの信託統治から独立。現在も国家予算の約5割がアメリカからの援助だが、漁業、農業、観光での自立経済を模索している。

DATA

人口：約11万3131人
面積：約700㎢
首都：パリキール
言語：英語のほか現地の8言語
民族：ミクロネシア系
宗教：キリスト教
通貨：アメリカ・ドル
時差：日本より1時間進んでいる(ポンペイ州、コスラエ州は－1時間)
GNI：US$4140／人

国名の由来

現地の英語では「マイクロニージィャ」。単にミクロネシアと呼ぶときは西太平洋のパラオ、マーシャル、ナウルなどを含む地域名で、国を表すときは英名の略のFSMと呼ぶことが多い。ギリシア語で「小さい」を意味する「ミクロス」と「島」を意味する「ネソス」が合わさり、さらに地名接尾語「イア」が付けられたもの。

グルメ

パンの木の実

たんぱく質と炭水化物を含む重要な主食。チューク州ではゆでた実をついて餅のようにしたり、土中で発酵させる保存食などにしたりもして食べる。

左）空から見たチュークの環礁
右）ポンペイにあるナンマドール遺跡

明日誰かに教えたくなる **ミクロネシアの雑学**

大統領になったふたりの日系人

1922年から1945年の第2次世界大戦敗戦まで日本の統治下にあったため、残留者や現地の人との間に生まれた子孫などが今も暮らす。その人口は約2万人で全人口の約2割。初代大統領と第7代大統領も日系人。

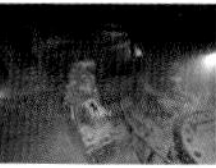

海に眠る日本海軍の船。戦跡が多い

ワールドランキングTOPIC

命をかけた巨大な石の貨幣

ヤップには最大で直径約4mもあるライと呼ばれる世界最大の石の貨幣が残る。約500km離れたパラオで時間をかけて作り、さらに危険な海域をいかだで運ぶことで価値を高めた。

簡単に運べないことは石貨の利点

PHRASE ▶ ありがとう／キニショウ　さようなら／ケネノム　こんばんは／ネポガンニム

リン鉱石による富に揺れたミニ国家

ナウル共和国

Republic of Nauru

国旗の意味

青は太平洋、黄色は赤道、白い星は12の部族を表す。

NR/NRU

IOC NRU
FIFA なし

ナウル語でこんにちは

Ekamowir omo !

（エカモウィール オモ）

品川区とほぼ同じ面積の小さな孤島。19世紀の植民地下に島全体がリン鉱石であることが判明。1968年の独立後は大規模な採掘を続け、その莫大な収入で1980年代にはGNPが世界トップに。税金はなく、生活費や家屋まで支給された。しかし、枯渇により1990年代後半から経済が破綻、オーストラリアの不法入国者を受け入れ見返りに経済援助を受けていたことが問題になったこともある。

DATA

人口：約1万2511人
面積：約21.1㎢
首都：ヤレン
言語：英語、ナウル語
民族：ミクロネシア系
宗教：キリスト教
通貨：オーストラリア・ドル
時差：日本より3時間進んでいる
GNI：US$7800／人

国名の由来

ナウル語では「ナォエロ」、「ナウル」は英語での呼称。ナウル語で「私は浜へ行く」の意味の「アナォエロ」を、入植したドイツ人が島の名と間違え「ナヴォド」や「オナヴェロ」と呼んだのが始まりとされる。別の説にはポリネシア系の言語で「滝のような雨」の意味とするものもある。

おみやげ

リン鉱石の加工品

リン鉱石をアクセサリーなどに加工したみやげが、シビックセンターという商業施設で毎週土曜に開かれる出店で買える。確実に欲しいときは予約が必要。

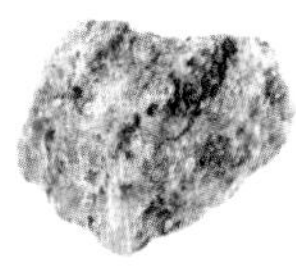

左）国営ナウル航空の機体
右）リン鉱石採掘の痕跡が残る

明日誰かに教えたくなる ナウルの雑学

世界で3番目に小さな国＆肥満度が世界一

ナウルはモナコ、バチカンに次いで世界で3番目に小さな国。肥満度を示すボディマス指数が世界一高く、国民の60～70％が肥満、30～40％が糖尿病という憂慮すべき事態になっている。

島の東にあるアニバレの小さな港

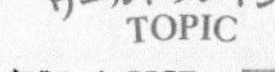

ワールドランキング TOPIC

かつての豊かさが残した問題

WHOの調査で喫煙率が一番高い国となっている。男女あわせた喫煙率の平均値は48.5％（日本は20.1％）。かつて多くの不労所得を得て嗜好品を楽しんでいた名残と考えられる。
出典：WHO世界保健統計 2023

こんな小さな島が世界一豊かだった

PHRASE ありがとう／トゥパコィ　さようなら／タラワン　こんばんは／モッジュブン　おいしい／イタ

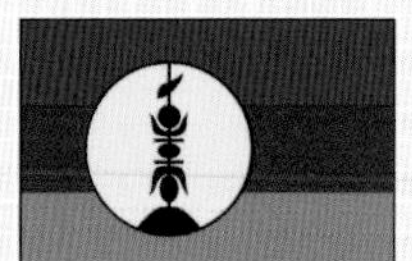

フランスの香り漂う『天国にいちばん近い島』

ニューカレドニア〈フランス海外領土〉

New Caledonia

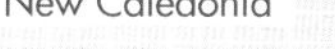

旗の意味

カナックの旗。黄色の太陽のなかには伝統家屋に施される装飾。青は空と太平洋、赤は独立運動で流された血、緑は自然を表す。

NC/NCL

IOC なし

FIFA NCL

ドレウ語でこんにちは

※先住民の言葉カナック語のひとつ

Bozu！

（ボズ）

『天国にいちばん近い島』と呼ばれ、人気のビーチリゾート。世界のニッケル埋蔵量の4分の1を有する主島グランドテールのほか、大小数十の島で構成される。島の周りには世界最大規模の珊瑚礁が広がっている。中心都市ヌメアには南太平洋のプチ・パリの愛称がある。フランスの海外領土だが独立運動はあり、たびたび住民投票が行われ、現在のところフランスに残留しているが、近年は再燃している。

DATA

人口：約30万4167人
面積：約1万8575㎢
主都：ヌメア
言語：フランス語ほか33のカナック（先住民族）語
民族：カナック39.1%、ヨーロッパ系27.1%、ウォリス&フトゥナ人8.2%ほか
宗教：キリスト教90%ほか
通貨：CFPフラン
時差：日本より2時間進んでいる

国名の由来

現地フランス語での呼称は「ヌーヴェルカレドニー」で、ニューカレドニアは英語読み。先住民族カナックは「カナキー」と呼ぶ。1774年にイギリス人探検家ジェームズ・クックが主島グランドテールを確認したとき、その山並みがスコットランドに似ていると思い、ラテン語名の「カレドニア」の名をつけたのが始まりとされる。

グルメ

天使のエビ

1997年に新たな名産品として誕生。生では餌のプランクトン由来の青色で、ブルーシュリンプとも呼ばれる。高級食材としてフランスや日本にも輸出される。

左）ナンヨウスギが茂る離島イルデパンの入江　右）高台から見たヌメアの町並み

明日誰かに教えたくなる ニューカレドニアの雑学

ハート形のマングローブ林がある

グランドテール北東部、ボーと呼ばれる町の近くにハート形のマングローブ林がある。塩分を含んだ土壌が固まり、そこに植物が生育し、ハート形になったといわれている。

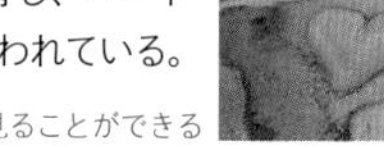

遊覧飛行で見ることができる

ワールドランキング TOPIC

なぜ『天国にいちばん近い島』？

統計に基づくものではなく、自らの体験を書いた作家・森村桂の同名旅行記が1966年に出版され大ベストセラーとなったのが始まりで日本独特の呼称。1984年には原田知世主演で映画化、主題歌もヒット。

映画にも登場したウベア島の教会

PHRASE ▶ ありがとう／オレディ　元気ですか？／ハペウエライ　さようなら／エドラエ

日本人に人気の南洋のビーチリゾート

北マリアナ諸島自治連邦区

Commonwealth of the Northern Mariana Islands 〈アメリカ自治領〉

旗の意味

ブルー地の中心にグレーのタガ（ラッテ）ストーンと白い星が描かれ、その周りにリースが施されている。

MP/MNP

IOC なし

FIFA NMI

チャモロ語でこんにちは

Hafa Adai !

（ハファ ダイ）

マリアナ諸島のうちのグアム島を除いた14の島々からなり、サイパン島はビーチリゾートとして有名。アメリカ領土の自治領で、住民はアメリカの市民権を有す。主産業は観光で日本人観光客がメインだが、収益性の悪さで日本との航空便が減少から廃止へ進み、経済は大きく落ち込んだ。韓国や中国へマーケットを移したが停滞は変わらず、2022年に復活した成田～サイパン便に期待が大きい。

DATA

人口：約5万1118人
面積：477㎢
主都：ススペ（事実上キャピトル・ヒル）
言語：チャモロ語、英語ほか
民族：チャモロを含む太平洋諸島人34.9％、アジア系50％ほか
宗教：キリスト教（カトリックがほとんど）
通貨：アメリカ・ドル
時差：日本より1時間進んでいる

国名の由来

1565年にスペインがグアムの領有を宣言したあと、1668年にマリアナ諸島全域をスペイン領とし島民に布教を開始。スペイン王フェリペ4世の王妃の名から「マリアナの島」を意味する「ラス・マリアナス」と名づけたのが由来。ちなみにサイパンはチャモロ語で「何もない」を意味する言葉からという説がある。

おみやげ

パンダナスバスケット

日本語ではタコノキと呼ばれるパンダナスの木の葉を干し手作業で編んだカゴ。みやげ物店や毎週木曜の夜に開催されるストリートマーケットで手に入る。

左）サイパン沖に浮かぶマニャガハ島
右）第2次世界大戦時、日本人が自決したサイパンのバンザイクリフ

明日誰かに教えたくなる 北マリアナ諸島の雑学

平均気温が年間を通して変わらない

北マリアナの平均気温は年間を通してほぼ変わらないことで知られる。ギネスブックにも世界で最も気温の変わらない地域として認定されている。

サイパンのマイクロビーチ

ワールドランキング TOPIC

今も沈み込む世界最深の海

世界で一番深い海はマリアナ海溝にあるチャレンジャー海淵で約10983m。「約」が付くのは計測技術に誤差が生じる可能性があるため。世界最高峰エベレストを逆さにしても山頂は底につかない。

美しい海のかなたに深海が眠る

PHRASE ありがとう／シジュウスマアセ　さようなら／アディオス　こんばんは／ブエナスノチェス

かつて日本の統治下にあった南洋の島々

パラオ共和国

Republic of Palau

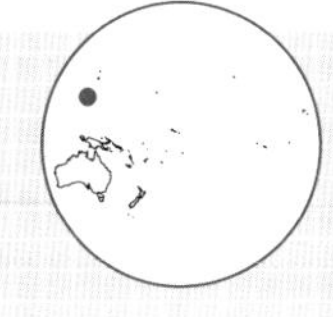

国旗の意味

珊瑚礁の海を表す青地に満月という簡素なデザインは、平和と静寂、そして海の豊かさを表す。満月は旗の中央よりやや左寄り。

PW/PLW

IOC PLW

FIFA PLW

パラオ語でこんにちは

Alii !

(アリー)

日本の南、約3000kmの洋上に浮かぶ約200の熱帯の島々からなるが、有人島はわずか9島。第2次世界大戦後は国連委託によりアメリカの信託統治下にあったが、1994年に世界の信託統治領として最後の独立をした。アメリカからの無償援助でGDPは高いが、依存脱却のため美しい海を資源に観光に力を入れている。親日的で、日本軍の戦跡もあることから日本人旅行客への期待も大きい。

DATA

人口：約1万8024人
面積：約488㎢
首都：マルキョク
言語：パラオ語、英語
民族：パラオ人73％ほか
宗教：キリスト教80.2％、モデクゲイ5.7％、イスラム教3％ほか
通貨：アメリカ・ドル
時差：日本との時差はない
GNI：US$1万3420／人

国名の由来

パラオ語での呼称は「ベラウ」。島々の創世神話に由来する言葉という説のほか、パラオ語で村を意味する「ベリュー」が変化したという説もある。台湾からフィリピン、インドネシア、太平洋の島々、インド洋へ広がったオーストロネシア語族の言葉のひとつ、マレー語で「島」を意味する「プラウ」からとする説もある。

グルメ

オリックスープ

フルーツバットと呼ばれる草食性のオオコウモリを、塩と水だけで煮た伝統スープ。観光客用にココナッツミルクや生姜、スパイスで味付けしたものもある。

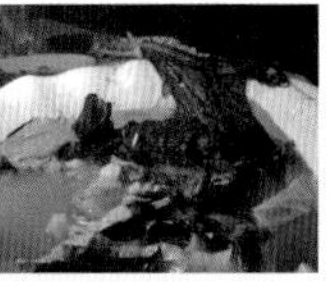

左）世界遺産に登録されているロックアイランズ
右）第2次世界大戦時の痕跡が残る

明日誰かに教えたくなる パラオの雑学

パラオ語の2割は日本語由来

パラオはかつて日本の委任統治領だった。日本語教育が行われ、現在でも日本語を話す年配の方がいる。日本語がパラオ語の一部として現在でも使われており、アジダイジョウブ（おいしい）、ツカレナオース（ビールを飲む）などがある。

ワールドランキング TOPIC

親日国である理由

明確な統計こそないものの、パラオといえば世界一の親日国として名高い。日本が統治時代にインフラを整備したこと、第2次世界大戦の激戦で地元住民も守ったことなどから好感をもつ人がほとんど。

2022年落成の日本・パラオ友好の橋

PHRASE ありがとう／メ スーラン、アリガトウ　さようなら／メイクン　こんばんは／ウギルカブスイゲイ

ポリネシアの伝統を色濃く残す

サモア独立国

赤は忠誠と勇気、白は純潔、青は愛国心を表す。星は南十字星。

WS/WSM

IOC SAM

FIFA SAM

サモア語でこんにちは

Talofa !

（タロファ）

南太平洋上に浮かぶ大小9つの島からなる。東側の現アメリカ領と合わせ、ひとつのサモア諸島だったが1899年に分断された。紀元前1000年頃には人が暮らしていたとされ、ポリネシアの島々でも歴史が古い。多くは火山性の島で、峰々を熱帯の深い緑が覆い、周囲を青い珊瑚礁が囲む。小説『宝島』で知られるイギリス人作家ロバート・ルイス・スティーヴンソンが晩年を過ごしている。

DATA

人口：約21万8764人
面積：約2830㎢
首都：アピア
言語：サモア語、英語
民族：サモア人90％ほか
宗教：キリスト教
通貨：タラ
時差：日本より4時間進んでいる（サマータイムあり）
GNI：US$3660／人

国名の由来

サモア語で「モア神の地(聖地)」という意味。創造神タンガロアの息子「モア」、あるいはその化身の鳥に由来する。「サ」はポリネシア語の地名接頭語。

グルメ

サシミ

魚を生で食べる習慣があってサシミと呼び、醤油とワサビをつけて食べる。この海域で盛んに漁を行ってきた日本のマグロ漁船から伝わったもの。

左）美しいビーチがいたるところにある
右）トゥ・スア・オーシャン・トレンチと呼ばれる天然のプール

明日誰かに教えたくなる **サモアの雑学**

知らない人のひざの上に乗る

バスが満員のとき、サモアでは座っている人のひざの上に乗っていくのが習慣。一応断るが、知らない人でも特に気にしない。体の大きな人が乗ってきたら、体の小さな人が席を譲って大きな人のひざに座る。

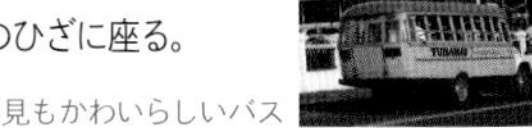

外見もかわいらしいバス

ワールドランキング TOPIC

世界一奇妙なフライトとは

サモア独立国と米領サモアはひとつの諸島が分割され、間に日付変更線が通された。このためこの間を結ぶ小型プロペラ機は、約120kmを実質25分ほどで飛ぶが、米領からの到着は翌日、逆は前日となる。

今も分かれて暮らす親戚がいる人々も多い

PHRASE ありがとう／ファァフェタイ　さようなら／ファーソイフワ　こんばんは／マナイア

ユダヤの賢王の名を冠した群島国家

ソロモン諸島

Solomon Islands

国旗の意味

星は制定時の5つの地方、青は空と海、黄は太陽と砂浜、緑は豊かな国土を象徴。

SB/SLB

IOC SOL

FIFA SOL

ピジン英語でこんにちは

Halo！

（ハロ）

南太平洋のパプアニューギニア東側に列をなす大小1000を超える島々からなる。住民の9割以上がメラネシア系だが、87ともいわれる異なる言語を使用し、島や氏族によるアイデンティティが大きく異なり、19世紀後半にイギリス領の植民地の行政区分にまとめられるまで単一の国家だったことはなかった。そのため一体化が大きな課題。美しい海は今後の観光資源として注目される。

DATA

人口：約70万7851人
面積：約2万8900㎢
首都：ホニアラ
言語：英語、ピジン英語ほか
民族：メラネシア系94％ほか
宗教：キリスト教
通貨：ソロモン・ドル
時差：日本より2時間進んでいる
GNI：US$2210／人

国名の由来

紀元前のイスラエル王「ソロモン」の名に由来。16世紀頃ソロモン王の財宝伝説がうわさされヨーロッパの探検家たちの興味の的になる。その宝を目当てにスペイン人探検家のメンダーニャが島々を訪れたが、島民の反撃や疫病にあい撤退。航海の拠点だったペルーに戻った際、ソロモン王の島を発見したと吹聴したことが始まり。

グルメ

ライスボウル

主食はイモ類、バナナ、キャッサバ、米。それぞれ民族ごとに食べ方が異なるが、米は炊いたものの上に焼いたチキンや炒め物などをのせるのが一般的。

左）サンタ・アナ島の伝統衣装を着て旅行者を歓迎する人々
右）第2次世界大戦時の沈船を見ることのできるダイビングスポットが多い

明日誰かに教えたくなる ソロモン諸島の雑学

貝のお金が使われている

現在でも貝を加工した昔からのお金「貝貨(シェルマネー)」が結納など冠婚葬祭の機会に使用されている。貝を同じサイズの小さな断片に加工して穴をあけ、ひもを通してまとめたものを使用する。

シェルマネーを作る様子

ワールドランキング TOPIC

希少な生物の楽園

ソロモン諸島で最南部に位置するレンネル島は、世界で最も大きな珊瑚礁が隆起してできた島。総面積の約2割をかつてラグーンだった南太平洋最大の湖が占め、固有のウミヘビや藻が生息している。

ほかの島々の多くは火山性

PHRASE ありがとう／タンギョートゥーマス　さようなら／ルキムユー　おいしい／オノリシャス

南太平洋で唯一独立を守った伝統の王国

トンガ王国

Kingdom of Tonga

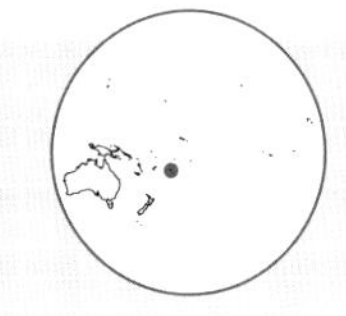

国旗の意味

左上の赤い十字架は信仰を、白は純潔を、赤はキリストの聖なる血を表している。

TO/TON

IOC TGA

FIFA TGA

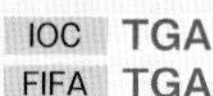

トンガ語でこんにちは

Malo e lelei !

（マロエレレイ）

南太平洋の約170の島からなる。立憲君主制で国王が統治し、日本の皇室との縁も深い。イギリス保護領になったことはあるが、植民地化されなかったことが国民の誇り。2018年の平昌オリンピックの開会式では、寒さのなか、旗手が上半身裸の民族衣装で登場し話題となった。大きな体格を生かしたラグビーが盛んで、日本代表にも出身者がいる。相撲界でも力士が活躍していたことがある。

DATA

人口：約10万6017人
面積：約720㎢
首都：ヌクァロファ
言語：トンガ語、英語
民族：ポリネシア系（若干ミクロネシア系も混合）
宗教：キリスト教
通貨：パアンガ
時差：日本より4時間進んでいる
GNI：US$4930／人

国名の由来

ポリネシア語で「南」を意味する「ファカトンガ」が語源。ポリネシア地域の最南部にあることからとされる。また、「風下」を意味するという説もあり、これは同じポリネシアのサモアの風下に位置することから。

おみやげ

タパクロス

木の皮をたたいて伸ばし伝統的な図柄を描く南太平洋に伝わる布。トンガでは「ンガトゥ」と呼ぶ。長さ15〜30mにもなるが、みやげ用の小さなものもある。

左）ババウ諸島ではホエールウオッチングが盛ん
右）日曜日、教会でミサを終えた人々

明日誰かに教えたくなる トンガの雑学

トンガ王室は日本好き

現国王の父ツポウ4世はたいへん親日家で、日本の皇室との親交も深かった。昭和天皇崩御の際にはツポウ4世自ら大喪に参加している。教育にそろばんを導入し、日本の大相撲に若者6人を送ったこともある。

ヌクァロファにある王宮

ワールドランキングTOPIC

美意識の変化で世界一から陥落

2010年代頃まで多くの世界肥満率調査で世界一だった。これは太っているほど美しいという伝統的価値観があったため。しかし、国民の健康に危惧した前国王自らダイエットを実践して国民に広め、年々ランクを下げている。

スリムな若者も増えてきた

PHRASE ▶ ありがとう／マロ　さようなら／アルアエ、ノフォアエ　こんばんは／マロエレレイキヘエフィアフィニ

水没の危機に瀕する珊瑚礁の島々

ツバル

Tuvalu

国旗の意味

左上はユニオンジャック。9つの星は主要な9つの環礁を表す。

TV/TUV

IOC TUV
FIFA TUV

ツバル語でこんにちは

Talofa !
(タロファ)

9つの環礁からなる世界で4番目に小さく、人口も2番目に少ない国。海抜は最も高いところでも5mほどしかなく、温暖化の海面上昇で消滅する可能性がある。資源がなく、トップレベルドメインの「.tv」をアメリカの会社に売却し、これを元に2000年に国連に加盟した。国際空港の滑走路は便数が少ないため普段は島民の運動場で、航空機の離着陸時にはサイレンを鳴らし退避を促す。

DATA

人口：約1万1204人
面積：約26㎢
首都：フナフティ
言語：英語、ツバル語
民族：ポリネシア系
宗教：ほとんどがツバル教会(キリスト教プロテスタント系)
通貨：オーストラリア・ドル
時差：日本より3時間進んでいる
GNI：US$7160／人

国名の由来

ポリネシア系ツバル語で「8つの島」の意味。「ツ」が「成る」、バルが「8」を意味する。人の暮らす島が8つの島であることから、独立に際して8島で力を合わせようという思いも込めて名づけたとされる。実際には島の数がは9だが、最南端のニウラキタ島は無人のため数えられなかったものの、国旗には9つの星で表されている。

おみやげ

ツバル切手

これといった資源がなく、外貨獲得に使われてきたのが切手。デザインの素材は世界中から集めセレブや有名人が登場することもありコレクターに人気。

左）ハンモックに座って仕事をする女性
右）空から見たフナフティ島

明日誰かに教えたくなる ツバルの雑学

島が沈むのはある生物のせい？

温暖化で沈みゆく国として知られるツバル。しかし、海面上昇だけが原因ではない。ツバルの島々は有孔虫と呼ばれる生物の抜け殻でできており、人的ストレスによって島の形成が妨げられているのも一因だ。

ごみ処理問題もある

ワールドランキング TOPIC

世界初のメタバース国家に？

沈みゆく前にアイデンティティを残そうという試みが進んでいる。すでに全島の詳細な3Dスキャンを完成させている。今後は文化の記録保存、世界に散っていく国民のデジタルパスポートの発行などが予定されている。

美しい島はいつまで残るか

PHRASE ありがとう／ファカフェタイ、ファーフェタイ　さようなら／トーファー

世界有数の幸福度指数を誇る

バヌアツ共和国

Republic of Vanuatu

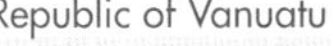

国旗の意味

緑は国土の豊さ、赤は豚と人間の血や太陽、黒はメラネシア人、黄色のY字形の線はゴスペルの光を表す。紋章は豚の牙とナメーレというシダ植物。

VU/VUT
IOC VAN
FIFA VAN

ビスラマ語でこんにちは

Halo !
(ハロ)

南北約1200kmにわたって連なる83の島で成り立つ。うち有人島は約70島。欧米の調査会社に世界一幸せな国に選ばれたことがあり、生活は質素だが満足度が高いためとされる。フランスとイギリス統治の歴史から両国の言語教育がされ、ビスラマ語と各民族の言葉を合わせマルチリンガルが多い。珊瑚礁の海や活火山、伝統的なメラネシアの文化と魅力的な観光素材も多い。

DATA

人口：約31万9137人
面積：約1万2190㎢
首都：ポートビラ
言語：ビスラマ語、英語、フランス語
民族：メラネシア系93%、ほか中国、ベトナム、英仏人など
宗教：おもにキリスト教
通貨：バツ
時差：日本より2時間進んでいる
GNI：US$3650／人

国名の由来

メラネシア系ビスラマ語で「土地」を意味する「バヌア」と、「立つ」を意味する「ツ」が合わさった「独立した土地」を表す言葉から、「われらが祖国」という意味をもたせた。

おみやげ

ウィーヴバッグ

パンダナスの葉を編んで作る手工芸品。バッグのほかにもマットや扇子などもある。首都にあるハンドクラフトマーケットでは種類豊富に手に入る。

左）エスピリッツサント島のビーチ
右）首都ポートビラは美しい海と深い緑に囲まれている。

明日誰かに教えたくなる バヌアツの雑学

バンジージャンプの起源といわれる儀式

「ナゴール」と呼ばれる儀式は木を組んで作ったやぐらから植物の蔦を足に巻いて飛び降りるペンテコスト島の男子の成人通過儀礼で、バンジージャンプの原型。

ヤムイモの収穫を祝う儀式でもある

ワールドランキング TOPIC

大迫力の火山体験

昔ながらの生活様式を続ける裸族が暮らすことで知られるタンナ島で、もうひとつ有名なのがヤスール火山。世界で一番火口近くまで近寄れるといわれ、実際火を噴く火口を縁から直接のぞき込める。

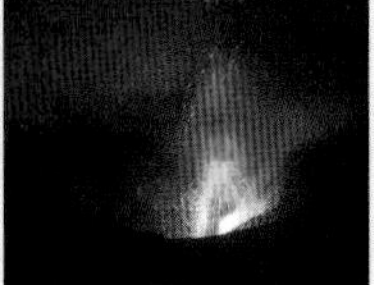

見学は日没後が美しい

PHRASE ▶ ありがとう／サンキュートゥマス　さようなら／タタ　こんばんは／イアオラナ

南太平洋に浮かぶ地上の楽園

仏領ポリネシア

〈フランス海外共同体〉

French Polynesia

旗の意味

中央の紋章には、青い海と黄色い太陽、伝統的なアウトリガーカヌーが描かれている。カヌーに乗っている5人の人々は、5つの諸島を表す。

PF/PYF

IOC なし

FIFA なし

タヒチ語でこんにちは

Ia ora na !

(イア オラ ナ)

日本では主島タヒチの名でよく知られるが、実際には観光地として有名なボラボラ、モーレア、ランギロアなど118の島で構成される。各島はそれほど大きくはなく、総面積は石川県ほどだが、海域は日本の6.5倍以上。5〜8世紀頃にはほかのポリネシアの島々から航海カヌーでやってきた人々が定住していたとされる。かつて画家ゴーギャンも愛した美しい海のリゾート地として世界が憧れる地だ。

DATA

人口：約30万3540人
面積：約4167㎢
主都：パペーテ
言語：フランス語とタヒチ語が公用語
民族：ポリネシア系78％、中国系12％、フランス系10％
宗教：キリスト教84％ほか
通貨：CFPフラン
時差：日本より19時間遅れている

国名の由来

フランス語では「ポリネジフランセ」。ポリネシアはギリシア語で「多くの」を意味する「ポリ」と「島」を意味するネソスが語源で「多くの島々」の意味。通常はハワイ、ニュージーランド、イースター島を結ぶ三角形の内側の島々の総称。地域名としては「タヒチ」のほうが一般的で、ポマレ王朝の王が設けた聖地の名が由来。

グルメ

ポワソンクリュ

新鮮な生魚、おもにマグロに、タマネギなどの野菜を加え、ココナッツミルクとライムであえた料理。フランス語でポワソンは魚、クリュは生の意味。

左）海に直接アクセスできる水上バンガロー
右）フラダンスの原型ともいわれるタヒチアンダンス

明日誰かに教えたくなる ▶ 仏領ポリネシアの雑学

水上バンガローの発祥地

今や世界のビーチリゾートでおなじみとなった憧れの水上バンガロー。1967年にライアテア島の「バリハイ」と呼ばれるホテルで造られたものが世界初だといわれている。

ボラボラ島のオテマヌ山と水上バンガロー

ワールドランキング TOPIC

深い海に眠っていた巨大珊瑚

ユネスコは2021年にタヒチ島沖で世界最大級の珊瑚礁を発見。長さ約3㎞、幅最大6mでバラの形をしているという。最も深い場所で65m。珊瑚は体内にすむ光合成をする褐虫藻と共生関係にあり、これだけ深いのは貴重。

島々は美しい珊瑚礁に囲まれている

PHRASE ▶ ありがとう／マウルウル　さようなら／ナーナ　問題ない／アイタペアペア

大冒険家の名を冠する美しい島々

クック諸島

Cook Islands

CK/COK

IOC COK FIFA COK

南太平洋のサモアとタヒチの間に浮かぶ15の島々からなるが、総面積は日本の鹿児島県徳之島ほどしかない。多くは火山島の周囲に珊瑚礁が発達したものだが、北方の島々は環礁で、土地が低くて小さい。南方にあるラロトンガ島が行政と観光の中心地で、その北に浮かぶアイツタキ島は南太平洋で最も美しいラグーンをもつといわれる。名前は海洋探検家キャプテン・クックにちなむ。

アイツタキ島のラグーン

クック・マオリ語でこんにちは

Kia Orana !

(キア オラナ)

DATA

人口：約1万7761人
面積：約237㎢
首都：アバルア
言語：クック・マオリ語、英語
民族：ポリネシア系81%、混血ポリネシア系15.4%
宗教：キリスト教97.8%
通貨：ニュージーランド・ドル
時差：日本より19時間遅れている

明日誰かに教えたくなる クック諸島の雑学

ヤシの木より高い建物はNG

クック諸島ではヤシの木より高い建物を建てることを法律で禁止している。一般の建物の多くは平屋になっている。

PHRASE ありがとう／メイタキ　さようなら／カキテ　こんばんは／ポーマーリエ

世界で最も早く日が昇る環礁

キリバス共和国

Republic of Kiribati

KI/KIR

IOC KIR FIFA なし

国名はイギリス海軍大佐ギルバートに由来。第2次世界大戦の激戦地であり、今も日本軍の大砲などが残っている。日付変更線を大きく東へ複雑に変えている国で、これはいずれも最大で東西約3800km、南北約2000kmという、世界第3位の広大な排他的経済水域を有しているため。そこにわずか33の環礁が散在。土地の大部分は平坦な小島で温暖化による水位上昇が深刻な問題。

クリスマス島の子供たち

ギルバート語でこんにちは

Mauri !

(マウリ)

DATA

人口：約12万8874人
面積：約730㎢
首都：タラワ
言語：ギルバート語と英語が公用語
民族：ミクロネシア系98%
宗教：キリスト教
通貨：オーストラリア・ドル
時差：日本より3時間進んでいる(ほか2つのタイムゾーンあり)
GNI：US$2810／人

明日誰かに教えたくなる キリバスの雑学

温暖化の影響で国が沈む!?

あまりフォーカスされないが、ツバルと同様、キリバスも温暖化による海面上昇で海水の浸食が進んでいる国のひとつ。

PHRASE ありがとう／コ ラバ　元気ですか？／コウアラ　さようなら／ティアブー　こんばんは／マウリ

海面上昇の影響を受ける"真珠の首飾り"

マーシャル諸島共和国

Republic of Marshall Islands

MH/MHL

IOC MHL FIFA なし

空から見た環礁

赤道のすぐ北側、日付変更線のすぐ西側の広大な海域に、5つの主島と小さな島が連なる29の環礁が点在し、合わせて1200以上もの島がある。環礁の規模は比較的大きく、大海原に美しい輪を描く姿から太平洋の真珠の首飾りと呼ばれる。東側の環礁列をラタック（日の出）、西側をラリック（日の入り）と呼ぶ。ビキニ環礁とエヌエタック環礁はアメリカが核実験を行ったことで有名。

マーシャル語でこんにちは

Io̧kwe !
（ヤークウェ）

DATA

人口：約4万2050人
面積：約180㎢
首都：マジュロ
言語：マーシャル語、英語
民族：ミクロネシア系
宗教：キリスト教（おもにプロテスタント）
通貨：アメリカ・ドル
時差：日本より3時間進んでいる
GNI：US$7270／人

明日誰かに教えたくなる マーシャル諸島の雑学

1歳の誕生日は盛大に

かつて乳児死亡率が高かったため、子供が1歳の誕生日を迎えるときには村人総出で盛大に祝われる。

PHRASE ありがとう／コンモール　がんばれ！／アユー、マリ、セモガベルジャヤ　さようなら／バルローヨク

2015年に日本政府が独立国として承認

ニウエ

Niue

NU/NIU

IOC なし FIFA NIU

人が少なく海も美しい

南太平洋に浮かぶ絶海の孤島でひとつの独立国。1974年に内政自治権を獲得し、ニュージーランドとの自由連合に移行した。珊瑚礁が隆起したごつごつとした岩場の海岸線に囲まれ、ポリネシアの岩と呼ばれている。島を一周する道路は67kmほど。ビーチには恵まれていないが、海中世界は世界のダイバーの憧れとなっており、それを軸とした観光産業の育成に力を入れている。

ニウエ語でこんにちは

Fakaalofa lahi atu !
（ファカロファ ラヒ アトゥ）

DATA

人口：約1888人
面積：約259㎢
首都：アロフィ
言語：ニウエ語（ポリネシア語系）、英語
民族：ポリネシア系ニウエ人90％ほか
宗教：キリスト教90％
通貨：ニュージーランド・ドル
時差：日本より20時間遅れている

明日誰かに教えたくなる ニウエの雑学

人口の9割が外国に住む

ニウエ人の9割以上が、出稼ぎなどのためニュージーランドに住んでおり、彼らからの送金で経済が成り立つ。

PHRASE ありがとう／フェイリァ　さようなら／キィア　こんばんは／マーロニ

〈アメリカ自治領〉

天然の良港をもつ静かな島々

米領サモア

American Samoa

サモア語でこんにちは

Talofa !
（タロファ）

AS/ASM
IOC ASA
FIFA ASA

南太平洋のサモア諸島の東側。西側は同一民族の独立国だが、1900年の植民地時代に分断されて以来アメリカ領であり、グアムと同様の準州扱い。かつては米海軍の要衝だったが、現在はその価値はほとんど失っている。主産業は漁業。アメリカ本土で消費されるマグロ缶詰の約2割が島の工場で生産されている。

DATA

人口：約4万3895人
面積：約197.1㎢
主都：パゴパゴ
言語：サモア語、英語
民族：サモア人83.2％、アジア系5.8％ほか
宗教：キリスト教
通貨：アメリカ・ドル
時差：日本より20時間遅れている

〈アメリカ領有〉

太平洋とカリブ海に浮かぶ島々

米領有小離島

United States Minor Outlying Islands

英語でこんにちは

Hello !
（ハロー）

UM/UMI
IOC なし
FIFA なし

北太平洋、中央太平洋、カリブ海に散らばる11の島や環礁の統計上の総称。第2次世界大戦時に日本とアメリカの戦場となったウェーク島（旧大鳥島）やミッドウェー環礁などが含まれる。なかには無人島も多い。合衆国憲法が定める市民の権利や義務が適用される合衆国編入領域となっているのはパルミラ環礁のみ。

DATA

人口：約300人
面積：約34.2㎢
言語：英語
民族：定住民はおらず、アメリカ海軍や政府職員、研究者など
宗教：キリスト教
通貨：アメリカ・ドル
時差：日本より20時間遅れている（ミッドウェー環礁）

〈オーストラリア連邦領〉

地面を埋め尽くすカニで有名

クリスマス島

Christmas Island

英語でこんにちは

Hello !
（ハロー）

CX/CXR
IOC なし
FIFA なし

インドネシア、ジャワ島の南に浮かぶ、本土からは1500kmも離れたオーストラリア領の島。リン鉱石が豊富で、第2次世界大戦時には日本軍が占領したことも。戦後はシンガポールやマレーシアから労働者が訪れ、その名残で現在も華人が人口の7割を占める。独自の生態系により“インド洋のガラパゴス”と呼ばれ、特に産卵するアカガニの行進は有名。

DATA

人口：約1692人
面積：約135㎢
主都：フライング・フィッシュ・コーブ
言語：英語、中国語、マレー語ほか
民族：中国系70％ほか白人など
宗教：イスラム教19.4％、仏教18.3％ほか
通貨：オーストラリア・ドル
時差：日本より2時間遅れている

〈オーストラリア連邦領〉

マレー系住民が暮らす島

ココス諸島

Cocos Island

ココス・マレー語でこんにちは

Selamat siang !
（スラマッ シアン）

CC/CCK
IOC なし
FIFA なし

オーストラリア領ながら、人口の多くがマレー系という特殊な島々。1826年に東インド会社のアレキサンダー・ヘアがマレー人奴隷100人とともに来島したのがその由来だ。翌年に上陸した同会社のクルーニーズ・ロスとその一族により、諸島は150年間統治される。コプラの生産で繁栄するが、1978年、オーストラリア政府に売却された。

DATA

人口：602人
面積：約14㎢
主都：ウェスト島
言語：英語、ココス・マレー語
民族：白人、マレー系
宗教：イスラム教75％、キリスト教5.7％ほか
通貨：オーストラリア・ドル
時差：日本より2時間30分遅れている

〈オーストラリア連邦領〉

かつて流刑地として使われた

ノーフォーク島

Norfolk Island

ノーフォーク語でこんにちは

Watawieh yorlyi !
（ウトゥウェア ヨーリィ）

NF/NFK
IOC なし
FIFA なし

オーストラリア本土とニュージーランドの間、ニューカレドニアの南に浮かぶ唯一有人のノーフォーク島と、その周囲の小さな島や岩礁からなる。自治政府はオーストラリアとの往来にも入国や税関の審査を課している。流刑地として発展したが、現在は固有の鳥や杉などの自然を生かした観光が盛んで、孤島ながら生活水準も高い。

DATA

人口：約1748人
面積：約36㎢
主都：キングストン
言語：英語、ノーフォーク語ほか
民族：オーストラリア系、イギリス系、ピトケアン系ほか
宗教：おもにキリスト教
通貨：オーストラリア・ドル
時差：日本より2時間進んでいる

〈イギリス海外領土〉

バウンティ号の反乱の子孫が暮らす

ピトケアン諸島

Pitcairn Islands

ピトケアン語でこんにちは

Wut-a-way ye ?
（ワタウェイユ）

PN/PCN
IOC なし
FIFA なし

18世紀末にイギリス海軍の武装船バウンティで起きた艦長に対する反乱事件で、島に残った水兵の子孫五十数人ほどが住民。タヒチの離島からの年8往復ほどの船が唯一の交通で、漁業と農作物による物々交換が経済の中心。1999年に発覚した閉鎖性を起因とする集団性犯罪事件以降、再発防止にイギリスが投資を行いインフラが整う。

DATA

人口：約50人
面積：約47㎢
主都：アダムスタウン
言語：英語、ピトケアン語
民族：バウンティ反乱軍の子孫、タヒチ人
宗教：キリスト教
通貨：ニュージーランド・ドル
時差：日本より17時間遅れている

〈ニュージーランド領島嶼群及び自治領〉

ドメイン名を貸し出し外貨獲得

トケラウ諸島

Tokelau Islands

トケラウ語でこんにちは

Talofâ !
（タロファ）

TK/TKL
IOC なし
FIFA なし

サモアの北に浮かぶ3つの小さな環礁。空港はなく、サモアから月1回ほど貨物船が立ち寄る程度。経済は自給自足に近く、外貨獲得は海外出稼ぎ者からの送金と、国別ドメイン「.tk」の貸し出しで行っていたが、不正利用が絶えず2024年5月現在、新規登録は一時停止中。2012年に太陽光システムを導入し全電力を賄っている。

DATA

人口：約1849人
面積：約12㎢
主都：－
言語：トケラウ語、英語ほか
民族：トケラウ人77％ほか
宗教：キリスト教
通貨：ニュージーランド・ドル
時差：日本より4時間進んでいる

〈フランス海外準県〉

3人のマタイ（酋長）が治める

ウォリス&フトゥナ

Wallis and Futuna

ウォリス語でこんにちは

Malo te mauli !
（マロ テ マウリ）

WF/WLF
IOC なし
FIFA なし

ウォリスとフトゥナの諸島からなる。ポリネシア文化圏のオリジンともされる音楽や民族舞踊などの伝統を残し、99％がカトリック教徒で、離島とは思えないほど立派な教会が多い。伝統的に3つの地域に分かれ、それぞれを3人のマタイ（酋長）が治める。経済活動は乏しく、フランスの助成金、漁業権、出稼ぎ者の仕送りに依存。

DATA

人口：約1万5964人
面積：約142㎢
主都：マタウツ
言語：フランス語（公用語）、ウォリス語、フトゥナ語
民族：おもにポリネシア系
宗教：カトリックほか
通貨：CFPフラン
時差：日本より3時間進んでいる

Column

 Antarctica 

南極

南極ってどんなところ?

南極とは、南極点を中心とする南極大陸(7大陸のひとつ)と周辺の島々、海域を含む地域。大陸とはいっても、その98%は厚い氷雪(氷床)に覆われており、世界の氷の9割が南極にあるといわれている。地球上で最も寒冷な地域で、2018年7月には−97.8°を記録した。世界各国が研究チームを派遣し、日本を含む複数の国の基地が点在しているが、南極はどこの国にも属さない。1961年に南極条約が発効し、領有権の凍結、平和的利用、科学調査の自由と国際協力、核実験の禁止などが定められた。しかしアルゼンチン、チリ、オーストラリアなど数ヵ国による領有権の主張がいまだ行われている。

日本の昭和基地

日本の昭和基地は、1956年、12ヵ国による共同観測に参加した際に建設が開始された。現在は天体、気象、地球科学、生物学の観測を行う基地として機能している。ちなみに日本からの郵便も届くし、インターネットもつながる。

ネコ湾を航行するクルーズ船。アルゼンチンやチリ、ニュージーランドから船や航空機で行くことができる

南極半島で見られるジェンツーペンギン

INDEX

地球の歩き方 W01

世界244の国と地域

197ヵ国と47地域を旅の雑学とともに解説　改訂版

2024年7月30日　初版第1刷発行

著作編集 ◎ 地球の歩き方編集室

発行人 ◎ 新井邦弘
編集人 ◎ 由良暁世
発行所 ◎ 株式会社地球の歩き方
〒141-8425 東京都品川区西五反田 2-11-8

発売元 ◎ 株式会社Gakken
〒141-8416 東京都品川区西五反田 2-11-8

印刷製本 ◎ 株式会社ダイヤモンド・グラフィック社

構成・執筆・編集 ◎ 梅原トシカヅ
執筆 ◎ 有限会社アナパ・パシフィック
調査 ◎ 朝倉智美、秋元里緒
編集協力 ◎ 合同会社ゼロ・ザ・フール、倉林元気（ミクロネシア）

デザイン ◎ 浜田真二郎
フォーマットデザイン ◎ 株式会社明昌堂
表紙 ◎ 日出嶋昭男
地図 ◎ 高棟博（ムネプロ）
校正 ◎ ひらたちやこ、松崎恵子
写真 ◎ iStock、PIXTA
制作担当 ◎ 梅崎愛莉

本書の内容について、ご意見・ご感想はこちらまで
https://www.arukikata.co.jp/guidebook/toukou.html

●この本に関する各種お問い合わせ先
・本の内容については、下記サイトのお問い合わせフォームよりお願いします。
URL ▶ https://www.arukikata.co.jp/guidebook/contact.html
・在庫については　Tel ▶ 03-6431-1250（販売部）
・不良品（乱丁、落丁）については　Tel ▶ 0570-000577
学研業務センター　〒354-0045　埼玉県入間郡三芳町上富 279-1
・上記以外のお問い合わせは　Tel ▶ 0570-056-710（学研グループ総合案内）
※本書に掲載している情報は 2024 年 5 月時点に調査したものです。
・発行後の更新・訂正情報は　URL ▶ https://www.arukikata.co.jp/travel-support/

当社発行の出版物では、台湾、香港、マカオ、パレスチナ、および欧米諸国の海外領土や紛争等による領土未確定地を「地域」としています。

※本書は株式会社ダイヤモンド・ビッグ社より 2020 年 7 月に初版発行したものの最新・改訂版です。
学研グループの書籍・雑誌についての新刊情報・詳細情報は、下記をご覧ください。
学研出版サイト　https://hon.gakken.jp/